Vernem Nidahen

AÇIK YARALAR VE DİKİŞ İZLERİ II

Vernem Nidahen - Açık Yaralar ve Dikiş İzleri II
Beyza Aksoy

Genel Yayın Yönetmeni: Aslı Tunç
Editör: Özlem Küçükşahin Kalabalıkoğlu
Kapak Tasarım: Dilan Kaya
Sayfa Tasarım: Ceyda Çakıcı Baş

6. Baskı: Ocak 2025
ISBN: 978-625-414-051-8

Baskı ve Cilt:
My Matbaacılık San. ve Tic. Ltd. Şti.
Maltepe Mah. Yılanlı Ayazma Sk. No: 8/F
Zeytinburnu / İstanbul
Tel: (212) 674 85 28
mymatbaa34@gmail.com
Sertifika No: 47939

Yayımlayan:
Epsilon Yayınevi Ticaret ve Sanayi A.Ş.
Osmanlı Sok., No: 18/4-5 Taksim/İstanbul
Tel: (212) 252 38 21 Faks: (212) 252 63 98
İnternet Adresi: www.epsilonyayinevi.com
E-posta: epsilon@epsilonyayinevi.com
Sertifika No: 49067

BEYZA AKSOY

Vernem Nidahen

AÇIK YARALAR VE DİKİŞ İZLERİ II

epsilon

SERİ

Siyah Kuğu I
Ruh Kadehi II

Açık Yaralar ve Dikiş İzleri I
Vernem Nidahen II

Gece Yarısı Resitali I-II

Çalma Listesi

Daisy Gray, *Wicked Game (Cover)*
Maria Mena, *Homeless*
Mree, *When You Come Home*
Grace VanderWaal, *Darkness Keeps Chasing Me*
SVRCINA, *Island*
Halsey, *Graveyard (Acoustic)*
Redd, *Prensesin Uykusuyum*
Karsu, *Bırak Beni Böyle*
Daisy Gray, *Lovely (Cover)*
Menke, *Moln*
Lor, *Windmill*
Broken Iris, *A New Hope*
Kim Feel, *Pierrot (The Clown)*
NF & Fleurie, *Mansion*
Les Friction & Emily Valentine, *I Remember*
Fatma Hümeyra Akbay, *Kirli Beyaz Kedi*
Şebnem Ferah, *Çocukken Sahip Olduğum Kırmızı Rugan Ayakkabılar*
Faouzia, *100 Bandaids (Stripped)*
Nathan Wagner, *Suffocate*
Holly Humberstone, *Haunted House*
Verite, *By Now (Stripped)*
CLANN, *I Hold You*
Matstubs, *Sing Me To Sleep*
Cashforgold & Tim Schaufert, *I'll Know Who I Am In Time*
Kina & Au/Ra, *Feel Again*

Gül, saat, akrep, yelkovan,
Çok şey gizler yaralarını açık bırakan.

Birkaç Ay Önce

16 Mayıs

"İşini hallettin mi bilmiyorum ama dün geceden beri arıyorum, açmıyorsun..."

Telefonun diğer ucundaki kadın sesi çocukluk arkadaşım Naz'a aitti. Beni aramış, ulaşamadığında ses kaydı bırakmıştı.

Arabadan inerken hattın diğer ucunda, geçmiş zamanda tıkılıp kalmış bir nefesi verişini dinledim. "Türkiye'ye geliyorum haftaya, haberin olsun diye aradım. Orada olduğunu öğrendim Aida'dan, gelişimi onayladı."

Naz... Neyin peşindesin?

"Naz neyin peşindesin diye düşünüyorsundur muhtemelen şu an... Bir şeyin peşinde değilim, senin peşinde de değilim... Ailemi arıyorum Pars, oradalar biliyorum. Orada yaşıyorlar. Onları bulacağım..."

Telefonu kapatıp hızlıca cebime atarken hemen sağında yürüdüğüm apartmana doğru dönerek marketten içeri giriyormuş gibi davrandım.

Adresi gösteren evin önünde bir genç kız vardı, üzerinde okul forması. Az önce kapıdan çıkmıştı. Çantası boş gibi duruyordu ve neredeyse omzundan düşecekti. Güçsüzlükten miydi yoksa yorgun olduğundan mı? Belki de umursamıyordu. Topladığı saçları dağınık görünüyordu, yüzüne düşen tutamlar neredeyse tüm hatlarını gizliyordu.

Ama ela gözlerini gördüm.

Bir ceset olduğuna yemin edebilirdim onun.

Ona doğru koşturan adımlarla kahkahalar atarak gelen koyu sarı saçlı arkadaşına öylece bakıyordu, nefes aldığını kanıtlayan hiçbir hareketi yoktu. Bu bana birini hatırlatmıştı... Çok eskiden tanıdığım birini.

Tesadüften başka bir şey değildi.

Değerlini bir paçavra gibi sokağa atarsan kimsenin umurunda olmaz, saklarsan kimse peşinden ayrılmaz. Öğrendiğim, bildiğim her şeye ters olan bu sözü bana söyleyen; Türkiye'ye geldiğim uçakta yanıma oturan kadındı. Yüzünü tam görememiştim büyük güneş gözlüklerinden ve taktığı şapkadan dolayı ama sesini tanımıştım.

Hanımefendi. Ona böyle sesleniyorlardı.

Peki İsviçre'nin, Türkiye'nin en çok yağmur alan şehri Soyhan'daki bu kimsesiz, sessiz kızdan istediği ne olabilirdi?

Bir şifre vermişti bana, çözdüğüm üzere koordinatlar bu evi gösteriyordu. Bu eski, neredeyse yıkılmak üzere olan, izbe evi... Bu ev, bu kıza aitti.

"Liva!" diye bağırdı koyu sarı saçlı arkadaşı, kolunu kızın boynuna sarıp onu da döndürerek dışarı yürürlerken. Muhtemelen okula. "Kahve ve kek almaya gidelim mi? Üzümlü tarçınlı?"

Genç kız tepki vermedi, dudakları oynadığında "Olur," dediğini çıkarabilmiştim ama. O an arkadaşı, kızın saçındaki tokayı çekip saçlarını ortadan ikiye ayırdı ve kulaklarının arkasına tıktı.

Voilà. İşte oradaydı yüzü.

Çok ilginç, diye düşündüm. Ama neden ilginç olsun ki? Her kız biraz annesine benzerdi.

•

Sevgi de ölür.

Uyuyordu ve bunu o da biliyordu ama nasıl oluyordu da duyuyordu çevredeki sesleri ve nasıl hissedebiliyordu saçlarındaki dokunuşları ki?

"Masalı hatırla," diye fısıldadı bir ses ona, annesinin sesiydi bu. Bir süredir ortalıkta görmediği, görse de onunla pek konuşmayan çünkü içmekle meşgul olan annesi. "Ve beni affetme."

Af.

Ben seni affetsem de çocukluğum affetmez anne, diye düşündü. Bu bir rüyaydı çünkü öyle olmalıydı, çünkü annesi ondan af dilemezdi; para verirdi ve sustururdu.

Belki de gerçeklerden bahsederken sana inanmak istemeyen birine, sözler işe yaramaz; eylemler konuşmalı. Ama hâlâ küçük bir kız çocuğuydu ve tek istediği annesinin sıcak kollarıydı. Ballı süt de yapsa olmaz mıydı? O adamı kovsaydı evden, ikisi birlikte yaşasaydı...

"Beni affet," dedi annesi yine, bu kez şakağında bir ıslaklık hissetti. Yağmur mu yağıyordu? Hayır, yalnızca bir damlaydı bu. Sıcak bir damla. *Beni affet,* diye çığlıklar atan tuzlu bir gözyaşı damlası.

O gece annesinin ne söylediğini anlamadı genç kız ama hiç anlamayacak değildi. Çok yakında kaybedecek, yalnız kalacak, yalnızlıkla dostluk kuracak; yalnızlığı kabri bilecek, yalnızlıkla yan yana yürümeyi öğrenecekti şehrinin karanlık sokaklarında. Nihayet bir odasında uyuyabildiği bu büyük evin tozdan hayaletleriyle dans edecekti her gece kâbuslarında, ta ki buranın bir ev değil mezar olduğunu fark edene dek.

Çünkü ev bazen dört duvarı ve bir çatısı olan tuğla yığınları değildi.

Ev bazen insanlardı.

Bir eve en yakın hissettiren, bazen, insanlardı.

Camdan bir fanusun içinden izliyordu şimdi dünyasını ama elbet fanus da kırılacaktı. Kırıkları acılar süpürünce, dirsekleri ve dizleri kesiklerle kaplanacaktı.

Dikmeyi öğrenmemişti, kesiklerin üzerini yara bantlarıyla kapatacaktı.

Sevgi de ölürdü ama cesedi bulunamazdı.

Unutmayı ceza gördüler, unutmak lütuftu;
en çok hatırlamak istediğin insan,
seni göğüs kafesi mezarlığında unuttu.

1

Saklanmış Gerçek, Söylenmemiş Yalandan İbaret

Büyük, siyah, ahşap bir dolap ve duvara öylece bırakılmış işlemeli bir boy aynası. Kuru boğazım yüzünden nefes alamadığım an refleks olarak doğrulduğumda kadrajıma giren ilk eşyalar bunlardı.

Daha sonra acı yayıldı; küçük ama güçlü bir sızı belimden, kalçamın yanından geliyordu. Aldığım nefes yarıda kesilirken tişörtümü kaldırdım ve kana bulanmış bandajı gördüm, onu oraya her kim yerleştirdiyse pek de bir işe yaramamıştı çünkü tişörtüm ve yatağın bir kısmı kanın koyu kırmızı rengine bulanmıştı.

Etrafımda gözlerimi temkinli bir şekilde gezdirirken dişlerimi sıkarak kendimi yatağın başlığına doğru çektim ve hafifçe tekrar bandajın olduğu kısma baktım. Yaralanmış mıydım? Ne zaman olmuştu bu?

En son ne olmuştu peki?

Bir süre gördüğüm rüya ve bilincimin yerinde olduğu son anlarım zihnimde birbirine karıştı. Bir anlığına Tolga yukarıdaydı, bıçaklar ise üzerimizde ve Pars'ın okyanusları yoktu. Daha sonra bir hayalet geliyordu, sabaha karşı yeni yeni aydınlanan günün habercisi gibi, alnımı öpüyor ve fısıldıyordu. *Beni affet.*

Anne?

Yaşanmış mıydı yoksa oyunlar oynamayı seven zihnimin kirli şakalarından biri miydi bilmiyordum ama tüylerimi diken diken etmeye yetmişti.

Kapalı perdelerden içeriye çok az ışık sızıyordu. Alnımdaki teri silip bacaklarımı dikkatlice yataktan aşağı ittirdim, belimdeki yara çok kötü sızlıyordu ve belli ki bir şeyler yanlıştı ama bundan önce öğrenmem gereken daha çok şey vardı. Nil'in depodaki hâli bir anda gözlerimin önünde parıldadığında kalbim göğsümde deli gibi atmaya başladı.

O da neydi öyle?

Tişörtümün üzerinden elimle bandaja baskı yaparken yatak başlığına tutunarak ayağa kalktım ve kapıya kadar küçük adımlarla yürüdüm. Burası neresi bilmiyordum, tanıdık da değildi. Bir anda Taylan Arıkan'ın beni kaçırdığı zaman göğsümü dağlayan hislerimi, yine yerli yerlerinde hissettim. Kaçırılmış mıydım? Olabilir miydi?

Ama kapı kilitli değildi.

Kapıyı açmamla teorilerimi suya düşüren sesler doldu kulağıma. Birileri aşağıda tartışıyordu.

Merdivenlerin başındaki odadaydım ve aşağıdaki Amerikan tarzı mutfak biraz eğildiğimde net bir şekilde görülüyordu. Aşağıdakilerin ayakları da.

"Nil, lütfen," dedi bir erkek sesi, ne konuştuklarını nihayet idrak edebildiğim sırada. Pamir'di konuşan. Bir anlığına sesi yabancı gelmişti ama bunun sebebi uyku mahmurluğumun yanında bir de yaralı olmamdan kaynaklanıyordu. Susamıştım ve acıkmıştım belki de, ağzımda ve midemde ekşi bir tat vardı.

Birkaç merdiveni yavaşça inipbasamağa oturdum ve bacaklarımı kendime çektim. Beni fark etmemişlerdi. Hemen yanlarındaki büyük pencere sonuna kadar açıktı ve dışarıda kıyamet koparcasına yağmur yağıyordu. Nil'in elinde, üzerinden dumanlar tüten bir kupa vardı. Pencerenin yanındaki koltuğa oturmuş, bacaklarını kendine çekmiş, gözlerini dışarıya çevirmişti.

"Konuşma benimle," dedi tok bir sesle. Öfkeli olduğunu görebiliyordum ama bu, içinde taşıdığı öfkenin doruk noktası değildi. Ya patlamıştı ya da patlamaya çok yakındı.

"Seçme şansım yoktu," dedi Pamir ellerini iki yana açarak. Kalkmış kaşları ve sevgilisinin yüzündeki hayal kırıklığına odaklanmış kahverengi gözleriyle karşısında dikiliyordu. "O an tehlikedeydin, sen ve diğer herkes! Üstelik..." Pamir'in, lafını bilinçli olarak kesip öfkeyle Pars'a baktığını fark ettim. Pars o an kadrajıma girdi. "Kimsenin yapabileceği bir şey yoktu Nil! Hızlı düşünmek zorundaydım!"

Neden Pars'a bakmış ve lafını kesmişti? Belki de yapılabilecek bir şey vardı ve yapılmamıştı. Pamir de bu yönde bir eylemde bulunmuştu. Peki Pamir ne yapmıştı tam olarak?

Pars, yanında rahat bir şekilde dikiliyordu. Bir elini masaya yaslamıştı, diğer elinde üzerinden duman tüten bir kupa vardı. Onu daha önce hiç elinde sıcak bir içecekle dolaşırken görmemiştim. Üzerindeki siyah kapüşonlu *sweatshirt*ünün kollarını sıvadığıiçin kollarındaki dövmeler belli oluyordu. Bir eşofman ve ince, siyah bir kazak giyiniyordu. En son bunlar mı vardı üzerinde yoksa değiştirmiş miydi?

Gözlerimi derhal kaçırdım. Dikkatimi fazla dağıtıyordu.

Burası neresiydi?

Mutfaktan sadece girişi görünen salona ve camdan duvarlara baktım. Yağmur damlaları ardı ardına camlara çarparken arka plandakiçevrenin yeşillik olduğunu fark etmiştim. Hâlâ Soyhan'da mıydık?

"Ben senin acil durum silahın ya da el altında tuttuğun joker hakkın değilim! Benim bile bilmediğim bir yanımın nasıl böyle dikkatsizce, böyle vahşice ortaya çıkmasına izin verebilirsin?" Öfkeyle arkasını döndüğünde gözleri beni görmüyordu, yalnızca Pamir'e odaklanmıştı. "Kaç kişiyi öldürdüm ben Pamir? Senin yüzünden... Ama *ben* öldürdüm. Benim elimde o insanların kanları var. Bunu da düşünmüş müydün yoksa umursamadın mı bile?"

"Araya girmek istemem ama kimseyi öldürmedin," dedi Pars o sırada, sesi bir yabancıyla konuşuyormuş gibi düz ve yalındı. "Sadece yaralandılar ve bu konu hakkında da vicdan azabı çekiyor olamazsın. Olmamalısın. O adamların ellerinde onlarca masumun kanı vardır, en azından senin elin kolun bağlı, başına sarkıtılan öldürücü bir bıçakla depoya hapsedilmende bir sorun olduğunu düşünmüyorlardı ve ölsen cesedini temizlemeleri on dakika sürmezdi. Bunun için uyku kaybetmezlerdi de geceleri. Zarar verdiğin halk değil, riskleri bilip canlarını ve vicdanlarını satan robotlar. Öldürsen yerinde bir kayıp olurdu yani. Bu seni katil yapmaz. Öte yandan, temizlik diyebiliriz."

"Temizlikmiş!" dedi Nil, Pars'ın soğukkanlılığına inanamayarak "Sen temizlik yapıyorsun herhalde bu şekilde haftanın yedi günü? Konuşma şeklinden alışkın olduğunu anlayabiliyorum!" Gözleri kısıldı. "Hiç, birini öldürdün mü?"

"Nil," diyerek, yumuşak bir tonla araya girdi Pamir. Nil'in kolunu tutarak onun daha fazla Pars'a yaklaşmasına engel oldu. "Tamam. Uzatmaya gerek yok. Onu tanımıyorsun. Tanımana gerek yok." Göz göze geldiler. "Tolga'nın kullandığı bıçaklar mutfak bıçağı bile değildi Nil, her biri *Gerber Silver Trident*. O yükseklikte, o kuvvetle kafatasını deler geçerdi. Piç kurusu, en ince ayrıntısına kadar planlamış bunu," dedi Pamir tükürürcesine. "Biliyorum şu an ihanete uğramış gibi hissediyorsun..."

"Beni aldatmadığını biliyorum ama yalan söylediğin ve beni kullandığın için ihanete uğramış gibi hissediyorum, evet!" diyerek Pamir'in elinden kurtuldu Nil ve her an birinin üzerine fırlatabilecekmiş gibi tuttuğu kupasını kenara bıraktı. Sıvı biraz masaya dökülmüştü şiddetinden. "Şu an şu çatıyı başına yıkmıyorsam da bunun sebebi, yaptığın şeyi herkesin canını kurtarmak için yapmış olman!"

Pamir cevap vermedi, derin nefesler alırken öylece dikildi ve Nil'in devam etmesini bekledi. "Neyim ben?" diye sordu Nil, göğsü şiddetle inip kalkıyordu. Gökyüzü de ona katılıyormuş gibi şiddetlendirmişti yağmurunu. "Oyuncak mıyım sana göre? Ne zamandır biliyordun tüm bunları? Nasıl oldu bu? Annem? Annem biliyor mu? Kazadan önce nasıldık biz Pamir!" Parmaklarını saç diplerine geçirdi. "Ne kadar çok sorum var biliyor musun? Çatlıyor başım, çatlıyor! Kim verecek bana bunların hesabını?"

"Her birini cevaplayacağım," dedi Pamir öncesine göre yumuşak bir sesle. "Ben vereceğim sana hesap. Ben ve diğerleri. Herkes. Hayatına eli değen herkes. Başından beri bunu yapmaya çalışıyorum zaten, bir durup dinlesen!"

"İstemez!" Nil yüzünü buruşturdu. Pamir açıklayıcı ve uzlaşmacı bir dille konuşsa da, Nil öfkesine yenik düşüyordu. "İnanmayacağım sana! İlk uçakla İstanbul'a dönüyorum ben, annemin yanına!"

"Bu öfkeyle bindiğin uçağı düşürürsün." Düz bir sesle araya girdi Pars. Mübalağa yaptığını düşündüm.

Nil şokla ona döndüğünde, Pars gayet rahat görünüyordu. Kupasından bir yudum aldı ve aynı sakinlikle "İlaçlarını Soyhan'a geldiğin gün kullanmayı bıraktın, depoda yaptıklarını yapabilmenin sebebi bu. Bu yüzden önceden yoğun duygular içerisine girdiğinde dışarıya etki etmiyordun. Patlamaya hazır bir bomba gibisin," dedi. *Ne demek istiyor?*

Nil gözlerini kırpıştırdı bir süre, anlamak istercesine. Ardından bir şeyi fark etmiş gibi Pamir'e döndü. "Seni..." Bir şimşek, eve çok da uzak görünmeyen tepeye düştüğünde neredeyse yerimden sıçrayacaktım. Nil burnundan soludu, sakinleşmek için gözlerini kapattı. "İlaçlarımı kullanmayı bıraktım, bunu sen sağladın," dedi dişlerinin arasından.

"Acil durum olursa diye kullanmak için mi beni? Gerçekten joker hakkındım değil mi? Silahtım sana..."

"Yanlış anlaşılıyorum," dedi Pamir elini saçlarından geçirirken.

"Hak etmediğinden değil," dedi Pars.

"Eyvallah ya." Pamir'in sesinde ufak bir isyan tonlaması yatıyordu. Nil'e çaresiz gözlerle baktı. "Özel olarak konuşamaz mıyız?"

"Yeterince özel değil mi?" Nil ellerini kaldırarak etrafı gösterdi.

Pamir başıyla Pars'ın tarafını işaret etti. "Sence?"

Nil, Pars'a baktı. Ardından kollarını göğsünde birleştirdi ve aksi bir tavırla "Bence," dedi derin bir nefes almadan önce. "Hakkımda; benim bile bilmediğim birçok önemli şeyi, birçok hayati bilgiyi bilen bu yabancının bulunduğu odanın," diyerek Pars'ı, aynı Pamir'in az önce işaret ettiği gibi başıyla işaret etti. "Bizim konuşmamız için yeterince özel olduğunu düşünüyorum."

"Önemli bir noktaya parmak bastı," dedi Pars kupasındaki her neyse bir yudum alırken, mavilikleriyle Pamir'e alaycı bir bakış göndererek.

"Abicim sen sus bi' zaten ortalık karışık!" Tam olarak ne olduğunu bilmediğim gibi, Pamir'in hareketlerine de anlam yükleyemiyor ve bu tartışmaya dair bir tahmin yürütemiyordum. "Nil," diye devam etti Pamir. "Güzelim, bak... Çok farklı olayların içindeyiz. İşler bildiğin gibi değil."

"Niye bilmiyorum o zaman ben o işleri? Madem içindeyim?"

"Niye bilmiyor?" diye sordu Pars, kalçasını yasladığı masaya kupasını bırakırken. Bacaklarını çaprazladı. "Madem içinde?"

Pamir, Pars'a ters bir bakış attı o an. Pars sanki bu sessiz bakışmadan anlayacağını anlamış gibi, ilk kez sıkıntıyla başını yana çevirdi ve memnuniyetsiz bir ifadeyle dudaklarını birbirine bastırdı. Pamir ne demek istemişti?

Herkes ne demek istiyordu?

"Sana her şeyi, seni olman gereken yere götürdüğümde anlatacaktım," diye kendini açıkladı Pamir. "Ama oradan önce, Soyhan'a uğramamız gerekti ve olaylar bu şekilde gelişti. İlaçlarını kesmeni ben sağladım, evet ama bunun sebebi seni dolu bir silah gibi arka cebimde taşımak istemem değildi; kendi güvenliğin içindi. Seni koruyabildiğim yere kadar korurum, canım pahasına... Bunu biliyorsun. Bunu herkesten iyi sen biliyorsun Nil. Bilmiyorsan da kalan hayatımı bunu bilmen için harcayacağım. Ama nihayetinde ben de bir insanım, öldürülebilirim; başıma bir şey gelebilir... Eğitimimi tamamlamadım. Ve sen o zaman açık hedef hâline gelirsin. Kendi gücünden habersiz, hapsedilmesi ve kullanılması kolay biri... Bunu istemedim."

Nil'in gözleri ne zaman sulanmıştı bilmiyordum ama alt dudağını dişlerinin arasına almış, parıldayan gözlerle karşısındaki adama bakışından; az önce ona inanmayacağını haykırsa da, aslında tüm kalbiyle inandığını görebiliyordum. "Eğer öleceğin bir ihtimal varsa bu şehirde, bu kadar tehlikeliyse burası, biz neden buraya geldik? Anlamıyorum!"

"Tehlikeli olan burası değil Nil, her yer... Şimdilik öyle. Neden buraya döndüğümüzü mü soruyorsun? Geçen seferki partiyi hatırla," dedi Pamir. Aklım direkt olarak, onlarla tanıştığım partiye gitmişti. "Almamız gereken bir şey var demiştim ama daha sonra ne olduğunu söylememiştim, konu kaynamıştı. Seni götüreceğim yere gitmek için bilet ve adresi aldım."

"Bir partide?" Nil, şaşkınlık içerisindeydi. "Yanılıyorsam düzelt ama bilet dediğinde internetten ya da gişelerden alınır!"

"*Sapphire*'e değil," dedi Pars, bir kez daha bölerek.

Nil'in kaşları merakla çatıldı. "Orası neresi?"

"Bir yer," dedi Pars, nereden çıkardığını bilmediğim bir dal sigarayı dudaklarının arasına kondurmuş yakıyordu. Daha sonra bir nefes çekti içine.

"Çok yardımcı oldun," dedi Nil ekşi bir suratla. "*Sapphire* deyince aklıma sadece şu ünlü kolejler geliyor ama onlar direkt Safir diye okunmuyor mu? Bana doğru düzgün cevap ver, çarparım seni."

Pars neye uğradığını şaşırmış bir şekilde kaşlarını çattı ve yüzünü buruşturdu. "Şaka mı bu şimdi?"

"Deneyelim istersen..." Nil kollarını sıvadığı an, istemsizce dudaklarım kıvrıldı ve bir gülüş yerleşti yüzüme. Bu kızı seviyordum. Her ne kadar Pars üflese uçacakmış gibi dursa da cesurdu ve mücadeleye her zaman vardı. Hep böyle miydi bilmiyordum ama söyleyeceğini söylemekten geri durmuyordu.

"Siz özel mi konuşacaktınız ya ben terasa çıkayım," diye mırıldandı Pars, masanın üzerindeki kupayı eline alıp salona yönelirken ama Pamir devam ettiğinde ona bir bakış attı ve yerinde sabit kaldı.

"Sen zahmet etme, biz çıkalım," dedi Pamir o sırada, Nil'e doğru bir adım atıp ona beklenti dolu gözlerle bakarken ama Nil itaat edecekmiş gibi durmuyordu. Kollarını göğsünde birleştirdi ve "Liva'ya bakacağım. Tıp okuyan arkadaşınız nerede kaldı?" diye sordu.

"Ciddi misin?" Pamir şokla ona bakakaldı.

"Ciddiyim, niye şaşırdın?" diye sordu Nil. "Şu an seninle konuşmak istemiyorum. Evet, seninle konuşmak için yalnız kalmaya ihtiyacımız var. Ama ben şu an seninle yalnız kalmak da istemiyorum Pamir. Öldürebilirim çünkü ben seni. O zaman ne olur biliyor musun? Daha çok öfkelenirim. Çünkü ölürsün. Anlıyor musun beni? Bu ne işimize yarar?" Gözlerini sevgilisinden, Pars'a çevirdi. "Ben Liva'ya bakacağım."

"Gerek yok," dedi Pars, kenardaki küllüğü çekti ve sigarasının külünü döktü. Onun hareketlerini incelerken nefesimi tuttuğumu o ana kadar fark etmemiştim. Ardından başını bile kaldırmadan, beni şoke eden sözcükler döküldü ağzından. "Son on dakikadır merdivenin basamaklarına oturmuş tartışmanızı izliyor."

Şaşkınlığın sivri uçlu iğneleri midemi delip geçerken saniyede on göz kırpıştırma gücüyle Nil'e döndüğümde, aynı şaşkınlıkla o da bana bakıyordu. "Ne zaman uyandın?" diye sordu elini ağzına götürürken. Şaşkınlıktan gözleri fal taşı gibi açılmıştı. "İyi misin? Neden ayaktasın? Neden buradasın?"

Nil sanki bana hiç, insanlık yaparak iyi olup olmadığımı sormamış gibi Pars'a baktığımda yarısını içtiği sigarasını küllüğe bastırdığını gördüm. İçimde tarifi mümkün olmayan bir öfke vardı ona karşı ama bunun sebebinin ne olduğunu bilmiyordum, yalnızca rahatsız hissediyordum. Bu yüzden beni ne zaman ve nasıl fark ettiği konusundaki şaşkınlığım sanki yüzümden okunmuyormuş gibi bir de dile getirerek onu övmek istemiyordum.

"İyiyim, biraz önce uyandım," dedim ama Nil'e değil, Pars'a bakarken cevapladım. Nil şaşkınlığını üzerinden atabilmiş olabilirdi ama ben atamamıştım ve duygu durumumu belli etmiyor olmam gözlerimi mavi okyanuslardan çekebilecek güce sahip olduğum anlamına gelmiyordu.

"Kanaman yok mu senin? Liva ben seni..." Nil kendini durdurdu, göğsü şiddetle inip kalkıyordu. "Nasıl merdivenlere oturabilirsin? Yaralısın sen..."

"Oturmaması gerekiyordu," diye araya girdi Pars, ne zaman hareket ettiğini anlamamıştım ama bir anda yanımdaydı. Ben onun yanıma gelişini hazmedemeden kollarından birini bacaklarımın altından, diğerini sırtımdan geçirip beni kucağına aldığında şaşkınlıkla "Ayaklarım sağlam, yürüyebiliyorum ben!" dedim ellerim omuzlarına yerleşirken. Tutunmam gerekiyordu.

Soluduğumun da oksijen olması gerekiyordu mesela, onun kokusu değil. *Konumuz da bu değil.*

"Aklın konusunda da aynı şeyi söyleyebilseydim, ayaklarına bir şans verirdim. Ama sen sanki açık bir yaran yokmuşçasına köşeye geçip film izler gibi tartışma izlemeyi tercih ettin." O bana bakmıyordu ama ben sert çenesine bakıyordum. Salondan içeri girdi ve ilerledi, ardından beni yavaşça koltuğa yatırdı.

"Neyden bahsettiğinizi a... Anlamadım," diye mırıldandım yutkunarak. Pars haklıydı, aptallık etmiştim. Canım acıyordu... Acı eşiğim yüksek olsa da dayanamayacağım kadar çok acım vardı ve bu konuşma kabiliyetimi de etkiliyordu. "Ne hakkında konuşuyordunuz? Ben baygınken bir şeyler mi oldu?" Farkındalık yeni çarpıyordu zihnimin kıyılarına. *Sahi ben nasıl kaybetmiştim bilincimi? Yaralandığımda mı? Peki... Ne zaman yaralanmıştım? Ve nasıl?*

"Liva, çok... *Çok* özür dilerim," diye araya girdi Nil o sırada. Eğilip elimi avuçlarının arasına aldı. "Lütfen beni affet. Seni incitmek istemedim. Kötü adamları incitmek istedim." Ardından ters bir bakış attı Pars'a. "Kötü adamları da incitmek istedim sadece, öldürmek değil."

"Bence sen o an herkesi incitmek istedin," dedi Pars. "En çok da..."

"*Beni*. Tamam, anladık, suçluyum," diye araya girdi Pamir, burun kemerini sıkarak. "Ama çok merak ediyorum benim *anlık* gelişen planım olmasaydı şu an hangimizin cenazesini kaldırıyorduk?"

Pars soğuk ve sert ifadesini korudu. "Tolga'nın."

"Neyi bekledin o zaman? Herif karşındaydı," dedi Pamir yargılar bir tonla, kollarını göğsünde birleştirerek.

Pars ise gözlerini kaçırdı. "Dikkatim dağılmıştı."

Sanki bana bakması için inatla çekmiyordum yüzünden bakışlarımı, en sonunda çoktan farkında ve pes etmiş gibi maviliklerini bana çevirdiğinde göz göze geldik. *Pamir ne yapmıştı ve Pars'ın neden dikkati dağılmıştı?*

Ama o an, ağzımdan başka bir soru çıktı. Nil'e döndüm. "Beni sen mi yaraladın?"

Nil sertçe yutkundu, gözlerinde onaylar bir ifade vardı. Tutuşu gevşediğinde, elim elinden koltuğa düştü. "Kazaydı..."

"Üzülme, kaza olduğuna inanıyorum," diye mırıldandım başımı hafifçe kaldırıp kan olmuş bandaja bakarken. "Zaten çok da önemli değil, geçip bir köşeye tartışmanızın bitmesini beklediğime göre..."

"Geçip bir köşeye, tartışmalarının bitmesini beklediğine göre dikkatsiz ve mantıksız davranmış oluyorsun. Bu yaralanmış olduğun gerçeğini hafifletmiyor, yaranı tedavi de etmiyor," dedi Pars sert bir sesle. "Bandajı değiştireceğim. Oğuz gelene kadar yarayı kapalı ve steril tutmalıyız. Sakın doğrulmaya çalışma, hemen geliyorum."

Pars'ın sarkastik kişiliği ya da sözleri değil de, hafızamdaki boşluk canımı sıkıyordu. Temiz bandaj getirmek için salonu terk ettiğinde, "Neler oluyor?" diye sordum ve gözlerimi bir cevap ararcasına Nil'in hüzün çökmüş suçluluk dolu gözlerine ve kollarını göğsünde birleştirmiş, bir kaya gibi dikilen Pamir'e çevirdim. "Biriniz cevap vermeyi düşünüyor mu?"

Kanın ne kadar kırmızı, ne kadar koyu, ne kadar yoğun olduğunu unutmuştum. Refleks olarak elimi cebime atsam da yara bandı ya da onun gibi bir şey yoktu, zaten olsa da şu durumda işe yaramazdı. *Açık yara*, demişti Pars. *Açık yaralar, yara bandı tutmaz.* Kan gördüğüm her yere bant yapıştırmayı bana annem öğretmişti.

Ama bazı yaralardan kan akmazdı.

Ve kanamayan yaralar, en çok acıtanlardı.

"Hiçbir şey hatırlamıyor musun?" Soruyu soran Nil'di.

"Yani... En son... Kafedeydik," diye mırıldandım hafızamı zorlarken. "Sonra sen kaçırıldın. Tolga... Ve depodaydık. Şu bıçaklı oyun." Biraz daha fazlasının gelmesi için bekledim ama tık yoktu. "Sanırım bu kadar."

•

"Konuşulanları ve sonrasında olanları hatırlamıyor musun?" Nil'in şaşkınlıktan gözleri kocaman olmuştu. *Gerçekten kilit noktaları hatırlamıyor olmalıydım.*

Kafamı olumsuz anlamda salladım. Yağız ve Naz'ın da bizimle birlikte olduğunu hatırlıyordum ama açıktı ki şu an burada değillerdi.

"Buraya dün gece geldik, gerçi... Sabaha karşıydı. Son iki saattir uyuyorsun. Pars, kesiğin hayati olmadığını söyledi ama o kadar gergindi ki öldün sandım. *O kadar* gergindi. Nefesini kontrol edip durdum... Başında bekledim. Rüya görüyordun sanırım, bir şeyler mırıldanıyordun ama anlaşılmıyordu." Başıyla belimi işaret etti. "Çok kan kaybettin, bilincinin yerinde olmasına şaşıyorum ama şükrediyorum bir yandan da."

Çok gerçekçi bir rüya gördüğümü hatırlıyordum ama zaman geçtikçe daha da unutuyordum. Rüyalar nankördü.

"Pars'la konuşmalısın," dedi Pamir. "Bizim bir şey anlatmamız doğru olmaz. O seni daha uzun süredir tanıyor."

Ona gergin bir bakış fırlattım, Nil'le tartışmasından ona bir şey yaptığını anlamıştım ama ne yaptığı konusunda bir fikrim yoktu. Bir yanım, onun Nil'e zarar vermeyeceğini düşünürken bir yanım onu tanımadığım için erken konuştuğumu söylüyordu. Ama gözlerini görmüştüm; gözlerinin yanındaki uzun kahverengi saçlı, siyahlar içinde kalmış kıza nasıl baktığını... Güzel bakan adam, üzer miydi? Belki bilinçsizce... İstemeden...

Kendi gücünden habersiz, hapsedilmesi ve kullanılması kolay biri... Pamir'in sözleri bir şimşek gibi beynimde çaktı ama yaprak kımıldamadı. Ne demek istediği hakkında bir fikrim yoktu.

"Ben yiyecek bir şeyler hazırlayacağım sana," dedi Nil ve ben ona itiraz edemeden salonun çıkışına yürümeye başladı.

"Ne yaptın ona?"dedim Pamir'e doğru bakarak.

Pamir, kayadan sert ifadesiyle yüzüme baktığında neredeyse sorduğuma pişman hissediyordum. Beni dövmezdi, değil mi? Herkesi dövebilecekmiş gibi bakıyordu. Belki Pars'ı döverdi. *Hayır.* Pars'ı dövemezdi. Pars'la yalnızca *dövüşebilirdi.*

"Yapabileceğim en kötü şeyi yaptım," dedi Pamir. "Doğruları ve gerçekleri ondan sakladım."

"Farkında olman iyi bir şey." Her ne kadar, neden bahsettiğini bilmiyor olsam da... "Peki şimdi ne yapmayı düşünüyorsun?"

"Cevapları ona vermeyi."

"Neden bunca zaman sakladın ve şimdi bir şeyler sakladığın ortaya çıktı diye her şeyi vermeye isteklisin?"

"Güvenliği için," diye klişe ama arkasında çok büyük bir tehlike ve kaos barındırabilecek bir cevap verdi Pamir. "Şimdi bir şeyler sakladığım ortaya çıktı diye her şeyin cevabını vermeye istekli değilim, zaten konuşacaktım. Fakat zamanı değildi. Zamansız bilgiler ortalığı karıştırır, bu da onun canını tehlikeye atar. Olay benim istekli olup olmamam değil."

Birkaç saniye sert ifadesini inceledim. Ona inanıyordum, niyetine ve dürüst olduğuna ama yaptığı hoşuma gitmemişti. Kimsenin hoşuna gitmezdi.

"Beni anlıyorsun, değil mi Liva?" diye sordu Pamir. Doğrusu, bana böyle bir soru sormasını beklemiyordum. "Bunu yapmak istediğimden değil zorunda olduğumdan yaptığımı. Elimde olmadığını... Anlıyorsun değil mi?" Gözleri kısıldı, dudaklarını ıslattı, bakışlarını kaçırdı. "En başa dönsek, yine aynısını yapardım. Zamanını bekler ve saklardım. Ve o depoda yaptığım... Pişman değilim."

Kurumuş dudaklarımı ıslattım. "Anlıyorum," dedim düz bir sesle. *Hayır, anlamıyordum.* "Ama kendimi Nil'in yerine koyuyorum... Depoda ne oldu ve nasıl yaralandım, sen ona tam olarak ne yaptın bilmesem de... Affedemezdim," diye devam ettim başımı iki yana sallayarak. Pamir bana değil, salonun sonuna bakıyordu. "Siz iki sevgili, ayrılacak değilsiniz... Yeterince seviyorsanız birbirinizi... Ama sevgi her şeyin üstesinden gelemez, insanlar kendilerine yapılan şeyleri aşarlar belki ama af ayrı bir şey. Yolunuza devam etseniz bile, sen ona yalan söyledin ve gerçekleri sakladın. Hayatının sonuna dek bu yaptığını unutmayacak. Sen onu *acaba*'lara mahkûm bıraktın."

Salonun girişinde duyduğum adım sesleriyle konu dağıldı. Pars, elinde sağlık kitiyle dönmüştü. Pamir hiçbir şey söylemeden salonun dışına ilerlerken Pars ona ters bir bakış attı ama bu Pamir'in umurunda olmadı. *Bozuşmuşlar mıydı?*

Sanırım öyle olmuştu.

Peki konu neydi?

Pars, sağlık kitini yere bıraktıktan sonra arkamdaki yastığı alıp sırtıma elini yasladı ve "Biraz doğrulur musun?" diye sordu. Yavaşça pozisyonunu düzelttiği yastığa sırtımı yasladım ve kan olmuş tişörtü kaldırarak kıpkırmızı bandaja baktım. Pars da bandaja gergin bir bakış atmıştı.

"Ölecek miyim doktor?" diye sordum şakayla karışık ama bana bakmadı. Olabildiğince ciddi görünüyordu, yaram ölümcül olmasa da ciddiye aldığı belliydi.

Bir süre bandaja, donmuş gözlerini diktikten sonra koyulaşmış maviliklerini gözlerime çıkardı ve ardından kaçırdı. *Ne?* Şaka yapmak istemiştim. Ortam çok gergindi. Üstelik zaten acıtan, açık bir yaraya sahipken benim için işleri hiç de kolaylaştırmıyordu.

"Steril bir dikiş yerine yara bantlarıyla kapatmaya çalışırsak, teorik olarak evet, enfeksiyon kapar ve ölürsün." Ellerine bir çift beyaz eldiven geçirdi. "Ayrıca izi kalır." Sağlık kitinin içi doluydu ama eğilemediğim için çok bir şey görememiştim. "Kimse yaralarının izlerini üzerinde taşımak istemez."

Yara bantlarından bahseden kim? "Sana ne?" diye söylendim bu kez yemi yutarak rahatlamasını dilerken içimden. "Belki ben yüzüm gözüm yara izi olsun istiyorum? Aldığım her yarayı hatırlamak istiyorum belki ben?"

"Ateş senin kafana vurdu, bu yüzden saçmalıyorsun. Tam da bu yüzden bu raddede sana fikrini sormayı kesiyorum Liva, en azından sağlığın ve güvenliğin konusunda," diye homurdanarak sağlık kitine döndü. "Yüzü gözü yara olsun istiyormuşmuş... Yara bandı edebiyatına bak." Koltuğun kenarına oturdu.

"Yara bandı edebiyatı mı?" Gözlerimi kısarak sordum. "Bazen çok ekstrem şeyler söylüyorsun."

"Sen de bazen hiç söylememen gereken şeyler söylüyorsun."

"Neymiş onlar?" Kaşlarım havalanırken, merakla sordum.

Sorumu duymazdan gelerek "Sadece bu da değil," diye devam etti lafına. "Yapmaman gereken şeyler yapıyorsun, karışmaman gereken işlere karışıyorsun... Sen hayatını..."

Göz göze geldik, lafını kesti. "Sen hayatını çöp kovasında mı buldun Liva da bu kadar değersiz senin için yaşamak?"

Alay eder bir şekilde güldüm. "Küçük bir kesik beni öldürmez. Tamam çok kanamış olabilir ama gördüğün üzere yaşıyorum ve Oğuz diktiğinde..."

"Bahsettiğim, belinde ve küçük diye küçümsediğin kesik değil."

Gök bir anda yarılırcasına gürlediğinde mutfağın oradaki açık büyük pencereye bir bakış attım ve etrafı süzdüm. Ağaç dalları koparcasına savruluyordu. Pars'ın bahsettiği her ne ise hâlâ yarı uykulu ve karmakarışık olduğumdan yeterince dikkat kesilememiştim. "Burası neresi?"

"Soyhan."

Şaşırmamıştım. Elbette öyleydi. Neden şehir değiştirelimdi ki?

Bandajı dikkatlice çıkardı. Kesik gerçekten uzun ve derin görünüyordu. Bir sıvıyla ıslattığı bezle yaranın etrafını temizlemeye başladığında sızı katlandı. Ne yaptığımı bile anlamadan refleks olarak elimi koluna sarıp tırnaklarımı etine geçirdim.

"Acıyor mu?" Pars, tırnaklarımı geçirdiğim koluna baktı ve ardından göz göze geldik. Birden nabzım yükselmiş ve damarlarımın içindeki kan fokur fokur kaynamaya başlamıştı.

Aslında acıyor mu diye sormasına gerek yoktu, acıdığını biliyordu ve ben de bildiğini biliyordum. Pars Kalkavan'ın en çok bu yönünü seviyordum belki de; yeni yüzyılın masum silahlarından biri ateş edildiğinde, en derin sessizlikte bile kimin vurulduğunu fark edebiliyordu. Ne de olsa bazı yaralardan kan akmıyordu.

"Hayır." Yutkundum, dudaklarımı ıslatırken bakışlarımı kaçırdım. Bana aşağıdan bakarken gözleri olduğundan daha mavi görünüyordu.

"Öyleyse pençelerini etime geçirmek için fırsat kolluyorsun," diye mırıldandı ve işine devam etti. "İkinci bir diğer ihtimal de, yalan söylüyor olman tabii."

"Pençe değil, tırnaklarım," diye düzeltme ihtiyacı duydum ve elimi çektikten sonra koluna baktım. "Çizilmemiş bile..."

"Pençe," diye devam etti. "Kedilerin pençeleri olur."

Gözlerimi devirdim. Kedi saçmalığı devam ediyordu. "İsminin bir kedi türü olduğunu biliyorsun değil mi? Bu yüzden mi kedilerden hoşlanıyorsun? Daha önce hiç sahiplendin mi?"

Bana bir bakış attı, ardından önüne döndü. Yaranın etrafını tamamen temizledikten sonra temiz, büyük, beyaz bir bandaj yapıştırmıştı. Çıplak tenime değen parmakları, mideme oturan taşı açıklıyordu; kısa kestiği bakışları ise, içeride bir yerlerde hissettiğim sarsıntıyı.

"Sen varsın ya."

"Ha, ha." Sahte kahkahamla yüzümü buruşturdum. Silik bir gülüş geçti yüzünden.

Birkaç saniye boyunca sessizliğin içerisinde birbirimize baktık. Sessizlik ve mavilikler birleştiğinde, bir matkap gibi delindiğini hissediyordum göğüs kafesimin. "Bu ev kimin?"

"Bir tanıdığa ait."

"Neden hastaneye götürmedin beni?"

Gözleri kısıldı. Bunun tuzak bir soru olduğunu biliyormuşçasına birkaç hafta öncesini bana hatırlatırken çekinmemişti. "Haftalar önce hastaneye gitmemek için türlü türlü taklalar atan sendin. Geçerli bir sebebin olduğuna eminim."

Tam olarak ne zaman ve nasıl, saçlarından gelen şampuan kokusu burnuma doldu fark etmedim ama sanırım koltuğun kenarındaki bandaj destesini almak için uzandığındaydı. Dikkatimi çok çabuk dağıtmıştı. "Öyle mi? Gerçekten sadece bunun için mi?"

Pars, uzandığım koltuğun hemen kenarındaki alçak masaya oturduktan sonra dirseklerini dizlerine yasladı ve öne eğildi. "Bir de..." Dudaklarını ıslattı. "Kan örneği alırlar." Başını kaldırdığında, okyanus yeniden benimleydi. "Buna izin veremeyiz, değil mi?"

Veremeyiz.

Benim gitmek istememe sebebim de buydu. Eğer o zaman, arabadayken, arka koltukta ateşlendiğimde hastaneye gitseydim yaptıkları testlerde kan değerlerimde bir anormallik olduğu ortaya çıkardı ve Pars her şeyi öğrenirdi. Ama yaralandığımda bilincim yerinde değildi ve Pars istese beni çok kolay bir şekilde hastaneye götürürdü. Neden götürmemişti? Kan örneği almalarına izin vermeyeceğini söylerken neyi kastediyordu?

"Ne demek istiyorsun?"

Yalnızca üç saniye sürdü. Sorumdan sonra geçen üç saniyede kaşları çatıldı, gözlerimin içine baktı, bir şeylerin eksik olduğunu gördü ve surat ifadesi durgunlaştı. "Hatırlamıyorsun," diye fısıldadı kendi kendine.

Hatırlamıyordum. Hafızamı ne kadar zorlasam da hatırlamıyordum. *Lanet.*

"Ciddi misin?" diye sordu yeniden, elini saçlarından geçirdi sert bir hareketle. Şoka uğramıştı. "Gerçekten depoda olanları hatırlamıyor musun? Bu yüzden mi sakinsin? Bu yüzden mi..."

"Bu yüzden mi, ne?" Neden durmuştu? "Depoda ne oldu Pars?" Her ne olduysa, hatırlamıyor olmam büyük bir sorundu.

"Liva, ben..." Telefonu cebinde titreşmeye başladığında lafını kesti. Ayağa kalkıp telefonunun ekranını kontrol ederken "Pars?" diye sordum, şu an gidemezdi. "Pars, lütfen devam et."

"Üzgünüm, bu acil." Telefon ekranından ayırmadı gözlerini, bana bakmadı bile. Orada soru işaretlerinin kancaları göğsüme takılı sallanırken beni bıraktığında, salonu saniyeler içerisinde terk etmişti aramayı cevaplarken.

Öfkeyle yattığım yere sindim.

Nil, elinde beyaz bir kupa ve tabakla çıkageldi birkaç dakika sonra. "Tost yaptım sana sade, çay olarak da yaseminli yeşil çay vardı. Bu ev kime aitse çay zevki güzelmiş."

"Nil, o depoda ne oldu?" Doğrulmak için bir harekette bulunduğum sırada Nil tepsiyi bırakıp öne atıldı ve bana yardımcı oldu. "Lütfen..." Etrafa baktım. "Yağız ve Naz'ın da orada olduğunu hatırlıyorum. Onlar nereye gitti? Bizimle gelmediler mi?" Yağız'ın nereden çıktığı hakkında bir fikrim yoktu, Naz'ın da gelmemesine üzüldüğümü söyleyemezdim doğrusu.

Eğer depodaki adamlar yaralandıysa Tolga büyük ihtimalle kaçmıştı. Muhtemelen Yağız ve Naz'la da o sırada ayrılmıştık.

Bir an, Yağız ve Naz'ı aynı arabada hayal edemedim. İki ayrı kişilik. Ama tekrar ediyorum, zaten, en başta, Yağız'ın o depoda ne işi vardı ki?

Her ne konuşulmuşsa, her ne olmuşsa, hiçbirini hatırlamıyordum.

"Unutmanın ne kadar kötü bir his olduğunu biliyorum Liva ama hatırlamadıklarını sana anlatacak kişi ben değilim, Pamir haklı, Pars'la konuşsan daha iyi olur," dedi Nil mahcup bir sesle, az önce Pars'ın oturduğu alçak masanın köşesine otururken. "Lütfen sen de beni anla."

Nil tabağı ve bardağı elime verdikten sonra "Önce ye, sonra üzerini değiştiririz," diye mırıldandı. "Şimdi mutfakta çıkarttığım, üçüncü dünya savaşından kalma gibi duran dağınıklığı toplamaya gidiyorum."

Harika.

Kimsenin bana cevap vermeye niyeti yoktu, hatırlamadığım için şaşkına dönen Pars ise telefonuna gelen arama ile ortalıktan kaybolmuştu. Ne hissedeceğimi bilemez ve yaralı bir şekilde, tanımadığım birinin salonunda; tanımadığım birinin mutfağında hazırlanmış tost ve çayla birlikte yalnız bırakılmıştım.

Birkaç yudum çaydan sonra yiyemeyeceğimi düşündüğüm tostu tabağa geri bıraktım. Tabakla bardağı mutfak tezgâhına terk edip bir süre pencereden dışarıya bakarak zaman öldürmek istedim ama belimdeki kesik o kadar acıyordu ki ayakta uzun süre kalamıyordum.

Oğuz geldiğinde akşam olmak üzereydi. Gerçi gökyüzündeki koyu renkli bulutlar yüzünden öğlen vaktinde bile akşam olmak üzere olduğunu düşünüyordum.

Oğuz, koyu yeşil, kenarında yaramın içinde kalacağı kadar kestiği kumaşı belime bıraktığında hafifçe koltuğun sırtına doğru dönerek tepemde dikilenlere baktım. Henüz belki bir saat bile olmamıştı ama ben şimdiden yatmaktan çok sıkılmıştım.

Kesik ne kadar derindi bilmiyordum ama önceden kanadığı kesindi. Ani hareketlerimde ve doğrulup oturmaya çalıştığımda da acıyordu.

"Yeterince ışık var değil mi?" diye sordu Pars, kollarını göğsünde birleştirmiş gözünü bile kırpmadan Oğuz'un eldiven geçirdiği ellerini izliyordu. "Uyuştuğundan emin ol."

"Doğru yapacağım abi, bir sakin ol. Beni de geriyorsun," dedi Oğuz, Pars'a ters bir bakış atarken. "Liva hiçbir şey hissetmiyor, bölgesel anestezi iğnesi uyguladım."

"Göğsüme de mi batırsak şu iğneden?" diye homurdandı Nil. O an Oğuz dahil hepimiz ona baktık.

Kollarını göğsünde birleştirmiş, suratındaki soğuk ifadeyi bozmadan omuz silkti Nil. Gözleri boşluğa dalmıştı. "Sen benimle gelsene bir," dedi Pamir onun elini avucuna kaydırdığı gibi Nil'i salon dışına sürüklerken.

"Gelmiyorum."

"Ayakların öyle söylemiyor."

"Ayaklarımın ne dediği beni hiç ilgilendirmez. Bırak, gelmiyorum."

"Ağzından çıkan anlamsızlığı kulakların da duyuyor mu Nil?"

"Bu beni hiç ilgilendirmez... Bırak!"

Nil'in çığlığını duymamla eşzamanlı olarak Pamir'in onu kucakladığını gördüm, tam koridoru dönerlerken. Kızı omzuna attığı gibi kaçırmıştı.

"Hepsi öküz bunların," diye homurdandım kendime engel olmayarak. Nil'in yardım çığlığı salonda yankı bulurken ters ters Pars'a bakıyordum. "Nil, neden Pamir'e öfkeli? Ne oldu aralarında tam olarak?"

"Aile işlerine karışılmaz," dedi Pars basitçe.

Kaşlarım havalandı. "Onlar evli değiller. Alt tarafı sevgililer."

"Birinin ailen olması için, onunla kan bağının olması gerekmediği gibi evlilik de gerekmez Liva," dedi Pars düz bir sesle. Oğuz o sırada yarayı dikiyordu ve fazla odaklıydı, ben ise hiçbir şey hissetmediğimden rahat davranıyordum.

"Nil'i tanımıyorsun, ne istediğini bilemezsin."

"Aslına bakarsan ikisini de çok iyi tanıdığım söylenemez ama konuşmak için dilleri var, araya girmek kabalık olur." Kollarını göğsünde birleştirmiş, tepemde dikiliyor ve Oğuz'un ellerinden bir saniye ayırmıyordu gözlerini. "Mesela, seninle önemli bir konuda tartışırken araya hadsizin teki girse muhtemelen kafası onun için hiç de yavaş geçmeyecek saniyeler içerisinde yumruğum ve duvar arasında seker durur."

Oğuz büyülttüğü gözleriyle bir süre ellerini hareket ettirmeden yaranın etrafına örttüğü kumaşa bakakaldı.

"Şiddet yanlısısın, bu doğru değil," dedim her ne kadar bir başkasının, bizim aramızdaki tartışmayı bölse ne kadar rahatsız olacağımı bilsem de.

"Doğru zamanda uygulanacak şiddetin yanlısıyım, dünyada birçok olay oluyor ve bu olayların sebebi rezil insanlar, en başta laftan anlayacak kapasiteye sahip olsalardı ilkokulda öğretmenlerini dinler ve çiçek olur otururlardı." Samimilikten uzak, soğuk bir gülüş vardı yüzünde.

İyi konuşuyordu. "Konu nasıl buraya geldi? Ben seninle tartışsam ve sana kızgın olsam, sen beni isteğim dışında kucaklayıp çevredekilerden uzaklaştırsan; o sırada attığım yardım çığlığına koşan bir adam nasıl rezil bir insan olabilir? Olsa olsa cesur ve iyi biridir!"

"Seni asla incitmem ve istemediğin hiçbir şeyi yapmam," dedi Pars, bir an kollarını göğsünde bağlamış tepemdeydi ve diğer an ise ellerini koltuğun sırtlığına ve omzumun yanına dayamış bir şekilde üzerime eğilmişti. "Anlamadığın şey, iki sevgilinin arasında olan sorunu yine iki sevgilinin çözmesi gerektiği. Pamir, Nil'e zarar verecek biri değil; Nil de buna izin verecek kadar zayıf değil."

Dudaklarım düz bir çizgi hâlini aldı. "Pamir, bir erkek ve Nil'in iki katı. Nil, bir erkeğin fiziksel gücüne karşı çıkabilecek yeterlilikte değil eğer gizli bir süper gücü yoksa." Her ne kadar sözlerinde haklılık payı olsa da öfkelenmiştim ve öfkemin sebebi, onun haklı olması değildi.

"Onu tanımıyorsun," diyerek araya girdi Pars ama ben sözünü keserek "Ben de senin sevgilin değilim," diye devam ettim lafıma, üzerine basa basa. Anında yüz ifadesi gerilmiş ve mimikleri yok olmuştu. "Ben yardım çığlığı atıyorsam, gerçekten yardım istediğimdendir."

Senin yüzünden değil. Öyle bir senaryoyu düşünemiyordum bile. Pars bana asla zarar vermezdi, bunu söylemesine ya da kanıtlamasına gerek bile yoktu; biliyordum. Her ne kadar gerektiğinde şiddet kullanmaktan çekinmese de, sırf sözleriyle bir adamı bile bile ölüme yürütecek zekâya sahip olsa da bu gücünü asla benim üzerimde kullanmazdı. O iyi bir adamdı. Hayatını, büyük bir suç örgütünü çökertmek için harcıyordu. On dokuz yaşındaki bir genç kızın en kötü kâbusu olmak için değil.

Gözleri hafifçe kısıldı, dudaklarının kenarının kıvrılır gibi olduğunu gördüm ama bu bir halüsinasyondan ibaret de olabilirdi. Pars elini uzattığında bir tutam saçı kulağımın arkasına sıkıştırdı, bileğinden genzime dolan parfümü ve parmaklarının tenimde bıraktığı his beni sessizlik içinde boğuyordu. "Tartışmayı kazanmak için sonuna kadar gitmeni ve kararlılığını seviyorum ama sen de kabul etmelisin ki bazen hayır dediğin şeyleri yaptığımda, aslında çok daha fazlasını istiyor oluyorsun."

Elinin tersini yanağıma sürttü, ardından yeniden koltuğa yasladı elini. Çatık kaşlarım ve sert ifademle gözlerinin maviliğini izledim bir süre. "Halüsinasyon görüyorsun."

"Belki," dedi kafasını hafifçe eğerek. "Ama gördüğümüz yanlışlar, aslında görmek istediğimiz gerçekler değil midir biraz da?"

Gıcık, diye homurdandım içimden. Tartışmayı kazanmak için sonuna kadar giden ben miydim o muydu şimdi? Ne demek istiyordu? Gördüğü halüsinasyonun... Gerçek olmasını istediğini mi söylüyordu?

Olabilir miydi?

Yapma. Kalbime dokunma. Orada yaşamak istemezsin. Kimse sağ çıkamıyor.

Beni açıkça reddetmişti. Ben onu öpmüştüm. Kör sağır, belki de hayal dünyasında yüzerken; bir ihtimale tutunup da gururumu ayaklar altına almayacaktım.

"Abi ben işimi bitirip gidince mi devam etseniz?"

İkimiz de Oğuz'a baktık. "Senin burada olmamanı gerektiren bir şey yaptığımız ya da yapacağımız yok," dedim başımı yana çevirirken, saçlarım yüzüme dökülmüştü biraz. "Zorluk çıkarıyorsam kusura bakma." Koltuğun kumaşına fazla yakından bakıyordum sanki? Ama ona bakmak istemiyordum.

"Ne zorluğu... Gözüm kapalı dikerim."

"Şova gerek yok, doğru düzgün dik," dedi Pars geri çekilirken, Oğuz'un topladığı saçlarına bir bakış attı. "Yoksa ben seni at kuyruğundan duvara dikerim Oğuz. Dikerim derken, ne demek istediğimi anlıyorsun değil mi?"

Oğuz'un yutkunduğunu gördüm, saçlarımın arasından. "Peltekliğin mi tuttu abi..." Kocaman gözlerle bakıyordu Pars'a. "Yemin ederim bölüm profesörleri bu kadar korkutsa zavallı tıp öğrencilerini, fakültede adam kalmazdı."

2

İçine Tıkıldığın Kafes, Ciğerlerine Nefes

Oğuz geçmiş olsun dileyerek gittiğinde, Pars'la salonda yalnız kalmıştık. Her ne kadar hareket etmememi istese de doğrulmak için dirseklerimden destek aldığımda arkamdaki yastığı düzelterek yardımcı oldu.

"Bana neler döndüğünü anlatmayı düşünüyor musun?" diye sordum ona, geriye yaslanarak bakışlarımı üzerine çıkarırken. Alçak masanın kenarına oturduğunda yüzünü inceliyordum ama o güzel kafasının içinde neler düşündüğünü göremiyordum, düşünceler transparan değildi. Bunu isterdim. Pars Kalkavan'ın kafasının içini görmeyi.

"Anlatmayı düşünüyorum," dedi dirseklerini dizlerine yaslayarak öne eğilirken. "Ama nereden başlayacağım konusunda tereddütlerim var."

Gülecek gibi bir ifade kapladı yüzümü. "Gelişme görüyorum..."

Kaşlarını hafifçe çatarak, bana sözümün arkasındaki anlamı sorarcasına baktı.

"Yani senin, bana bir şeyleri anlatman konusunda... Gelişme var. Hatta direkt bir şeyleri anlatma olayı sana bir fonksiyon olarak daha yeni yüklenmiş olmalı," diye mırıldandım alayla.

"Neleri merak ettin ki?" Gözleri kısıldı, kafasını hafifçe yana eğmişti. *Gerçekten merak etmiş miydi bunu?*

"Olan bitenden öte... Daha ilk günden, elinde benimle ilgili bulabildiğin tüm bilgilerin olduğu bir dosya vardı. Bağış yaptığım barınaklardan, gittiğim okula ve aileme kadar her şeyi biliyordun. Başka biri olsa, bunun özel hayat olduğu bilinciyle, seni polise bile şikâyet edebilirdi."

"Elinde bana ait önemli bir eşya bulunan tanımadığım bir kız, barıma geliyor ve köstebeklik yaptığım kartelin başındaki adam taraftan ilgi çekici bulununca casusluk yapmayı kabul ediyor," dedi Pars, sesinde alaycı bir tonla. "Asıl geçmişini araştırmamam komik olmaz mıydı sence?"

Sorusunu duymazdan gelerek kanımı kaynatan soruyla devam ettim. "O USB'nin içinde ne vardı? Hiç öğrenemedim."

Pars durdu. Durgun bakışları yüzümde gezindi bir süre, ardından "Koordinatlar," dedi. "O gece beni Bahtiyar'ın adamları kovalıyordu, USB'den haberdar oldular bir şekilde. Ellerine geçse çok büyük açık vermiş olurduk."

Anladığımı belirtircesine kafamı salladım.

"Köksal Mendere," dedi Pars. "Sen haklıydın. Taylan'la bir geçmişleri var."

Devam etmesi için gözlerinin içine bakarken bakışlarım merak ve şaşkınlık doluydu. Aslında İrem'in babasının, Tolga'nın babası Taylan Arıkan'la tanıştığını öğrendiğimde buna ihtimal vermiş ve Köksal Bey'den Pars'a ben bahsetmiştim ama yine de tahminde bulunmak ve doğruyu öğrenmek farklı hissettiriyordu.

"İrem'in babası, bölge başsavcısı..." Alt dudağımı dişlerimin arasına aldım.

"Öyle," diye doğruladı Pars beni. "Ama sana söylemiştim, Ankara Emniyet Müdürü'nün bile Taylan'la bağlantısı var." Bunu daha önce de söylemişti ama her duyduğumda tüylerim ürperiyordu yine de. Kötü adamların ellerinin bu kadar ileriye uzanabiliyor olması korkunçtu.

"Bundan birkaç sene önce bir kereliğine yatırım yapmış," diye devam etti. "Köksal işten kârlı çıkmış ama devam etmek istememiş çünkü tam da savcılıkta yükseldiği, en ufak bir dedikodunun yoluna taş koyacağı zamanlarmış. Hiçbir zaman ortaklardan biri olmamış ama kartelin çamuru ayakkabısının altına bulaşmış bir kere."

Derin bir nefes aldı. "Her neyse, Taylan o zamanlar Köksal'ın yerine yatırımlarını kendi üzerine almayı teklif ediyor, karşılığında da kendi oğluyla İrem'in nişanlanmasını istiyor. Böylece oluşacak yeni servetlerini çocuklarının isimlerinin altında inşa edebileceklerini düşünüyorlar, o tarz bir bağ kuruyorlar. Basit bir kirli para aklama stratejisi. Köksal önce kabul ediyor, Taylan da bu sırada Tolga'nın aklına giriyor. Tolga'nın psikolojisi zaten iyi değil, bir de aklını İrem'le bozuyor. Birkaç sene içerisinde işler kirlileşiyor, Köksal da itibarı alıp başını gidince anlaşmayı bozmak istiyor."

"Tolga'nın psikolojisi zaten iyi değil derken ne demek istiyorsun?" O çocukta bir şeylerin yanlış olduğunu biliyordum ama yine de...

Pars, ona daha iyi bakabileceğim bir açıya girerek salonun ortasına yürüdüğünde gözlerim üzerinde dolaşıyordu. "Köksal'ın kartele bulaştığını zaten tahmin ediyorduk, yani bu bilgi sürpriz olmadı. Taylan'la çocuklarını evlendirmek için anlaşma yapmışlar, daha sonra da bozulmuş. Kimsenin haberi olmadan. Ama Tolga'nın İrem'e ilgisi barizdi."

"Evet, öyleydi hep," dedim onaylar bir ifadeyle.

"Tolga Arıkan... Kırmızı reçeteli ilaçlar kullanıyormuş uzun yıllardır. Çocukluğundan bu yana birçok psikolojik rahatsızlıkla uğraştığını öğrendik." Devam etmeden önce durdu, söyleyeceklerinden önce tepkimi yakalayabilmek için sanki gözlerimin içine bakıyordu. "Senin gittiğin doktor, Lamen Fettahoğlu, onun da doktoruydu."

Bir şok dalgası dudaklarımı derin bir nefes için aralarken boğazımın çizildiğini hissettim. Tolga bu yüzden mi benim Lamen Hanım'la neden görüştüğümü biliyordu? Her şeyi biliyordu. Bana şantaj bile yapmıştı. Dosyama nasıl erişebilmişti?

"Ve öldü." Yutkundum. İhtimaller oturduğum yerden kanıma adrenalin karıştırıyordu. "Tolga'yla bir ilgisi olduğunu mu düşünüyorsun?" Gerilmiştim. Birkaç saniye bekledim ama yalnızca pencerelere vuran yağmur sesiydi kulaklarıma ulaşan. "Bir şey söylemeyecek misin?"

"Fikrimi mi merak ediyorsun? Lamen'in ölümüyle kartelin bir ilgisinin olduğunu düşünmüyorum. Tabii ortada gerçekten ölen biri varsa."

Bu ihtimalin oluşturduğu yere çakılma hissi, şüphenin tohumlarını ekti göğsüme. "Nasıl bu kadar kesin konuşabiliyorsun?"

Gözlerini kaçırdı.

"Şunu yapma." Dişlerimi sıkarak oturduğum yerde söylendim. "Şunu yapma Pars! Lamen'in ölmediğini mi düşünüyorsun?"

"Sana biraz Lamen'den bahsetmeliyim Liva," dedi Pars dudaklarını ıslatırken. Devam etmesi için bekledim. "Lamen'in geçmişi... Tam bir kara delik. Kadın, Türkiye'ye gelmeden önce gizli bir kuruluşta psikiyatri üzerine hastalarına testler yapıyordu ama bunlar yasal değildi. Çalıştığı kuruluştan kaçıp Soyhan'a yerleşti ama ünü belli bir kesim tarafından biliniyordu, onunla çalışmak isteyen birine kim olduğunu ve potansiyelini de belli etmekten çekinmiyordu..."

"Ne demek istiyorsun?"

"Mesela, tecrübesi doğrultusunda bir insanın kafasıyla oynayabilir. Zihnine hiç gerçekleşmemiş anılar yükleyebilir ya da yaşanmış bir şeyleri unutturabilir," dedi Pars. Büyük bir şok dalgası eşliğinde fal taşı gibi açıldı gözlerim. "Evet, öyle. Çok daha fazlasını da yapabilir. Daha önce yaptığı oldu. Küçük bir kız çocuğuna travmasını unutturdu. Parası ödendiği sürece insanların isteklerini yerine getiriyordu."

"Böyle bir kadınla nasıl yollarımız kesişir? Ben sadece..." Gözlerimi kapattım. *Ben sadece, hasta olduğumu ve fazla yaşayamayacağım bilinciyle tedaviyi reddettim ve ötenazi talebinde bulundum. Lamen, benim aklımın yerinde olduğuna dair bir rapor yazacaktı ve seanslarımız sonuna kadar devam edecekti.*

"Sen sadece, ne?" Pars'ın, sözlerimi yarıda kesmeme izin vermeyeceğini ve unutturmayacağını biliyordum. Başımı kaldırıp ona öylece baktığımda, sanki cevap vermek istemediğimi sezmiş gibi şaşırdığım bir şey yaptı ve konuyu değiştirdi. "Maskeli daveti hatırlıyor musun?"

Kafamı salladım. "Ailenin evindeki. Dolunay da oradaydı, kız kardeşin."

Pars kafasını salladı. "O gece üzerine içki döktüğün ve içeride benim konuştuğum o adam, bilgi taciriydi."

Söylediklerini sindirmek, anlam yüklemek ve bağlantı kurmaya çalışmak oldukça zordu. "Bilgi taciri mi?" Pamir az önce, Nil'e açıklama yapmaya çalışırken bundan bahsediyordu.

"Pamir ve Nil bu yüzden o davetteydiler, o adamdan bir şeyler öğrenebilmek için."

O geceyi hatırladım. Bağış gecesiydi. Bahar balosundan çıkıp Pars'a katılmıştım, orada olmam planlı değildi. Pars içeri geçtiğimizde Nil'e sevgilisinin nerede olduğunu sormuştu ve Nil de agresif bir cevap vermişti çünkü kızgındı.

Nil sanki Pamir'e hep kızgındı.

Onu anlıyordum. Sevgilisi yakışıklı biriydi. Güneşin altında parlayan altın sarısı kumrallıkta saçlara sahipti, uzun boylu ve fitti. Nil bilmeliydi ki, kendisi de çok güzel bir kızdı; uzun bacakları ve parlak ipeksi saçları vardı.

Pars... Daha... *Farklıydı.* Bir kere saçları siyahtı. Güzel yüzünde bir çift okyanus taşıyordu. Bazen kirli sakal bırakıyordu ve çok yakışıyordu. Dövmelerini daha önce hiçbir yerde görmemiştim, sadece ona özel tasarlanmış gibiydiler. Tehlikeli görünüyordu çoğunlukla. Ve aksine güvenilir... Muhtemelen en çekici yanı buydu. Ses tonu... Gürültüden ve kalabalıktan hoşlanmazdım, zaten bu ikili mıknatıs gibi birbirlerini takip ederlerdi ama Pars Kalkavan hiç susmasa, nerede olursa olsun, küçük bir çocuğun masal dinlediği gibi dinlerdim onu.

Her konuyu, sorulan her soruyu, verdiğim her cevabı ve hatta tereddütlerimi bile dönüp dolaştırıp ona çıkartıyor olmam son zamanlarda kazandığım inanılmaz bir özellikti. İnanılmaz olması, tamamen kendimin bu duruma düştüğüme inanamıyor olmamdan kaynaklanıyordu tabii; kelimenin tam anlamıyla.

O an salonun girişinde adım sesleri duydum, Nil önden içeri girdiğinde arkasından Pamir ağır adımlarla bu tarafa bir bakış attı. "Nil," dedi Nil'e bakarken ama ona hitaben konuşmuyordu. Bana döndü. "Hafızasını kaybetmeden önce nadir görülen kanser türü bir hastalıkla uğraşıyordu. Vücudunda morluklar görülmeye başlanmıştı, bağışıklık sistemi iflas etmişti. Hafızasını kaybettikten sonra hastanede tedavi görmeye başladı, kullandığı bazı ilaçlar vardı. Morluklar görülmüyor ama henüz atlatabilmiş değil. O yüzden bir doktorla görüşmeye gideceğiz, yurt dışına."

Morluklar mı? Pars'a baktım, kafasını salladı.

Nil araya girdi. "Ne zaman gidiyoruz?"

Nil ve Pamir'in içeride neyi halledip halletmediklerini bilmiyordum ama kesinlikle Nil sakinleşmişti.

O an Pamir ve Pars arasında çok kısa, anlık bir bakışma oldu. Ardından Pamir, gözlerini Pars'tan kaçırarak tekrar Nil'e döndü ve "Yakında," diye cevapladı sorusunu. "Çok yakında."

"Yani daha buradayız..." Seslice nefes verdi Nil.

"Neden?" Pamir kaşlarını kaldırmıştı. "Soyhan'da olmak hoşuna gidiyor sanıyordum."

"Nasıl hoşuma gidebilir? Bu kafayla?" Yumruk yaptığı elini hafifçe kafasına vurdu Nil. Sesi öfke doluydu. "Farkında mısın bilmiyorum ama hayatımın %90'ını geçirdiğim şehir bana tamamen yabancı. Yolda yürürken ya da bir kafeye girdiğimizde bakan insanlar oluyor, önceden tanışıyor muyduk ve kabalık mı ediyorum bilmiyorum, hatırlamaya çalışıyorum ama sadece başım ağrıyor. Sen de başımı ağrıtıyorsun Pamir. Kullanmam gereken ilaçlar sürekli değişiyor. Bir gün bir avuç hap yutarken bir gün çıkıp bunları kullanmana gerek yok diyorsun, ertesi gün kaçırılıyorum, normal bir öfke patlaması yaşıyorum sanırken de bıçaklar etraftakilere saplanıyor ve deponun çatısı uçuyor... Nasıl hoşuma gidebilir ki burada olmak? Nasıl? Senin hoşuna gidiyor mu bu durum gerçekten?"

Nabzımın atışını kulağımın dibinde duyuyordum. Avuçiçlerim karıncalanmaya başlamıştı. Nil neler söylüyordu öyle? Bıçaklar nasıl etraftakilere saplanmıştı? Deponun çatısı nasıl uçmuştu? Fırtına mı çıkmıştı?

Uzandığım yerde hafifçe doğrulmak istediğimde henüz yeni dikiş atılmış yaram tekrar acımaya başladı, anestezinin etkisi geçiyordu. Acıyı yutup sırtımı sakince arkamda duran dikleştirdiğim yastığa yasladığımda Pars bu tarafa yürüyordu. "Ne demek istiyor?" diye sordum yutkunmaya çalışırken. "Ne oldu o depoda?"

"Bu şekilde ani hareketlerde bulunamazsın." Pars ellerini omuzlarıma yerleştirip beni tekrar yatırmaya çalıştığında kollarından tuttum ve "Hayır," diyerek ellerini ittirmeye çalıştım. "Ne oldu o depoda Pars?"

Nil ona "Geri çekil," diyene kadar öylece durup yüzüme bakmıştı. Sonunda Pars geri çekildiğinde Nil salonun ortasına doğru yürüdü ve salonun büyük pencerelerini açarak "Bu oluyor!" diye bağırdı.

Aynı anda salon ardı ardına parlayan şimşeklerle aydınlandı.

Gök gürültüsü hiç duymadığım kadar derinden geliyor, pencereye yakın duran Nil baştan aşağı içeri giren yağmurla ıslanıyor, rüzgâr içerideki bütün ısıyı tek kalemde silip atıyordu. "Böyle bir şeyi benden nasıl saklarsın! Bu benim bedenim! Hastalıksa o da benim! En kötüsü de beni bir silah olarak kullandın sen... Şarjörün hep dolu kalsın istedin ve bu yüzden beni yanında taşıdın! Tehlike anında da kullanırken gözünü bile kırpmadın! Lafım amacına değil, lafım... Lafım... Yapış biçimine!" Elleriyle agresifçe yüzünü sıvazlıyor, cümlelerini toparlamaya çalışıyordu. "Nefret ediyorum senden!"

"Bıraksaydım da başına mı inseydi o şerefsizin bıçağı? Ölse miydin Nil?" Pamir ona doğru birkaç adım atıp biraz uzağında durduğunda yağmur damlaları o kadar eğik yağıyordu ki Pamir bile ıslanmaya başlamıştı. "Geçmişine ufak bir gezi yapmak isteyen sendin! Buraya gelmeyi sen istedin! Sürekli hafızanı kaybedişini yüzüme vuruyorsun ama sen kendin bütün yaşananları hatırlamak istiyor musun ki Nil? İstiyor musun!"

"Ona ben karar veririm!" Nil'in sesi çatallaşmıştı. Ağlıyor muydu? "Hatırlamak istesem de istemesem de benim geçmişim ve benim geçmişim benim kafamın içinde olmalıydı! Benim! Anlıyor musun? İnsan bu kadar kolay unutamaz! Unutmamalı!"

Ufak bir parlamayla ışıklar gittiğinde önce bütün salon karanlığa gömüldü, ardından başka bir şimşeğin yakınlara düşmesiyle bütün salon saniyelik aydınlandı. Pars yanımda dikiliyor, içeri dolan fırtınadan ve anın gerginliğinden inip kalkan göğsüyle benim gibi yalnızca olanları izliyordu.

Sanki bunun olacağını biliyordu ve bekliyordu da, bu yüzdendi sakinliği.

Gözleri beni kontrol etmek istercesine üzerime çevrildiğinde, konuşulanlardan hiçbir şey anlamadığım için öylece yüzüne baktım.

"Ben hatırlamanı istemez miyim sanıyorsun?"

Pamir'in sesi, az önce bağırıp çağıran adama göre o kadar zayıf, o kadar güçsüz çıkmıştı ki bir an tüylerim diken diken oldu. Nil'in suratındaki yağmurun gizlediği o ekşi ifade de sönmeye başlamış gibiydi, artık çelik gibi sert görünmüyordu. İnip kalkan göğsü o kadar dalgalıydı ki küçük kalbinin göğüs kafesinde debelendiğini görebiliyordum. Serçeler, hepimizin göğüs kafesindelerdi... Ama bir yerlerde okumuştum, serçeler ağlayınca *ölürlerdi.*

Sevgi de ölür.

Cesedi bulunmaz.

"Başından sonuna dek, her bir saniyeyi, hayatına girip çıkmış her insanı; beni, *beni* ya beni! Hatırlamanı istemez miyim sanıyorsun?" Tekrar yükseldi Pamir'in sesi, belki bu öfke ateşini yakan Nil'di ama Pamir'in alevleri daha yükseğe uzanıyordu. Fırtına hafifledi ama asla sakinleşmedi. "Nasıl unutursun ya?" Bir adım attı ona doğru. "Nasıl unutursun beni, aklım almıyor benim!"

Nil'in suratı yeniden bozuldu, bir hıçkırık kaçtı dudaklarının arasından, dışarıdaki o gürültüye rağmen içeriden duyulan... "Unutmama izin vermişsin!"

"İzin falan vermedim! Ben sana o gün kafama da sıksalar yapma dedim!" Parmaklarıyla saç diplerini çekiştirdi, ardından "Allah kahretsin!" diye bağırdı yanındaki koltuğu tekmelerken. "Kahretsin!"

Bir an bir sessizlik oldu. *Ben sana o gün kafama sıksalar da yapma dedim!* O an anlamıştım, daha fazlası vardı. Nil her şeyi unutmuştu ve ona söylenilen her şey yalandı.

Daha fazlası vardı ve bunu tam olarak şu an fark ediyordu. Bizimle birlikte. Kendine en az, kaldırımdan geçen tanımadığı insanlar kadar yabancı biriydi ve bunun hissettirdiği çaresizlik, onu dizlerinin üzerinde yere çökertiyordu.

Önce elleriyle gözlerini kapattı Nil, göz kapaklarına bastırdı avuçlarını; kesik kesik nefesler alıyordu. Daha sonra burnunu çekti, elleri iki yanına düştü ve kafasını hafifçe eğerek Pamir'e baktı. Gözleri bir arkaya, bu tarafa, bir de Pamir'e değiyordu.

"Yalan söylüyorsunuz..." Artık hıçkıra hıçkıra ağlıyordu. "Yalan söylüyorsunuz siz bana... Başka şeyler oldu... Çok kötü şeyler..."

"Nil..." Pamir ona doğru birkaç adım attı. Bir elini saçlarından geçirerek saçlarını çekiştirmiş, daha sonra elleriyle yüzünü sıvazlamıştı. O da ne yapacağını bilemiyordu. Planlamış değildi sonuçta. Nasıl planlanırdı ki bu zaten? "Bak güzelim, gel buraya ne olursun, her şey düzelecek. Her şey iyi olacak. Yapma şunu."

Yapma şunu.

Gözlerime inanamadım.

Salon karanlığa bürünmüştü, daha iyi görebiliyorduk böylece. Nil'in vücudunda parlayıp kaybolan elektrik hüzmeleri net görülüyordu. Parmak uçlarından kollarına kadar, belinden göğsüne kadar, hatta boyun hattından kafasına doğru bile... *İnanamadım.*

Nefes borum darlaşmıştı sanki, gerçek değil gibiydi gördüklerim. Depoda olanlardan bir parça zihnimde parıldayıp kaybolmuştu. Nil'in iplerden kurtulup aynı karşımdaki gibi elektriklenişini hatırlıyordum, daha sonra camlar patlamıştı ve çatı uçmuştu. Pars'ın Pamir'e bağırdığını hatırlıyordum, daha sonra bir dönmüştüm ve Yağız ortalıkta yoktu. Bıçaklar etrafta süzülüp bizi tutan adamların gömleklerini kana bulamıştı, daha sonra belimin yanından akan sıvıyı hissetmiştim ve şiddetli rüzgârla kelimenin tam anlamıyla uçup kafamı sert bir yere çarpmıştım. Daha sonra uğultular vardı... *Ve sessizlik.*

Nil.

Bütün bunları o yapmıştı.

Pamir onu kızdırdığı için. *Onun için.* Hayır. *Onun yüzünden.*

Ve Pamir bunu biliyordu.

"Bana anlattıklarından gerçek olan tek bir şey söyle," diye fısıldadı Nil, o kadar kısık ve çatallı çıkmıştı ki sesi, dudaklarını zar zor okuyup anlayabilmiştim.

Pamir'in omuzları hızlı nefes alış verişleri yüzünden sertçe inip kalkarken bakışlarını kararsızca etrafta gezdirdi ve düşünmeye çalıştı.

Hadi ama... Ona söylediğiniz her şey yalan olamaz...

"Gömleğime yemek tepsini devirdin," dedi Pamir bir anda. "Okulda. Yemekhanedeydik. Gömleğime yemek tepsini devirdin. Hatırlıyor musun? Sana anlatmıştım. Tanıştığımız gün."

Nil kaşlarını çattı, daha sonra kesik nefesler aldı. "Sonra... Aynı masayı kapmışız seninle... Bahçede. Öğle arasında."

Hızlıca kafasını salladı Pamir. "Beni kovmuştun ama gitmemiştim. Bir ton laf etmiştin, ağzın iyi laf yapar bilirsin. Seviyordun ama çok da iyi bir oyuncuydun."

Kaşlarını çattı Nil. Burnunu çekti. "Sonra dediğin şey..."

"Buldun tabii benim gibi taş çocuğu, mideni değil gözünü mü doyuruyorsun?"

Pamir gülmeye çalışmıştı bunu söylerken ama Nil hâlâ inanamıyormuş gibi bakıyordu. "Gerçekten yaşandı mı bu?"

Pamir güldü ama endişeli bir gülüştü bu. "Yaşandı tabii! Sonradan üzerime kola dökmenden anlaşılmıyor mu? Kendi beceriksizliğin yüzünden beni röntgenlerken yakalanınca irkilip üzerine ayran döktün, ben gülünce de gelip kolayı devirdin leş ettin formamı. Nasıl? Aynı asabiyet, aynı hırçınlık. Hafızanı kaybetmiş olabilirsin ama huyun hiç değişmedi."

Dudaklarımı birbirine bastırdım. Kafedeyken Mira, onlardan bahsettiğinde çok basit bir tablo yerleşmişti gözümün önüne. Basitti işte. Nil güzeldi, Pamir yakışıklıydı. Okullarında popüler olmaması imkânsız iki kişilik. Birliktelikleri alınlarına yazılmış gibi gelmişti. Böyle bir kızla böyle bir erkeği dışarıda birlikte görseniz asla yadırgamazdınız işte. Ama işler o kadar kolay gitmişe benzemiyordu artık. Hatta öyle olmadığı belliydi. Bu basit bir hikâye değildi. Hiç öyle olmamıştı.

Pamir'in, Pars'ın arkadaşı olduğunu öğrendiğim gün anlamalıydım. Bir, *Kalkavan'ın hiçbir arkadaşı normal olmaz*. İki, *zaten Kalkavan'ın çok arkadaşı da olmaz.*

Yağmurun hafiflediğini fark ettim. Rüzgârın derin uğultusu pencereleri yerinden sökecekmiş gibi kulaklarımızı delmeyi bıraktı. Nil artık ıslanmıyordu en azından.

Pamir tek hareketle Nil'i göğsüne çekip kollarını etrafına sardığında daha fazla bakmaya dayanamayıp kafamı çevirdim ve kalkmak için ayaklarımı koltuktan aşağı sarkıttım. Belimdeki dikişler deli gibi acıtıyordu ama bu ikilinin içinde halletmesi gereken daha derin şeyler vardı ve bu gece benim sorularıma kimse cevap olamayacaktı. Kafa karışıklığım biraz rötar yiyebilirdi.

Pars, kalkmaya yeltenişimi fark ettiği an "At şu inadını artık bir kenara," diye homurdanarak seri bir hareketle beni kucağına aldı ve ben ağzımı açamadan salonun dışına doğru ilerlemeye başladı karanlıkta. Merdivenlere ulaşana dek Pamir'le Nil'i rahatsız etmemek adına bir şey söylemedim ama merdivenleri çıktığımızda ağzımın fermuarı da açılmıştı.

"Sen biliyor muydun?" diye sordum, beni indirmesini söylemek yerine. İndirmeyeceğini biliyordum. Zaten dikişler acıtıyordu ve Pars da beni dikkatlice taşıyordu. "Gerçi kime soruyorum... Bütün cevapların sahibisin ama henüz bir sorumu bile tam anlamıyla yanıtlamadın. Söylesene Pars, bana imza attırdığın gizlilik sözleşmesinin ne faydası var zaten hiçbir şey bilmiyorsam?"

"O sözleşmeyi sana güvenmediğim için imzalattırdığımı sanıyorsun." Tok sesi, birkaç saat önce terk ettiğim odanın kapısını açtıktan sonra içeri dolduğunda kulaklarım meraklı bir kedi gibi dikildi.

"Gerçek de bu değil mi zaten?"

Beni dikkatlice yatağa bırakırken bir elimle kolundan diğer elimle avucumu yasladığım yataktan destek alıyordum. Yatmayı reddederek hafifçe doğruldum ve sırtımı yasladım. Orada olduğunu bile bilmediğim, yatağın duvara yaslı başucundaki gece lambasını açtığında oda loş bir sarı ışıkla aydınlandı. Hiç beklemediğim bir şeyi yaparak yatağın kenarına oturmuştu. "Gerçekler yanıltıcı olabilir Liva," dedi tok bir sesle, ifademi izliyordu. "Benim gerçeklerim ise her zaman öyleler."

"Bence yanıltıcı olan sensin." Hızlı cevabıma tepki olarak kaşlarını çattı ama kara mizahım hoşuna gitmiş gibi dudaklarının kenarları da yukarı yönlenmişti. Gülüyor muydu? Böyle bir durumda gülüyor muydu? Artık ortamı yumuşatmak falan istemiyordum, artık öfkeliydim.

"Olan şeyi söyleyeyim," diyerek boğazımı temizledim. "Sen bir şeyler yapıyorsun. Ben bir şeyler soruyorum. Sen cevap vermiyorsun, ben de gördüklerime kılıf uydurup mantığımla oturtmaya çalışıyorum kafamdakileri yerli yerine. Sonuç? Ne zaman bir tespit yapsam bıyık altından gülüyorsun. Sonra da felsefe kitaplarından derlemelerle bir şekilde beni susturmayı beceriyorsun. Ben yine sorularıma cevap bulamamış oluyorum. Üstüne bir de kafam daha çok karışıyor. Güvenmiyorsan, gizlilik sözleşmesi imzaladığımı hatırlamalı ve sorularıma bir yerden cevap vermeye başlamalısın artık. Sözleşmenin geçerliliği olmadığından falan bahsediyorsan da, bu umurumda bile değil çünkü çoktan imzaladım. Gamze'ye de imzalatmışsın. Ona da mı cevap vermiyorsun böyle? Kızı kaçırıp fuhuşa zorluyorlar ve sen gizlilik anlaşması imzalattırıp üstüne bir de susuyor musun?"

Pars'ın kaşları beni anladığını ve hâlâ ciddiye almadığını belli eden bir ifadeyle havalandığında dudaklarını ıslattı ve kafasını sallarken "Birincisi," diyerek lafına başladı. "Sorduğun soruların çok fazla cevabı var Liva, bunu bilmelisin. Hepsi dokuz doğuruyor. Hangi kapıyı hangi kilit açar bilemiyorum. Bilgin olsun diye söylüyorum, felsefe kitaplarından şov yapmıyorum çünkü o kitaplardaki çoğu şeyi hatırlamam zaten imkânsız, hepsini çocukken okumuştum. İkincisi, o gün o evden çıkan kızlara imzalattığımız sözleşmeyle seninki aynı değil. Senin sözleşmenin bir hükmü yok, hatta merak ediyorsan imzaladığın gece zaten yırtıp attım."

"Yırtıp attın mı?" Gözlerim kocaman oldu. "O yüzden mi cevap vermiyorsun bana hâlâ? Sana inanamıyorum Pars ya! Nasıl yırtıp atarsın?"

Ellerini bacaklarımın iki yanından yatağa yaslayıp hafifçe üzerime eğildiğinde "Sakin ol," diye mırıldandı. "Zaten imzalamandaki amaç hiçbir zaman sözleşmenin kendisi olmadı. İmzanı temize çekmem gerekiyordu sadece."

Bütün öfkeli ifadem bir anda söndüğünde kafamda alarm sesleri çalıyordu. "Neden imzamı temize çekmeye ihtiyaç duydun? İmzamı mı taklit edeceksin? Ettin mi?"

Cevap vermedi. Yapmıştı.

Ne kadar çabalasam da ateşimi düşüremiyor, nefes alış verişlerimi düzenleyemiyordum. Gözlerinin içindeki mavilik koyulaşmıştı, okyanus yine çalkalanıyordu. Kayalıklara çarpan dalgalar lodos habercisiydi. "İmzamın ne hükmü var? Pars... Sen ne yaptın?"

Pars bir saniyeliğine gözlerini kapatıp kafasını aşağıya eğdi, ardından dilini dudaklarının üzerinde gezdirirken başını kaldırdı ve göz kapaklarını açtı. Kendini söyleyeceği şeye hazırlamıştı ve ben, bu hareketi ne zaman görsem, daha şemsiyemi açamadan doluya tutuluyordum. "Giray'ı birini kontrol etmesi için yolladığımda ne hâlde döndüğünü hatırlıyor musun?"

Gözlerinden gözlerimi çekmeden, bir dolu tereddütle kafamı salladım. Sadece, sessizce, gelecek şeyi bekliyordum.

"Üvey babanı araştırmak için gitmişti İstanbul'a. Saatler sonra o hâlde Şile-Gebze yoluna bırakıldı. Eli silah tutan kimse yakın atışta kalbi ıskalamaz Liva, bu açıkça beyaz bayrak görmek için ültimatom çekmektir," dedi düz bir sesle. "Giray'ı da o hâle getirmek için adamı silahsız ve savunmasız bir şekilde yirmi iyi yetiştirilmiş adamla aynı odaya kilitlemek gerekir, eklemem gerekirse."

Gözlerimi kapatıp dudaklarımı birbirine bastırdım ve bir anlığına zihnime dolan anılarımdan sıyrılmaya çalıştım. O adam, şu dünyada, saf nefret beslediğim tek insandı. Psikopatın tekiydi. Ruh hastasıydı. Annem öldükten sonra mirasa konup İstanbul'a kaçmış, yatırımlarıyla ünlü bir iş adamı olmuş, vicdanını rahatlatmak için bir de banka hesabıma para gönderiyordu. Ne halt yediği hiç umurumda değildi. Parasını da istemiyordum. Sadece yalnız kalmak istiyordum. Beni bıraksın istiyordum. Banka hesabımı da, zihnimi de, anılarımı da...

Kurumuş dudaklarımı ıslatmaya çalışırken başımı eğerek gözlerimi ondan kaçırdım. "Neden o adamı araştırmak için gitti Giray?"

"Muhasebecisinin cesedi yakın zamanda bir benzin varilinde bulundu. Polis dosyayı delil yetersizliğinden kapattı ama cinayeti kimin, neden işlediği güpegündüz açık. Peki ünlü, zengin bir iş adamı neden muhasebecisini öldürür?" Gözleri kısıldı, tahminde bulunmamı istiyordu.

"O adam psikopat," diye fısıldadım. "Zevkine bile yapmış olabilir. Hatta kendi elleriyle boğduysa hiç şaşırmam. Bir sebebe ihtiyacı yok."

"Adam kartelin ismi gizli tutulan ortaklarından birisi, Liva." Hiçbir tepki göstermediğim bu ufak bilgi, Pars'ın dudaklarından çıktığında tek yaptığım gözlerinin içine bakmak oldu. İrem'in babasının bu pis işlere bulaştığını duymak biraz şaşırtıcı olmuştu çünkü adam zengin bir savcıydı ve gelgitleri olsa da evinde duran ve de ailesinin iyiliğini isteyen bir babaydı ama o herif? *O herif?* Bir zamanlar aynı eve tıkıldığım o işe yaramaz herif? Mimik oynamamıştı suratımda. O herifle ilgili söylenilen hiçbir pislik beni şaşırtamazdı.

"Kartelden gelen para o kadar fazladır ki sayılamaz, kamyonlarla tartılır. Bu kadar nakdi aklama işi de yatırımcılara, broker'lara düşer. Adamın asıl muhasebecisi emekli olduktan sonra yerine gelen kadın, muhasebe kayıtlarından olayı çaktıktan sonra payını alıp susmak yerine polise gitmeyi tercih etmiş. Muhtemelen telefonu dinleniyordu çünkü karakola gitmek için çıktığı yolda son durağı benzin varili olmuş. Polis dosyayı açana kadar arabası hurdaya çıkmış bile, ki bu da delil yok etmede işleri hızlandırmaktan başka bir şey değil." Kafasını salladı ağır hareketlerle.

"Bu herifin burada..." Alttan bir bakış attıktan sonra gözlerini kaçırıp devam etti. "Soyhan'da yaşıyorken Zırh'a dövüşleri izlemek için geldiğini sanıyoruz. Annenin vefatından sonra mirasa konuyor ve muhtemelen tam da bu sıralarda Taylan'la tanışıyor. Taylan, mirası doğru kullanması için ortaklık teklif ediyor ve adam da İstanbul'a taşınıp katlanan parasıyla ne tesadüfse doğru zamanda doğru şirketten hisse alıyor."

Suratımı buruşturdum. "Vicdanını rahatlatmak için bana gönderdiği para bile kirli."

"İşin ilginç yanı ne biliyor musun?" Pars'ın kaşları kalkmıştı. "Adam kendisinin hasta olduğunu biliyordu, bu yüzden ismi çok tanıdık bir psikiyatristten bir süre tedavi gördü."

Şaka yapıyor olmalısın. "Lamen?"

"Aynen öyle."

Dehşetle kaplandı her yanım. "Bu kadın neden her yerden fırlıyor? Başka psikiyatrist mi yok? Neden herkes bu kadından tedavi görüyor?" Öfkeyle ellerimi havada sallamaya başladığımda kendime hâkim olmak adına gözlerimi kapatıp sakinleşmeye çalıştım. Yine soluklarım birbirine karışmıştı.

"Bir adım geri çekilip bütünüyle resme bakarsak, bu noktada... Tesadüf demek, hayalperestlik olur," diye mırıldandı Pars. "Hastaları onu seçmiyor Liva." Tepkimi izliyordu. "O hastalarını seçiyor."

Ne? Bunu daha önce hiç düşünmemiştim. Böyle bir şey mümkün olabilir miydi?

Alt katta inanılmaz bir kız var Liva, imkânsız şeylerin sınırlarını nasıl bilebilirsin ki?

"N... Nasıl yani? Doğru mu bu?" Ellerimle yüzümü sıvazladım. "Bu yüzden mi onun ölmediğini düşünüyorsun?"

"Ben sadece, tanıdığın Lamen'in, olduğunu düşündüğün kişiyle bir alakası olmadığını söylüyorum. Ve öyle biri, kendi ölümünü de planlama kapasitesine sahiptir."

"Pars..." Gözlerimi kırpıştırarak kafamı salladım ve düşünmeye çalıştım. "Bu kadının amacı ne?"

Seslice nefes verdi.

Kızıl, kabarık saçlı, gözlüklü o kadın... Ne zaman bir şeyler anlatsam, anlatmaya çalışsam, cevapların gözlerinin içinde yazdığını düşünürdüm ama bir anda bütün alfabe zihnimden silinirdi ve okuma bilmez olurdum. Ne anlatırsam anlatayım koşulsuz şartsız dinleyecek tek insandı ve son zamanlarda benim de onu anlamaya başladığımı düşünmeye başlamıştım. Nihayet rengârenk boyamaya başladığım tablomun üzerine bir kova kırmızı kan dökülmüştü o gece otoparkta. Neden insan ölürken yere devrilirdi? Sadece yerçekimi olamazdı insanı dizlerinin üzerine düşüren. Bu bir de hayat yenilgisiydi.

Ya da tiyatro sahnesi. Tıpkı Lamen'de olduğu gibi.

Yutkunarak Pars'a baktım. Yüzümü inceliyordu. Durgunlaşmıştı o da benim gibi. "Depoda başka bir şey oldu mu?"

Kaşları çatıldı. "Neden soruyorsun?"

"Kafamızın üzerinde bıçaklar vardı ve Tolga'nın ruh hâli de pek iyi değildi. Nil haklı, Tolga'yı İrem faktörü tetikledi. İrem'in söylediğine göre Kayra ondan Tolga'nın cebindeki telefonunu araklamasını istemiş. Sırf bu yüzden yaklaşmış Tolga'ya. İrem'in oyunculuğu pek iyi değildir, Tolga bunu öğrenmişse ve üstüne bir İrem'in Kayra'yla olan ilişkisini fark ettiyse delirmiştir." Seslice nefes verdim. "Hem, Pamir, Nil'in incinmesinden korktuğu için ipleri salmış değil mi? Ana fikir bu yani. Bütün o fırtına olayı falan... İş o raddeye gelene kadar birçok şey olmuş olmalı."

"Ve sen hiçbirini hatırlamıyorsun," diye mırıldandı Pars dalgınca.

"Hatırlamak... Ne zor eylemmiş." Ağzımın içinde geveledim lafı. Aşağıda olanları düşünmeye başlamıştım birden. Nil'in hiçbir şeyi hatırlamaması... Pamir'in patlaması...

"Aslında hatırladım," diye devam ettiğimde Pars dikkat kesildi. Yüzünden dalgalı bir ifade geçmişti ve neredeyse dehşetti bu. "Yani Nil'in o hâlini, uçan çatıyı, parçalanan pencereleri falan... Bir bıçağın belimi sıyırıp geçişini ve yere düşüp başımı çarpışımı. Ama sadece o kısmı."

"Nil'in aşağıdaki hâli anılarını tetiklemiş olmalı." Pars kafasını salladı.

"Yavaş yavaş hatırlayacağım yani?" Tek kaşımı kaldırdım. "Anlatmayacak mısın gerçekten?"

Pars sessiz kaldı.

İçime bir korku salınmıştı. Ne konuşulmuştu gerçekten? Neler olmuştu o depoda? Ne zaman hatırlayacaktım? Neden hem hatırlamayı, hem de sonsuza kadar unutmayı istiyordum? Hatırlamadığım bir şey üzerinde karar veremezdim değil mi? O zaman neden herkesin hafızasından silinsin istiyordum?

"Yatak kan olmuştu, çarşafları değiştirdim ama üzerindekileri değiştirmemişiz hâlâ," diye söylenerek ayağa kalktı Pars.

"Hâlâ neden imzamı taklit etme ihtiyacı duyduğunu söylemedin."

Kapıya doğru ilerlerken geçiştirerek cevapladı. "Uzun mesele. Onu da başka bir akşam anlatırım."

"Ha anlatacaksın yani?" Arkasından seslendim. "Hayret!" Güldüğünü duymuştum.

Nereye gitmişti ki?

Yaklaşık bir dakika sonra elinde gri bir eşofman, beyaz kısa kollu bir tişört ve siyah büyük bir kazakla geri döndü. "Bunları buldum."

"Büyükannemi aramam gerekiyor biliyorsun değil mi?" diye sordum getirdiklerini almak için eline uzanırken. "Teşekkürler."

"İrem'i arayıp büyükannenle konuşmasını söylemiştim."

Her ne kadar önce bu düşünceli davranışı sebebiyle ona şaşkınca bakakalsam da, daha sonra ifademi toparlayıp kafamı salladım. Pars çok zekiydi ve isteyince her detayı görebiliyordu.

Kıyafetlere bir bakış attıktan sonra basitçe tek başıma üzerimi değiştirme şansımı denemek için biraz daha oturur hâle gelmeye çalıştım ama yüzümü buruşturmamı engelleyememiştim. Aşağıda olanlardan sonra Nil'i çağıramayacağımı biliyordum. Üzerimdekilerle uyusam ne olurdu? Çok da iyi koktuklarını söyleyemezdim, sabahki kâbusumdan sonra bütün terim üzerimdekilere yapışmıştı. Üstelik kurumuş kanla kaplıydılar.

Pars, kıyafetleri almış olmama rağmen yanımda dikilmiş bana bakıyordu. Bakışlarımı yavaşça ona doğru kaldırdım ve "İyi geceler?" diye sordum. Gitmesini istediğimi anlamış olmalıydı.

Ellerini ceplerine soktu ve kıyafetlere bir bakış attı. "Üzerini nasıl değiştirmeyi planlıyorsun?"

Kaşlarımı kaldırdım. "Yardım edecek misin?" *Sen delirdin iyice.*

"Seve seve." *Hadi be?*

"Seve seve yapmana gerek yok," diye mırıldandım. "Sadece yapsan yeter..." *Sevsin de bence... Zarar gelmez yani.*

Gülerek yanıma yaklaştı ve ona doğru dönmeme yardımcı oldu. Üzerimdeki tozlu kazağı çıkarttıktan sonra temiz tişörtü kendim kollarımdan aşağı geçirmiştim ama sorun olan pantolonumdu. Neden skinny jeans seviyordum ki? Bundan sonra sadece bol olanları giyecektim, ne olur ne olmaz. *Kesin olur bu.*

"Ayağa kalkman gerekiyor, biliyorsun değil mi?" Pars, kaşlarını kaldırarak ellerini ellerime uzattığında ona ters ters bakarak ellerinden tuttum. Nedense ona öfkeli olmam gerekiyormuş gibi hissediyordum. Sabahki davranışlarıyla şu anki davranışları arasında dev gibi bir fark vardı. Bir şeyler gizliyordu. Depoda olanların öncesini anlatmak istememişti ne de olsa.

Ellerinden tutarak ayağa kalktığımda pantolonumun düğmesini açıp fermuarını indirdim ama sadece kalçamdan aşağı doğru itebilmiştim. Pars eğilip pantolonumu kalçamdan aşağı çektiğinde sıcak elleri üşümüş dizlerimden aşağı alev topu gibi kaydı. Tüylerim diken diken olurken ifademi sabit tutmayı denedim. Aslında gülmek istiyordum, böyle absürt durumlarda hep gülesim gelirdi. Muhtemelen gerginliğimi atmak için bilinçsizce yaptığım bir şeydi.

Pantolonumu ayaklarımdan çıkartmak için ayaklarımı kaldırmam gerektiğini fark ettiğimde tutunmak için çok fazla seçeneğim yoktu. Ellerimi omuzlarına koyup bir ayağımı kaldırdım, daha sonra diğerini. Eşofmanı eline alıp bir ayağımı sokmam için tuttuğunda ise sırayla giyindim. Pars tek hamlede eşofmanı bacaklarımdan yukarı çıkardı.

Pars, ipleri gereksiz bir dikkat ve belirgin bir yavaşlıkla bağlarken başımı kaldırıp maviliklerine dik dik baktım. "Neden suçluymuşsun da sabahtan beri o yüzden uzak kalıyormuşsun gibi hissediyorum?"

Bağlama işini bitirdi ama geri çekilmedi. Sonunda yüzüme baktığında, sözlerime şaşırmışa benzemiyordu. "Beni uzakta istemiyor musun?"

"Benim ne istediğim değil konu," diye geçiştirdim, başımı hafifçe kaldırıp karanlıkta koyulaşmış maviliklerine bakarken. *Seni uzakta istemiyorum.*

"Öyleyse benim yaptığım da isteyerek değil," diye cevapladı beni. Bu bir cevap değildi, en azından anlayabildiğim bir tanesi... Ne yani? Kendini bilerek mi uzak tutuyordu? Kendi tercihi değilse ya neydi?

"Anlatacak mısın yoksa hatırlamamı mı bekleyeceksin? Belki hiç hatırlamam ve bu da senin işine gelir, böyle mi düşünüyorsun yoksa?" Gözlerimi kısarak, gerçek bir cevap istediğimi anlaması için baktım suratına. Yoksa kendi cevaplarımı üretmeye başlayacağımı bilsin istiyordum.

"Senin hatırlamaman, yaşananları değiştirmediği gibi sorunları da çözmez," dedi tok bir sesle. "Öte yandan bana bir daha öyle bakmanı da istemiyorum. En azından... Hatırlayana kadar."

Kollarımı belime yerleştirdim. "Nasıl bakmışım sana?"

Alaycı ifadem onu eğlendirmiş gibi, silik bir tebessümle bakışlarını kaçırdı. "Boş ver."

"Susarsan zaman aleyhine işler, Kalkavan," dedim derin bir nefes alırken, ciddiyetle.

"Konuşursam da sen, aleyhime işlersin Liva."

Cevabı damağımda acı bir tat bırakmıştı. Güldüm, "İçine işlemekten iyidir," dedim kendime engel olamayarak. "Şimdi ben gitsem, sen devam edersin mesela. Sen gitsen, ben kalırım Pars. Bu ne demek biliyor musun?"

Beni anlıyor musun Pars?

"Anestezinin etkisiyle mi böyle konuşuyorsun?" Kolunu tutan elim yanıma düşerken kaşlarını çatarak konuştu. Tekrar karşıma geçmişti. "Ya sabah bu konuştuklarını da hatırlamazsan?"

"O zaman bana hatırlatman gerekir. Her bir detayını. Çünkü sen unutsan ben sana anlatırdım. Aşağıdaki senaryo çok tanıdık geldi değil mi?" Kurumuş dudaklarımı ıslatıp yutkundum. "Unutmuş bir kız. Hatıralarını kendi yararına göre şekillendiren bir adam. Kimbilir belki Pamir de Nil'in sorularına bunca zamandır bomboş cevaplar veriyordu? Kimbilir belki Pamir, Nil'i sevmiyordur bile. Bir çıkarı vardır, o yüzden yaklaşmıştır yanına. Savunmasız, unutmuş bir kız ne de olsa. Güzel de. Tav olmuştur hemen yakışıklı melek yüzlü bir çocuğa."

"Ne demek istiyorsun Liva?"

"Şimdi rolleri değiştirdik yani, öyle mi?" Gülerek gözlerimi kaçırdım. "Şimdi açıklayan taraf ben oluyorum, sen anlamıyorsun öyle mi Pars? Sözleşme imzalatıyoruz ama keyfimizden yırtıyoruz. Sorulara cevaplarda olmayan bir şıkkı işaretliyoruz. Sınav kâğıdını boş verip çıkıyoruz, risk almıyoruz, kurtuluyoruz. Öyle mi?"

Yüzünü hafifçe eğerek yüzüme yaklaştırdığında kafamı diğer tarafa çevirdim ve sanki alnı alnıma paralel bir şekilde mıknatısla sabitlenmiş gibi takip etti. "Her şeyi bir anda sindiremezsin." Sağa döndüm ama sanki başımı hiç çevirmemişim gibi nefesi yüzümdeydi. "Çok fazla."

"O zaman sırayla anlat. Bir başından bir sonundan anlat. Parça parça anlat ama anlat Pars!"

"Öyle olacak," diye mırıldandı elleri yüzüme çıkarken. Alnımı alnına yasladığında aşağı bakıyor, bir şeyler söylemek için zaman kazanıyordu. "Bunun başka yolu yok."

Kaşlarımı kaldırdım, sorarcasına. Kabul ettiğine inanamıyordum.

Hafifçe kafasını salladı.

Mavilikleri bir süre gözlerimde gezindi. Dikildiği yerde milimetrelik bir yaklaşımda bulunduğunda yüzlerimiz o kadar yakınlaşmıştı ki nefesimi tuttum, ne yapacaktı? Konuyu mu dağıtmaya çalışıyordu? Bu işe yarar mı sanıyordu?

"Ne yapıyorsun?" diye sordum ona, çatık kaşlar ve aralık dudaklarla. "Bir öpücük işleri çözer mi sanıyorsun?"

Alayla kıvrıldı dudakları, dudaklarını ıslattı. "Seni öpeceğimi mi düşündün?"

İfademin yüzümde donduğu anlarda, şaşkınlığımın yanında hissettiğim utanç dayanılmayacak kadar ağır oluyordu. "N... Ne yapacaktın?"

Gözleri kısıldı, elini kaldırıp bir tutam saçı kulağımın arkasına sıkıştırdığında mavilikleri de elini takip ediyordu. Silik bir tebessüm yerleşti dudaklarının kenarına. "Tamam dediğime göre, istediğin şeyi sana veriyorum," diye fısıldadı ve kulağıma eğildi. "İyi dinle, kedi... Bir dünya gücü elinde barındıran bir avuç insan, bir gün... Bir lider seçmiş kendilerine."

Nefesi kulağımı ve boynumu gıdıklamıştı ama tek yapabildiğim kokusunu solumaktı. Bana işkence olsun diye mi geri çekilmiyordu yoksa söyleyecekleri bitmemiş miydi?

"Liderler çok şeyden vazgeçerler biliyorsun değil mi Liva?" diye devam etti daha sonra, geri çekildi ama uzaklaşmamıştı; gözlerime bakıyordu. "Kararlarını etkileyecek bütün yönlerinden, özelliklerinden, varsa bir hayatlarından; en çok hayatlarından, yaşamaktan en çok."

Bilmiyordum, nereden bilebilirdim ki? Neyden bahsettiğine dair bir fikrim bile yoktu. Pars Kalkavan ne yazık ki açık bir kitap değildi, bir kitap olsa dahi bildiğim dillerden biriyle yazılmamıştı orası kesindi.

"Bu kadar mıydı?" diye sordum istemsizce.

"Bugünlük," diye mırıldandı yana çekilip yorganı açarken. "Şimdi yatağa. Uyuman gerekiyor."

"Dalga mı geçiyorsun? Hiçbir şey anlamadım bile!" Bir yatağa, bir de ona baktım. Belki yeterince ısrar edersem ikna olur ve daha fazlasını anlatırdı.

Pars, yatağı açtıktan sonra geriye çekilerek kollarımdan tuttu ve beni yatağa oturttu. İstemsizce bacaklarımı kendime çektikten sonra yorganın içine soktum. "Devam edecek misin? Ne zaman?"

"Bin parçalık bir puzzle birleştirmek istiyorsak bazen ihtiyacımız olan yerine oturtulacak başka bir parça değil de sabır ve zamandır," diye mırıldandı yastığa başımı koyuşumu izlerken. "Gece lambasını kapatayım mı?"

Kafamı olumsuz anlamda salladım. "Peki ya depoda olanlar?"

Bir elini yatak başlığına koyduktan sonra hızlıca eğilip alnıma dudaklarını bastırdı. Onun dudakları alnımı terk ederken benim elim alnımla buluşmuştu. Bir dakika. *Ne? Ne yaptı?*

"Ben gidersem, sen de gidersin," diye mırıldandı birkaç dakika önce söylediklerime atıfta bulunarak, üzerime eğilmiş bedenini geri çekmeden önce. "Ben kalırsam, sen de kalırsın." Gözlerimin içine bakıyordu.

"Neden benim hareketlerim seni takip etmek zorunda?" *Sen gidersen ben de gelirim demiyordu da...*

Bir saniyeliğine derince nefes verdi, ardından başını iki yana salladı ağırca. "Sen, ben yok Liva... *Artık* yok."

Geri çekildiği sırada elinden yakaladım. Çabucak kurtulamasın diye parmaklarımı parmaklarına dolamıştım hızlıca.

"Liva, bir kere daha gitmeme engel olursan bir daha çıkmayacağım gerçekten odadan." Pars dönüp eline doladığım elime, daha sonra da bana baktı.

Tabii ki çıkıp gitsin istemiyordum. Yanımda kalsın istiyordum. Yatak büyüktü, belki yanımda uyuyabilirdi. Teklif edebilir miydim? Tabii ki edebilirdim. Hiç olmadığım kadar açık sözlüydüm bu gece. Tek yapmam gereken elini bırakmamaktı. Elimi bırakanlara inat, elini tuttuğum kişinin elini bırakmamaktı. Hepsi buydu.

"Neden öptün beni?"

"Neden elimi bırakmıyorsun?"

Aralık duran ağzımı kapattım. Dudaklarımı birbirine bastırdım. Hani elini bırakmamak işe yarayacaktı?

Pars, diğer yanında duran elini kaldırdı ve parmaklarımı parmaklarından çekti. Elim yatağa, yanıma düşmüştü. Kaşlarımı çattım.

"Çok çabuk unutuyorsun kedi," diye mırıldandı dilini dudaklarında gezdirip bakışlarını etraftan toplayarak. Gözlerimin içine baktı.

Kollarını göğsünde birleştirerek tamamen bana döndüğünde yatağın başına dikiliyordu. "Bir şeyleri netleştirelim Liva. Seni hiçbir şey yapmaya zorlayamam. Yapmak istemiyorsan içinden gelmiyordur zaten. Depodaki birkaç saatin çalındığına göre, en azından şimdilik, herkesin yaşadığı o anları sen hatırlamadığın için yani; şu an belki de normal şartlardan takınmak isteyeceğin tavırdan alıkonulmuş durumdasın. Bu seni kör sağır bir kafesin içine tıkmak demek."

"Anlat o zaman..." Doğrulmak istedim ama hızlıca kollarımdan tutup beni yatırarak buna engel oldu. Her ne kadar ağrı kesici almış olsam da bu canımın yanmadığı anlamına gelmezdi.

"Bu gece için bu kadarı yeterli," diye cevapladı lafımı keserek. Doğrulmuştu. "Kafamda şu demir yatak başlığını parçalayabilirsin bile ama bu seni yalnız bırakacağım anlamına gelmez. Her zaman için geçerli bu. O yüzden ister tut elimi, ister tutma; yanımdan ayrıldığın falan yok. Çok tehlikeli."

*Ne*si tehlikeli?

"Adam mı alıkoyuyorsun Pars? İstersem çeker giderim," dedim uykulu bir sesle. Haklıydı, belki ilaçların etkisi belki de yorgunluk... Uykum vardı ve uyumalıydım. Bu yüzden belki de, sözlerini yeterince ciddiye alamıyordum.

"Daldan dala, anca," dedi mırıldanır gibi.

"Beni bir kafesin içine mi tıkıyorsun?" Esnerken avucumla ağzımı kapatmak zorunda kaldım.

"Liva," dedi Pars. "Senin kafesin benim."

Kıymık olup canıma battın.
Canımı yaktın,
Beni sağ bıraktın.

3

Bir Dikiş, İki Dikiş, Vazgeçiş

İşlerin bundan sonra beklediğim gibi ilerlemeyeceğini biliyordum.

Ne beklediğimi bilmesem bile.

Kendimi içine attığım ateş miydi gerçekten? Tanrı beni okyanuslarında boğmak isterken...

Pars, karteli yok etmek istiyordu. Ben onlara yardım etmiştim. Yardım etmek istemiştim çünkü hayatım bomboştu, tekrar eden sıkıcı günlerden ibaretti. Yardım etmek istemiştim çünkü ölmekten korkmuyordum, ağır yaralanmaktan bile; benim kaderim belliydi.

Ama bir şekilde bu iş, benimle de bağlantılıydı çünkü kartelin başındaki adamın oğluyla aynı okulda okuyordum ve o, İrem'e takıntılıydı. Benim en yakın arkadaşıma. Babası, kartelin gizli üyelerinden biri olan en yakın arkadaşım...

Belki de kader beni bulmuştu, ağlarını etrafıma çoktan örmüştü; ilkel ve açıklanamaz bir istekle, içine sürüklenmiştim ben de.

Oğuz'un bıraktığı ağrı kesiciden iki tane aldım gece boyunca, uyumak zordu çünkü hareket etmemem gerekiyordu. Uyku ile bilinç arasında bir yerde asılı kaldığım karanlık bir saatte, birinin odaya girdiğini duymuş ve çok geçmeden avucunu alnımda hissetmiştim. Birkaç hafta öncesine kadar hiç tanımadığım birini, dokunuşundan ve kokusundan tanımak gözlerimi açmadan; yalnızca bu bile, bana çok şey söylüyordu.

Pars'ın uzaktan "Neyin içinde olduğunun farkında bile değilsin," dediğini boğuk bir şekilde duyabilmiştim; muhtemelen yanımdaydı ama ben gözlerimi açamıyor ve kendimi tamamen uyandıramıyordum. Yalnızca duyabiliyor ve hissedebiliyordum. Bir tutam saçımı kulağımın arkasına sıkıştırdığında, tüm vücudumda bir ürperme hissettim; devamlı hissetsem felç geçirebileceğim kadar güçlüydü. "Ama her şeye rağmen güçlüsün ve cesur... Böyle kal. Böyle kaldığın sürece her şeyi halledeceğiz."

Her şeyi halledeceğiz.

Saçımı kulağımın arkasına sıkıştırdıktan sonra varla yok arasında yanağıma sürtünen eline uzanmak istedim ama tüm gücümle kendimi uyandırmak istesem de bilincim vücudumdan çekildi ve uykuya teslim oldum. Belki de ağrı kesicilerin etkisiydi, belki de yorgundum gerçekten; belki ikisi de değildi, zaten rüya görüyordum belki de.

Sabaha doğru, havanın tamamen aydınlandığı sırada uyandığımda üşüyordum. Yavaşça doğrularak yaramın olduğu yeri kontrol ettim ama bandaj tertemizdi. Yatağın ucunda, dün geceden kalan büyük kazağa uzandım ve başımdan aşağı geçirdim. Saçım kontrolden çıkmıştı, bir yerden lastik bulsam iyi olacaktı.

Yatak başlığından tutunarak ayaklandığımda yavaş hareketlerle kapıya yürüdüm ve koridora çıktım. Ev çok sessizdi. Hava kapalıydı ama en azından dün geceki fırtına dinmişti.

Bu Nil'in sakinleştiği anlamına mı geliyordu? Nasıl işliyordu ki sahip olduğu bu şey? Ol deyince oluyor muydu? Bu soruların cevaplarını Nil'in bile bilmediğini düşünüyordum nedense. *Harika.* İki dilsiz adamla aynı evde kapana kısılmıştık. Ağızlarından tek bir laf alana kadar dilimizde tüy bitiyordu.

Merdivenlerden derin nefeslerle inerken İrem'i ve büyükannemi düşündüm. İrem kimbilir kaç kere aramıştı kafeden öyle çıktıktan sonra? Telefonumun nerede olduğunu bilmiyordum. Aslında düşünürsek, ceketim de ortada yoktu. Depoda kaybolmuş olabilir miydi? En son üzerimde olduğunu hatırlıyordum. Belki de bizimkilerden biri almıştı. Evde değilse bile arabada kalmış olabilirdi.

Büyükannem... O da hastaydı. Belimdeki bandajı ya da sakladığım şeyleri öğrense muhtemelen hastalıktan önce ben onu öldürürdüm dolaylı yoldan. Benim için endişelenecek kadar beni umursayıp umursamadığını bilmiyordum gerçi... Muhtemelen bizi terk eden oğlundan bir parça olduğum için bunca zaman sonra izimi bulup buraya gelmişti. Oğlunu bulamadığı için beni bulmuş ve kalan zamanını benimle geçirmek istemişti.

Büyükannemin kanserinin benimle ilgisi olmadığını biliyordum. Geçen sene doktorla görüşmeye gittiğimde hastalığın anne tarafımdan kalıtsal olarak geldiğini öğrenmiştim. Annem yaşasaydı muhtemelen o da bununla uğraşacaktı.

Uğraşır mıydı?

Kendi canına kıymıştı. Belki kafası iyiydi, belki o an fazla duygusal düşünüyordu... Bilmiyordum. Bir şekilde gitmişti işte vakti gelmeden.

Aslında hasta olduğumu ilk öğrendiğimde, annemin de hastalığa kapıldığını ve zaten öleceğini düşünerek erkenden kendinin bu işi hallettiğini düşünmüştüm ama öyle olsaydı belirtileri fark ederdim. Ederdim değil mi? Eğer kullandığım ağrı kesiciler ve diğer ilaçlar olmasaydı muhtemelen yediklerimi istemsizce kusmaya başlardım. Çünkü hastalık size bunu yapıyordu. Zamanla iç organlarınız parçalanıyordu ve kan kusarak ölüyordunuz.

Nil'in rahatsızlığı benimkinden ne kadar farklıydı?

Morluklarım olmadığını biliyordum.

Salonda kimse yoktu. Mutfak tezgâhına yaslanıp bir bardak su doldurdum ve küçük yudumlarla içtim. Herkes uyuyor olmalıydı.

Birkaç dakika sonra dış kapı elektronik bir sesle açıldığında kapıdan kafamı uzattım. Anahtar yerine dijital bir kilit sistemi olmalıydı ki böyle bir ses çıkmıştı.

Pars, başındaki kapüşonu açıp nefes nefese içeri girdiğinde bardaktaki suyumu bitirip yanımdaki tezgâha bıraktım. Koşuya mı çıkmıştı o? Ne zamandır dışarıdaydı? En son odama girdiğinde alacakaranlıktı. O zamandan beri dışarıda mıydı?

Üzerinde dün akşam giydiği eşofman takımı vardı. Kapüşonlu üstünü çıkardığında terden sırılsıklam olmuş saçlarını gördüm. Beni gördüğünde tavrını bozmadan mutfağa ilerlemeye devam etti ve "Günaydın," dedikten sonra raftan bir bardak alıp su doldurdu.

Sen, ben yok.

O zaman *biz* mi var?

Kafamdan dumanlar yükseliyordu. Pars Kalkavan'ın birçok gözalıcı özelliği olduğu inkâr edilemezdi ama en ayırt edici olanı beyin yakma özelliğiydi. Her ne kadar gece boyunca savaştığım kâbuslar, bana dün geceyi düşünme şansı vermese de her şeyi hatırlıyordum. Gecenin bir vakti, ben uyku ile bilinç hâlinin ortasında bir yerdeyken söylediklerini de.

Odama gelmişti.

"Neyin içinde olduğunun farkında bile değilsin. Ama her şeye rağmen güçlüsün ve cesur... Böyle kal. Böyle kaldığın sürece her şeyi halledeceğiz."

Halledecek miydik gerçekten?

Ağzımı açıp ona, *hiçbir şeyimiz yok çünkü benim zamanım yok*, demek isterdim. *Pars ben vazgeçtim. Uzun zaman önce, bir karar verdim. Ben vazgeçtim.*

"Tüm bu işlerin bittiğinde gidecek misin?" diye sordum aniden, bar sandalyelerinden birine oturmuş ve kollarımı göğsümde birleştirmiştim. "Yani... Kartel ve üyeler ifşa olduğunda."

Pars, sanki bu soruyu hiç beklemiyormuş gibi durakladığında su dolu bardağı ağzına yakın bir mesafede, havada asılı kalmıştı. "Neden bunu düşünüyorsun?"

"Sorularıma cevap vermemeni, başka sorularla karşılık vermene tercih ederim." Gözlerim kısıldı. "O zaman daha belli oluyor cevap vermek istemeyişin."

"Basit bir soru bu Liva, neden yanıtsız bırakayım seni? Sadece şaşırdım," dedi ve suyunu içti. "Evet. Bu iş bittiğinde gideceğim."

Surat ifadem ve beden dilim, olduğu gibi kalırken mideme yayılan asit içeride oldukça ekşi hissettirmişti. Belki biraz da acı... Çünkü ben de cevabının bu olmasını beklemiyordum. Belki cevap vermesini bile... "Fransa'ya mı?"

Bana baktı. Bardağı bıraktıktan sonra geriye yaslanmış ve avuçlarını tezgâha yaslamıştı. "Evet," dedi dudaklarını ıslatmadan önce. "Orada ne var biliyor musun?"

Başımı iki yana salladım. "Ev?"

Fazlasıyla silik, neredeyse hayal ürünüm olabilecek bir tebessümün izlerine rastladım dudaklarında. "Ev."

Ev bazen insanlardır.

"Dönecek bir eve sahip olduğun için şanslısın, her ne kadar ailen burada olsa da..." Derin bir nefes aldım. "Hayatım boyunca tek bir evde yaşadım yalnız ama hiç ev gibi hissettirmedi. Belki mutfağında sıcak yemek pişmediğinden, belki yatağımın ucunda bir bardak sütle uyutulmadığımdan, belki birçok köşenin bana cehennem kılınmasından... Orada doğdum, büyüdüm yaşadım ama o ölü ev, evimdi diyemiyorum."

"Annene kızgın mısın? Seni bırakıp gittiği için," dedi Pars, bu konu hakkında daha önce konuşmuş muyduk hatırlamıyordum ama daha önce kimse bana böyle bir soru yöneltmemişti.

Dudaklarımı ıslattım ve bakışlarımı ondan kaçırdım. Bu sorunun cevabı için odaklanmam ve gerçekten ne hissettiğimi anlamam gerekiyordu. "Kızgın... Değilim," dedim en sonunda, yutkunurken. "Gitmek istemenin nasıl bir his olduğunu biliyorum." Gözlerim kapandı. Pars anlar mıydı? "Ve buna cesareti olduğu için ona kızamıyorum."

"Belki o gitmek istememiştir, gitmeye zorunlu bırakılmıştır," dedi Pars.

Alaycı bir ifadeyle baktım ona. "Annemin intiharının aslında bir cinayet olabileceğini mi söylüyorsun şu an?"

"Hayır," dedi kafasını sallayarak, iki parmağı arasında burnunu sıkarken. "Hayır, öyle söylemek istemedim... Ben..." Pars Kalkavan'ın söyleyeceği bir şey yok muydu? Bilemiyor muydu? "Söylediğim şeyi unut. Haklısın."

Omuzlarım çöktü, bir anlığına; bir anlığına bile olsa, daha tanıştığımız ilk günden hakkımda birçok şey bilen bu adamın... Annem hakkında da bir şeyler biliyor olabileceğini düşünmüştüm çünkü.

"Duş alacağım," dedi Pars, o mutfaktan çıkıp giderken ben kafamı salladım yalnızca.

Bir süre salonda oturdum ve saatin akrebiyle yelkovanının birbirini kovalayıp ortada buluşmasını izledim. Daha sonra birinin merdivenlerden inerken çıkardığı ayak sesini duydum.

Nil, uzun saçlarını tepesinde dağınık topuz yapmış ve bedenine oldukça büyük bir hırka giyinmiş bir şekilde asık suratıyla salona girdiğinde önce beni görmedi, mutfağa ilerleyip bir bardağa çok az su koydu. O zamana kadar elinde haplar olduğunu fark etmemiştim.

Ayağa kalkıp yanına ilerlediğimde avucundaki haplara bakıyordu. "İntihar etmek için iyi bir yöntem değil," diye mırıldandım.

"Neden?" diye sordu.

"Çoğu hap bir insanı öldürecek kadar güçlü değildir. Karaciğerin rahatsızlanır, kusarsın, miden yıkanır, sonunda kurtulursun; ha bir de erkek arkadaşının çenesiyle uğraşmak zorunda kalırsın. Daha güçlü ilaçlarla denemen lazım."

Nil tek kaşını kaldırmıştı. "Başarısız bir deneyimci misin yoksa vazgeçirmek için psikolojime mi oynuyorsun?"

Kaşlarımı çattım. İkimizin de ufak bir oyunculuk sergilediğini biliyordum. "Bekle, gerçekten mi kendini zehirlemeye çalışıyorsun?"

Nil avucundaki hapları ağzına attıktan sonra koca bir yudum suyla hepsini midesine gönderdi ve güldü. "Hayır. Bu haplar Soyhan'a gelene kadar düzenli kullandığım ilaçlar. Depoda olanlar bu hapları içmediğim için oldu. Ama ilaç seçimi hakkındaki tavsiyeni ne olur ne olmaz diye hafızama kaydettim."

Gülerek kafamı salladım. Dalga geçiyordum ama söylediklerim uydurma değildi. "Daha iyi misin? Yani dün geceden sonra."

"Bunu sana benim sormam gerekir," diye mırıldandı elindeki bardağı düşünceli bir şekilde tezgâha bırakırken. "Sonuçta seni yaralayıp yatağa düşüren benim. Gerçi bayağı iyi görünüyorsun. Ağrın var mı? Şu merhemi sürebiliriz ya da Oğuz'un bıraktığı ağrı kesicilerden verebilirim. Gerçekten güçlüler."

"Kullandın mı?"

"İstanbul'da tıp okuyordum," diye mırıldandı omuz silkerek. "Buraya gelirken dönemi dondurmuştum ama nedense hayatım başka bir yöne evriliyormuş ve ben bir daha fakülteye dönemeyecekmişim gibi geliyor. Aslında yaranı dikmek istedim ama Oğuz kadar tecrübeli değilim ve... Bilirsin... İğne yalıtkan değil. Seni çarpabilirdim. Etin yanardı."

Gülüyordu. Sohbet için öyle söylediğini biliyordum, eldiven kullanabilirdi. Eldiven yalıtkandı. "Yanık et kokusu pek de cazip gelmiyor, haklısın."

"O kadar derin bir kesik de kulağa iyi gelmiyor, özellikle arabada bilincin yerine geldiğinde seni o şekilde gördüğümde. Senden çok Pars'ın üzerinde kan vardı. Bir an ikinizi birden yaraladım zannettim. Gerçekten çok kötü hissediyorum hâlâ."

Kafamı hafifçe eğerek dudaklarımı ıslattım ve meraklı bakışlarımı yüzüne diktim. "Pars mı beni taşıdı?"

Kafasını salladı. "Arka koltukta onun kucağında bilinçsiz yatıyordun. Gerçekten çok endişelendik. Pars tek kelime etmedi. Depoda konuşulanların üstüne bir de sana bir şeyler olunca... Kayra'yı da Tolga'yı da öldüreceğini söyledi. Bir an beni öldüreceğini söylediğini düşündüm. O kadar kanın içinde gerçekten beni öldüreceğini söylemiş olsa da gıkımı çıkarmazdım."

Kaşlarımı çattım. "Tolga'yı anladım da... Kayra neden?"

Omuz silkti Nil. Bilmiyordu.

Pars... Kayra'nın İrem'den yapmasını istediği şeyi biliyor muydu? Bildiğini bilmiyordum. *Bu çocuk daha neleri biliyor da susuyor kimbilir?*

"Bir dakika," diye mırıldandım. "Depoda ne konuşuldu ki?"

Nil'in yüzümde dolaşan gözleri durdu. İçine çektiği nefesi seslice bırakmıştı. "Bunu sana benim söylemem doğru olmaz. Seninle onun arasında bir mesele."

Ne kadar düşünürsem düşüneyim ne aklıma depoda olanlar ne de meselenin ne olabileceği geliyordu. Ne söylenmiş olabilirdi? *Ne?*

"Tolga bizi sandalyelere oturttuktan sonra ne yaptı?"

"Kirli çamaşırlarımızı ortaya dökmeye çalıştı denebilir," diye mırıldandı Nil. "Başarılı olup olmadığı tartışılır. Beyefendi oyununu olumsuz hava şartları yüzünden yarıda kesmek zorunda kaldı, biliyorsun."

Gülerek başımı eğdim ve parmaklarımla oynamaya başladım. "Nasıl oluyor?"

"Ne, nasıl oluyor?"

"Nasıl yapıyorsun?" Hafifçe kafamı salladım. "Yani..."

"Ha..." Dudaklarını birbirine bastırdı ve gözlerini kaçırdı. "Eskiden ne kadar yapabiliyordum bilmiyorum ama şimdiye kadar iki ufak kriz geçirdiğim, tecrübelerime göre... Ben yapıyorum gibi olmuyor. Sanırım biraz fazla duygusal düşünüyorum."

"Kalp, aklın düşmanıdır derler." Gözlerimi gözlerine çevirdim ve keyifsizce omuz silktim. "İki krizin de Pamir yüzünden oldu gibi duruyor. Değer verdiğin insanlar kilit nokta muhtemelen. Damarına basıldığında acısı çıkıyor."

Nil saniyelik kaşlarını kaldırıp dudaklarını birbirine bastırdı ve "Öyle görünüyor," diye mırıldandı. Başka bir şey düşünüyormuş gibi duruyordu, bakışları üzerimde geziniyordu. Henüz anlamı üzerinde düşünemeden bakışları arkama kaydığında dönüp Pamir'le Pars'ın birlikte merdivenlerden inişini gördüm. Pars üzerini değiştirmişti. Uzun bacaklarını saran siyah bir pantolon, bir kazak ve ceket giyiniyordu. Elinde ceketim olduğunu fark ettiğimde yanına doğru yürüdüm ve elime aldım. Telefonum cebimdeydi ama şarjı yoktu.

Pamir takılmadan yürüyüşüme bir bakış attıktan sonra "İyi misin?" diye sorduğunda Pars'a ters bir bakış atmamak için kendimi çok zor tuttum. Şu soruyu sormak çok mu zordu gerçekten?

"İyiyim, sağ ol," diye mırıldandım. "Gidiyor muyuz?"

"Aslında biz gidiyoruz." Pamir, Nil'e çantasını uzattı. Nil'in muhtemelen haberi vardı ki bir şey söylemeden çantasını aldı. "Bir iki gün daha etrafta olacağız ama."

"İstanbul'a mı dönüyorsunuz?"

"Evet."

Pamir konuşurken Nil, ona ters ters baktı ama bir şey yapmadan yanında durdu. Yarı kavgalı, yarı halletmiş gibi görünüyorlardı. Nil, annesinin İstanbul'da olduğundan bahsetmişti... Muhtemelen onun yanına gidiyorlardı.

Pars'la aralarında bir bakışma geçtiğinde kapıya doğru yürümeye başladılar, Nil de onları takip ettiğinden arkalarından yürüdüm. Nil kapıyı açıp çıktığında Pamir de peşinden çıktı.

"Biz de mi gidiyoruz?" diye sordum Pars'a ama kapının yanındaki gömülü dolaptan ayakkabılarımı çıkardığında gideceğimizi anlamıştım. Kafasını salladı. Ayakkabıları önüme bıraktığında eğilip eğilemeyeceğimi test edecektim ki önümde diz çökmüştü bile. Bu görüntüye asla alışamazdım.

"Yardım etmene gerek yok," dedim yine de. Birincisi, neler olup bittiğini bilmiyordum ve dün gece söyledikleri aklımın bir köşesine çekiçle çivilenmişti. İkincisi, her ne olmuş olursa olsun Pars'ın hareketlerinde bir sorun vardı. Benim bildiklerim bir taş parçası, onun bildikleri bir dağdı ama son zamanlarda o dağın büyüdüğünü hissediyordum. O da yeni şeyler öğreniyordu ve kafası karışıyordu.

Giyinmem için bir tekini uzattı ve kafasını kaldırıp yüzüme baktı. "Şu detaylara takılmasan artık?"

Gözlerimi kaçırıp bir elimle omzundan tutundum ve ayakkabıyı giyindim. Pars bağcıklarını bağladı. Aynısını diğer ayakkabıma da yaptıktan sonra hazırdım. Ceketimi giyinip tuttuğu kapıdan dışarı çıktım.

Ağaçlık alanın ortasına yapılmış bir evdeydik. Dört metrelik mesafeden sonra her yer sık sık uzun ağaçlarla kaplıydı. Köşede bir spor araba vardı, o kadardı. Pars, Pamir'e anahtarları attığında Nil'in vedalaşmak için bana dönmüş beklediğini fark ettim.

Kollarını etrafıma dolayıp kısaca sarıldı. "Kendine iyi bak." Kollarını geri çektiğinde Pars'a ters bakışlar atıyordu. "Ve hatırlamayı unutma. Mutlaka hatırla."

Bakışlarını takip ederek Pars'a baktığımda ikimizin arasında gözlerini gezdirdikten sonra önüne döndü. Nil benden ayrıldıktan sonra Pars'a elini uzatmıştı.

Pars önce beklemeden elini sıktı, daha sonra kaşla göz arasında ellerinin arasından çıkan ufak bir dumanla birlikte hızlıca elini kendine çekti çatık kaşlarıyla.

Nil "Pardon," dedi soğuk bir sesle. "Çarpabiliyorum ben bazen öyle. İlaçların etkisi daha kendini göstermedi herhalde."

Nil'in onu çarptığını fark ettiğimde gülüp kafamı çevirdim. Pars bana yan bir bakış attıktan sonra önüne döndü ve Nil'e koyulaşan okyanuslarıyla bakmaya başladı. "Sorun yok. Mesaj alındı."

Pamir düşünceli bir ifadeyle etrafa bakıyordu. Nil arabanın ön koltuğuna geçip yerleştiğinde, Pamir'le Pars kısaca el sıkışıp sarıldılar. Sıra bana geldiğinde Pamir yine kısaca sarılmak için kollarını uzattı. Ufak bir şaka yapmaktan alıkoyamadım kendimi. "Emin misin, yenge beni de çarpmasın bak?"

"Yenge mi? Senin ağzın iyice bozuldu," diye mırıldandı Pars.

Ona ters ters baktım. "Biliyor musun? Nil'deki güç bende olsa elektrik direğine çevirirdim seni. 7/24 çarpardım. Allah biliyor da vermiyor,"dedim Pamir'e.

Arabaya bindiklerinde kapılar kapandı. Gidiyorlardı. Pars'a baktım, benim aksime bakışları yerdeydi. Araba bahçeden çıkarken Pars'ın yüzünün önünde elimi salladığımda mavilikleri üzerime döndü ama şu anda değil gibiydi. Tahminlerim doğru olabilirdi. Pars Kalkavan'ın da kafası en az benim kadar karışıktı. "Ee? Biz burada ne yapacağız?" Eve bir bakış attım. "Zaten burası kimin ki?"

Pars'ın bakışları üzerimde gezindi.

Kaşlarımı kaldırdım.

"Bir tanıdığın," diye mırıldandı önüne dönerken. "Söylemiştim."

Kafamı salladım. "Evet ama kimin olduğunu söylemedin..." Aklı gerçekten başka bir yerdi. Keşke Nil'in o yaptığı olağanüstü şeyler gibi benim de akıl okuma yetim olsaydı. O zaman Pars'ın hiçbir şeyi anlatmasına gerek kalmazdı. "Nasıl döneceğiz?"

"Kayra geliyor."

"Baştan savma kısa cevaplara geri döndük," diye homurdandım kendi kendime. Pars anlamamış olmalıydı ki bana bir bakış attı ama omuz silkip önüme döndüm.

Daha fazla konuşmak istemiyordum, konuşmak anlamsızdı. Arkama baktığımda sadece, içinde yalnız kaldığım başka bir ev görüyordum. Aslında bütün evler bu bağlamda aynıydı, hiçbiri o sıcaklığı vermiyordu. Ben hep betondan duvarların arasında üşüyordum. Büyükannemin kalkıp da İngiltere'den buraya gelmesi bile bir şeyi değiştirmeye yetmemişti. Aklım hâlâ aynı hastalıklı akıldı. Benim buralardan gitmem gerekiyordu. Benim gitmem gerekiyordu. Tıpkı annem gibi.

Rüya görmekten nefret ediyordum çünkü o kadar sık rüya görmüyordum ve güzel bir tane görünce de unutmam imkânsız oluyordu. Nasıl olurdu da mutlu bir tablonun içine arkadan belime sarılan bir çift kol sıkıştırabilmişti aklım? Nasıl böyle bir işkenceyi gözlerimin önüne sermişti? Güzel rüyalar zehir kaynıyordu. Altına her umut bir odun atıyordu.

Pars Kalkavan'ın susuşları da alevleri harlıyordu.

Sürekli konuşan bir insan hafızanızda iyi bir yer edinebilir ama sürekli susan bir insanı unutmazsınız. Çünkü en derin düşünceler en suskun akıllarda saklanır. Her insanın kafatasında bir mezarlık vardır; kimin, ne zaman, nereye, hangi cesedi gömdüğünü bilemezsiniz.

"Çok zor, kedi," diye mırıldandı kısık bir sesle, ellerini saçlarından geçirirken dönüp eve bakarak. "Çok."

Dönünce kazağından sıyrılan boynundaki dövmeye takıldı gözlerim. Dövmelerini gördüğüm gece geliyordu aklıma sürekli. Bana söyledikleri çıkmıyordu aklımdan. Aslında Pars Kalkavan bana hiç gelmemişti ve ben de onun durağından hiç gitmemiştim. Israrla, beni kapıdan içeri almayacak bir şoförün otobüsüne binmeye çalışmıştım bunca zaman. Onun bana tek teması, boğazımdan içeri dökülen ilaçlı içkinin tadını almak için olmuştu. Tehlikeli uyuşturucular sadece gözalıcı içkilerin içinde sunulmuyordu insanların önüne, bazı insanlar bazı uyuşturuculardan daha bağımlılık yapıcıydı işte.

Omuz silkerek bahçenin girişine baktım. Yol aşağıdaydı, bu yüzden bahçeden çıkıp yola inene kadar arabanın gittiği yol topraktı ve çok yağmur yağdığından toprak da yumuşaktı. "Beni eve bıraksan yeter. Muhtemelen devamsızlıktan sınıfta kaldım." Dalga geçerek konuştum.

Pars ters bir bakış attı. "Hareketlerin hiç de devamsızlıktan sınıfta kalmanın derdine düşecek biri gibi değil."

"Nasılmış benim hareketlerim?"

Gözlerini kaçırarak önüne döndü. Neyi kaçırıyordum? Bir şeyler mi biliyordu?

"Lider," diye mırıldandı, ben düşüncelerimde kaybolup gidecekken beni ana çekerek. "Kabul etmiş. Evini terk etmiş."

"Berbat bir hikâye anlatıcısısın, biliyorsun değil mi?" Kollarımı göğsümde birleştirdim. Ne anlatmaya çalıştığına dair o kadar fikrim yoktu ki artık beni oyalamak için küçükken dinlediği masallardan ya da efsanelerden birini anlattığını düşünüyordum. Ne de olsa o masalları ya da efsaneleri hiç dinlememiştim ben, anlatan olmamıştı. Kendim birkaç tanesini karıştırmasam, sonradan biri anlatsa;

Rapunzel masalına bile inanma potansiyelim vardı mesela. En azından Soyhan'da. Pusula'da olanları, gizli tünelleri ve Zırh'ı gördükten sonra. Yeraltında bunca şey olabiliyorken yeryüzünde kimbilir öyle sanmadığım neler mümkündü?

Şoför koltuğunda Kayra'nın oturduğu belli olan siyah büyük bir jeep bahçeye giriş yaptığında dikkatim dağıldı. Pars ise canlanmış gibiydi. Jeep daha durmadan üzerine doğru yürümeye başladığında Kayra arabayı durdurup kapıyı açtı ve koltuktan atladı. "Beni gördüğüne sevinen el kaldırsın."

Bu çocuk deli miydi? Sadece ben mi Pars'ın Kayra'ya yumruğu geçirmek üzere olduğunu görebiliyordum?

"Pars!" diye bağırdım peşinden adımlarımı hızlıca atarken ama benden önce Kayra'ya ulaşıp yumruğu yüzüne geçirdi.

Şokla durup ellerimle ağzımı kapattım. Gözlerim sonuna kadar açılmıştı. Kayra, neredeyse Pars kadar uzun ve yapılı olmasına rağmen birkaç adım geri sendeleyip düşmekten döndüğünde eliyle dudağının kenarını sildi ve kana baktı. Pars çocuğun dudağını kanatmıştı.

"Ne yapıyorsun sen ya!" diye bağırdım yanlarına geldiğimde.

Kayra'nın yüzünden bir gülüş geçti ve boğazını temizledi. "Bunun olacağını biliyordum, bu yüzden Giray'ı da yanımda sürükledim."

Gece mavisi bir spor araba bahçenin girişine çok girmeden durmuştu. Şoktan arabanın sesini duyamamış olmalıydım. Giray arabadan çıkıp kapıyı kapattığında buraya doğru yürümeye başladı. "Ben de öyle dedim!" diye bağırdı Kayra'yı işaret ederken.

"Nasıl yani?" Şaşkınca sordum.

Pars bir şey söylemeden "Liva atla arabaya," dedi ve Jeep'in ön kapısını açarak şoför koltuğuna bindi.

Kayra'nın dudağı hâlâ kanıyordu. Giray ona peçete uzattı. "Ben açıklayayım. Tolga'nın iş telefonunu araklamaya çalışmasına değil, hatta telefonu araklamaya çalışırken İrem'i kullanmasına da değil de işi becerememesine; Tolga'nın böyle manyakça bir şey yapmasına ve muhtemelen senin yaralanmana sinirlendi. Aslında yaptığını düşünmüştük, yani İrem araklamıştı telefonu ama Tolga önceden anlayıp korumalardan birinin telefonuyla değiştirmiş. İrem'in yapmayacağını düşünmüş galiba. İrem de yapınca..."

İrem yapmış mıydı? Bana neden yapmadığını söylemişti?

"Ama haberi vardı Kayra'nın böyle bir şey yaptığından?" Haberi olduğunu biliyordum. İçeride konuşulanlar, Kayra'nın İrem'den ne istediğini bilmesiyle ancak bir denklem hâline geliyordu.

"Tabii ki vardı şerefsizin," diye mırıldandı Kayra. "Ama haklı, benim suçum. Daha dikkatli olmalıydım. Sonunda sen yaralandın. Kesik derinmiş diye duydum, nasılsın?"

Kazağı hafifçe kaldırıp bandajı gösterdim. "Bilmiyorum, dün Oğuz dikiş attı. Sabaha kadar acıdı biraz ama şimdi daha rahat hareket edebiliyorum."

"Oğuz iğne yaptı değil mi?"

Kafamı salladım.

Kayra, Giray'a dönerek "Ben sana söylemiştim," diye mırıldandı.

Kaşlarımı çatarak "Neyi?" diye sordum.

Giray derince bir nefes aldı. "İçeri geç sen, Pars anlatır. Bizim gitmemiz lazım Kayra'yla, işimiz var."

"Ne işi abi ya? Ben Liva'yla sohbet etmeye geldim." Kayra elindeki peçeteyi dudağından çekerken kaşlarını çatarak isyan etti. Gülmüştüm. Çok tatlı görünüyordu. Arkadaşımın başına işler açan bir salağa göre çok tatlıydı. "Sen git biz üçlüyüz bundan sonra."

Pars camları açıp kolunu, camları inen kapıya koydu ve kafasını uzattı. Kayra yerinden sıçramıştı. "Senin sol çenen de kaşınıyor galiba."

"Valla bir daha yumruk yiyeceksem Liva atsın lütfen. Sanki yaralanan sensin," diye dalga geçti Kayra, Pars'a gözlerini devirerek karşıma geçerken. Dudağının diğer kenarını gösterdi. "Liva bak tam şuraya bir sağ kroşe alabilirim." Elimi alıp yumruk yaptığında sol çenesine yaklaştırdı. Daha sonra elimi beğenmemiş gibi geri indirdi yumruğumu. "Ay bu ne sırf kemiksin sen... Vazgeçtim atma sen yumruk falan, elin falan kırılır da bu hayvan kafamı kopartır sonra. Boş yere kellemizden olmayalım."

"Gitsene lan sen." Pars sinirleniyordu ama ben Kayra'ya çok gülüyordum. Benim güldüğümü fark ettiğinde gözlerini Kayra'dan çekip geri çekildi. Artık bize bakmıyordu, camları kapatmıştı, yani bu mesafeden filmli camlarla göremiyordum en azından.

Giray "Hadi gidiyoruz sarışın," diyerek bana bir selam çaktı ve arkadaki arabaya yürümeye başladı.

Kayra kalmıştı. Hafifçe kulağıma eğilerek "Bak sana bir ipucu," diye fısıldadı. "Pars'ın şeftaliye alerjisi var. Ama sen bir gün otur, şeftali aşer bence."

"Bu mevsimde şeftali mi olur Kayra?"

"Canım benim sen salak mısın? Sen iste, bir haftaya buzdolabında şeftali olmazsa ben de neyim. Deneme yanılma yöntemi veriyorum bak sana, kesin sonuç!"

Seslice nefes verip kaşlarımı çatarak geri çekildim ve Kayra'nın suratına baktım. "Bu neyi kanıtlayacak?"

"Herkesin seni seviyorum deyişi farklıdır ve söylemeyen itlere inat bazen duymak gerekir," diye mırıldandı Kayra geri adımlarla sırıta sırıta Giray'ın yanına yürürken. "Yarana iyi bak Liva, izi kalmasın sonra!"

Herkesin seni seviyorum deyişi farklıdır. Evet, mesela herkesin seni istemiyorum deyişinin farklı olduğu gibi. Mesela Pars, arabada emniyet kemerini taktığı an, yaralandıktan sonra revirdeyken kalbime girmeye falan çalışma sen, hiç boşa yorma kendini de beni de, gibisinden konuşmuştu ve bu açıkça dur ilanıydı.

Ama... Ben şeftali severdim. Kayra söyleyince de canım çekmişti. Pars'ın şeftali gibi masum bir meyveye nasıl alerjisi olabilirdi ki? Yiyince mi aktive oluyordu alerjisi? Ne kadar kötüydü? Bile bile yemezdi herhalde. Her neyse. Diyeceğim yoktu zaten ben şeftali istiyorum diye... Bu mevsimde şeftali falan bulunmazdı.

Dönüp Jeep'in ön koltuğunun kapısını açtım ve yavaşça koltuğa oturdum. Kapıyı kapatıp emniyet kemerimi bağlarken bahçeden çıkıyorduk. Toprak yoldan asfalta geçtiğimizde, bir süre Giraylar önümüzdeydi. Daha sonra Soyhan'ın caddelerine indiğimizde başka bir sokağa saptılar ve kayboldular.

"Sahil diğer tarafta," dedim Pars'a, sağ şeridi gösterirken. Sağdan girmesi gerekiyordu.

Düz geçti.

"Nereye gidiyoruz? Eve bırakacağını sanıyordum."

"Yemek yediğini görmeden şuradan şuraya gitmem," diye mırıldandı büyük bir marketin otoparkına direksiyonu kırarken. "Önce market, sonra yemek, sonra ev."

"Peki bu üçlünün tam olarak neresinde bana depoda neler olduğunu ya da genel olarak bütün bu başımızdaki işlerin tamamını anlatacaksın?"

Beyaz bir *BMW*'nin yanına tek hamlede girdikten sonra emniyet kemerini çıkardı. "Parça parça anlatma konusunda hemfikiriz sanıyordum."

"Evet ama bomboş bir masal anlatacağını düşünmemiştim!"

Pars bana kaşlarını çatarak bir bakış attı ve ardından arabadan inerek kapıyı kapattı. Koskoca bir of çektim. Dalga mı geçiyordu? Gerçekten alışveriş mi yapacaktık?

Emniyet kemerimi çıkarmakla uğraşırken kapım açıldığında Pars kolunu uzatıp bir kezde emniyet kemerini serbest bıraktı. "Bomboş bir masal anlatmıyorum Liva."

Bacaklarımı koltuktan aşağı sarkıtıp önce tek ayağımın, sonra da diğerinin yere basmasını sağladım. "Bomboş bir masal anlatıyorsun Pars. En kötüsü de ben masallara yabancıyım ve hangi masalı başına sonuna ekleme yaparak anlattığını bile bilmiyorum." Ben indikten sonra kapıyı kapattığında marketin girişine yürümeye başlamıştık.

Giray'la Kayra'nın arabanın önünde söyledikleri aklıma geldiğinde kapıdan içeri girmeden kolundan tuttum ve durmasını sağladım. Önümde durduğunda "Ne oldu?" diye sordu.

Derin bir nefes aldım. "Oğuz bana ne iğnesi yaptı?"

Kafasını hafifçe eğdi. *Ciddi misin?* der gibiydi.

"Vücuduma giren çıkanı bilmek benim hakkım." Söyledikten sonra pişman oldum.

Güldü. "Tabii ama söylersem anlayacak mısın?"

"Tıbbi bir dil kullanmadığın sürece neden olmasın?"

"İyileşme sürecini hızlandırıp acıyı hissetmemeni sağlayacak bir şey," diye mırıldandı. "Birkaç saat sonra etkisini gösteriyor ve dikişler kaybolana dek kan dolaşımında kalıyor. Bir haftaya izi bile kalmaz yaranın."

"Tıpta kullanılan bir şey mi yoksa sizin şu değişik uyuşturuculu kasanızdan çıkma bir şey mi?"

"Ne?" diye sorarken gülüyordu. "Uyuşturuculu kasa mı?"

"Hani kartelin kullandığı değişik ilaçlar..." Dudaklarımı birbirine bastırdım. "Bir keresinde Pusula'da ilaçlı bir içki içmiştim ya hani. Onlardan mı?"

Tereddüt etmeden "Hayır," diye mırıldanırken gülüyordu. Nedense keyiflenmişti. "Başka bir şey. Başka bir yerden. Tamamen güvenli. Şu an kasılmadan ya da acı çekmeden yürümenin sebebi o. Normalde iyileştiğinden dört kat daha hızlı iyileşiyorsun." Elini marketin girişine salladığında otomatik kapı açıldı. "Hadi gel."

Peşinden girerken bir elimle bandajın olduğu yeri yokluyordum. Gerçekten acı yoktu. "Daha önce kullandın herhalde. Emniyet kemeri faciasından sonra mesela?"

Kafasını salladı. "Birçok kez kullandım."

"Böyle bir şey varsa neden eczanelerde falan satılmıyor? Ya da hastanelerde kullanılmıyor?"

Marketin ortasında durdu. "Herkesin kullanabileceği bir şey değil."

"Neden? Çok mu pahalı?"

Kaşlarını kaldırdı. "Değiştiriyorum. Herkesin kullanması *gereken* bir şey değil. Şimdi," diye söylenerek meyve sebze reyonunu gösterdi. "Sen şuradan meyve sebze alabilirsin. Özellikle kırmızı biber, kabak, havuç ve brokoli al."

Suratımı buruşturdum. "Brokoli mi?"

"Evet, brokoli. Ben diğerlerini alırım." Bir adımın ardından birkaç adım geriye atmaya başlamıştı. "Hadi Liva, ne duruyorsun? Ben de acıktım."

Pars Kalkavan da acıkırmış.

Dün bir şey yemiş miydi o gerçi? Ben görmemiştim. Bütün gün, mutfağın hemen yanımda olduğu salonun en büyük koltuğunda yatmıştım ve hayır, onun gelip gittiğini görmemiştim. *Belki de gece yemiştir.*

Neden hiç yemediğini düşünüyordum?

Bir market arabası alıp birkaç çeşit sebze ve meyve poşetledim. İstemsizce meyve reyonunda şeftali bakınmıştım ama yoktu. Hepsi Kayra yüzündendi. Çocuk aklıma girmişti resmen.

Sıra tarttırmaya geldiğinde tartının üzerine sırayla poşetleri koyup çeşidi seçtikten sonra sırayla makineden çıkan etiketleri yapıştırmaya başladım. Havuç poşetini market arabasına atarken markete giren iki kız dikkatimi çekmişti. Gülerek konuşuyorlardı. Sanki bir partiye gidiyor ya da bir etkinlikten dönüyormuş gibi güzel giyinmişlerdi. Makyajları ve saçları yapılıydı. Vücut oranları ve elbiseleri o kadar uyumluydu ki bir an kendimi bol eşofman ve bol kazak içerisinde pespaye hissettim. En son iki gün önce kafeye gitmeden duş almıştım. Hiçbir şey yapmadığım günlerde bile sabah kalktığım gibi soğuk bir duş alırdım kendime gelmek için. Şimdi ise yarama su değdiremezdim bu yüzden duş almam bugün ya da yarın mümkün görünmüyordu.

Pars'ı elinde bir sürü malzemeyle buraya gelirken gördüğümde bir ona, bir de kızlara baktım. Gerçekten sinir olmuştum. Bu kadar yakışıklı olmanın ne lüzumu vardı yani? Bu kızların bu saatte burada ne işi vardı peki?

Pars, elindekileri market arabasına bırakırken "Aldın mı hepsini?" diyerek gözlerini saniyelik bir şekilde market arabasında gezdirdi.

"Tartıyorum şimdi, aldım. Ama..."

Tam gidecekti ki dönüp durdu. "Ama, ne?"

"Şeftali yok."

Kaşları çatıldı. Demek lafını bile sevmiyordu. "O ne alaka?"

"Benim en sevdiğim meyvedir," diye yalan söyledim. Aslında varlığı da yokluğu da fark etmezdi. Ben çilek falan severdim. "Öyle... Canım çekmişti." Meyve reyonunda gezdirdim gözlerimi. "Keşke olsaydı..."

Geberteceğim seni Kayra. Aklıma girdin saçma sapan işler yaptırıyorsun bana.

"Bu mevsimde şeftali mi olur Liva?" diye homurdanarak diğer taraftaki reyonlara ilerlemeye başladığında işe yaramayacağını biliyordum zaten. *Ben de öyle söyledim adama!* Çok da üzerinde durmadım.

Dönüp şarap seçen kızlara baktığımda da tahmin ettiğim bir manzarayla karşılaşmıştım. Pars'ın arkasından ağızları bir karış açık bakıyorlardı. Sorum şuydu; elimdeki brokoli demetini kafalarına fırlatsam ne kadar acıtırdı? Marketten atılır mıydım mesela?

"Alın şarabınızı da defolun," diye mırıldandım istemsizce. "Film mi çeviriyoruz burada?" Tartma işlemini hızlıca hallettikten sonra arabayı Pars'ın içinde kaybolduğu reyonlara doğru sürmeye başlamıştım ki kahvelerin olduğu kısımdan hoş kokuların geldiğini fark ettim. Taze çekilmiş kahve mi satıyorlardı gerçekten?

Fabrikada ve burada taze paketlenmiş kahvelere bakarken Pars elinde birkaç şeyle daha reyonun başında belirdiğinde gözlerini önünde durduğum raflara çevirdi. Elindekileri market arabasına bıraktıktan sonra "Kahve mi seçiyorsun?" diye sordu.

"Taze çekilmiş kahve satıyorlarmış," diye mırıldandım, koku o kadar dayanılmazdı ki yan tarafta koca bir cam kavanozun içinde süs olarak duran kahve çekirdekleriyle dolu tezgâha dalıp katır kutur kahve çekirdeği yemek istiyordum.

"Şu iyi." Pars bir anda yüzünü bana dönerek önümden, diğer çaprazımdaki rafa uzandığında yanağı neredeyse dudaklarıma ve burnuma değmek üzereydi. Şampuan ve duş jeli kokusuyla ciğerlerim dolarken paketi alıp arabaya attı.

"Ben de," diye mırıldandım dudaklarımı büzerek gözlerimi kaçırırken.

"Sen de, ne?" Kaşlarını çattı.

"Ben de duş almak istiyorum." Ellerimi saçlarımdan geçirip iyice uzamış saçlarımı tek omzuma aldım ve yüzümü sıvazladım.

Pars gülmeye başladığında ben kaşlarımı çatmış yukarıdan ona bakıyordum. İstediği oyuncağı almamış annesine bakan küçük bir kız çocuğu gibi göründüğüme yemin edebilirdim.

"Mızmız kız çocukları gibi görünüyorsun," diye mırıldandı Pars sırıtarak.

"Mızmız ve yaralı." Kazağımı kaldırıp bandajı gösterdim.

"O kazağı kaldırdığında tek gördüğüm bir deri bir kemik kalmış oluşun. Esprinin sonu. Artık komik değil." Pars arabayı sürerek biraz ilerledikten sonra seslice nefes verdim. O kadar da zayıflamamıştım aslında, sadece son zamanlarda doğru düzgün yiyemediğim için muhtemelen göz altlarım belli oluyordu ve rengim gitmişti.

Pars reyonun sonunda yavaşça sürdüğü market arabasını sağa döndürecekti ki bir anda başka bir market arabasıyla çarpıştı. Diğer market arabasının başındaki esmer kızı gördüğümde hemen tanımıştım. Şarap seçen kızlardan biriydi. Kaşlarımı kaldırıp ağzım açık bir şekilde izledim o kızın flört ederek özür dileyişini. Pars'ın arkası dönük olduğu için ne dudaklarını okuyabiliyordum ne de yüzündeki ifadeyi görebiliyordum.

Pars arabayı çektiğinde kız bir şeyler daha söyleyip gülerek market arabasını ileri sürdü. Arabasında bir şey yoktu bile! Muhtemelen planlamıştı bunu. Diğer arkadaşı da elinde bir şişe şarapla burada bir yerlerde gülerek izliyor olmalıydı.

Hızlı adımlarla Pars'ın yanına yürüdüm ve "Beğendin mi?" diye sorarken onu geçtim. Arkamda kalmıştı. Kasalara ilerliyorduk.

Pars birkaç hızlı adımda bana yetişti. Daha doğrusu ben hızlı adım atmayı bıraktığımda o uzun bacakları sayesinde normal hızında yürümeye devam etti ve birkaç saniye içerisinde aynı hizaya geldik. "Neyi beğendim mi?"

Aslında kızı, diyecektim ama "Kı... Kahveyi," diye son anda düzelttim keyifsizce. "Çıkabilir miyiz artık şu marketten? Senin iğnen hiçbir işe yaramıyor, benim dikişlerim yine acıtmaya başladı."

Pars kaşlarını kaldırarak bana baktı. "Emin misin? O iğnenin etkisi şaka değil."

"Ne demek emin miyim?" Suratına doğru çemkirdikten sonra arkama dönüp kızlara bakınmaya başladım. "Yalan mı söyleyeceğim?"

"Demek yoruldun?"

"Sen niye benim söylediklerimi tekrar ediyorsun? Neyse onu söylüyorum ben, niye teyit..." Başımı daha arkadan çeviremeden ve kızları göremeden Pars bir anda kollarını sırtımdan ve bacaklarımdan geçirerek ayaklarımı yerden kestiğinde şokla boynuna tutundum. "Ne yapıyorsun? Ne yapıyorsun ya? Kucağında taşımayacaksın herhalde?"

"Yoo..."

Pars bir anda beni market arabasının içine bırakıp kollarını çektiğinde ellerimle iki yandan tutundum. "Yok artık! Pars indir beni. Durdur arabayı! Kocaman kızım görevliler kızacak!"

Market arabasını kasaya doğru sürüyor ama etrafa bakarak oyalanıyordu. "Bilemedim. Sanki kocaman kız olman için biraz daha yemen lazım."

Altımdaki poşeti kaldırıp market arabasının tabanına oturduğumda neredeyse sebzeleri ezdiğimi yeni fark ediyordum. "Pars bak domatesleri eziyorum burada!"

"Uydurma domates falan almadık biz."

Domates almadığım doğruydu. Ama market arabasına meyve sebze reyonunda bir saniye bakmıştı sadece, neyi alıp neyi almadığımı nasıl fark edebilmişti o kısacık sürede? Bu çocuğun kabiliyetleri beni ürkütüyordu.

Et reyonda, tezgâhın arkasındaki adam hâlime güldüğünde bacaklarımı iyice kendime çekip ellerimle yüzümü kapattım. Çok utanmıştım. O da utandığımı biliyordu ve resmen eziyet ediyordu.

Et reyonunu geçince ellerimi indirip bana yakın duran paketleri ve poşetleri önüme yığdım ve hiçbir şeyi ezmediğimden emin oldum. Daha sonra sakince bağdaş kurup işe iyi yanından bakmaya çalıştım. Mesela artık koca markette yürümeme gerek yoktu, dikişler acıtmıyor olabilirdi ama gerçekten yorulmuştum.

Pars başka bir paketi önümdeki yığına atarken yaptığım ufak düzenlemeleri gördü ve "Aferin," dedi. "Bak, ne kadar kolay alışıyorsun."

"Alışmak falan istemiyorum ben. Kasaya gelmeden indir beni."

"İsteğin reddedildi. Son durak bagaj."

"Yok artık."

Şaşkınca önüme dönerken beni kasadan böyle geçirip geçiremeyeceğini kafamda tartıyordum ki karşıdan gelen, şarap almış güzel kızları tekrar gördüm. Sinsiler, nasıl arkamızdayken bir anda önümüzden çıkabilmişlerdi acaba? Üstelik bu kez market arabasının içindeydim. Zaten soluk benizli pespaye görünmem yetmiyormuş gibi bir de çocuk gibi market arabasının içine oturtulmuştum.

Ama yaklaşırken beni aslında hiç fark etmediklerini fark ettim. Onlar için o an market arabasındaki herhangi bir üründen farksızdım. Dereotu mesela. Ya da yoğurt. Ya da kabak...

Çünkü arkamdaki şahsa odaklanmışlardı. Gerçekten markete şarap almak için gelmiş oyalanıyorlardı çünkü az önce Mira'nın da deyişiyle market *crush*'ı edinmişlerdi. *Tebrikler. Şimdi siktir olup gidebilirsiniz.*

Kafamı geri atıp Pars'a tersten baktım. Başını hafifçe aşağı eğip bana baktı. Ardından önüme dönüp kızlara ve ardından tekrar Pars'a baktım. Kızları fark etmişti. İlgilerini fark etmesi de o akıllı beyni sayesinde pek uzun sürmezdi.

Kızlar yanımızdan geçip giderken Pars'ın bir an onlara baktığını fark ettim. Kızlar bizi geçtikten sonraki ilk reyondan içeri daldılar gülerek.

"Oha ya," dedim en sinir ses tonumla. "Git bir sor istersen."

"Neyi?" diye sordu bana bakmadan.

"Telefon numaralarını. Adreslerini. Sütyen bedenlerini. Ne bileyim?"

Pars kahkaha atarak kasalardan birine girdi. O sırada kasiyere odaklanmıştım, Pars'ın kahkahasının tonuyla ilgilenemedim.

Kasiyer önümüzdeki müşterinin aldıklarını kasadan geçiriyordu.

Oturduğum yerde dönebildiğim kadar arkama dönerek kafamı kaldırdım ve Pars'a baktım. Az önceki lafımdan sonra hâlâ keyifliydi. Markete girdiğimizden beri ruh hâlimiz o kadar çok değişmişti ki takip edemiyordum artık. "Pars indir beni," dedim sessizce, kasiyerin duymamasını umarak. "Bak arabayla o kadar bütünleştim ki iki dakika daha durursam bir taraflarımdan etiket çıkacak, kasada okunabilir hâle geleceğim. İndir beni."

Ben söylenirken sıra bize gelmişti. Pars arabadakileri kasa bandına koyarken kasiyere "Market arabalarını otoparka kadar götürebiliyoruz değil mi?" diye sordu.

"Pars hayır."

Orta yaşlı kadın kasiyer gülerek kafasını sallarken Pars kasadan geçen iki hasır büyük market çantasını üzerime attı. "Paketlemeye başla sen."

"Ben seni paketleyeceğim şimdi." Sinirle kasadan geçenleri alıp hasır poşete doldurdum. Biri dolduğunda diğerini de doldurmaya başlamıştım. Artık umursamıyordum gerçekten. Kasaya giden yolda beni arabaya atıp boş yere marketi bir daha dolanmıştı ve hiçbir şey almamıştı. Sinir olayım diye bilerek yapmıştı ve başarmıştı.

Aldıklarımızı ödedikten sonra market arabasını dışarı sürmeye başladığında, dışarı çıktığımız an ellerini arabadan çekti. Market arabası kendi kendine asfaltta hızla kaymaya başladığında çığlık atıp "Ya yapma diyorum ya!" diye bağırdım ve ellerimi kaldırıp ağırlığımla arabaya etki etmeye çalıştım ama işe yaramamıştı. Birkaç saniye içerisinde gülerek market arabasının kontrolünü tekrar sağladığında dönüp ellerine vurmaya başladım. "Çek şu ellerini! Ruh hastası! Hiç komik değil!"

Ne kadar vursam da ellerini çekmedi. Sonunda arabanın yanına geldiğimizde market arabasını kenarda durdurmuştu. Bagajı uzaktan kumandayla otomatik olarak açtıktan sonra iki büyük torbayı da alıp bagaja attı. O sırada kendi başıma tekerlekli ve korkutucu market arabasından inmeye karar vermiştim. Üstelik ne kadar acımasa da yaralıydım. Ya dikişilerim açılırsa? Ya kanamaya başlarsa? Umurumda bile değildi. Ayaklarım oturmaktan, beynim de utanmaktan uyuşmuştu.

Ayağa kalktığımda arabadan tutarak bir ayağımı boşluğa bırakmaya çalıştım ama saniyeler içerisinde araba ayaklarımdan kayınca otomatik olarak düşmemek için kendimi arabanın üstüne itmiştim. Belim bu kez darbeyle acıdığı için inleyerek arabanın tavanına otururken elimi kazağın içinden bandajın üzerine kapattım ve alt dudağımı dişledim.

"Ne oldu?" Pars bagajı kapattığı gibi bir bana, bir de markete doğru sürüklenen market arabasına baktı. En azından market arabası diğer market arabalarının yanına doğru uçmuştu, bir de geri götürmemize gerek yoktu.

"Ne olmuş olabilir?" diye sordum sinirle gözlerimi kaçırırken.

Pars yanıma gelirken gülüyordu. Yolcu koltuğunun yanında dikiliyordu. "Nasıl çıktın sen oraya?"

"Kanatlarım var ruhumda," diye homurdandım dalga geçtiğimi belli ettiğim bir sesle.

"Tamam o zaman," dedi Pars. "Ruhundaki kanatların indirir seni."

Şoför koltuğunun kapısına uzanacağı zaman aşağı bakıp kendimin bile duyamadığı bir sesle mırıldandım. "Dur..."

Pars durdu ve aşağıdan bana baktı. Normalde olsa aşağı atlayabilirdim ama az önce darbeyle yaram gerçekten acımıştı ve kanadığını falan düşünüyordum, o yüzden atlamak ve dizlerimin üzerine düşmek istemiyordum. Pek hoş bir görüntü olmazdı.

"Gel buraya," diyerek tam önüme durdu ve kollarını uzattı. "Biraz uca gel."

O an Jeep'in ne kadar uzun olduğunu ve ayrıca Pars'ın da ne kadar uzun olduğunu düşündüm. Yavaş hareketlerle uca gelirken "Senin boyun kaç?" diye sordum sakin bir sesle. Az önceki sinirim uçup gitmişti anlaşılan.

Pars yine sırıtmaya başlamıştı. Kollarını uzatıp beni yakaladığında yavaşça ayaklarımın üzerine indirdi. "Bir doksan."

Yok artık! "Oha. Ne yedirdiler sana Fransa'da?"

"Bir şeyler yediğim kesin de," diye homurdanırken yolcu kapısını açıyordu. İçeri geçip oturduğumda kapıyı kapattı ve dönüp şoför koltuğuna oturdu. *Bir haltlar mı demek istedi?*

Motoru çalıştırdığında otoparktan çıkmıştık. Saat öğleni geçiyordu. Ne ara bu kadar hızlı akmıştı zaman hiçbir fikrim yoktu. Başımı çevirip camdan dışarıya baktığımda "Nereye gidiyoruz?" diye sordum ama yolları tanımıştım ve nereye gittiğimizi biliyordum.

"Otuz üçüncü kata."

Pars'ın dairesine gidiyorduk. Yine oraya çıkacaktım yani...

"Ben yemek yapmayı bilmem haberin olsun."

"Kahvaltıyı bisküvi çayla geçiştirmeye çalıştığını gördüğüm gün fark etmiştim."

Fransız restoranına gittiğimiz günden bahsediyordu. Henüz bunların hiçbirisi olmamıştı ve tek düşündüğüm ne kadar kibar ve yakışıklı olduğuydu. Fransızcayı nasıl bu kadar iyi bildiğinden habersizdim.

Şimdi ise biliyordum. Çocukluğunu orada geçirmişti çünkü.

Arkama yaslanıp yolu izledim kapalı otoparka girene kadar. Asansörün yakınında bir yere arabayı park ettiğinde floresanların altındaydık. Bu aydınlık otoparkı özleyeceğim aklımın ucundan bile geçmezdi.

Arabadan çıktığımda Pars bagajdakileri alıyordu. Kapıyı kapatıp asansörlere yürüdüm ve en yakın katta olanı çağırdım. Pars yanıma geldiğinde kapılar açılıyordu. İçeri geçtik, kat numarasını girdik ve arkamıza yaslandık. Işığın altında olmamızdan faydalanarak kazağımı hafifçe sıyırdım.

"Gerçekten acıyor mu?" diye sordu Pars, kafasını uzatıp bandajın olduğu yere bakarak.

Bandaj temizdi. Yavaşça bir ucundan tutup kaldırdım ve dikişleri kontrol ettim. Kanamam yoktu. "Şu an acımıyor ama Jeep'in üzerine atladığımda üzerine yattığım için acımıştı."

"Üzerine de yatma bir zahmet," diye mırıldandı kullandığı iğneyi överken.

"Aman." Homurdandım.

Asansör son katta durduğunda kapılar açıldı. Pars önden çıkmıştı. İki büyük hasır poşeti kapının önüne bırakıp şifreyi girdi ve kapılar otomatikman açıldı. Bildiğim şifreden başka numaralara bastığını açık ve net bir şekilde görmüştüm. Hatta yeni şifreyi de görmüştüm. Öncekinden daha karışık bir kombinasyondu.

Arkasından içeri geçtikten sonra kapıyı kapattım. Pars direkt mutfağa yönelmişti, ışıklar açılıyordu.

Perdelerin kapalı olduğunu gördüğümde sevindim. Gerçekten buranın bu kadar yüksekte olması hoşuma gitmiyordu.

"Biliyor musun?" diye sordu Pars, paketleri masanın üzerine bıraktıktan sonra ürünleri dışarı çıkartırken. "Duş alabilirsin."

"Bez bandajım ve altındaki dikişlerim de öyle diyordu zaten." Ortadaki tezgâhın bar taburesine oturup kollarımı tezgâhın üzerine koydum.

"Bandajının su geçirmeyeceğini söylesem?"

Kaşlarım çatıldı. "Oğuz neden su değmesin dedi o zaman?"

"O bandaj değil," diyerek işaret parmağıyla belimi gösterdi. "Değiştireceğiz."

Kaşlarımı kaldırarak gözlerimi yüzünde gezdirdim. "Öyle bir şey mi var?"

"Burada bekle." Poşetlerin içindekileri çıkartmayı bırakıp yanımdan ayrıldığında odalara giden koridora girdi. Gerçekten öyle bir şey mi vardı? Su geçirmez bandaj? Yoksa büyük kalın bir bantla mı kapatmayı önerecekti? Aslında bunu aklımdan geçirmiştim ama saçma olduğunu düşünerek saniyesinde pes etmiştim.

Bir dakika sonra Pars elinde ufak beyaz bir çantayla geldiğinde bandajı değiştireceğimizi anlayıp bar taburesinden indim. Pars ikili koltuğun önünde duruyordu. Ben koltuğa oturduktan sonra çantayı yere koydu ve diz çöküp açtı. Koltuğun ucunda oturuyordum. Ceketimi çıkartıp kenara bıraktım ve kazağımla altındaki beyaz tişörtü aynı anda sıyırarak bandajı çıkarttım. Dikişlerim dün akşamdan çok farklı görünüyorlardı. Neredeyse kaybolmaya başlamış diyebilirdim dikişler hakkında.

Pars çantadan başka bir bandaj çıkardığında diğerleriyle aynı görünüyordu.

"Dik dur," diye mırıldandı ve dik durduğumda dikişleri tam ortalayacak şekilde bandajı yapıştırdı.

Parmaklarımı bandajın üzerinde gezdirdiğimde şaşırmıştım. Her ne kadar normal bandaj gibi görünse de dış katmanı farklıydı. Rahatsız etmiyordu ama... Farklıydı işte. "Gerçekten su geçirmiyor mu?"

"Kendi gözlerinle görene kadar inanmayacaksın değil mi?" Çantayı kapatıp ayağa kalkarken güldü. "Banyo nerede biliyorsun. Temiz kıyafet getireceğim."

Kafamı salladım. O gittikten sonra koltuktan kalkıp peşinden koridora girmiş ve banyoya geçmiştim. Yürürken elim bandajın üzerinde geziniyordu. Cam gibi bir yapıydı ama hareket ederken esniyordu.

Üzerimdekileri teker teker çıkartıp kenara bıraktım ve duşa girip suyu açtım. Başta soğuk olan su ılıdığında da pek bir şey değişmemişti benim için. Başımdan aşağı akıp gidiyordu işte.

Önce vücudumu, sonra saçlarımı yıkadım. Her şey bittiğinde durulanmak çok fazla zamanımı almıştı çünkü tüm bu süre boyunca gözlerimi kapatıp depoda olanları hatırlamaya çalışmıştım. Bana kaybettiğim dakikaları hatırlatacak en ufak şeylere bile dokunmaya çalışıyordum kafamın içinde ama uçları uyuşmuyordu ki anılarımın, bağlanmıyorlardı işte birbirlerine.

Sonunda ellerim buruş buruş olduğunda suyu kapatıp saçlarımı sıktım ve duştan çıktım. Köşedeki gömülü dolapta bir sürü havlu vardı. Birini vücuduma, diğerini de başıma sardım ve hafifçe kapıyı araladım. Yerde kıyafetler vardı. Kapıyı kilitlememiştim ya da kapıya vurduğunu da duymamıştım, muhtemelen kapının önüne bırakıp gitmiş olmalıydı.

Vücuduma sardığım havluyu çıkartıp her tarafımı kuruladıktan sonra siyah eşofmanı ve kapüşonlu *sweatshirt*ü giyindim. Saçlarımı tarayıp kulaklarımın arkasına attıktan sonra ıslak havluları kenara astım ve çıkardıklarımı katlayıp kenara koydum. Bir poşet bulup içine atsam iyi olurdu.

Banyodan çıktığımda mutfaktan yemek kokuları geliyordu. Pars'ı mutfağın ortasındaki tezgâhın bar taburelerinden birine oturmuş, bilgisayarına odaklanmış bir şekilde buldum. Elleri klavyede çok hızlı hareket ediyordu. Tuş sesleri kulaklarımdan içeri taramalı tüfek sesi kadar hızlı doluyordu.

Ocakta pişen yemeği ve fırının dolu olduğunu gördüm. Marketteyken aldıklarımızı koymak için kullandığımız iki büyük hasır poşetten birini alıp banyoya geri döndükten sonra çıkardığım kıyafetleri içine koydum ve salonun girişinde kenara bıraktım. Gerçi çıkardıklarım da benim değildi ama...

Pars bilgisayarını kapatırken suratında taş gibi bir ifade vardı. Bir şeyler düşünüyordu yine. Karşısına geçip bomboş suratımla birlikte oturduğumda, onun bomboş bakışlarıyla karşılaştım. İki boş insan birbirine bakıyordu şu an.

Bilgisayarında o kadar hızlı yazdığı şey neydi?

"Önce yemek," dedi ayağa kalkarken. Kaşlarımı çatarak onu izledim. İyi de ben bir şey dememiştim ki? Yoksa bu çocuk gerçekten zihin okuyabiliyor muydu?

Tahminleri ciddi anlamda çok güçlüydü. Gerçek anlamda aklımı okuyabiliyordu.

Önüme bir çatal, kaşık ve bıçak bırakırken onu izledim. Ne kadar ölü görünüyorsam artık, kalkıp yardım etmemi bile istememişti. Bir bardak su bıraktığında bardağı alıp dudaklarıma götürdüm.

"Çok içip mideni boş suyla doldurma," diye mırıldandı fırındaki yemeği çıkartırken. Birkaç dakika sonra önüme koca bir tabak sıcak yemek konulmuştu. Sebzeli peynirli şey fırından çıkmıştı, makarnalı kremalı şey ocakta pişmişti. Kenarda da yeşillik vardı.

"Ne bu?" diye sordum çatalımla fırından çıkan şeyin içindeki sebzeleri tanımlamaya çalışırken.

"Bu noktadan sonra yemek ayırt etme gibi bir hakkın olduğunu düşünmüyorsundur umarım."

Kafamı tabağa gömmüş koklarken bakışlarımı yukarı çıkardım ona baktım. Karşıma oturmuş, çoktan yemeğe başlamıştı bile.

Sesimi çıkarmadım. Sonuçta bana yemek pişirmişti. Kim bana yemek pişirmişti ki?

Yavaş yavaş yemeği çatallamaya başladığımda tadının ne kadar güzel olduğunu surat ifademle belli etmek istemiyordum ama bir lokmayı yutuşumun ardından diğer lokmayı ağzıma almamdan anladığını tahmin edebiliyordum. Salata dahil tabağımdaki her şeyi bitirdiğimde "Ellerine sağlık," diye mırıldanıp bulaşıklarımı lavaboya götürdüm. Bulaşık makinesinin içi boştu. Tabağı ve diğerlerini sudan geçirip içine yerleştirmeye başladım.

Aslında Pars yemeğini benden önce bitirmişti. Şu an ne yaptığını düşünmek zordu.

Ya da değildi.

Düşünüyordu işte. Bütün gün en yoğun bunu yapmıştı zaten.

Telefonu masanın üzerinde titreştiğinde telefonumu şarja takmam gerektiğini hatırladım. "Şarj makineni ödünç alabilir miyim?"

"İçeride masanın üstünde bir tane daha var."

Yanından salona geçip masanın üzerindeki şarj aletini ve ceketimin cebindeki telefonumu aldım. Televizyon ünitesinin yanındaki prize telefonumu taktıktan sonra açılmasını bekledim ama artık pili ne kadar boşsa birkaç dakika geçmeden açılacağa benzemiyordu.

Pars bilgisayarını yeniden açmıştı.

Perdeleri biraz açtığımda havanın kararmaya başladığını gördüm. Yağmur yağıyordu. Acaba Nil şehri terk etmiş miydi?

"Liva," diye seslendi Pars.

Dönüp ona baktığımda ayağa kalkmış, bilgisayarının ekranını bana çevirmişti.

Yanına doğru yürüdüm. Bir kamera kaydıydı bu. Yeşil ışık kullanılmıştı hava karanlık olduğu için. "Bu ne?"

Pars karşımda durdu. Keyifsiz görünüyordu. "İzlersen hatırlayacağına eminim."

Ne demek istediğini anlamaya çalışırken dudaklarımı ıslattım ve elimi nemli saçlarımdan geçirdim. Pars, görüntüyü ışıksız daha net izleyebileceğim için salonun ışıklarını kapatmış ve mutfağın gece ışıklandırmasını açmıştı.

Derin bir nefes aldım. Gergin görünüyordu. Ben de gerginleşmeye başlamıştım. Neden böyle davranıyordu? Dün gece söyledikleriyle mi alakalıydı bu? Gözlerine baktım, okyanuslar gece modunda gibi karanlıktı. Artık ifadesinden bir şey anlayamıyordum.

Pars videoyu başlatıp geri çekildi ve kollarını göğsünde birleştirdi.

Birkaç saniye boş geçti, bir otoparkın kamerasıydı bu. Daha sonra kamera açısı yüzünden görünmeyen bir yerden bir genç kız çıktı. Uzun, siyah, gür saçları vardı ve mini bir elbise ile kısa bir ceket giyiniyordu. Sallanmasından sarhoş olduğunu anladım.

Daha sonra o kızın Naz olduğunu anladım.

Nefes alış verişlerim ağırlaştı. Pars'ın bakışlarını üzerimde hissediyordum ama gözlerimi videodan çekmedim.

Daha sonra tanıdık model bir araba yakınlaştı. Bu noktada başka bir kamera kayda geçmişti. İçeriyi daha net gösteren bir kamera.

Naz, önünde duran arabanın kapısını açıp içeri geçti ama kapıyı kapatmadı. Şoför koltuğunda Pars vardı, giyindiği kısa kollu tişörtten kolundaki dövmeleri görebiliyordum.

On dakika. Neden otoparktan on dakika boyunca çıkmadınız?

Tolga'nın sesi kafamın içinde yankılanırken bulanık görüntüler ve sesler zihnime yavaş yavaş düştü. Naz, Tolga'ya bağırıyordu. Tolga daha fazlasını anlatmasını istiyordu. Daha sonra Naz... Anlatıyordu ve...

Ceketimi neden çıkarıp attığımı hatırlıyordum. Tişörtüm yerine neden üzerimde başka bir kazak olduğunu da.

Koskoca göğüs kafesi, kuş kadar kalbime dar gelmeye başladığı sırada ifademi korumaya çalıştım. Naz'ın Pars'ın kucağına oturduğunu görüyordum. Kafaları görünmüyordu kayıtta ama Naz'ın onun kucağına oturduğunu ve ellerini omuzlarından göğsüne sürterek indirdiğini görebiliyordum.

Naz'ın vücudu ona yaklaştığında Pars onu ittirdi, birkaç saniye sonra Naz itilmiş gibi geri sıçramıştı. Pars'ın elleri havadaydı, sanki bağırıyormuş gibi bir vücut dili vardı. Sonraki birkaç dakika boyunca Naz, Pars'ın kucağında kaldı. Tartıştılar. Konuştular. Naz sakinleşti.

Naz, Pars'ın kucağından nihayet yan koltuğa indi. Pars uzanıp emniyet kemerini taktı. Ardından kapı kapandı ve araba otoparktan ayrıldı.

Video bittiğinde dudaklarımı birbirine bastırdım. "Neden izlettirdin bunu bana?"

"Bir şey olmadığını gör diye."

"Bir şey olmadıysa neden gittin dün gece odadan?" İfadesiz suratım ve dingin ses tonumu koruyarak gözlerine baktım. Kollarını göğsünde birleştirmişti, çözüp iki yanına bıraktı.

"Çünkü sen bir şey olduğunu düşünüyordun."

"Benim bir şey olup olmadığını düşünmem ne fark eder?" diye sordum yanından geçip gidecekken. "Revirde bana siktiri çeken sen değil miydin?"

Kolumdan yakalayıp bana döndü. "Liva, ben sana siktiri çekmedim. Gerçekleri söyledim."

Histerik bir şekilde güldüm. "Sen. Pars? Bana gerçekleri söylemek? İşte bu gerçekten bir masal gibi geldi. Başucuma süt ve kurabiye de koymak ister misin?"

"Asıl seni masallarla kandırmak istesem kalırdım," diye mırıldandı bir adım atıp yüz yüze gelmek için kafasını eğerken. "Kendini kandırma."

Kaşlarımı kaldırdım. "Benim kendimi kandırmama gerek yok, sen beni yeterince kandırıyorsun zaten Pars."

"Aleyhine olan hiçbir şey yapmadım. Bunu biliyorsun."

Derin birkaç nefes alarak geri çekildim. Ne yapıyordu o şu anda? *Gerçekten* ne yapıyordu? "Senin benimle derdin ne?" diye sordum yüzümü sıvazladıktan sonra. "Sen benden ne istiyorsun Pars?"

Cevap vermedi. Bir çift mavilik gözlerimin önünde karanlığa kurban gidiyordu.

"Ne yapmaya çalışıyorsun? Bu lider meselesi, masallar falan... Tamam anladım, yeterince aptalım, kanıyorum. Eğleniyor musun bari?" Kaşlarım çatıldı. Damarlarımın içinde fokur fokur kaynıyordu kanım.

"Eğlendiğim falan yok. Görmüyor musun? Çok zor anlatmak... Kimseden de izin almadım söylemek için!" Sertçe nefes aldı. Bir anlığına gözlerini sımsıkı kapatmış, ardından açmıştı. "Liva..."

"Ağzından çıkan her lafın noter onaylı olması mı lazım senin?" Alayla güldüm.

"Söyleyeceklerim sadece beni değil bir sürü insanı etkileyecekse, evet."

"Beni etkiliyor söylediklerin, başkasını değil! Bilmem farkında mısın? Tabii o ağzından iki laf alabildiğim zamanlarda!" Birkaç saniye yutkunmaya çalışarak kısılmaya başlayan sesimi toparlamaya çalıştım. "O otoparkta Naz'la ne yaşadıysan umurumda falan değil. Beni neden ilgilendirsin? Siktiri çekmemişsin, gerçekleri söylemişsin. Her neyse işte! Beni ilgilendirmez!" Bilgisayara titrercesine baktım. "Bana nasıl böyle bir şeyin kamera kaydını gösterebilirsin?"

Kendi soluk seslerim kulağımın dibindeydi. Kalbim sanki büyümüş, büyümüş, büyümüş bütün vücudumu kaplamış da atıyormuş gibi sarsılmak istiyordu bedenim ama onu ben ayakta tutuyordum. "Ya sen beni görmüyor musun yoksa gözünde at gözlüğü mü var senin? Karşıma otur, yüzüme bakarak aklımdakileri oku ama kalbimdekilere kör kal öyle mi? Öyle mi Pars!" Nefes alış verişlerimin arasında güldüm. "Kalbine giremezmişim, oradan kimse sağ çıkamıyormuş. Belki sen öldürüyorsundur onları Pars? Belki sen vuruyorsundur alınlarından?"

"Ben seni alnından vurmadım Liva, ben seni alnından öptüm. Alnında hissettiğin bir tabancanın soğuk namlusu muydu? Ateş etmişim gibi mi geldi sana?"

Onun da göğsü anın gerginliği ve bağrışlarımız yüzünden kalkıp inmeye başlamıştı. O da kendine hâkim olamıyordu. Ağzından bir şeyler kaçıracaktı.

"Sen," diye mırıldandım yüzüne bakarak. Yüzüne baktım. Bazen kanat takıp uçtuğum, bazen yüzme bilmeden dalıp derinlerine düştüğüm gözlerine. Burnuna. Dudaklarına. Çenesine. Yüzüne baktım. *Yüzemeyişimi* gördüm. "Sen benim dört duvarıma çatı olamadın Pars. Ben yıllardır sürgünüm."

Suratındaki öfkeli ifade bir anlığına yok oldu. Dudakları aralanmıştı. Kurduğum cümlenin ağırlığı odayı bir anda kasvetli, sessiz bir fırtınaya sürüklemişti. Ne yaptığımı biliyordum. Ne söylediğimi biliyordum. Ben sadece dürüst oluyordum. Her zaman dürüsttüm.

Kollarını uzatacağını düşündüm bir an. Kollarını uzatıp beni göğsüne alacağını. Orada bir cennet olduğunu düşündüm benim için. *Güm, güm, güm.* Kalbe kuş, akla yük'üm. *Benim güzel gül'üm...* Görmüyorsun aslında düşündeki benim *yüzüm*.

Ama gerçekte, kollarını uzatıp beni kucaklamaya çalıştığında ellerine vurup ittirerek savurdum onu. Göğsünden ittirdim ama bir santim kımıldamadı. "Nefret ediyorum senden. Uykularımı çalıyorsun benim! Küçük bir kutuya hapsediyorsun beni, cebine atıyorsun, git diyorsun sonra da yollarımı kapıyorsun! Aklımı sakız edip çiğniyorsun! Kafesmiş... Kafese tıktın beni evet! Sensin kafes!" *Ciğerlerime nefes.*

"Sen," dedi karanlık bir ses tonunda, üzerime doğru bir adım atarak. Geri çekilmiştim. "Benim. Aklımı. O depoda. Sikip. Attın."

"Ne?" Donakaldım bir anlığına. Ben ne yapmıştım? Bu da kendini haklı çıkarmak için söylediklerinden biri miydi?

"Biliyorum." Sırtım duvara yaslandığında ellerini yüzümün iki yanına koyarak başını eğdi ve yüzünü yüzüme yaklaştırdı. "Biliyorum. Tamam mı? Sen hatırlamıyorsun söylediğini ama ben biliyorum. Depodaki herkes biliyor."

"N... Neyi biliyorsunuz?" Sesim titriyordu. Neyden bahsediyordu? *Hayır*. Tolga'da dosyam vardı benim. Tehdit etmişti beni dosyamla. Lamen'in hastası olduğu için dosyama ulaşabilmişti. *Siktir.*

Ve en kötüsü de, Tolga'nın oyununa göre kirli çamaşırları ortaya döken o değildi. *Ben anlatmıştım.*

Görüntüler ve sesler parça parçaydı ama anımsıyordum. Ben anlatmıştım. Nasıl öğrendiğimi, doktorun nasıl kaza geçirdiğini, kaydımın hiç yapılmadığını, benim de uğraşmadığımı, çünkü bazen gerçekten bir şeylerle uğraşmak istemediğimi anlatmıştım. Nasıl vazgeçtiğimi anlatmıştım.

Bir dikiş, iki dikiş, vazgeçiş.

En çok vazgeçişlerin izi kalır.

En büyük yaran *ilk* vazgeçişindir.

"Benim kararımdı," diye mırıldandım gözlerim acırken. Gözyaşlarımı geride tuttuğum için oluyordu, bu hissi biliyordum. Ama inadım inattı. Ağlamayacağım diyorsam ağlamayacaktım işte.

"Bu mu olacaktın? Bir hiç mi olacaktın? Annen baban gitti diye, sen de mi gidecektin? Hiç doğmamışsın gibi mi olacaktı?" Öyle bir öfkeyle, öyle bir hiddetle çıkıyordu ki dudaklarından cümleler, hepsi birer zehirli ok misali göğsüme saplanıyordu. "O zaman neden yalan söyledin?"

"Ne yalanı?" *Ben sana yalan falan söylemedim.*

"Serdar sizi Karadelik'e getirdiğinde, kazan dairesinde İrem'le sıkıştığınızda ve ben senden çantana attığım USB'yi istediğimde çantanda olduğunu biliyordun ama evde olduğunu söyledin."

Bunu biliyor *olamazdı*. Bunu nereden biliyor olabilirdi? Mümkün değildi! "N... Nasıl?"

"USB'de takip cihazı vardı Liva," diye bir itirafta bulundu Pars. "Kendini bilerek ateşe attın. En başından beri bunu biliyordum ama merakımın kararlarımı etkilemesine izin verdim... Belki de sen benim aklımı, daha seni gördüğüm ilk dakikada sikip attın ama ben fark etmedim. Başka türlü neden on dokuz yaşındaki savunmasız, hasta bir kızı planlarıma dahil edeyim?"

On dokuz yaşındaki savunmasız, hasta kız...

"Sorun değil," diye fısıldadı Pars, o an.

"Hayır!" diye bağırdım. *Sorun. Sorun. Sorun!*

"Yaşamak istedin..."

"Pars hayır!" Sesim iki kelimelik cümlenin yarısında çatallaşıp boğazımı yardığında gözlerime dolan yaşları tutamamıştım bu kez. "Hayır!"

"Sorun değil!" diye bağırdı Pars, ben duvarla onun arasından kaçmak isterken. Ellerimi kaldırmış onu itmeye çalışıyor, kafamı bir sağa bir sola sallıyor ve ağlıyordum çünkü beynimde şimşekler çakıyordu.

"Hayır!" diye bağırdım sonsuza hayır'larımın arasında. "Hayır. Hayır. Hayır..."

"Sorun değil. Sorun değil!" Ellerimi yakaladı. Bileklerimden tutarak iki yanımda duvara sabitlemişti ellerimi. Alnını alnıma bastırıp başımı da duvara yasladığında hareket edemez olmuştum.

"Hayır," diye fısıldadım ona karşı. Bedenimi hareket ettiremiyordum, beni duvara sabitlemişti. Kurtulmaya çalışıyordum ama onun kadar güçlü değildim.

Sesi kısıktı. Kafamın içindeki gürültü beynimi parçalıyordu. Yine de duydum onu. Sayısız kez aynı kelimeleri beni sakinleştirmek için tekrar ederken *Nefes Bile Almadan* şarkısını dinlediğim sesini, nefes bile almadan dinledim. "Sorun değil... *Yaşamak istedin.* Sadece yaşamak istedin."

Bir dikiş.

İki dikiş.

Vazgeçiş.

En çok ilk vazgeçişlerin izi kalır. Çünkü izi kalan yara, hiç iyileşmemiştir aslında.

Yarayı açık bırakırsın, acır.
Kapatırsın izi kalır.
İp geçmez, iğne dikmez...
Bazı insanlar, seni bazı anılarla yaşamak zorunda bırakır.

4

İçinde Yaşanmayacak Dünyanın, İçinde Yaşattığı His

Karanlığın sonsuza dek geceye hüküm sürmeyeceğini biliyordum ama ne zaman zihnimin, önünde diz çöküp teslim olduğu anılar aklıma nüksetse bir daha güneş hiç doğmayacakmış gibi hissediyordum.

Saatin kaç olduğu önemli değildi o zamanlar, biri gelip geceyi ortasından yırtarak güneşi gökyüzüme getiremez miydi? Hep böyle mi olacak diye düşünmeden edemiyordum. Eğer hayatı darmaduman olmuş biriyseniz muhtemelen yapacağınız en mantıklı iş, derslerinize sarılıp eğitimle, battığınız çukurdan çıkmak olurdu ama çukurun çamuru öyle inatçıydı ki ayaklarınızdan silinmiyordu. Ve ben o çamura baştan aşağı bulanmıştım.

Hiçbir çukur o kadar derin değildir, der insanlar, anlatırsanız ama vardır öyle derin çukurlar; düşmeyi hiç bırakmadığınız.

Avuçiçlerimi gözlerime öyle bir kuvvetle bastırıyordum ki gözlerim acımaya başlamıştı. Yaşlar gözlerime doluyor ama dışarı akamıyordu. Burnumu çekmekten boğazım kaşınıyordu artık ve dudağımın kenarına geçirdiğim dişlerimin izleri kolay kolay kabuk bağlamayacak gibi duruyordu.

Karadelik'i hatırladım. İrem'in arkadaşı Cem'le gittiğimiz bar sonrası olanları, ertesi gün Serdar'dan dinlemek isteyince gittiğimiz leş bir mekândı. Bizi bodrum katına götürüp korkak bir tavuk gibi bağırmaya başlamıştı şimdilerde nerede olduğunu bile bilmediğim o pısırık çocuk. Döküntü duvarların arkasından dört adam çıkmıştı; Pars, Kayra, Giray ve Zamir.

Gözlerim hemen tanımıştı yalnızca bir gün önce maviliğine bulandığım o derin suları. Bana çantama attığı ufak cihazın nerede olduğunu soruyordu, çantamda olduğunu biliyordum ama söylemiyordum. Evde bıraktığımı anlatıyordum. İrem'i yanlarında götürüyorlardı. Eve gidip bana verdikleri üç saat dolmadan Pusula'ya gidiyor, Oğuz'la tanışıyor, İrem'i getirmelerini istiyordum ve her şey de orada başlıyordu. Taylan ziyarete geliyordu ve bizi serviste istiyordu. Kayra teklif ediyordu, Pars karşı çıkıyordu ama sonunda ufak bir sıyrıkla kurtulduğum o geceyi yaşıyordum. Taylan'ın defterini kapıp kaçıyordum.

Neden söylememiştim? Çantamdaydı işte. Çıkartıp verebilirdim. Kendi en yakın ve tek arkadaşımı onlarla göndermiştim. Ne kadar tehlikeli çocuklar olduklarını o an bile suratlarından okuyabiliyordum, zira yanımda titreyen Serdar bunun kanlı canlı örneğiydi.

Neden oracıkta bitirmemiştim?

Oracıkta teslim etseydim o USB'yi, ne olurdu?

Muhtemelen alıp giderlerdi. Hepsi bu kadar.

Teslim etmediğimde ne olmuştu?

Bütün bunlar.

Duvara değen sırtımın uyuştuğunu hissediyordum. Ne zaman bu pozisyona gelmiştik bilmiyordum ama Pars elleriyle bileklerimden tutuyordu ve ellerimi başımın iki yanından, duvara sabitlemişti. Biraz sakinleşmiştim böylece, artık ona vurmuyor ya da kurtulmaya çalışmıyordum.

Yaşamak istedin.

İstemiş miydim gerçekten? Bunca zaman? İstemiş olamazdım. Eğer isteseydim soluğu hastanede alırdım. Param vardı. Ne zamana kadar yeterdi bilmiyordum ama gerekirse o pis adamın yolladığı miktardan bile kullanırdım. Yaşamak için neler yapabilirdi insan... Ben *kılımı* bile kıpırdatmamıştım.

"Bunca zamandır biliyor muydun?" diye sordum çatallaşmış sesimle. Yutkunmak zorunda kalmıştım ardı ardına. "Bunca zaman..." Şehir dışındaki o evde bandajımı değiştirirken yaptığım şakaya karşılık attığı bakışın anlamını şimdi fark ediyordum. O, depoda her şeyi öğrenmişti. O, benimle konuşamadan, ben yaralanıp üzerine bir de hafızamı kaybetmiştim. Ne söylemek istemişti yüzüme karşı, beni depodan sonra ilk karşısında gördüğü zaman? Korkak olduğumu düşünmüş müydü mesela?

Korkak mıydım ki ben? Yaşamak cesaret, ölmeyi istemek de korkaklık mı sayılıyordu? Bence en büyük cesaretti boş vermek. Neyin size geleceğini, olacakları bilmeden yürümek. Planlı yaşarsan korkak olurdun. İşlerin yolunda gitmediği ilk an çok net bellli ederdin bunu hem de.

Korkunun köşeye sıkıştırdığı mantık işe yaramaz. Korkunun sardığı kalp duygudan yoksundur. Hangi gücün karşısına koyarsan koy korkularını, ezer geçer her seferinde. Korkunun yetiştirdiği bir çocuk, böyle böyle küser kendine.

Pars, karanlıkta bile rengini belli eden derin okyanuslarını gözlerime diktiğinde araladığı dudaklarından tek bir kelime kurtuldu: "Yaşayacaksın." Tok sesi kulaklarıma çok net ulaşıyordu. "Zorundasın."

"Neden?" diye sordum ona, tüm cesaret kırıntılarımı birleştirerek bakarken. Gözyaşlarıyla ıslanan dudaklarımı yaladım. "Hastayım ben. Tedavi olmak istemedim, ölmek istedim..."

"Kimsen yoktu," diye kesti lafımı. Evde, odada yalnızca biz vardık ama sanki başkaları duymasın diye ya da ben onu daha iyi duyayım, daha iyi anlayayım diye fısıldıyordu.

"Üvey baban tarafından istismara uğradın, alkolik annen intihar etti. Yalnız kaldın. Hiç kimsen yoktu Liva. Belki de haklıydın," dedi gözlerinin içindeki anlam veremediğim öfkeyle. "Ben olsam ben de siktiri çekerdim hayata. Ya asardım kendimi ya da uyuşturucu bağımlısı olurdum, hissetmek istemezdim ya da uyanmak yeni bir sabaha. Sabahların ne anlamı var ki? Kimse yok çünkü. Kimsen yok. Bir amacın olsa bile ait hissetmiyorsun, aitlik hissi için çabalıyorsun ama işe yaramıyor işte bir şeyler. Gerçeğe ihtiyacın var. Sana gerçeği vereceğim."

Alaycı bir gülüş tırmandı dudaklarıma. "Çok tanıdıkmış gibi konuşuyorsun bu hisler sana..."

"Anlıyorum çünkü seni." Yeniden lafımı kesti, fazlasıyla yoğun bir tonla konuştuğundan mıdır bilinmez zihnimden dışarı taşıyordu sesi. Göğüs kafesimin içine. Bu kez büyük elleriyle değil, yürekten seçtiği kelimeleriyle. "Anlıyorum Liva. Anlamayan adam savaşır mı sanıyorsun? Ben seni anlıyorum, çıkış yolunu biliyorum."

"Benim çıkış yoluna ihtiyacım yok, her şey için çok geç." Bileklerimi kurtarmaya çalıştım ellerinden ama bırakmadı. "Bırak beni Pars. Fazla uzadı bu mesele. Nil konusunu, evde öğrendiklerimi ve diğer her şeyi bir sır olarak saklayacağım..."

"Öyle korkuyorsun ki yaşamaktan, bir kez olsun seni hayatta hissettiren şeyi bile bırakıp gitmek isteyebiliyorsun." Bileklerimi bıraktı ama önümden çekilmedi. Her an alnını alnıma yaslayabilecekmiş gibi bir yakınlıktaydı. "Ama senin istediğin tek şey yaşamak. Önceden ruh gibiydin, sönmüş değil sönmeye yüz tutmuş bir ateştin; harladım ben seni. Öyle olmadı mı sen söyle? Başka türlü öyle bakmazdın o depoda."

Çenemi dik tuttum. "Sana nasıl baktım ya da bakışımdan ne anlam çıkardın bilmiyorum ama sana söylediğim gibi Pars. Naz'la aranızda olanlar beni ilgilendirmez! Naz senin çocukluk arkadaşın!"

"Liva!"

Bağırdı. İsmimi bağırdığı an kendimi kontrol edemedim, göğsümde korkunç bir ağrıyla kafamın içinde şimşekler çakarken duvara sindim ve kollarımı yüzüme siper ettim. *Bahar.* Biri fısıldıyordu kulağıma. *Bahar.* Ben Bahar değilim diye bağırıyordum, kırık kapıya sırtımı yaslıyor tüm gücümle engellemeye çalışıyordum ama kötülük buluyordu bir yol mutlaka içeri girmek için.

Sen benim dört duvarıma çatı olamadın.

Benim dört duvarım bile yokmuş ki Pars.

"Özür dilerim," dediğini duydum neredeyse çatlayacak bir sesle. Kollarımın arasından baktığımda, elleri havadaydı ama bana dokunmaya korkuyor ve kendini durduruyordu. "Liva, özür dilerim... Bir an kendimi kaybettim," diye devam etti, dudaklarını yaladı; söyleyecek bir şey bulamıyor gibiydi.

Pars o. Saçının teline zarar vermez. Kendime hatırlattım. O Pars'tı. Pars Kalkavan. *Deniz gözlü yabancı.*

"Bana bağırma," kelimeleri çıktı ağzımdan, zayıf bir sesle. Sanki *bağırırım* derse ağlayacakmışım gibi.

"Bir daha asla." Sözleri yemin gibiydi.

Ona inandım.

Kollarımı yavaşça aşağı indirdim, artık yüzümü kapatmıyorlardı. Dolu gözlerle sırtımı duvara yaslayarak birkaç saniye derin nefesler aldım, kendime gelmeye çabaladım. Pars biliyordu. Tolga her şeyi ortaya çıkarmıştı. Ben Pars'ı öpmüştüm, o da Naz'ı. En azından, hangi arkadaş bir diğerinin kucağında otururken tartışmaya devam ederdi? İşte her şey bu kadar basitti.

"Yaşayacaksın," dedi Pars, göz göze geldiğimizde. Ona öfkeli gözlerle bakıyordum, bakışlarımdaki sertlik kaslarımı da kaskatı etmişti. Bana acıdığını düşünüyordum. Acımasını istemiyordum. Bunu ben tercih etmiştim, buna mecbur bırakılmamıştım ya da tek yol değildi bu yol.

"Sadece Tanrı böyle bir söz verebilir." Kafamı hafifçe sağa ve sola çevirdim.

"Tedavi olmaya çalışmak yerine kafanın dikine giderken yaptığın bu muydu? Tanrıcılık mı oynuyordun Liva?"

"Beni burada tutacak hiçbir şey yoktu, haklısın!" Sesim yükselirken ellerimi gözlerimden çektim. Pars da istemsizce geri çekilmişti. Ne düşündüğünü biliyordum işte, biliyordum; korkak olduğumu düşünüyordu. Kaşları çatıktı, yüzünü net görebilmek için bir süre görüşümün netleşmesini bekledim. "Babasının terk ettiği, aklını yitirmiş üvey babasının da ne zaman alkolü kırsa taciz etmeye çalıştığı, annesi intihar eden bir çocuktum ben! Odamda sıcak yatağım olduğunu bile bile soğuk tavan arasında uyumak zorunda kaldım ben annem ölene, o pislik herif de parasıyla kaçana kadar! Yıllarca anlayamadım bile hiçbir şeyi, neler olup bittiğini o zamanlarda! Ne kardeşim vardı ne de kafamdakileri anlatabileceğim birileri! Hiç kimse... Bazen para verdiğim dilencilerle konuşurdum. Yetmezdi bir çuval mamayla sokak hayvanlarını toplardım etrafıma, onlarla konuşurdum. Konuştum da konuştum, cevap veren yoktu! Susmayı öğrendim ben!"

Pars ne bildiğini zannediyordu? "Kapının önüne oturup komşuların annem hakkında atıp tutmalarını dinledim günlerce. Ölmek istedim ama cesaretim yoktu. Evden okula, okuldan eve yürüdüm sadece. Bir arkadaş da olsa edinip, yaşayıp gitmeye alışmışken basit bir kontrolde öğrendim aslında kendi tabutumun, kendi bedenim olduğunu ben. Bu korkaklık değil! Günlerce bütün bedeni acıdan titrerken ölüme emekleyerek giden bir korkak gördün mü sen? Gördün mü? Kim olsa koşardı, ben vaktimi bekledim Pars!"

"Tamam!" Bağırmak istiyordu ama kendini tutuyordu. "Tamam ulan! Bravo! En cesur sensin!"

Bunu beklemiyordum. Bunu beklemiyordum. Sakinleşmiştik. Neden böyle bağırıyordu? Gözlerimde birikenler yanaklarımdan süzülürken ellerimin tersiyle sertçe sildim gözyaşlarımı ve ellerimle ittirdim onu ardı ardına. O kadar güçlü olmadığımı biliyordum, onu yerinden bile kımıldatmayacağını biliyordum ellerimin ama bunu kabul ediyor gibiydi. Benden gelen darbeleri kabul ederken sarsılarak geri gidiyordu ayakları.

Sonunda ellerimi yakalayıp yüzüme doğru eğildi. "Korkaksın."

"Değilim!" Bileklerimi ellerinden kurtarmaya çalışırken o kadar sert tutuyordu ki kurtulmak için tırnaklarımı etine geçirmeye başlamıştım. "Değilim dedim!"

"Korkaksın," diye fısıldadı yüzüme karşı, yavaşça. "Neden biliyor musun?"

Kafamı bir sağa, bir sola çeviriyordum gözlerim iyice kararmış maviliklerine kenetlenmişken. Yüzünü doğru düzgün görebildiğim söylenemezdi. Ama daha sonra devam etmesini beklerken her nasılsa biraz sakinleştim ve beni tutmasına izin verdim. Kalp atışlarım göğsüme öyle bir baskı yapıyordu ki kalp krizi geçireceğimden neredeyse emindim.

"Sen o enkazdan ayaklarının üzerinde sağ çıkmışsın, sonra da gidip sikik bir hastalığın önünde diz çökmüşsün." Bileklerimden tuttuğu ellerim aşağı düştüğünde bir çenemi iki parmağının arasına aldı. "Derin sularda yüzüp evinin önündeki sığ derede boğulmuşsun sen. Evet, savaşçısın, bunca yıl savaşmışsın ama tanıdığım en korkak savaşçısın."

Kirpiklerim gözlerime batıyordu. Cümleleri bir atlıkarıncaya binmiş, her dönüşünde bir kesik atıyordu zihnimin duvarlarına. Kan akıyordu o kesiklerden, damarlarımın içinde süzülen kan fokur fokur kaynıyordu içimde. "Sus."

Kaçıyorsun Liva.

Yapmayı en iyi bildiğin şeyi yapıyorsun.

"Neden? Ne halt yediğinin farkına mı vardın birden?" Alaycıydı sesi. "Ölmek o kadar kolay mı kedi?"

Tekrar göğsünden itmeye çalıştım ama yerinden kımıldamadı. Kımıldamadığı gibi de göz temasını kesmeden üzerime gelmeye başlamıştı. İki adımda, yeniden, sırtım duvarla buluştu. Daha fazla gidemeyeceğimi anladığında yüzünü biraz daha eğerek yüzümle aynı hizaya sabitlemişti. Ne zaman sağa ya da sola çevirsem başımı, o da beni takip ediyor, bakışlarımı yakalamaya çalışıyordu.

"Pars bırak. Eve gideceğim ben. Büyükannem merak etmiştir."

"O yaşlı kadının kanser olduğunu biliyorum," dediğinde sesindeki hiddet biraz olsun dinmişti. "Biraz olsun değer veriyorsan büyükannene, onu kaybettiğinde, şu an burada seni kıstırmış neden yalvardığımı anlayacaksın."

O an, saniyelerdir gözlerinden kaçırmak için bir o tarafa, bir bu tarafa çevirdiğim kafamı kaldırdım ve gözlerinin içine baktım. Refleks gibiydi. İlk defa ne demek istediğini anlamıştım. İlk defa o uzun, karmaşık cümlelerinden birinin altında yatan anlamı anlamıştım. "Sen bana yalvarmıyorsun, kızıyorsun sadece. Neden yalvarasın ki?"

Pars, büyükannemin kanser olduğunu biliyordu. *Pars'ın bilmediği ne vardı?*

Dudaklarını yaladı, "Haklısın," dedi boğazını temizlerken. Bakışlarını kaçırmıştı. "Ama ölmeni istemiyorum."

Bu kez bakışlarını kaçıran da, boğazını temizleyen de ben oldum. Yutkundukça çatallaşıyordu sanki boğazım. "Büyükannemi kaybetmeyeceğim," dedim sakin bir ses tonuyla, kurumuş dudaklarımı ıslattıktan sonra yutkunurken. "O iyileşecek. Bunun için uğraşıyor..."

"Öleceğini biliyor." Pars bir saniye beklemeden lafımı kestiğinde, kaldırdığı kaşlarını süzdüm. Çok keskin bir dili vardı, kopan yerlerinden bağlayıp kördüğüm ettiğim iplerimi fark ettiği an kesip atıyordu. "Öleceğini bilmese İngiltere'deki köşkünden zahmet edip de Soyhan'a gelir miydi? Ne biliyorsun seni de alıp İngiltere'ye dönmek istemediğini? Ne oğlundan bir iz var ne de başka bir akrabası... Bir tek sen varsın."

"Büyükannem buraya yerleşmeye, benimle yaşamaya geldi. Beni götürmek gibi bir amacı yok." Gözlerimi kısarak yüzünü süzdüm. Nedense beni kandırdığını düşünmüyordum. Öyle olsa bile bunu nasıl biliyordu? "Hem götürmek istese bile giderim. Neden gitmeyeyim ki? Sen söyledin, o benim hayattaki tek akrabam."

Bir adım geri çekildiğinde kaşlarını kaldırmış, bana inanamaz bir şekilde bakıyordu. "Gidersin, öyle mi?"

"Giderim," dedim tereddüt etmeden.

Gidersin, öyle mi?

Giderim.

İkimizin de göğsü sık nefes alıp verişlerimizden dolayı hızlıca inip kalkıyordu. İkimiz de yorulmuştuk. İkimizin de sinirleri gergindi. Savaşlarımızın kazananı olmazdı bizim, ikimiz de kaybederdik.

"Tamam," dedi gözlerini benden çektikten sonra, ellerini kalçasına yerleştirip birkaç adım geri giderek. Başıyla kapıyı gösteriyordu. "Git o zaman, *evine*."

Git o zaman, *evine*.

Ev.

Lügatıma ne kadar da yabancı bir kelime.

Gitmek istemiyordum. Çok iyi biliyordum ne istediğimi. Ayaklarım hareket ederken verdiğim komut kalbimden geçmedi. Öfkeliydim ama ona, kalamazdım işte. Apaçık suratıma vurulmuştu yıllarım bir gecede. *Belki hiç anlatmaman kimsenin dinlemediğinden değil, senin konuşmak istemediğindendir.*

Ceketimi, çıkardığım kıyafetlerimin olduğu poşeti ve son olarak da telefonumu almış bir hışım kapıdan çıkacaktım ki araladığım kapıyı tek hamlede kapatıp önüme geçti ve ona bakmamı sağladı. "Dur."

"Gitmemi istiyorsan neden kapının önünde dikiliyorsun?" diye sordum yaptığım mecaza gülmek istercesine. Evet Kalkavan, neden? Her seferinde, *neden?*

Bir saniyeliğine gözlerini kapattıktan sonra derin bir nefes alarak başını kaldırdı. Yutkunduğunda uzun boynunun ortasına sabitlenmiş âdemelması oynamıştı. Bomboş ifademle, gözlerimi dikmiş suratına bakarken dudaklarının aralanışını gizli bir merakla izledim. "Gitmeni istemiyorum."

"Git dedin."

"İnsanlar bazen kastetmedikleri şeyleri söylerler."

"Neden?" Çenemi tutamadan sorduğum sorular bir gün mezarımı kazacaktı.

"Çünkü," diye mırıldanırken biraz üzerime eğilmişti. Bir eli hâlâ kapattığı kapının üzerinde duruyordu. "Senin gibi inatçı keçiler delirtir adamı."

"Sen de beni delirtiyorsun." Kaşlarım çatılmıştı. "Güvenmiyorum diyor, basit bir defter çalma olayını bile yapamayacağımı ima ediyorsun. Güvenmiyor, sözleşme imzalatıyor; imzaladığım gece yırtıp atıyorsun. Bırakıyorum artık kendi yoluma gideceğim diyorum, arayıp saçma salak bir bağış gecesine damsız giremediğini söylüyorsun! Öpüyorum seni, akşamına başka bir kızın üzerine atlamasına izin veriyorsun." Omuzlarım düştü. "Git diyorsun ama yolumda duruyorsun Pars." Anlamadığımı belirtircesine kafamı sağa ve sola salladım. "Sen de beni delirtiyorsun ama ben kastetmediğim şeyleri söylemiyorum."

Dudaklarını birbirine bastırarak söylediklerimi hazmetmeye çalışırcasına gözlerini bir saniyeliğine kapattığında, okyanuslar gökyüzüne uzanan dalgalarla üzerime doğru gelmeden önce fırtına öncesi sessizlik yaşadığımızı biliyordum. Bir kez daha. Aynı gün. Aynı akşam.

Elimdeki poşet ve telefonum çoktan yere düşmüştü bile. Elini kapının önünden çekip tehditkârca üzerime gelmeye başladığında yüreğim ağzımda atıyordu ama yüzümden tek kelime okunmuyordu. "Ben dürüst olmak için yetiştirilmedim," cümlesi çıktı ağzından ve bana anlama fırsatı bırakmadan devam etti. "Hayatım boyunca oradan oraya sürüklendim. Söylemem gerekenleri tuttum hafızamda, gerçekleri değil. İnsanlar da gerçekleri duymak istemezler zaten hiçbir zaman, tatlı tatlı yalanlar dinlerler bebek ninnileri gibi. Ben, hayatım boyunca," derken bir iki adım daha üzerime gelip geri geri gitmeme sebep oldu. "Ayağıma yastık koyup uyuttum insanları geceleri. Ben uyumadım. Dışarıdakiler uyusun diye. O sokakta gördüğün çocukların yatağı olsun diye. Senin gibiler uyusun diye. Sen uyu diye. Sen vazgeç diye değil Liva."

"Pars..." Hipnotize olmuş gibiydi, beni görüyor muydu emin bile değildim. Sanki kimsenin sağ çıkamadığı bir savaşın gazisiydi ve bir köşeye gömüp unuttuğu anıları birer birer gözlerinin önünden geçiyordu şimdi. Perdeler inmişti, film oynuyordu; araya girilemezdi.

"Biraz dinlemeye çalışsan beni, tamam konuşmuyor olabilirim ama duymaya çalışsan söyleyemediklerimi..." Durdu, ellerini saçlarına geçirmişti. Kollarına uzamaya çalıştım ama geri çekildi ve gözlerini gözlerime dikti. "Söyleyemiyorum Liva! Anlatamıyorum ben!" Ellerini aşağı indirdi, sesi her kelimede biraz daha yükseliyordu. "Nasıl anlatılır bilmiyorum! Nasıl hayatın yalan senin denilir bir kız çocuğuna?"

Nasıl hayatın yalan denilir bir kız çocuğuna!

Nasıl hayatın yalan denilir!

Nasıl denilir!

Hayatın yalan.

Ellerim iki yanıma düştüğünde burnumdan gelen tanıdık sızıyı biliyordum. Pars Kalkavan benim hayatım hakkında ne biliyordu? Ne biliyordu da söyleyemiyordu? Üvey babamı araştırırken mi öğrenmişti yoksa bir şeyler? Hayatımla ilgili ne biliyor olabilirdi ki gerçekten? Ne yalan olabilirdi?

"Sen bana anlatmak istiyorsun," diye fısıldadım kısık sesimle, sakince, gözlerinin içine bakarak. Omuzları derin soluklarının arasında inip kalkıyordu. Pars Kalkavan da aklını yitirmenin ucuna gelmiş, o uçta benimle birlikte oturuyordu bu gece. "Ama anlatamıyorsun. Ve bu seninle ilgili değil. *Benimle* ilgili."

"Keşke benimle ilgili olsaydı." Bir adımda dibime girdiğinde elleri gözlerimi silmek için uzandığım ellerimi yüzümden defetti ve kendi ellerini yerleştirdi yanaklarıma. "Keşke senin her şeyin benimle ilgili olsaydı sadece."

"Ne kadar kötü?" diye fısıldadım titreyen dudaklarımı birbirine bastırırken. "On üzerinden?"

"Küçük kedi..."

"Pars... Kaç? On üzerinden kaç?"

"Liva," dediğinde ellerimi koluna yerleştirdim. Yorulmuştum, artık ayakta durmakta zorlanıyordum. Tutunma arayışlarım başlamıştı. "Şimdi seninle bir oyun oynayacağız. Tıp oyunu ama biraz farklı. Bu konu hakkında birlikte susacağız seninle, en azından şu kartel olayları bitene kadar. Sonra sana söz veriyorum, açıkça, her sorunun cevabını alacaksın. Benden de, sana cevap vermesi gerekenlerden de."

Kafamı olumsuz anlamda sallamaya başladım istemsizce. "Hayır... Hayır. Yalan söylüyorsun yine bana. Kandırıyorsun yine. Hiçbir zaman açık açık anlatmadın hiçbir şeyi.

Hep ya benim gözlerimi bağladın ya da cevapların üzerini kapattın sen."

"Bu kez değil Liva, bu kez değil," diye fısıldadı kalp atışlarımla birlikte dinginleşen sesiyle. "Artık sona geliyoruz, değil mi? Öyle hissetmiyor musun sen de? Bak, en dip köşeye sakladığın sırrın bile artık o depodaki herkesin bir anısı oldu. Benim bildiklerimin benimle mezara geleceği ne malum?"

"Niye ölecekmiş gibi konuşuyorsun?" Tırnaklarımı koluna geçirdiğimin farkında değildim. "O şeref bana ait, bilmiyor musun?"

Güldü. Dudakları hafifçe yukarı kıvrılmıştı. "Güven bana, ölmeyeceksin diyorsam ölmeyeceksin."

"Ya çok uzun sürerse? Bu kartel işi..." Dudaklarımı birbirine bastırdım. En azından artık kanatmak için dişlemiyordum, yavaş yavaş, sanki sesiyle uyuşturulmuş gibi dinginleşiyordum.

"Sürmeyecek. Söz veriyorum. Çok az kaldı."

"Söz mü?"

"Söz. Pars sözü."

Kaşlarımı çattım. "Daha önce hiç Pars sözü vermemiştin."

"Daha önce hiç yaşamaya hevesli bakmamıştın."

Aldığım nefes ciğerlerimin içine hapsoldu, birkaç saniye boyunca kalp atışlarımı dinledim sadece. Daha önce hiç yaşamaya hevesli bakmamıştın. "Hastalığımın ne çeşit bir hastalık olduğunu bile bilmiyorsun. İlerleyen zamanlarda iç organlarımın parçalanmaya başlayacağından ve kan kusacağımdan haberin bile yok. Grip olmadım ben Pars..."

"Hastalığının nasıl bir şey olduğunu biliyorum," diye mırıldandığı sırada ellerimi kollarından çekip bir adım geriye gitmeye çalıştım ama kolu belime dolandığı andan itibaren kıpırdayamamıştım.

"Bak yine kaçıyorsun. Ben sana bir şeyler anlattıkça, bir şeyler söyledikçe böyle uzaklaşacaksan hiç istemem ağzımı açmayı."

"Pars sen çok şey biliyorsun." Yutkunmaya çalıştım. Derin nefesler alıyordum. "Sen çok şey biliyorsun ve ben anlamıyorum, ben korkuyorum artık."

Bir şey söyleyecekmiş gibi dudaklarını araladı ama hemen ardından tekrar kapadı. Derin bir nefes alıp etrafında gözlerini gezdirdikten sonra tekrar yüzüme dönmüştü.

"Ne?" diye sordum şaşkınca. "Ne söyleyecektin de vazgeçtin?"

"Çok fazla olur bugünlük. Yarın sabah kahvaltıda söylerim."

"Seninle kahvaltı edeceğimi kim söyledi?" diye sordum suratımı buruşturarak.

"Öyle mi?" Kaşlarını kaldırarak güldü. "Bu gece burada kalıyorsun. Tabii ki sabah benimle kahvaltı edeceksin."

"Paşa gönlüm eve gitmek istiyor." Ellerimi belime sarılı koluna geçirip ittirmeye çalıştım ama milim kıpırdatamamıştım yerinden.

"Kahvaltıda söyleyeceğim şeyi duymak istemiyor musun?"

"Senin bu yaptığına şantaj derler!" Kolu belime o kadar sıkı sarılıydı ki burnunun dibindeydim resmen. Ayağına bastım.

Birden havalandığımda şaşkınlıktan bir çığlık kaçıvermişti boğazımdan. Ayağına bastığımda, belki refleks olarak beni bırakır diye basmıştım, o ise hepten beni ele geçirip kucağına almıştı.

Karanlık koridorda aklım başıma geldiğinde "Cidden beni yatağında zorla uyutabileceğini mi düşünüyorsun?" diye sordum sakin kalarak. Ne zaman kucağından kendi gücümle inmeyi başarabilmiştim ki? Akıllı oynamalıydım.

"Benim yatağımda mı uyumak istiyorsun? Tamam." Bir anda yolunu değiştirip kendi odasına girdi.

Yumruğumu omzuna indirip "Öyle demek istemedim!" diye bağırdım. "Fırsatçının tekisin!"

"Amma enerjin var. Bir bitmedi pilin. Pilli kedi."

"İşte şimdi iyice saçmalamaya başladın."

Gülmüştü. Karanlık odada, aralık kapıdan gelen salonun loş ışığında beni nihayet yatağın üzerine bıraktığında otomatik olarak doğrulmaya çalıştım ama omuzlarımdan iterek başımı yastıkla buluşturdu. "Ciddiyim Liva. Uyuman lazım."

"Uykum yok."

"Sen başını yastığa koy, uykun gelir. Belinde derin bir kesik var, çok güçlü bir ilaç aldın. Sen ısrarla aksini düşünebilirsin ama vücudun dinlenmen için çığlıklar atıyor."

Gözlerindeki ciddiyeti gördüğümde yatakta biraz aşağıya kayıp ayaklarımı uzatarak seslice nefes verdim. Haklı olabilirdi. Daha dün gece kanıyordum ben, bugün nasıl bu kadar kolay hareket eder olmuştum? O iğne, su geçirmez bandaj... Pars Kalkavan hangi yüzyıldan geliyordu?

Elini saçlarından geçirip karıştırdı. Yanıma yatacak gibi durmuyordu. "İyi geceler," dediği sırada eline uzanıp bileğinden yakaladım. "Sen nereye gidiyorsun?"

"Ufak bir işim var."

"Peh," diye mırıldandım gözlerim, aniden bastıran uykuyla yavaş yavaş kapanırken. Ardı ardına iki kere esnedim.

"Peh mi?" diye mırıldanıyordu Pars, odadan çıkarken. "Peh..."

Sırtüstü yattığım yatakta rahat pozisyonu bulmak amacıyla yan tarafa döndüğümde, açık perdeleri fark ettim. Bütün duvar boydan boya camdı ve yerlere kadar uzanan siyah perdeler kenarlara çekilmişti. Bütün şehir, capcanlı, karşımda duruyordu. İlk defa otuz üçüncü katta olmaktan korkmadım. Yağmur damlaları bile farklıydı bu kadar yüksekte, daha büyük ve daha dolgundular. Sesleri gelmiyordu sadece ama onu da hayal etmek zor değildi. Acaba bunca zaman bu şehirde yağan bütün yağmurlar Nil'in öfkesi miydi hep? Odamın camlarını açık bırakırdım çünkü ben, gökyüzünün gürültüsü sessiz evden içeri dolsun diye. Ev sessizdi ama kafamın içi kavga kıyametti hep. O sessizlikte eve buyur ettiğim Nil miydi?

Cam açılmıyordu doğru düzgün bu evde. Benim sevememem burayı bu kadar yüksekte olmasından değildi bence, havasının yapaylığındandı. Soyhan'ın ortasında Soyhan'ın havasını solumadığım bir yerdi burası. Gurbet gibiydi.

Bir süre uykuyla uyanıklık arasında gidip geldim. Kapı tekrar açıldığında gözlerimi açmaya çalışıyordum ama göz kapaklarım tutkalla birbirlerine yapıştırılmış gibiydi. Öyle ya, boğazım da çatalla çizilmiş gibi kuru ve pütürlüydü. Bütün akşam bağırmıştım. Bütün akşam çekip gitmeye çalışıp kalmıştım.

Örtünün altımdan sıyrılıp üzerime örtüldüğünü hissettim. Ağzımı açmaya çalıştım ama sadece aralandı ve aralanmakla kaldı. Yatağın diğer tarafına başka biri uzandığında yutkundum. "Liderle ilgili anlattığın masal bitti mi?" diye sordum kuru ve kısık çıkan sesimle.

"Hıı-hıı." Mırıldanışını duydum sessizce.

Dudak büzdüm. Gözlerim kapalıydı ama bu hareketimi gördüğünü kısık sesli gülüşünden anlamıştım. "Başka bir tane masalım daha var," diye mırıldandı. "Bir bilim insanıyla ilgili."

"Tamam," diye mırıldandım dudaklarımı aralayarak. "Ama şimdi anlatma... Sabah anlat... Şimdi anlatırsan unutabilirim. Sonra sen tekrar etmezsin..."

Yüzüme düşmüş tutamların arasında elini hissettiğimde yüzüm kaşındı, aynı zamanda tüylerim diken diken oldu ve inanılmaz bir rahatlama vücuduma yayıldı. Belki de dakikalardır yatakta bir o tarafa bir bu tarafa dönerken hissetmeyi beklediğim şey buydu.

"Neden etmeyeyim?"

"Eder misin?"

"Ederim."

Dudaklarımı birbirine bastırdım. O anla, uyku arasında gidip geliyordum. Yavaş yavaş karanlığa çekildiğimi hissederken elim havaya kalktı, serçe parmağım sıyrıldı. "Pars sözü mü?"

Serçe parmağını, serçe parmağıma geçirdiğini hissetmeden kendimi bırakmadım uykuya.

O gece duyduğum son sesti kendi sesim. Daha sonra karanlığın belirsizliği silip süpürdü bilincimin uyku hâline geçmeden hemen önceki kırıntılarını. İyi yada kötü, hiçbir rüya görmedim; hayallerle sıvazlanan omuzlardan değildi benim omuzlarım. Küçük yaşta ağır yükle çökmüştü biraz, biraz da ben inancımı yitirmiştim.

Dalından koparılan çiçekleri kaldırımlardan toplayıp defterlerin arasında biriktirmiştim.

Çok şey biriktirmiştim ama inanç biriktirememiştim. Boyum daha yarısıyken üzerime kapanmaya başlamıştı kapılar, bir gün üzerime yıkılacaklarını daha o zamandan biliyordum. Bir gün tuğlalardan inşa ettiğim çatısız dört duvarın altında kalacağımı biliyordum. Pars Kalkavan'ın söyleyemediklerinin çığ olup üzerime düşeceğini biliyordum. Yok etmeye çalıştığım varlığımın yüzüme çarpılacağı günü bekliyordum.

Kuş gibi uyudum o gece. Kanatlarım olsa çırpınıp dururdum belki de. Henüz alacakaranlık vaktiydi, güneş doğmamıştı ama hava aydınlanır gibiydi lacivertiyle. Başım yastığın önüne, yana düşmüştü. Bu yüzden ilk baktığımda yatakta tek başıma olduğumu düşündüm ama karnımın üzerinde bir ağırlık hissediyordum. Bir elim yanımda dururken de, diğer elim yumuşak saçların arasındaydı sanki.

Vücudumu hareket ettirmeden kafamı hafifçe kaldırdığımda, gözüm gördüğünü algılayamadan başım yastığa geri düştü. Birden kalp atışlarım hızlanmıştı, göğüs kafesim de onunla birlikte atıyor gibiydi. Pars'ın kollarından biri belime dolanmış, başı karnımda, parmaklarım da saçlarının arasındaydı. Ben doğru mu görmüştüm?

Gerçek olmayan bir hayalin, bir rüyanın hissettirdikleriyle aynı hissettirdi o an.

Neredeyim?

Evindesin.

Ev.

Anlamalısın Liva... Ne kadar yabancı gelse de. Çünkü ev bazen, dört duvar ve bir çatıdan oluşan tuğla yığını değildir. Ev bazen... İnsanlardır.

Düşüncelerimle yoğunlaşan kalp atışlarımın arasında birden odada titreşim sesi yankılanmaya başladığında önce bunun bir alarm olduğunu düşündüm. Biri arıyor da olabilirdi. Benim telefonum olabilir miydi? Salonda düşürdüğümü hatırlıyordum, olamazdı. Pars'ın telefonu muydu bu?

Ne yapacağımı bilemediğim sırada karnımdaki ağırlık kalktığında gözlerimi kapattım. Pars kafasını kaldırmıştı. Bir anda üzerimdeki bütün ağırlık gittiğinde Pars'ın üzerimden atlayıp ayaklandığını fark ettim. Telefonu her nerdeyse alıp aramayı açarak odanın aralık kapısından dışarı çıktı.

"Kayra, ne var abicim sabahın köründe?"

"Ne oluyor be? Ben ne zamandan beri sabahın köründe aradığım için azar yiyorum?"

Ev o kadar sessizdi ki Pars aramaya cevap verdikten sonra arkadan gelen sesi bile duyabilmiştim, her ne kadar daha sonra kapıyı sessizce arkasından kapattığından duyabildiklerim bu kadar olsa da.

Gittiğine emin olduktan sonra cam tarafına dönüp bacaklarımı kendime çektim ve kollarımı karnımın etrafına sardım. Karnımın üzeri sıcacıktı. Gerçekten kafası bütün gece orada mı dinlenmişti yani? Düşüncesi bile krampları tekrar tekrar getiriyordu mideme. Ben bu adama dün gece dört duvarıma bir çatı olamadın diye bağırmıştım. O ise koskoca evinde benim yanıma kıvrılıp başını benim karnımın üzerine koymuştu.

Gözlerimi yatağın yanındaki dijital saate çevirdim. Saat sabahın yedisiydi. Bir an önce kalkıp gitmem gerekiyordu buradan. Yatağında yatıp kokusuna bulandığım birinin yanındayken ne kadar sağlıklı düşünebilirdim ki? Her şeye rağmen o tanıdığım en dengesiz insandı.

Ama kahvaltıda bir şey konuşacağımızı söylemişti.

Yataktan kalkıp gözlerimi ovaladım. Gözlerim acıyordu. Odanın içindeki banyoya girip musluğu açtım ve suyu ardı ardına yüzüme çarpmaya başladım. Saçlarım dalgalanmıştı ıslak saçla yattığım için. Aslan yelesine dönmelerinden nefret ediyordum. İyice uzamışlardı zaten. En son ne zaman saçlarımı kestiğimi hatırlamıyordum.

Dolaptan bir havlu alıp yüzümü sildikten sonra banyodan çıktım. Ben banyodan çıktığım an, Pars da odaya girmişti. İkimiz de farklı kapıların önünde birbirimize bakmaya başladık. Elinde telefonu yoktu. Konuşması bitmişti.

"Kalktın mı?" diye sordu elini kapı kolundan çekmeden. "Okula yetişmek falan istiyorsan önce kahvaltı edelim, daha sonra ben seni okula bırakırım."

Sakince nefes alırken teklifini gözden geçirdim. Birincisi, bu saatte kahvaltı falan yapamazdım. Aslında şaşırtıcı bir şekilde acıktığımı hissediyordum ama mümkün değil bu saatte bir şey yiyemezdim. İkincisi, kahvaltıda konuşacağımız konuyu da unutmamıştım ve deli gibi merak ediyordum bu yüzden bunu da göz ardı edemezdim.

Kurumuş dudaklarımı ıslattım ve "Kahvaltıda konuşacağımızı söylediğini hatırlıyorum," diye mırıldandım.

"Sadece onu mu?" diye sordu kaşlarını kaldırarak.

"Hayır, sadece onu değil ama şu an önemli olan o."

"Tamam," dedi kafasını sallayarak. "Ama bunun için önce kahvaltıya oturmamız lazım."

"Ben bu saatte kahvaltı edemem." Kafamı olumsuz anlamda salladım sakince ve banyonun kapısını kapatıp biraz yanına yaklaştım. Ortada durunca kollarımı göğsümde birleştirmiştim. "Şöyle yapalım, sen beni eve bırak. Ben okula giderim. Öğlen bir gibi dışarıda kahvaltı ederiz."

"Öğlen vakti öğle yemeği yenir," diye söylendi. "Ama durumuna bakılırsa kahvaltı etmeyi kabul etmen bile bir mucize. O yüzden kabul ediyorum. Eşyalarını al."

Kapının arasından çıkıp salona yöneldiğinde kaşlarımı çatarak peşinden çıktım. "Şu gıcıklığını bir saniye kenara bırakır mısın? Saat sabahın yedisi be!"

"Ben gıcıklık yapmıyorum," dedi salonun ortasında durup bana dönerken. "Sen kendine iyi bakmıyorsun, ben de sinirleniyorum."

"Çok mu umurunda benim kendime bakmam?"

"Evet!"

Beyin süzgecimden geçirmeden lafının üzerine atlamamın ardından verdiği dürüst cevabı yüzünden başımı kaldırmış öfke dolu ifademle birlikte donakaldım.

"Umurumda," diye devam etti cevabının ardından. "Sen umurumdasın. Oldu mu?"

Pars... Dün geceden sonra daha açık konuşuyordu. Hatta depoda olanlardan sonra, hem açık hem de çok konuşuyordu.

Bundan sonra sorularının üstüne atlayıp onu sıkıştırmadan önce ağzımdan çıkacak lafın hesabını yapmalıydım. Böylelikle beni savunmasız yakalayamazdı.

Ama nasıl bir savaşın içindeydim ki? Bir savaşın içinde miydim ki üstelik? Pars Kalkavan'ın karşı safta yer almadığını biliyordum. Beni iyileştirmek istiyordu, beni tedavi etmek istiyordu, benim yaşamamı istiyordu. Yaşamamı kim istemişti ki? Çekip giden babam mı, ardından gelen o üvey adam mı yoksa depresyondan çıkamayıp kendi canını alan annem mi? Kimse bana yaşa dememişti.

Birini ölüme itmiyor olabilirsiniz... Ama yaşamasına da sebep değilsiniz. Değillerdi. Olmamışlardı. Yalnız büyümüştüm ben. Duygulara aciz, duygulara korkaktım. Duyarsam bir fısıltı, gardımı indirir yaşamak zorunda kalırım sanmıştım.

Yaşamayı bir zorunluluk hâlinden çıkarmıştı Pars Kalkavan, benim için. Sırf bu yüzden bile bir lafına dizlerimin üzerine çökebilirdim.

Neydi bu his, nereden geliyordu?

Beni bu hisle yaşatmayacak dünya, bu hissi benim içimde yaşatıyordu.

"Eşyalarımı alıyorum," diye mırıldandım dönüp kenarda gördüğüm torbaya yürürken. Pars yerdeki eşyalarımı alıp koltuğun üzerine koymuştu. Eşyalarımı aldıktan sonra dönüp ona baktığımda kapıya yürüdüğünü fark ettim.

Peşinden hızlı adımlarla yürüyüp ayakkabılarımı giyindikten sonra birlikte çıkıp asansöre bindik. Üşüdüğümden *sweatshirt*ümün kapüşonunu kafama geçirip asansörün duvarına yaslanarak otoparka inmeyi bekledim. Pars biraz önümde, ortada duruyordu. Üzerinde ince bir kazak vardı sadece.

Kapılar açıldıktan sonra arabaya geçtik. Ben emniyet kemerimi bağladıktan sonra Pars motoru çalıştırmıştı. Başımı geriye yasladım ve havanın nasıl olduğunu görmek için gözlerimi cama çevirdim.

Sakin, floresan lambalarla aydınlatılan otoparktan Soyhan'ın yağmurlu havasına çıktığımızda asfalt yollardan aşağı sular akıyordu. Yağmur bir süredir aynı şiddetle yağıyor olmalıydı. Yılın 365 gününün 360 gününde hava kapalı ve yağmurlu olduğu için şaşırmıyordum. Eskiden daha güneşli bir yerlere taşınma düşüncesini aklımdan geçirirdim ama daha sonra bir şey fark etmiştim.

Ben buraya aittim. Başka bir yerin bitki örtüsüne, hava durumuna ya da insanlarına uyum sağlayamazdım. Soyhan, ülkenin en gelişmiş büyükşehirlerinden biriydi ama buna rağmen hoş bir yerdi. İstanbul kadar kalabalık olmadığı gibi İzmir kadar sıcak ve güneşli de değildi. Ormanlık alanın çevrelediği, koyu bir havası olan, üzgün bir şehirdi burası. Sakindi. Gecesi gündüzü belliydi.

Evin önünde, kaldırımın kenarına çektiğinde arabayı, yolculuk boyunca ilk defa dönüp bana baktı. "Yani öğleden sonraki dersleri ekiyor musun?"

"Zaten devamsızlıktan kaldım," diye mırıldandım. "İrem'le konuşmak için gidiyorum. Son olanlardan sonra okuldan eve, evden okula gittiğini biliyorum." Parmaklarımla oynamayı bırakıp başımı kaldırdım ve maviliklerinin içine baktım. Bu sabah pek bir koyuydular. "Sence Köksal paçasındaki çamurdan kurtulmak istediği için mi kartel İrem'e bulaşıyor? Peki neden ikizine değil?"

"İkizine bulaşmadıklarını nereden biliyorsun?" Tek kaşını kaldırdı, ardından dudaklarını ıslatıp derince bir nefes verdi. "Pamir'le Nil'in eski okulu, Kuzey Lisesi'ydi. Mira da orada okuyor şu an. Okulu ziyarete gittiklerinde çıkışta bir araç bekliyormuş, Mira o gün arkadaşlarıyla bir yere gidecekmiş galiba çünkü onu eve götürmek için araç gelmemiş. Senin İrem'in evindeki kaba saba adamlardan Tarzancılık oynayarak kaçtığınız gün."

Dudaklarım aralandı. Mira'ya da mı saldırı düzenlenmişti yani? "Nasıl engellemişler?"

"Pek bir şey yapmalarına gerek kalmamış. Mira kulüp işleri yüzünden kapının önündeyken okula geri dönmek zorunda kalmış."

"Ucuz atlatmış," diye mırıldandım. "Köksal Mendere kızlarıyla tehdit ediliyor yani..."

Pars kafasını salladı.

"İrem'in tüm bunları bilmesi gerekmez mi?"

"En başta neden anlatmadın?" Bir anda meraklı bir ifadeyle bana döndüğünde tekrar gözlerimiz buluştu.

Ne diyeceğimi bilmiyordum. Neden İrem'e anlatmamıştım gerçekten? Kayra'nın Taylan'ın defterini aşırma teklifinden İrem'in haberi vardı ama diğer detaylardan yoktu. İrem'in, benim hasta olduğumdan bile haberi yoktu. Bilse beni vazgeçirmeye çalışır, tutar kolumdan doktora götürür diye korktuğumdan anlatmamıştım hiçbir şeyi. "Anlatmamak huy olmuş bende," diye mırıldanırken önüme döndüm ve parmaklarımla oynamaya başladım.

Pars bir anda emniyet kemerini çözdüğünde, rahatça bana doğru döndü ve bir elini oturduğum koltuğun kenarına koyarken diğer eliyle ellerimi ayırıp bir elimi kavradı. Başımı kaldırdığımda mavilikler çok daha yakınımdaydı. Oradan konuşsa olmuyor muydu yani? İlla devrelerimi mi bozması lazımdı?

"Böyle küçük bir kutun var senin," dedi aklımda canlandırmamı sağlayarak. "Bir köşede, içine battaniye serilmiş bir kutun var kartondan. Gidip gelip içine saklanıyorsun. Önüne yemek konuyor yemiyorsun, kolinin içinde battaniyeye sarılarak değil asfaltın üzerinde; yağmurun altında yatıyorsun."

"Bu nasıl bir sokak kedisi tasviri?" Kaşlarımı çatarak sordum.

"Sokak kedisi olduğunu hemen anladın yani?" diyerek güldü. "Aferin, öğreniyorsun."

Gözlerimi kaçırdım. "Hangi sokak kedisi kendi battaniyesinin üstünde, kutusunun içinde yatmak yerinde ıslak asfaltta yatar?"

"Sen." Yeniden gözlerimi yakalamıştı. "Sokak kedisisin sen."

"Neden?"

"Asfaltın soğuğunu hissetmek için," diye mırıldandı. "Yaşadığını hissetmek için. Hâlâ ıslanabildiği bir gökyüzünün altında olduğunu bilmek için. Ölmek bir lüks senin için, yaşamak içinse çok küçük bir sokak kedisisin. Ama sorun değil, büyüyeceksin."

Cümlelerinin altında ezildiğim bir adam tanımamıştım hiç. Benim için erkekler bir anlam ifade etmiyordu. Görüntüleri ya da söyledikleri bir heyecan uyandırmıyordu kimsenin... Ama onun, onun nefes alışını duymak bile avuçlarımın içinin karıncalanmasına sebep oluyordu.

"O ne biçim laf öyle?" diye sordum ne söyleyeceğimi bilemeyerek. "Sokak hayvanı mı sahipleniyorsun? Oyuncak mı buldun kendine?"

Pars gülerek kafasını eğdiğinde saçlarından birkaç tutam burnuma sürtündü. Ben de gülmemek için dudaklarımı birbirine bastırmıştım. Anın içine etmek, bu olsa gerekti.

"Anladım, tamam," diyerek geri çekildi Pars. "Okula gitmen lazım, arkadaşını özledin... Tamam, hadi git."

"Sağ ol ya izin verdiğin için," diye homurdanarak eşyalarımı aldım ve kapıyı açıp dışarı çıktım. Aslında elim ayağıma dolandığından saçmalamıştım hep ama salak salak sırıtmak istiyordum herkese, her şeye.

Kapıyı arkamdan kapattıktan sonra kaldırıma çıkıp eve bahçe kapısından girdim. Islanıyordum, daha hızlı yürümeliydim ama umurumda değildi. Kafamı aşağıya eğmiş yürüyordum sadece. Dizlerim bile titriyordu sebepsizce.

Sebepsizce? *Hı-hı, sebepsizce.*

Zile bastım. Birkaç saniye sonra kapıyı Sare Hanım açtı, evdeki yardımcıydı. "Liva Hanım! Sonunda geldiniz, büyükanneniz çok meraklandı."

Hafifçe gülümseyerek içeri girdim ve ayakkabılarımı çıkardım. "O iyi mi?"

Kafasını salladı. "Tabii, iyi. Kahvaltı masası saat sekizde hazır olacak. İsterseniz odanıza geçin, üzerinizi değiştirin. Büyükanneniz de birazdan uyanır."

Kafamı salladım. Merdivenlere yönelip hızlıca basamakları çıktığım sırada çatıdan yağmur sesleri geliyordu. Odamdan içeri girip kapıyı arkamdan kapattıktan sonra sırtımı kapıya yasladım ve gözlerimi kapatıp derin bir nefes aldım.

Ben birkaç gündür ne yaşıyordum böyle? Biri damardan adrenalin iğnesi yapmış gibi hissediyordum bana, aksi mümkün değildi çünkü yerimde duramıyordum. Durmam gerekiyordu, durmam gerekiyordu hatta ayaklarımı yere çok sağlam basmam gerekiyordu çünkü büyük bir kasırga geliyordu, hissediyordum ama yalnız olmadığımı da hissediyordum. Bu seferki dalgayı benimle kucaklayacak biri daha vardı sanki yanımda. *Birileri.*

Artık tek başıma sırtlanmaktan belimin büküldüğü sırlarımı bilen başkaları da vardı.

Bugünden sonra hiçbir şey eskisi gibi olmayacaktı.

Üzerimdekileri çıkartıp katlayarak kenara koydum. Pars'ın kıyafetleriydi, ne onları ne de torbadakileri geri vereceğimi düşünmüyordum. Ne zaman Pars'ın evine gitsem oradan mutlaka bir kıyafet getiriyordum odama, yakında bir dolap sweatshirt aşırmış olacakmışım gibi hissediyordum. Belki de geri vermeliydim... Ama Pars'ın bütün bunların eksikliğinden etkileneceğini hiç düşünmüyordum doğrusu.

Saçlarımı kurutup taradıktan sonra kabarıklığı bir nebze olsun inmişti. Okul formamı askısından çıkartıp üzerime geçirdikten sonra dizlerime kadar gelen siyah kalın bir çift çorabı da giyindim ve aynanın karşısına geçip suratımı süzdüm. Belki biraz rimel sürsem ya da biraz krem... Suratım daha canlı görünebilirdi.

Azar azar ikisinden de sürdüm. Ardından siyah montumu bulup çantamla birlikte odadan çıktım. Büyükannemin sesi aşağıdan geliyordu. Sare Hanım'a benimle ilgili sorular soruyordu, eve geldiğimi az önce öğrenmiş olmalıydı.

Yukarıya gelmeye yeltendiği sırada merdivenlerden hızlı hızlı indim. Beni gördüğü an gözleri parıldamıştı. "Liva! Kızım sen nerelerdeydin? Arkadaşlarınla partilerde miydiniz?"

"Özür dilerim büyükanne," diye mırıldandım dudak büzerek. "Biraz ortalık karışıktı. Arkadaş grubumda ufak anlaşmazlıklar olabiliyor bazen."

Elbette Kayra'nın İrem'i ayartıp Tolga'nın cebindeki telefonu araklamasını istemesi sonucu Tolga'nın bizi başımızda bıçaklarla sandalyelere bağlı bir şekilde karanlık ve izbe bir depoya çekmesi ve ardından Nil'in kafayı sıyırıp depoyu başımıza yıkması ufak bir anlaşmazlık sayılabilirdi. Çok da yalan söylemiş sayılmazdım.

"Kendine dikkat et çocuğum," dedi büyükannem. "Bu aralar çok kötü haberler okuyorum."

Kahvaltı sofrası çok güzel görünüyordu. Her ne kadar Pars'a bu saatte kahvaltı yapamayacağımı eski alışkanlıkla söylemiş olsam da benden beklenmeyecek bir şekilde karnımın guruldaması sonucu tabağımı doldurup iki fincan çayla birlikte mideme göndermiştim.

Kahvaltıdan sonra *Richard* geldiğinde, büyükannem işlerinden önce beni okula bırakmasını söyledi. Siyah, klasik bir *BMW*'nin arka koltuğunda on beş dakikalık sessiz bir yolculuk gerçekleştirdim bu yüzden. *Richard*'ın surat ifadesi taştandı, birkaç kez görmüş olmama rağmen birçift laf ettiğini bile duymamıştım. Aslında düşününce, bardaki korumalara benziyordu. Ne kadar süredir büyükannemin uşaklığını yaptığını bilmiyordum ama büyükannem arka planda kalırken bütün işleri o hallediyormuş gibi geliyordu. Muhtemelen de öyleydi.

Okulun bahçesinden içeri adım attığımda montumun şapkasını başıma geçirmiştim. Evden çıkmadan önce siyah bir şemsiye almıştım askılıktan, onu tutuyordum bir elimde. Etraf yağmur yüzünden hızlı adımlarla şemsiyeleriyle birlikte okula yürüyen öğrencilerle doluydu. Telefonumu birkaç kere kontrol edip İrem'i aramayı ya da mesaj bırakmayı düşünmüştüm gelirken, ama nasıl olsa sınıfta karşılaşacaktık.

Okul binasının içine girdim. Şapkamı indirdim ve şemsiyemi kapattım. Merdivenlerden çıkarken sanki gelmeyeli bir yıl olmuş gibi hissediyordum, halbuki sadece birkaç gün olmuştu.

Sınıf kapısının yanındaki duvara yaslanmış, uzun sarı saçlarını kulaklarının arkasına sıkıştırmış tanıdık yüzü görmemle suratıma bir gülümseme yayıldı. Dalgın gözleri koridorun diğer ucundaydı. Önce ayaklarımı gördü, birinin geldiğini yeni fark ediyordu. Daha sonra başını kaldırdı ve yüzüme baktı.

Suratındaki bomboş ifade bir anda büyüyüp kaosa döndüğünde iki adımda üzerime atladı. Kolları o kadar sıkı bedenime dolanmıştı ki nefes alamıyordum. İrem parfümünü doğrudan boynuna sıkardı ve ben tam olarak o bölgede parfüme boğuluyordum.

"İrem dur, tamam sakin ol! Nefes alamıyorum!"

"Alma da zaten!" İrem bağırarak kollarını çektiğinde ben gülüyordum, o da şaşkın ve endişeli suratıyla beni süzüyordu. Yüzümü ellerinin arasına aldıktan sonra "Senin kafeden çıkış o çıkış, nasıl haber vermezsin ya! Öldüm meraktan!" diye bağırdı koridorun ortasında.

Elimle ağzını kapatıp "Şişt, sessiz ol," diye fısıldadım.

"Ne yaptın onca zaman? Nasıl aramazsın beni ya? İnsan bir mesaj bırakır, adi! Yüreğime indirdin be kızım!" Omuzlarımdan tutmuş sarsıyordu beni.

Bileklerinden yakalayıp indirdim ellerini. "İrem şaka bir yana özür dilerim gerçekten ama bir türlü haber veremedim işte, vakit olmadı."

"Neyse," diye mırıldandı omuzları çökerken. Seslice derin bir nefes aldı. "İyisin ya, önemli olan o."

İyisin ya, önemli olan o. Ben mi çok dikkat ediyor, derinden algılıyordum artık etrafımdakilerin cümlelerini yoksa gerçekten etrafımdakiler benim için endişeleniyor muydu?

Bir şeyler dışarıdan kötü görünmeye başlayana kadar, içeride olanları kimsenin ruhu duymaz.

"Ee?" Gülerek kolunu omzuma attığında koridorun sonundaki büyük pencerelere doğru yürüyorduk. "Neler oldu anlat bakalım, nerelerdeydin?"

Nerelerde miydim? Ee... O gün kafede Nil'i kaçırdılar, bizi depoya çekebilmek için. Tolgacım ufak bir sürpriz hazırlamış da Nil'le Pamir şehri terk etmeden, herkesin orada olmasını istemiş. İşte oturduk sohbet ettik biraz bıçaklar altında elimiz kolumuz bağlı, sonra Nil kalktı eve gitmek istedi. Biz de eve gittik... Dağın başında bir yere. İşte ben yaralandım falan. Pars'ın iğnesi hemen iyileştirdi ama. Su geçirmez bandajı da varmış bu arada, duş alabildim merak etme. Dün gece de tartıştık biraz ölmek istediğim için kızdı bana, sonra da kafası karnımda kolları etrafımda uyudu bütün gece bütün sinirim yok oldu. Bugün de buradayım işte. Sen neler yaptın?

"Ufak bir kaçamak yaptık," diye mırıldandım aklımdan geçen her şeyi kesip atarak.

"Oo, öyle mi? Kim kim?" Kaşlarını çattı, sıcak peteğe yaslanmıştık. "Beni niye çağırmadınız? Dış kapının mandalı mı oldum artık?"

"Hayır tabii ki... Bilemiyorum İrem ya, her şey çok ani oldu. Zaten Nil, Pamir, Pars ve bendik. Başka biri yoktu." Yağız ve Naz vardı, ha bir de Tolga... Ama o kısmı bilmesen de olur.

"Haa..." İrem artık sırıtarak önüne dönmüş, suratında az önceki dışlanmış hissettiği ifadesinden iz kalmamış bir şekilde gülüyordu. "Demek çifte kaçamak."

"Öyle değil," diyerek araya girdim. "Yani Pamir'le Nil birlikte olabilir ama..."

"Yeme beni Liva." Lafımı kestikten sonra kollarını göğsünde bağlayarak bana döndü. "Senle Pars'ı al, onlarca insanla aynı alana koy, iki saniyede sırılsıklam âşık olduğunuz anlaşılır."

"Abartıyorsun." Hisler besleyen taraf bendim, Pars'ın ise ne yapmaya çalıştığı henüz belli değildi. "Sırılsıklam âşık ifadesi bizim durumumuz için uygun değil." *Uygun değil de değil, toptan yanlış...*

"Öyle mi?" diye sordu İrem, ardından boynuma doğru eğildi ve saçlarımı kokladı. "O zaman bu kimin kokusu? Erkek parfümü bu." Anlam dolu surat ifadesindeki muziplik bütün yüzünden okunuyordu. "Kızım sen kimden ne saklayabileceğini düşünüyorsun? Geç bu palavraları da dökül. Ben bu numaraları çok gördüm. Bizim bir komşu var, o da kocasıyla ilk tanıştığı zamanlarda tipsizin teki diye dalga geçiyormuş, şimdi iki çocuk yaptılar üçüncüsü de yolda. Yani tabii Pars beyimizin tipsiz olduğunu söylemiyorum şimdi Allah var podyumdan Soyhan'a düşmüş gibi çocuk yani. Bak bu adamın etrafında çok güzel kadınlar vardır. Sen böyle asi tavrın, kaya gibi suratınla burun kıvırmaya devam edersen çok acı çekersin ben söyleyeyim. Ben âşık olsam üstüne atlarım. Hayır, ne üstüne atlaması? Yatağına atlarım. Üstüne de atlarım yatağına da atlarım valla!"

Kahkahalarla gülmeye başladım birden. İrem kendini konuşmaya kaptırdığında bazen gerçekten kendini kaybedebiliyordu.

Verdiğim tepki karşısında gülerek ellerini beline koydu ve üstten üstten baktı. "Kızım var ya, sen çok değiştin ya. Dönemin başındaki ruhsuzla bu karşımdaki sevimli ayıcık bir olamaz. Yumoş yapmış bu çocuk seni. Aşk insanı değiştirir derlerdi de inanmazdım, senden sonra inandım cidden. Biz en iyisi seninle fal baktırmaya falan gidelim çıkışta, bu mavi gözlü seksi bey senin kısmetindeyse hemen kıyarız nikâhı. Yani aklımızdan kıyarız. Sonra gerçeğini de kıyarız." Avuçlarını birbirine çarptı. "Of özledim seni kızım ya! Kaybolma bir daha ortalıktan vallahi polisi ararım bu kez!"

Hayatımda ilk defa bu kadar rahat ve mutlu hissettiğim nadir anlardan biriydi. İrem günlerdir konuşamamızın üzerine ağzını açıp gözlerini yummuş bir şekilde dur duraksız konuşuyor, ben yokken derslerde olan komik şeyleri anlatıyordu. İlk dersi böylece asmış olduk. Müdür yardımcısının kameralarının kör noktalarından birinde oturup çay içtik içimiz ısınsın diye.

"Ben öğleden sonra yokum bu arada," diye mırıldandım laf arasında.

"Niye? Nereye?" Elindeki karton bardaktaki çayını dibini kafasına dikip elinde buruşturduğu bardağı çöpe attı İrem. "Gerçi devamsızlıktan kaldın, ben olsam ben de gelmem. Ne yapmayı düşünüyorsun?"

Ne mi yapmayı düşünüyordum?

Hiçbir şey.

Bu noktada, bir şey düşünmek zorunda olduğumu da düşünmüyordum doğrusu.

Bir, *tedavi mümkün müydü ve başarılı olma ihtimali ne kadar yüksekti?*

İki, *iyileşirsem hayatımla ne yapacaktım?* Üniversite okuyup iş bulup çalışacak mıydım hiçbir şey olmamış gibi? Bunca zaman sonra adapte olabilir miydim yaşama fikrine?

Üç, *biraz maviliğe yer var mıydı siyah beyaz hayatımda?*

Çünkü artık dalgaların kıyıya vurma sesi olmadan devam edebilecekmiş gibi hissetmiyordum.

Peki deniz istiyor muydu beni? Tuzu yaralarımı yaksa da kabulümdü, boğacaksa beni boğsundu ama kıyısına inmeme bile izin vermiyorsa…

Birkaç derse girip ders aralarında İrem'le sohbet ettim. Ev ve okul arasında dokuduğu hayatında, babası biraz olsun nefes almasına izin vermiş olacak ki bir ara dışarı çıkmak için sözleştik. Okuldayken aklımdan çıkmayan bir şey vardı, o da o depo'da Yağız'ın ne işi olduğuydu. Her ne kadar Naz'ın anlattıklarını ve Nil'in öfkeleniş anını hatırlasam da Yağız'ın orada ne yaptığını ve bir şeyler söylemişse de ne söylediğini hatırlamıyordum. Hatırlamak için onu görmem gerektiğini düşündüğümde İrem'e sormuştum ama o da birkaç gündür Yağız'ı görmediğini söylemişti.

Yağız'ı düşündüm. Hafif dalgalı saçları ve yeşil gözleri vardı, uzun boyluydu. Onu tanıyan ben değildim, İrem'di. Onun zengin olduğundan ve daha birkaç şeyden daha bahsetmişti ama dikkat kesilmemiştim o zaman. Depoda Pars'la konuştuklarını hayal meyal hatırlıyor ve gerçekliğini sorguluyordum.

"Yağız," diye fısıldamıştım bir adım atıp Pars'ın kolunu tutarak. "Onun burada ne işi var?"

Tolga gülerek araya girmişti. "Yakışıklı arkadaşının ne işinin olduğunu mu soruyorsun, Liva? Aslında onu getirmemin belli bir amacı yok, sadece eğlenceli olacağını düşündüm. Bir şeyler karıştırıyor ama anlayamadım. Umarım araştırmasına yardımcı oluruz bu akşam."

Yağız bir işler karıştırıyordu ve Tolga anlayamamış mıydı? İrem, Kayra'nın ondan istediği telefonu Tolga'dan almıştı ve bunu fark ettiğinde ihanet ateşiyle harlanan Tolga öfkesinde bizi de yakmak istemişti.

"Bunu itiraf edeceğime başıma o bıçağı yerim daha iyi," demişti Yağız. O an korktuğunu düşünmüştüm ama şimdi yeniden analiz ediyordum da, başından sonuna dek... Yalnızca sıkılmış görünüyordu. Öyle miydi? Hayır... Korkmuştu. Yoksa sıkılmış mıydı? Kim başından aşağı bıçak sarkıtılırken sıkılırdı?

Neler döndüğünü bilen ve başına bir şey gelmeyeceğinden emin olan biri.

Yağız benim evime girmişti. Pars nedenini sorduğunda, "*Gizli bilgi,*" diye yanıtlamıştı onu. "*Bir şey almam istendi ve alıp çıktım.*" Kim neyi istemişti, Yağız gibi birinden benimle ilgili?

"Bu konu hakkında bilgi veremem," demişti Yağız yine tekrar ederek. "İstersen kafama bıçağı indir, yine de söyleyemem."

"Böyle hiç eğlencesi yok ama!" diye bağırmıştı Tolga, mızıkçı bir edayla.

"Tolga," diyerek ismini bastırmıştı Yağız. Bir süre Tolga'yla sessizce bakışmışlardı. Ardından Tolga keyfi kaçmışçasına bana odaklanmıştı.

Yağız o sahnede, Tolga'ya kafa tutmuştu ve Tolga bunu kabul mü etmişti? Tüm kontrolün elinde olmasına rağmen?

Ne kadar düşünürsem düşüneyim, Pamir'in o dağ evinde Nil'le konuşurken lafını kesip Pars'a baktığı anı da atamıyordum kafamın içinden.

Bu işte bir bit yeniği vardı.

Saat birde, herkes öğlen arasındayken ve yağmur durmuşken ıslak kaldırımda Pars'ı bekliyordum. Etrafta sadece öğle arası için etraftaki kafelere dağılan öğrenciler vardı.

Soyunma odasındaki siyah eşofmanımla değiştirmiştim altımdaki eteği, bir daha okula gelir miyim bilmiyordum. Bu konu hakkında oturup gerçekten bir karara varmam gerektiğini bilsem de kafamdaki sorular cevaplanmadan plan da yapmak istemiyordum.

Çantamın içine tıkıştırmıştım okul formamı. Düz siyah eşofmanımın altında kalın tabanlı botlarım, üzerinde de dolabımda bulduğum uzun kollu ince beyaz kazak ve montum vardı. Pars'la buluşacağımı İrem'e söylediğimde üzerimi değiştirme fikrini bana veren oydu. Hatta ufak dokunuşlar da yapmıştı yüzüme. Bordo mat bir ruj sürüp saçlarımı dağıtmıştı biraz omuzlarıma. İrem her zaman bana dolu dolu makyaj yapmak isteyen biri olmuştu, ben de genelde kaçan biri. Aslında yapmayı bilsem, gerçekten yapmayı bilsem belki hoşuma giderdi makyaj yapmak ama tek bildiğim rimel ve ruj sürmekti. Hatta ruju da çoğu zaman doğru süremediğimden silip atardım. Beceriksizin tekiydim kısaca ve bilgisizin, yoksa makyajla alıp veremediğim yoktu.

Bir de... Ne kadar çok uğraşırsam kendi üzerimde, hayal kırıklığının o kadar büyük olacağı hissine kapılıyordum her zaman. Korkuyordum kısaca çünkü çok heyecanlanıyordum uğraşınca. Oysa boş vermişlik öyle miydi? O kadar rahat bir ruh hâliydi ki, bunca zamandır süregelen umursamazlığımı boş vermişliğime borçluydum.

Şimdi ise o ruhsuz maskem suratımdan ineli bayağı bir zaman oluyordu. İrem haklıydı, çok değişmiştim, hatta o kadar değişmiştim ki ucundan da olsa alışamıyordum kendime. İrem her zaman şaka yapardı ama ben gülmezdim, çok yakışıklı ve sempatik çocuk görürdüm ama kalbim ritmini değiştirmezdi ve hiç heveslenmemiştim hiçbir şeye, özellikle de yaşamaya; hiç hevesleneceğimi de düşünmezdim.

Pars siyah spor arabasıyla önümde durduğunda birkaç saniye siyah filmle kaplı camdan kendime baktım. Güzel görünüyordum. Yani en azından bir şeye benzemiştim. Ve abartılı değildi. Yoksa kendimi kötü hissederdim.

Cam aşağı indiğinde, içeride oturan Pars'ı gördüm. Biraz eğilip gülerek "Narsistliğe mi başladık?" diye sordu alayla.

"Beni kendinle karıştırma," diye mırıldandım kapıyı açıp koltuğa otururken. Kapıyı kapattıktan sonra gaza basmıştı. Çantamı arkaya atıp emniyet kemerimi bağladım.

"Nereye gidiyoruz?"

Üzerinde, kolları dirseklerine kadar sıyrılmış siyah bir gömlek vardı ve bir kol saati takıyordu. Benim odak noktam daha çok dövmeleri olmuştu gerçi. Oturur oturmaz saçlarından gelen şampuan kokusunu almıştım yine.

"Kahvaltıya?"

Gözlerimi ona doğru devirdim ama gözleri yolda olduğundan fark etmedi. "Sağ ol ya, çok açıklayıcı oldu."

Gülerek sürmeye devam etti. Sahil yoluna değil, şehrin daha yukarı kesimine ilerliyorduk. Rakım arttıkça yağmur hızlanıyordu ama araba asfaltta sessizce ilerliyordu.

Çok hoş çiçek bahçelerinin olduğu kafelerden birinin otoparkına girdiğimizde Pars arabayı park etti. Çantamı aldım; dümdüz gri, orta boy bir sırt çantasıydı. Arabadan çıkıp kapıyı kapattıktan sonra Pars'ın ön taraftan dolanıp yanıma gelişini izledim, ardından birlikte girişe yürüdük. On dokuz yıldır Soyhan'da yaşıyordum ama buralara hiç gelmemiştim.

Kahve ve siyah tonlarının hâkim olduğu kafenin tavanından bitkiler sarkıyordu ve neredeyse ormana kadar uzanıyorlardı Fonda çalan ağır müzik mekâna huzur dolu bir hava katarken masaların çoğu dolmuştu.Biz, duvarları camdan yapılmış olan üst kattaki kenar masalardan birini tercih ettik. Pars siparişleri verirken montumu çıkartıyordum ki gözlerimi orman manzarasından alamadım. İstanbul'un Boğazı olabilirdi ama Soyhan'ın ormanları, yeşilliği ve havasını o metropol şehirde bulamazdınız. Bu şehir nefes alıyordu. Ruhu vardı.

Çantamı ve montumu yanıma bıraktıktan sonra yerime oturdum ve servis açan garsonu izledim. Saçlarını yandan örmüş, esmer bir kızdı. İşini bitirdikten sonra gözden kayboldu.

Kollarımı masaya yasladıktan sonra gözlerimi Pars'a çevirdim. Geriye yaslanmış beni izliyordu. "Ee, ne söyleyecektin?"

Başparmağını alt dudağına sürttükten sonra dudaklarını ıslattı ve başıyla belimi işaret etti. "Yaran nasıl?"

İstemsizce elim bandajın üzerine gitmişti. Okulda, tuvaletteyken kontrol etmiştim. Dikişler tenimde kaybolmaya başlamıştı bile. İnanılmaz bır hızla iyileşiyordu. "Dikişler kaybolmaya başladı bile. Bana yaptığın iğnenin içinde ne tür bir ilaç vardı bilmiyorum ama tıp dünyasının buna ihtiyacı olabilir."

"Herkes için değil," diye mırıldandı düz bir ses tonuyla.

Kaşlarımı çatarak yüz ifadesini süzdüm. Kaya gibi sertti. "Ne demek herkes için değil? Beni özel yapan ne o zaman?"

"O an ihtiyacın vardı ve benim yanımdaydın."

"Sorunun cevabının bu olduğuna emin misin?"

Pars derin bir nefes aldı. Doğruldu, kollarını masanın üzerine koydu ve masanın üzerinde kısaca gezdirdiği okyanuslarını gözlerime odakladı. "O iğne, su geçirmez bandaj... İlk yardım dolabımdan çıkan şeyler çok şaşırtıcı olabiliyor, değil mi?"

Dalga geçer bir havada "Hastalığının ilacı da bende, de de güleyim Pars," diye mırıldandım.

Düz bir ifadeyle suratıma baktı.

Geriye yaslanıp ağzım açık bir şekilde suratına baktım. "Benimle dalga geçme tamam mı? Bir şey beklediğim ya da umut ettiğim yok ama hareketlerin kafamı karıştırıyor."

Pars geriye yaslandı. Elinde bıçaklardan birini çeviriyordu ve parmaklarının hızlı hareketi bir animasyon izlediğim fikrine kapılmamı sağlamıştı. Kaşlarım çatıldı, bakışlarımı okyanuslarına çıkardım. *Kim bu adam?*

Pars geriye yaslanırken benim tarafımdan buraya gelen bir garsonla göz göze geldiklerini fark ettim. Düz, sert surat ifadesiyle beyaz bir gömlek ve papyon takan, uzun boylu garsona bir bakış attı. Garson sanki o bakıştan bir emir almış gibi başını ağırca bir kez salladığında saniyeler içerisinde tüm garsonlar dolu masalara ilerlemiş ve duyamadığım bir şeyler söylemeye başlamışlardı müşterilere. Bir yandan da hesap defterleri getiriliyordu.

Homurdanmalar, hatta söylenmeler yükseldi insan kalabalığından. Herkes eşyalarını alıp masaları terk ederken "Ne yaptın?" diye sordum bu katı terk eden müşterilere bakarak.

"Bize konuşmak için yalnız kalacağımız bir yer lazımdı."

"Evde de konuşabilirdik, insanları yemeklerinden ettin," diye söylendim şaşkınlık içerisinde.

"Evet ama sana bu manzarayı göstermek istedim." Seslice nefes verdi. "Dilerlerse aşağı katta devam edebilirler yemeklerine ve sohbetlerine." Ona hâlâ çatık kaşlarla, inanamaz gözlerle bakıyordum. Garsonlar da katı terk ederken etraf korkunç bir sessizliğe bürünmüştü, yalnızca büyük camlara vuran yağmur ve uğuldayan rüzgârın sesi vardı katta.

"İnanması zor, biliyorum, çok fantastik geliyor sana bunların hepsi. Aklın almıyor, bunu da biliyorum," dedi Pars. "Sana anlatabileceklerimin bildiklerim ve sadık olduğum kuruluşun sırlarıyla sınırlı olduğunu bilmelisin. Anlatamayacağım o ufak kısım ise... Aslında bütün cevaplar, istediğin ve ihtiyacın olan şey orada Liva ve... Ve..."

Kuruluş mu?

"Ve bütün acı, değil mi?" Gözlerimi kaçırdım. Yeniden parmaklarımla oynamaya başlamıştım. "Kaçan babamla mı ilgili anlatacakların? Yoksa o adamla mı? O üvey... İnsan müsveddesi. Ya da belki annemle ilgili şok edici gerçekler biliyorsundur... Gerçekten bana ne anlatacağın hakkında en ufak bir bilgiye sahip değilim. Tamam, yutuyorum bütün söylediklerini. Ama şunu bil, senin olduğunu düşündüğüm kişi olmadığını düşünmeye başladığım bir noktadayım artık." Kafamı sağa ve sola sallıyordum hafifçe. "Kimsin sen Pars? Senin olayın ne? Sen sadece o pis kartelden kurtulmak için kartelin zarar verdiği çocuklarla birlikte çökertmek için onların arasında köstebeklik yapan biri değilsin. Ben aptal değilim ya da artık değilim, bilmiyorum, sadece bir şeyler daha net görünüyor artık. Kim olduğunu kesinlikle bilmemem gibi."

Okyanuslarına bakıyordum, hiçbir şey söylemiyordu. Sadece kaşlarını çatmış beni dinliyordu öylece. Cevap vermeyecek miydi gerçekten?

"Söyle bana Pars. Bu kadarını söylemek zorundasın. Benim hastalığımın ilacı, nasıl sende olabilir? Niye inkâr etmiyor da sessiz kalıyorsun? Sessizlik onay değil midir?"

Gözlerini kaçırdı. Tam o sırada servisi açan kız, başka bir garson çocukla birlikte gelmişti. Serpme kahvaltıyı bir bir masaya taşıdılar, bir süre masanın kurulmasını beklerken ikimiz de sessiz kaldık. Garsonlar başka bir şeye ihtiyacımız olup olmadığını sorduktan sonra çekildiler.

Üşümüş ellerimi ısıtmak amaçlı çayın etrafına sardım parmaklarımı. Daha sonra başımı kaldırdım ve bir cevap için ona baktım. "Evet, seni dinliyorum. Bir şey söylemeyecek misin? Bütün bunları nasıl biliyorsun?"

"Kan," diye mırıldandı bir anda. Gözlerini gözlerime çıkardıktan sonra anlatmaya devam etti. "Çok özel bir soydan geliyorsun, damarlarında akan kan diğer insanlardan farklı."

Onlarca, belki de yüzlerce soru nüksetti aklıma ama ağzımdan çıkabilen yalnızca "Ne demek istiyorsun?" sorusu oldu.

Derin bir nefes aldıktan sonra elini saçlarından geçirdi. "Annende de aynı hastalıktan vardı, onun annesinde de, onun annesinde de... 1800'lü yıllara dek uzanıyor soyun, annelerden kız çocuklarına miras bir hastalık."

Kalp atışlarım hızlanmıştı. Hastalığın anneden kıza aktarıldığını biliyordum ama Pars'ın ağzından duymak işin ciddiyetini daha iyi kavramamı sağlıyordu. "Neden 1800'lü yıllara kadar yalnızca? Ondan öncesinde yok muydu?"

"Genetik bir bozulma sonucu oluştu," diyerek seslice nefes verdi. "Her şey 1700'lü yılların sonunda mezarlıkta görev yapan adamlara rüşvet verip yeni gömülmüş bedenleri çalan bir bilim adamıyla başladı. Bu alanda kendini geliştirmek için yeterince iyi bir nedeni ve çaldığı cesetler için de bahanesi vardı: Bilim. Karısı hastaydı, tedavi etmek istiyordu ama o dönem kullanılan otlar ya da tedavi yöntemleri bu tür rahatsızlıklar için yetersizdi. Çevresi tarafından cadı, deli olarak görülen Yunan kökenli başka bir adamla yolları buluştuğunda, şimdilerde tıpta *Rheopheresis* adı verilen kanın filtrelenme yöntemini denediler ama yeterince steril bir ortam ve iyi malzemeler gerekiyordu. İşleme sponsor olması için aynı dönem kurulan bir tarikata karıştıklarında, denemek istedikleri bu masum yöntem bir kâbusa dönüştü. Kadının kanı zehirlenmişti, iç organları parçalanıyordu. İşin trajik yanı kadın sekiz aylık hamileydi ve işleme kadar bu ortaya çıkmadı."

"Çocuk kanı zehirlenmiş bir şekilde doğdu, cinsiyeti kızdı. Tarikat işleme sponsor olduğu ve üstüne kadını kaybettikleri için çocuğu, depresyona giren ve ardından intihar eden babadan aldılar. Kız çocuğu, tarikatın rahibeleri tarafından büyütülürken Yunanlı doktor da tarikatın içinde kalıp intihar eden bilim adamının izinden deneyler yapmaya devam etti. İşi mezarlıktan ceset çalmaktan, kimsesiz insanları kaçırıp canlı canlı üzerinde deney yapmaya kadar götürmüştü. Tarihte bu kadar çok can alan her korkunç doktorun, söylemesi ne kadar garip kaçsa da tıbben çağı aşan başarıları olur."

Kollarımı birbirine sarıp geriye yaslandım. "Tarikatın yetiştirdiği kıza ne oldu peki?"

"Dünya çapında bazı gizli suikastler için yetiştirildi. Tarikat çocukluktan yetiştirilen bireylerin normal bir insandan çok daha gelişmiş olabileceğini bir kere görmüştü. İlk zamanlar bebekler annelerinden koparıldılar, daha sonra kadınlar özel anlaşmalarla hamile bırakılıp bebekleri ellerinden alındı. Kanı bozuk olan ilk kadından doğan kız, on sekizlerine geldiğinde iç organları parçalanmaya başlamıştı bile ve bir amaç için hamile bırakılmıştı. Yunanlı doktor son korkunç deneyini kendisi ölmeden önce o kadının üzerinde yaptı."

Yutkunmaya çalıştım. "Ne?"

Pars keyifsizce nefes verdi. "Kendi bebeğinin kanından antikor üreterek anneye enjekte etti. Belirli bir sürede bir kullanılan antikor anneyi kendi kanında boğularak ölmekten kurtarıyor, organlarını parçalayan enzimin etkilerini ortadan kaldırıyordu."

Ellerimin uyuşmaya başladığını hissettim. Avuçlarımın içi kaşınıyordu ve hafiften titremeye başlamıştım. "P... Pars, sen ne demeye çalışıyorsun?"

"Geldiğin soyun hikâyesi bu, Liva. 1900'lü yıllara kadar anneler bebeklerinden beslenerek çok uzun yıllar hayatta kalmayı başardılar. Daha sonra antikorlar özel kasalarda uzun süre saklanabilmeye başlandı. Bir bebekten alınan antikor, düzgün şartlarda saklandığında üç hatta dört nesil ilerideki kadını kurtarabiliyor." Geriye yaslandı ve çok rahat bir ifadeyle "Dün akşamki yemeğin içinde senden üç nesil önceki kadının, yani büyükanneannenin kanından yapılmış antikor vardı. Eğer hangi soydan geldiğini bilseydim, Soyhan'a ilk ayak bastığım gün seni tanımasam da çeker karşıma anlatır eline tutuştururdum antikorları ama o kadar iyi sakladın ki hastalığını, daha iki gün önce yeni öğrendim," diye devam etti. "Bazı bahsedemeyeceğim değişkenler de oldu tabii... İhtimal verdiğim ama zaman içerisinde doğrulayamadığım bazı şeyler."

Tüylerim ardı ardına diken diken oluyordu. "Bahsedemeyeceğin ne'ler?" Pars'ın anlattığı bu hikâye de neyin nesiydi böyle? "Doğrulamayadığın ne oldu?" Hatta hikâye de değildi anlattığı, düpedüz masaldı! "Sen... Ne yaptın? Benim yemeğime antikor mu koydun yoksa?" Şaşkınlık içinde ruh hâlimdeki ve vücudumdaki değişimleri hissettiğim bu sabaha döndüm. İştahla ettiğim kahvaltı, İrem'le konuşurken gelen rahatlama...

"Haftada bir alman gerekiyor," diye mırıldandı ama artık gözlerimi bir yere odaklayamıyordum bile. "Yapmak zorundaydım. Artık gerçeği tam anlamıyla öğrendikten sonra bir gün daha o ruh hâlinde kalmana izin veremezdim. Hastalığın en çok psikolojini etkiliyor. Sürekli yorgunsun, o kadar yorgunsun ki kalkıp bir çorba yapmaya bile ikna edemiyorsun kendini. Kendine zarar veriyordun."

Koltukta iyice geriye gittim, sırtımı geriye yasladım, bacaklarımı kendime çekip kafamı dizlerime gömdüm. Sakinleşmem gerekiyordu. Sindirmem gerekiyordu. Bütün sesler kafamın içinde yankılanıyordu.

"Liva."

Başımı nefes almak için hafifçe kaldırdığımda ellerimle yüzümü sıvazlıyordum. Böyle şoka giremezdim, bunu ben istemiştim. Anlatmasını ben istemiştim. Şoka giremezdim.

"Annemin," diye fısıldadım buğulu gözlerimi kaldırıp gözlerine bakarak. Birkaç kırpıştan sonra buğu gitmişti, daha güçlü bakıyordum artık. "Annemin bu tarikatla bir alakası var mıydı?"

"Liva."

"Var mıydı Pars?" Direttim. Bana söylemek zorundaydı. Tıp oyunu umurumda falan değildi. Bilmek zorundaydım. "Öyle değil mi? Nereden biliyorsun peki tüm bunları? Beni araştırdığın gün mü farkına vardın? Zamanla doğruladın değil mi her şeyi? Taşlar yavaş yavaş yerine oturdu..."

Kafasını salladı.

"Peki senin?" diye sordum bu kez. "Senin bu tarikatla bir ilgin var mı Pars?"

Hiçbir şey söylemeden gözlerimin içine baktı sadece. *Kuruluş. Sadık olduğu kuruluş.*

Pars Kalkavan kötü adam mıydı?

5

Gül, Akrep, Yelkovan

Oturduğum yerden kalktım, oturduğum koltuk beni yerin dibine sokuyormuş gibi hissettiriyordu. Derin bir nefes aldım, aldığım nefes ciğerlerimdeki ateşe benzin oluyordu. Açıp kapattım gözlerimi ama artık görmek isteyeceğim bir dünyaya bakmıyordum.

Pars Kalkavan kötü bir adam *değildi.* Bunca zamandır yaptığı şeylerin hiçbiri bunu işaret eder nitelikte değildi. O zaman Pars Kalkavan'ın içinde olduğu tarikat kötü müydü?

Pars.

"Bütün bunları ne zamandan beri biliyorsun?" diye sordum şüphe, tohumlarını birer birer ekerken göğsüme. "Bana haberim bile olmayan bir ilacı vermek senin haddin miydi?" Öfkelendiğim bu değildi, bildikleri ve hâlâ sustuklarıydı. "O gece, Cem ve İrem'le gittiğim barda bilerek benim çantama mı koydun sana ait USB'yi? Daha sonra karşılaşmak, tanışmak için?"

"Liva," diyerek kesti lafımı Pars. "Bilmediğin çok şey var. Lütfen otur."

"Belli orası." İstemsizce geri oturdum, geriye yaslandım derin bir nefesi ciğerlerime misafir ederek. Oyun muydu? Ne kadarı oyundu? Öfkem parmak uçlarımdan tırmanıyordu bedenimi, bir ateş kavuruyordu ciğerlerimi. "Hepsi bir oyundu değil mi? Güvenimi mi kazanmak istedin? Beni tarikatına mı teslim edeceksin, kan torbası olmam için? Av mıydım ben?"

"Liva! Ne? Hayır!" Şaşkınlığı gözlerinden okunuyordu. "Seninle tanışana kadar kim olduğunu bilmiyordum. Sana söyledim, bunu çözmem zaman aldı." Dudaklarını ıslattı, derin bir nefes aldı. "Tarikat değil... *Akademi* demen doğru olur."

"*Sapphire*," diye böldüm onu.

Kafasını salladı.

"Annemin bu tarikatla ilgisi neydi?" Sorarken suratımda nasıl bir ifade vardı bilmiyordum ama Pars'ın okyanusları yüzümde gezinirken kaşları çatılmıştı.

"Her şeyin, bütün düzenin 1700'lerdeki gibi kaldığını düşünmüyorsun herhalde? Bütün o ceset çalmalar, adam eğitmek için bebek satın almalar... Suratından her şey belli oluyor. Dehşet içerisindesin."

Bir saniyeliğine gözlerimi kaçırıp suratımı nötr hâle getirmek için uğraştım ama zaten nötr olduğunu biliyordum. Pars sadece gözlerimin içinden nasıl beynimin derinlerine kazacağını biliyordu. Ne düşüneceğimi bilecek kadar iyi tanıyordu beni.

"Bu Akademi'nin amacı ne peki? Tıp alanında buluşlar yapıp dünyanın geri kalanından saklamak mı?"

"Dünya düzenini sağlamak," dedi tok bir sesle, bir kez de.

"Bu kadar mı?" Kaşlarımı kaldırdım. "Dünya düzenini sağlamak?"

Böyle bir tepkiyle karşılacağını biliyormuş gibi derin bir nefes aldı ve devam etti. "İnsanlar bu yüzyılda her ne kadar bunun bir saçmalık olacağını düşünse de kast sistemi dünyanın her yerinde devam ediyor. Elinde güç olan çalıyor, eziyet ediyor, dünyevi zevkleriyle ilgileniyor ve aç gözlülük yapıyor. Zayıf olana da ne olduğunu tahmin edersin. Bir noktada evet, hayatın kuralı bu, güçlü olan zayıfı ezer ama yıllar geçtikçe insan acımasızlaşıyor ve vahşileşiyor. Devletler ve üst düzey yetkililer arasında düşündüğünden daha karmaşık bağlar ve sırlar var. Akademi, dünyanın dört bir yanına göndermek için her türden insan yetiştirir."

"Hayrına yapmıyorlar herhalde?"

"Herkesin bir çıkarı vardır," diye yanıtladı sorumu.

"Seninki ne?"

Durakladı. "Bilmem," dedi kaşlarını kaldırarak. "Rayından çıkan dünyanın bir tekerinde katkım olsun rahatlığı, oturduğum yerden izlemek yerine kalkıp iki tane çakabiliyor olmak, sonsuz kaynak ve gücü elinde barındırmak olabilir mesela. Akademi, ismi bilinen Interpol, CIA, MIT örgütleri gibi belli bir yere bağlı olarak çalışmaz. Akademi'nin bağlılığı Dünya'nın ta kendisinedir."

Dudaklarımı birbirine bastırdım. İşte şimdi gerçekten kendimi aksiyon filmlerinden birinde gibi hissetmeye başlamıştım. "Sen buraya Taylan'ın kartelini yok etmeye geldin..." Dudaklarımı birbirine bastırdım. "Fransa'dan. Seni oraya göndermişti ailen."

Ağırca, ciddi bir ifadeyle kafasını salladı. Bu ifadesinin altında yatan, bu konunun altında çok daha büyük bir mesele olduğuydu ama şimdilik daha öncelikli sorularım vardı.

"Ben senin Akademi'nin malı mıyım, onların yarattığı bir soydan geliyorsam?"

"Hayır," diyerek basitçe açıkladı Pars. "Söylediğim gibi, antikorlar ileri nesildekilerin de kullanabileceği şekilde çoğaltılıp saklandığı için sana ihtiyaçları yok. İhtiyaçları olsaydı dahi isteyecekleri tek şey, düzenli kan bağışı olurdu; sen kimsenin malı değilsin ya da kimse senin üzerinde hak talep edemez."

"Anlamıyorum... Özelliğim ne? Hasta olmak mı? Antikorlar ekstra bir güç mü sağlıyor?" Her soru dokuz doğuruyordu. "Eğer ben hastaysam, annem de on sekiz yaşından sonra hastalandı demek oluyor bu. Onu hayatta tutan neydi o zaman öldüğü yaşa gelene kadar? Akademi'yle iletişim hâlinde olduğu anlamına mı geliyor bu? Neden bundan bahsetmedi bana?"

Pars gözlerini etrafta gezdirirken "Antikorlar vücudunu birçok deneye karşı güçlendiriyor. Akademi'nin karanlık deneyler yaptığını sana söylemiştim," diye devam etti. İstemsizce ben de birinin bizi izlediği düşüncesiyle bakışlarımı etrafa çevirmiştim. Bu katta artık kimse yoktu ama yine de dinleniyor olabilir miydik? "Eğer kaydın olsaydı muhtemelen bir ajan olarak yetiştirilirken aynı zamanda deney malzemesi olacaktın."

"Kaydım olsaydı mı? Ne demek istiyorsun?" Önüme döndüm. "Biri bizi mi izliyor bu arada? Neden etrafa bakıyorsun sürekli? Kamera mı var?"

"Hayır," dedi Pars önüne dönerken. Göz göze geldik. "Bu mekândaki herkes halktan, sivil. Katı temizledik, yalnızız. Dışarıda her ihtimale karşı bizimkiler hazır bekliyor." Ceketinin cebinden ufak bir cihaz çıkardı, siyah mat bir şeydi. "Ve üzerimde sinyal bozucu taşıdığım için 500 metre civarımızdan dışarıya yayın yapılamaz. Yani dinlenmiyoruz da, rahat ol."

Şaşkın gözlerle cebine geri koyduğu cihaza bakarken nedense sözlerinin aksine, asıl şimdi gerilmiş hissediyordum. Öyleyse az önceki garson da onlardan biri miydi? Pars'dan emir alıyordu.

"Kaydın yok, evet," diye devam etti. "Nasıl oldu bilmiyorum henüz. Normalde doğumundan sonra kaydın Akademi kayıtlarına işlenir, istesen de istemesen de Akademi'nin bir parçası hâline gelirsin ve bir yer edinirsin. Ait olduğun bir ülke yoktur, Sapphire'in vatandaşısındır. Sapphire'in koruması altındasındır. Ama sen..." *Ama ben kayıtlı değildim.* "Çok fazla şey yaşamışsın Liva. Çok fazla haksızlığa uğramışsın... Bütün bunlar olmak zorunda değildi. Sebebini anlayamıyorum."

"Annemin kaydı var demek oluyor mu bu?" Dudaklarımı birbirine bastırdım ve kalbimi güm güm attıran o cevabını bekledim.

Pars sessiz kaldı. "Birçok şeyin cevabını seninle Akademi'ye gittiğimizde birlikte öğreneceğiz. Benim de bilmediklerim var."

Ve o an, gözlerim sonuna kadar açıldı. "Akademi'ye gitmek mi? Nasıl?"

"Fransa'ya gideceğiz. Sen ve ben. Kartelin işini bitirdikten hemen sonra," dedi tok bir sesle, sanki otobüsle sahile inelim demiş gibi rahat davranması canımı sıkmıştı. "Burada kalamazsın. Tolga'da bilgilerin mevcut. Lamen..."

"Lamen hakkında ne biliyorsun?" Lafını kestim. "Lütfen söyle. O kadın hakkında bir şeyler bildiğinden ve bana söylemediğinden neredeyse eminim."

"Liva, ben..." Burnunun kemerini sıktı Pars, dışarı çevirdi bakışlarını; yağmuru izledi. "Sana o kadının hastalarını seçtiğini söylemiştim. Bunun bir sebebi var. Senin doktorun olmasının bir sebebi var..."

Lamen'in geçmişi... Tam bir karadelik, demişti Pars. "Gizli bir kuruluşta psikiyatri üzerine hastalarına testler yaptığını söylemiştin, yasal olmayan testler. Tecrübesi doğrultusunda bir insanın zihniyle oynayabileceğini... Lamen, Sapphire'e mi çalışıyordu? Bu yüzden onun potansiyelini biliyorsun sen." Onaylar bakışlarının altında, devam ettim. "Ölmediğinden eminsin, bir ihtimal değil bu senin için. Otoparktaki sahne bir tezgâhtı."

Pars başını salladı. "Muhtemelen öyleydi, Türkiye'deki ismiyle Lamen Fettahoğlu kimliğini bıraktı. Kayıtlara ölü olarak geçirdi kendini. Yurtdışına kaçmıştır. Senin soydan geldiğini biliyordu, kimliği bana ifşa olunca çareyi ortadan kaybolmakta buldu. Bu bilgiyle ne yapabileceğini ya da bunca zaman yanındayken ne haltlar çevirdiğini öğrenmek önceliğimiz olmalı." Hafifçe öne eğildi. "Bunları boş ver de... Senin asıl sorman gereken, benim de aklımı kurcalayan bir soru var asıl. O da annenin neden seni Akademi'ye vermediği, nasıl kayıtlarda olmayışın."

"O ne demek?"

"Geldiğin soy Liva," diye mırıldandı. "Bazı aileler doğan ilk çocuklarını Akademi'ye yetiştirilmek üzere vermek zorundalardır. Aile mirası gibi düşün. Soyun Akademi için paha biçilemez. Buna rağmen sen tek çocuksun ve hiçbir zaman kardeşin olmadı, değil mi? Olmadı. Olmamış. Annenin karnında ölen başka bir bebeğin raporu yok. Ailenin tek çocuğusun, eğer başına bir şey gelirse soyun devam etmeyecek. Sapphire bunu göze almaz, alamaz. Annenin seni Akademi'ye vermesi bir seçenek değildi, yapması gereken buydu. Ondan istenilen buydu. Ama bir şekilde senden haberi olan tek bir ruh yok ortada. Benim dışımda. Benim de bir şeyleri çözmem zaman aldı."

Pars haklıydı. Eğer Akademi, *Sapphire* bu kadar güçlüyse benim annem nasıl onların elinden kaçırabilmişti beni? "İntiharı bununla alakalı olabilir mi?" Sertçe yutkundum, boğazıma bir yumru oturmuştu. "Belki... Belki bu şekilde bir şeylerin üzerini örtebilmiştir. Neyin ya da nasıl bilmiyorum ama..."

"Çok üzgünüm Liva." Pars'ın bir eli, masanın üzerinden benim elime uzandığında tenlerimizin birbirine değdiği noktaya odaklandım. "Her şey için çok üzgünüm."

Elimi elinden çektim. "Üzgün olmanı istemiyorum Pars, bana gerçekleri anlatmanı istiyorum."

Pars elini masanın üzerinden çekti, ardından geriye yaslandı. Derin bir nefes alarak başını salladığında gergin bir ifadeyle yeniden ağzını aralamasını ve bana daha fazlasını anlatmasını bekliyordum. "Haklısın, Fransa'daydım, aynı zamanda dünyanın birçok yerinde," dedi tok bir sesle.

"Taylan'ın kartelini ve Rusya'daki tüm bağlantılarını çökertmek için bir grupla Türkiye'ye gönderildiğimde, seninle karşılaşacağımı bilmiyordum. Ama elimde bir şey vardı. Bir adres."

Kaşlarım havalandı.

"Buraya gelmeden önce Sapphire'den biri verdi, bir kâğıt parçasına silik bir el yazısıyla yazılmış bir adres. Senin ev adresin," diye devam etti. "Seninle o mekânda karşılaşmadan önce evine gittim, İrem'le birlikte gördüm sizi. Bazı detaylar gözüme çarptı evet, inkâr etmeyeceğim. Ama buraya gelme sebebim nasıl sen değilsen, orada bulunma sebebim de sen değildin. Bu yüzden yürüyüp gittim ve bir daha uğramadım mahallene."

"Hangi detaylar?" diye sordum hızlıca, zihnimde patlayan şimşekler içeride bir yerlerde fazla sağlam bir yere inşa edilmiş güven apartmanının; temelinden çatırdadığı mesajını çok net veriyordu bana.

"Dayandığın soyu biliyorsun, sana anlattım," dedi Pars. "Ve soyunun Akademi için önemini de biliyorsun. Tek bir atadan geldin..."

"Akrabalarım var," diye kestim lafını. "Anne tarafından akrabalarım var, orada, Akademi'de, değil mi?" Nefesim kesildi. "Daha önce anne tarafından hiçbir akrabamla tanışmadım. Bu yüzden mi?"

Pars dudaklarını birbirine bastırdı ve kafasını salladı. *Benim akrabalarım vardı.* Benim gibi hasta olanlar. Ben yalnız değildim. Sadece yalnız bırakılmıştım.

Dirseklerimi masaya, avuçlarımı da yüzüme yasladım. "Akademi'de fiziksel olarak çok benzediğin biri var, senin kanından biri," diye devam etti Pars. "Fransa'da değil ama İsviçre'de."

"Kaç tane Akademi var?"

"Sapphire dünyanın dört bir yanına dağılmış gizli bir kuruluş," diye açıkladı. "Ülkeler tarafından bilinmez, özellikle de hükümet sürekli değişiyorsa kendilerini açığa çıkarmamak için Avrupa Birliği tarafından korunan çok gizli bir güvenlik politikaları var. Buna rağmen Avrupa Birliği'nin şu anki hâli dahi biliyor sayılmaz."

"Sen Fransa'da yetiştirildin, ailen seni gönderdiğinde." Yavaş yavaş parçalar yerine oturuyordu.

Pars ağırca kafasını salladı. "Benimle ilgili yalnızca yakınlarımın bildiği bir şeyi biliyorsun," diye devam etti. "Ve benim çok az yakınım vardır Liva. Bunun ne olduğunu bilmek ister misin?"

Gözlerim kısıldı. Ne olabilirdi? *Rose?*

Aklım direkt olarak Pusula'daki revirde, Pars'ın yaralandığı geceye gitti.

"Şu an üzerinde hiçbir şey yok, yani şu ensene uzanan dövmenin tamamını göstermek istersen diye söylüyorum."

Sedyede oturduğu için boyuna ilk defa yetişebilmiştim o gece.

Kafasını hafifçe eğip yana çevirmiş ve dövmenin boynuna uzanan kısmı göstermişti. "Ne görüyorsun?"

"Gül," diye mırıldanmıştım. "Akrep, yelkovan... Bir... Saat var. Bir şey yazıyor. Fransızca sanırım." Onaylamıştı beni. Göğsüne uzanıyordu dövme, sol göğsüne. Kalbine. İnce bir dal, gülleri ve yaprakları dökülmüş; dikenli bir dal kalbine uzanıyordu.

Orada *"Il y a longtemps que je t'aime, jamais je ne t'oublierai,"* yazıyordu. "Seni çok uzun zaman sevdim, asla unutmayacağım."

Kaşlarım çatıldı. Okyanuslarına bakarken büyük bir karmaşa içerisindeydim. "Annen?" diye sordum şaşkınlık içerisinde. "Rose? Adı Rose'du? Ama o zaman, buradaki ailen..."

"Hakkımda duyduğun her şeyi unut," dediğinde aklıma direkt olarak İrem'in Pars hakkındaki ufak çarplı araştırması gelmişti ama üzerinden uzun bir zaman geçtiği için söylediklerini tam olarak hatırlamıyordum. "Sana bazı ailelerin ilk doğan çocuklarını Akademi'ye verme zorunlulukları olduğunu söylemiştim, doğumdan hemen sonra. Ben de o çocuklardan biriyim," diye devam etti. Yani bunun anlamı, Pars'ın annesi de mi hastaydı?

Yeniden o geceye gittim, revire... Pars'ın söylediklerini hatırlıyordum.

"Annemin adı Rose'ydi. Fransız'dı. Beni doğurduktan sonra hastalandı ve yalnızca bir süre daha yaşayabildi. Çocukken geceleri uyumam için başımda kısıkça söylediği şarkıyı hala hatırlıyorum. Fakat küçüktüm, hatırlayabildiklerim sınırlı. Yalnızca o büyük evde yalnızdık ve hayali bir saat vardı, zaman işliyordu. Tedavi hiçbir işe yaramıyordu. Bir gün gidecekti. Ve gitti."

"Tam olarak ne oldu?" Öyle dikkatli bakıyordum ki gözlerinin içine, ağzından çıkanları eksiksiz duysam da gözlerinden geçenlerin bir saniyesini kaçırmak istemiyordum.

"Sapphire'in üst kademedeki suikastçilerinden biriydi. Beni doğurduktan sonra Türkiye'de bıraktı, Akademi'ye teslim etmek istemedi. Bu hayatı yaşamamı istemedi. Yerimi tespit edemediler ama öylece de durmadılar. Annemin Akademi'ye giremediği sürece, antikordan mahrum kalacağını ve en sonunda öleceğini biliyorlardı. Vazgeçeceğini söylediler, annemin hayatına mal olan bir kumardı." Annesi ölmüştü.

"Daha sonra küçük yaştayken buradaki üvey ailem tarafından Fransa'ya gönderildim, Sapphire'in Fransa'da açtığı köklü, elini kolunu sallayanın giremeyeceği bir okula. Yani beni bulmuşlardı. Gittiğim okul, Türkiye'deki Safir Okulları gibi. Bu okullardan yetişen hem fiziksel yönden sağlam, hem de analitik zekâsı yüksek, uygun adaylar Akademi tarafından eğitilmek üzere kamplara alınıyor." Geriye yaslandı ve suyundan bir yudum aldı.

"Yani buradaki ailen gerçek ailen değil," diye mırıldandım parçalar birer birer yerine otururken. Pars kafasını salladı. Dolunay, Pars'ın üvey kız kardeşiydi. "Bir dakika, sen bana yalan söyledin!" Şaşkınlıktan ağzım açık kalmıştı. "Annenin üvey olduğunu biliyordum ama Dolunay'la babadan kardeş olduğunuzu söylemiştin!"

"Bu doğru, babalarımız aynı. Akademi'de belki de, gerçek anne ve babasının yanında büyüyen bir tek ben varım bahsettiğim soydan gelen ama hastalığı taşımayan," dedi Pars. "Bu gizli bir bilgi, çünkü Akademi'yi bir iç savaşa sürükleyebilir. Sır olarak saklaman gerekiyor Liva."

"Nasıl bir iç savaş?"

Pars dirseklerini masaya yasladı, ardından başını hafifçe yana eğdi. "Sapphire'in üyeleri, asil kandan gelenler ve normaller olarak ikiye ayrılıyor. Asil kandan gelenler senin, benim gibi yüzyıllar önceki ilk kanı zehirlenmiş kadının soyundan doğanlar; Akademi'nin hazırladığı bazı ilaçlar üzerimizde inanılmaz şifa özellikleri bırakıyor, doktorların deneylerine gönüllü katılabiliyor ve uygunsak bir insandan kat be kat daha güçlenebiliyoruz. Buna müsait bir yapımız var. Normal olanlar senin de bildiğin üzere aileleriyle normal olarak büyüyor ve daha sonra Sapphire'in dünyanın dört bir yanındaki okullarda gösterdikleri üstün başarılar sayesinde Akademi'ye katılabiliyorlar, biz asil kandan gelenlerin ise böyle bir lüksü yok. Hiç kimse ailesini tanımıyor, araştırmaya izin verilmiyor; Sapphire zaten kayıtları çoktan silmiş oluyor."

"Sen hariç," diye mırıldandım. "Sen anneni de, babanı da tanıdın. Ve asilkansın." Elbette böyle bir olay duyulursa isyan çıkardı. "Naz?" diye sordum. "O da sizden mi?

Giray? Bir odaya tıksan onu, yirmi kişiyi halledebilirdi hani eşit şartlarda... Öyle söylemiştin. Kayra? Zamir?"

Pars kafasını salladı. "Naz biliyor, aynı yatakhanede kaldık biz Akademi'deyken; büyürken en yakın arkadaşımdı. Buraya bizimle gelmesinin sebebi bu," dedi tok bir sesle. "Ailesinin Türkiye'de olduğunu düşünüyor."

"Naz da asilkan," diye mırıldandım. "Ama... Anlamadım. Asilkanların aileleri de Sapphire'e çalışmıyor mu?"

"Belli bir yaşa kadar evet, daha sonra emekli olabiliyorlar uygun şartlar sağlandığında. Mesela geçmişleri onlara unutturulduğunda." Tüylerim diken diken olmuştu. Geçmişin unutulması mı? "Lamen'den onlarcası var Akademi'de, belki akılları çok daha şeytani işlere çalışan... Zekâsı zehir bir sürü bilim insanı. Akademi'den ayrılmak istersen, Akademi de senin kafanın içinden ayrılmak istiyor. Ve inan bu bir istek ya da çift taraflı güven anlaşması olarak kalmıyor."

Bu korkunçtu. "Peki neden? Yani neden asilkan ailelerin çocukları ailelerini tanımamalı? Neden izin verilmiyor?"

"Politikaları bu şekilde. Yetiştirilen asilkanların aldıkları görevler çok daha ağır ve önemli oluyor, psikolojik stabilite ve üst düzey odak gerektiriyor. Bu görevler için asilkanları robotlaştırabildikleri kadar robotlaştırıyorlar."

"Korkunç bir sistem, ne olursa olsun... Belki normallere seçim hakkı tanınıyor ama asilkanların böyle bir hakkı yok, senin kuralları çiğnemiş olduğunu duysunlar ya da duymasınlar... Şimdiye iç savaş çıkmadığına şaşırdım." Anlattıklarına daha sonra şaşıracaktım.

Pars bir suikastçi miydi? Bir ajandı. Gizli bir kuruluşun üyesiydi. Asilkandı. Buraya karteli yok etmek için gönderilmişti.

"Eline adresimi tutuşturan kimdi?" diye sordum söyledikleri aklıma geldiğinde. "Eğer adresimi biliyorsa, belki de kayıtlarda olmamamın sebebi o'dur."

Pars birkaç saniye düz bir ifadeyle bana baktı. Her ne söylemek istemişti bilmiyordum ama "Olabilir, her ihtimali değerlendirmeliyiz," dedi düz bir sesle. "Senin bir akrabandı."

"İsviçre'de olduğunu söylemiştin değil mi? Bana benzeyen biri," dedim düzeltmesini bekleyerek bir yanlışlık varsa ama sadece onaylayan bakışlar atıyordu. "Bütün sorularımızın cevabı o kişide olabilir. Belki de Fransa'ya değil... İsviçre'ye gitmeliyiz."

"Biz Fransa'ya gittiğimizde o da orada olacak. Eminim."

"Nasıl bu kadar eminsin? Sadece adresi verdi diye mi?"

"Tam olarak öyle," dedi başını sallayarak. "Tam olarak, adresi verdiği için. Seninle birlikte döneceğimi biliyor. Her şeyden önce, sistem ne kadar korkunç görünürse görünürsün, bu benim sorumluluğum. Ve senin daha fazla antikora ihtiyacın var Liva." Çatalımı ve bıçağımı aldı, sofradakilerden tabağıma doldurmaya başladı. "Şimdi, ye. Nasıl olsa ağzının meşgul olmadığı her an soru soruyor olacaksın."

"Pamir?" diye sordum o tabağımı doldururken. "Nil peki? Onların durumu nasıl gerçekleşti tam olarak?"

Pars çatalımı ve bıçağımı bana bıraktığında, tabağımdaki böreğin kenarından ısırdım ama bakışlarımı onun yüzünden çekmiyordum asla.

"Sapphire'in deneyler için desteklediği bir bilim şirketi vardı burada, Tornado," diye açıkladı Pars.

"Duymuştum sanırım," diye mırıldandım hatırlamaya çalışırken. "Bir iki yıl önce... Bir kaza olmuştu ve bina ağır hasar almıştı."

Pars kafasını salladı ve devam etti. "Binayı daha sonra yıktılar. Tornado henüz iş görür hâldeyken işlerin başında Nil'in anne ve babası vardı, Sapphire için çok değerli bilim insanlarıydı. O dönem dünyanın yörüngesinden geçen bir kuyrukluyıldız, magnetik alana zarar verdi. Karadeniz bölgesinde anormal derecede elektrik taşıyan fırtına bulutları görüldü. Düşen yıldırımlardan biri Nil'e isabet etmişti."

Gözlerim sonuna kadar açılırken, şaşkınlıktan ağzımdakini çiğnemeyi unutmuştum. "N... Nasıl?"

"Nasıl mı yaşıyor?" Pars tabağı işaret etti gözleriyle. Bir parça peynir attım ağzıma ve su içtim. "Ailesinin müdahalesi sayesinde. Üzerinde çok riskli bir serum denediler, haftalar süren tedavi sürecinden sonra uyandı. Vücudunda bazı anomaliler vardı ve beyninin salgıladığı kimyasallar sayesinde kimsenin yapamadıklarını yapabiliyordu. Duygu yoğunluğuna göre manyetik alanı etkileyebiliyordu. Bu da hesapta olmayan, meteoroloji tarafından öngörülemeyen yağmur bulutlarını Karadeniz bölgesine çekiyordu. Nil, İklim Krizi'nin en büyük sebeplerinden biri."

"Ama bu onun suçu değil! Kontrol etmediler mi? Ya da kontrol etmesine yardımcı olmadılar mı?"

"Ailesi Nil'i Sapphire'den saklamak için elinden geleni yaptı, şu an uğraştığım kartelin gizli üyelerinden birinin oğlu ise Nil'i kendine istedi. Güç için. O küçük beyniyle kızı kontrol edebileceğini düşünüyordu. Ama işler karıştı, Tornado'da büyük bir patlama oldu ve bunun sebebi Nil'i içine soktukları, onun gücünü kullanabilecek makinenin fazla yüklenmesiydi. Nil o gece hafızasını kaybetti."

Demek tam olarak böyle olmuştu... Çatalımı tabağın kenarına bırakırken geriye yaslandım ve sindirmek için bir süre pencereden yağmuru izledim. Bu yağmurun sebebi de daha hâlâ, şu an bile, Nil miydi acaba?

"Pamir, normaller arasında mezun olduğunda teklif götürülecek birisiydi. Mezun olduğunda teklif götürüldü de. Kazadan sonra Nil, annesiyle birlikte İstanbul'a yerleşti. Babası vefat etmişti ve annesi Nil'in güçlerini kendi ürettiği ilaçlar sayesinde kontrol edebiliyordu. Pamir aylarca onu aradı, tesadüfen İstanbul'u ziyaretinde karşılaştıklarında eğitimini yarım bıraktı. Nil'in yerinin Sapphire olduğunu biliyor, çünkü yalnızca Sapphire; Nil'in dünyayı gerçek ve çabuk bir kıyamet senaryosuna sürüklemesine engel olabilir."

"Akademi'ye gidiyorlar yani," diye mırıldandım. "Nil bütün bunları öğrendiğinde... Büyük bir buhran içerisine girecek."

"Bizim korktuğumuz da, kontrolsüz bir şekilde öğrenmesi ve dünyaya bir zarar vermesi. Etrafındakileri zaten... Yok eder," dedi ciddi bir sesle. "Kaçınılmaz olur bu. Annesinin ürettiği ilaçlar etkisini zamanla yitiriyor, vücudu ilaçlara karşı antikor üretmeye başladı."

Her şey kulağa o kadar korkunç geliyordu ki, bir anda dünyanın güneş alan bir bölgesinden karanlık ve soğuk bir kısmına itelenmiş gibi hissediyordum. Deep web'de gibi hissediyordum kendimi.

Pars'la o kafede bir şeyler atıştırdıktan sonra çıktığımızda hâlâ yağmur yağıyordu. Arabaya binmeden önce istemsizce avucumu açıp tenime dokunan ve aşağı süzülen damlalara baktığımda, Nil'in henüz göğsünde yer bulmamış öfkesini hissettim. Eğer yerinde olsaydım, tüm bunları öğrendikten sonra ben de kendimi kontrol edemezdim. Ama Nil kontrol edilmeliydi. Bu yüzden Pamir onu Akademi'ye götürüyordu. Kontrol etmeyi öğreneceği yere.

Nil iyi olacaktı.

Yemek yedikten sonra tatlı bir uyku bastırmıştı aniden. Arabanın ön koltuğuna binerken esniyordum. Bir yandan zihnimde can bulan yeni sorular sorulmayı bekliyordu, diğer yandan ise henüz duyduklarımı sindirmeye ihtiyacım vardı bu yüzden sessiz kalmayı ve yalnızca yağmuru izlemeyi tercih etmiştim.

Ne zaman otoparktan çıktığımızı hatırlamıyordum ama gözlerimi açtığımda büyükannemin evinin önündeydik. Beni uyandıran şey yana düşmüş başımda, yüzümün üzerinde, yanağımda ve çenemde hissettiğim dokunuştu. Yüzüme düşmüş saçlarımı kulağımın arkasına sıkıştırdığını ve elini çekerken işaret parmağının tersini yanağıma birkaç kere sürttüğünü hissettim.

Gözlerimi ovalayıp esnerken doğrulup kıstığım gözlerimle bir eve, bir de Pars'a baktım. "Neden buraya geldik?"

"Nereye gelecektik?" diye sordu, hazır cevaplığı üzerindeydi.

Aslında bilmiyordum. Nereye gidecektik ki? Bunca şeyi öğrendikten sonra eve dönüp normalliğe alışmaya çalışmak akıl işi olacak gibi durmuyordu. Öte yandan ne yapacağımı, ne yapabileceğimi de bilmiyordum.

"Büyükannemle ilgili ne biliyorsun?" diye sordum eve bir bakış atarken, buğulu camdan.

Pars elini direksiyonun üzerine koydu ve hafifçe bana döndü. "İkinci derece kanser. Daha önce gençliğinde kanseri yenmiş ama bu yaşta tekrar yinelemiş. Kemoterapi bu yaşta işleri hızlandıracağından, kalan zamanını seninle geçirmek için gelmiş Soyhan'a," dedi büyük bir soğukkanlılıkla. Benim ise burnum sızlamış ve gözlerim dolmuştu. *Büyükanne...* "Kadın yalnız. Başta bir sebep aradım ama... Yalnız. Tek sebebi bu."

Başımı cama çevirip çaktırmadan dolan gözlerimi sildim. "Öz babam hakkında ne biliyorsun peki?"

"Ben..." Pars duraklayınca, tekrar ona döndüm. Göz göze geldik. "O kadar derini karıştırmadım. Bakmadım yani," diye devam etti. "İstersen araştırabilirim."

"Kalsın," dedim sert bir sesle. "Beni çocuk yaşta bırakıp giden adam hakkında bir şey duymak istemiyorum."

Pars başını salladı.

"Nereye gideceksin? Ben de seninle gelmek istiyorum." Önüme döndüm ve emniyet kemerimi düzelttim göğsümdeki. "Yanından ayrılmak istemiyorum. Madem senin ait olduğun yere aitim, o zaman senin yanından ayrılmayı reddediyorum gidene kadar."

Pars'ın dudaklarından alaycı bir nefes kaçtı. "Sen sadece söylediklerimden sonra büyükannenle görüşmek istemiyorsun, kaçıyorsun Liva, yapmayı en iyi bildiğin şeyi yapıyorsun," dedi gaza basıp evi geçerken.

Pars bunu nereden biliyordu? "Kaçtığım falan yok."

"Öyle," dedi tok bir sesle. "Tahlillerde öğrenmişsin hasta olduğunu, genç yaşında reddetmişsin tedaviyi. Kaçmışsın Liva. Ne öz babanın seni neden terk ettiğini öğrenmek istiyorsun ne de tıpkı senin gibi tedaviyi reddeden büyükannenle yüzleşmek... Kaçıyorsun kedi."

Gözlerimi devirdim ve sustum. Susmak zorundaydım çünkü haklıydı. Bu konuda daha fazla konuşmak istemiyordum, tartışmak anlamsızdı.

"Tamam, dur," dedim emniyet kemerimi çözerken. "Geri dön... Eve gideceğim."

Pars bana bir bakış attı, ardından ileriden döndü ve tekrar büyükannemin evinin olduğu sokağa girdi. Kapının önünde durduğunda ona döndüm bir saniyeliğine. "Sen nereye gideceksin?"

"Çocuklarla buluşacağız," dedi kısaca.

Gözlerinin içine baktım. Okyanus açıktı bugün, dalgalar ya da girdaplar yoktu. Belki de o da anlattığı için rahatlamıştı. "Akşam Pusula'da olacaksan gelebilir miyim?"

Kafasını salladı. "Gece uyumadın mı sen?"

"Uyudum," diye mırıldandım. "Uyumasam anlamaz mıydın sence?" Kaşlarım kalkmıştı. Bu adam benim karnımda uyumuştu. *Karnımda.* Herhalde uyuyamamış olsam hissederdi.

Gülerek önüne döndü. "Haklısın."

"İlacın etkisi mi?" diye sordum yanağımı içten dişleyerek. "Böyle sürekli uykumun gelmesi, gece deliksiz uyumam, ne zaman yemek görsem iştahımın olması..."

"Evet," dedi. "Normal insanların dünyasına hoş geldin. Gerçi dün gece deliksiz uyuman hakkında benim de parmağım olabilir, o konuda bir şey söyleyemeyeceğim."

Elimle koluna vurup kaşlarımı çattım. "Seninle ne ilgisi olacakmış be?"

"Hadi ya, değil mi?" Sonuna soru işareti konacak ama pek de soru olmayan bir cümleydi ağzından çıkan. Yandan bakıyordu. "Ben, sen varsın diye çok rahat uyudum halbuki."

Elimle yüzüme bir şaplak attım önüme döndükten sonra. Yanımda gülüyordu. Bu adamın benimle derdi neydi de bir anda açık konuşmalarına verdiğim tepkiyi fark edip üzerine gitmeye başlamıştı? Gerçekten alışkın değildim ve gerçekten alışamıyordum.

"Ben hiç rahat uyumadım," dedim sinir etmek için, çantamı elime alırken. "Karnımın üstünde öküz yatıyormuş gibiydi. Yaralı karnımın üstünde. İz kalırsa sebebi sensin."

Kapıyı açıp bir adımımı dışarı attığım sırada kolumdan yakaladığında başımı da dışarı çıkarmak üzereydim. Dönüp ona baktım. Kaşlarını ve başını kaldırmış, yüzüme bakıyordu. "Yara izin olsam taşımaz mıydın beni teninde?"

Bir çift okyanusun ortasında sorusuna cevap verebileceğim bir kelime, tek bir harf aradım ama yoktu. Böyle cümleler nereden aklına geliyordu da tüylerimi diken diken edebiliyordu?

"Açık yaralarının üzerini yara bantlarıyla kapatmamalısın, dikmen gerekir, yoksa izi kalır; kimse yara izi taşımak istemez üzerinde diyen sendin," diye mırıldandım kolumu çekerken.

Neden öyle söylediğimi bilmiyordum. Neden öyle söyledikten sonra kapıyı kapatıp eve yürüdüğümü de.

Büyükannem evde değildi, Sare Hanım mutfakta yemek yapıyordu. Odama çıkıp montumu ve çantamı kenara attıktan sonra pencerelerden birini açıp yorganın içine girdim ve gözlerimi kapattım.

Her ne kadar düşünürsem düşüneyim, Pars'la o kafede konuştuklarımıza akıl sır erdiremiyordum.

Derin bir nefes aldım.

Yani... Oralarda bir yerlerde hâlâ adaleti savunanlar ve bunun için savaşanlar vardı. Bunca zaman sonra, bunca kirli işin içinde dünya o kadar da kötü bir yermiş gibi gelmemeye başlamıştı. Pars iyi biriydi, iyi biri olmak ve iyi işler yapmak için yetiştirilmişti. Acaba bundan önce nerelere, kaç göreve gitmişti?

Uyumam gerekiyordu.

Ben dürüst olmak için yetiştirilmedim. Hayatım boyunca oradan oraya sürüklendim. Söylemem gerekenleri tuttum hafızamda, gerçekleri değil. İnsanlar da gerçekleri duymak istemezler zaten hiçbir zaman, tatlı tatlı yalanlar dinlerler bebek ninnileri gibi. Ben, hayatım boyunca... Ayağıma yastık koyup uyuttum insanları geceleri. Ben uyumadım. Dışarıdakiler uyusun diye. O sokakta gördüğün çocukların yatağı olsun diye. Senin gibiler uyusun diye. Sen uyu diye. Sen vazgeç diye değil Liva.

Ben vazgeçtim Pars. Ama yaşamaktan değil, *ölmekten.*

Uyumamış mıydı gerçekten? Kaç gece? Kaç gece uyumamıştı? Pars Kalkavan'ın da kâbusları var mıydı? Onu da uyutmuyorlar mıydı geceleri? O yüzden mi sabahın köründe koşulara çıkıyor, spor yapmaya gidiyordu?

Ben, sen varsın diye çok rahat uyudum halbuki.

Göz kapaklarım açıldı. Oda buz gibiydi. Kaç saat uyumuştum bilmiyordum ama yağmur pencereden içeri dolmuştu ve pencerenin önündeki döşemeler ıslanmıştı.

Yorganı çekip ayağa kalktım ve pencereyi kapattım. Üzerimi değiştirip Pusula'ya gitmek istiyordum. Evde durmak istemiyordum. Nasıl olurdu da dün akşam yediğim yemeğin içine katılan ilaç bütün sıkıntımı, hastalığımı götürmüş olabilirdi? Bir yanım anlatılanları olduğu gibi kabullenirken bir yandan da aklıma oturtamıyordum bazılarını. Neden öğlenki kahvaltımız şimdi bir rüyadan ibaretmiş de uyanmışım gibi geliyordu?

Duşa girdim, soğuk suyun altında iyice uyandırmam gerekiyordu kendimi. Pars'a sormam gereken daha çok şey vardı, özellikle Yağız konusu. Ve Naz. Şanslıysam Naz'a denk gelirdim ve depodan sonra Yağız'la nereye kaybolduklarını öğrenirdim.

Hızlıca işimi hallettikten sonra kurulanıp altıma siyah dar bir pantolon, üzerime de uzun kollu gri bir kazak geçirdim. Saçlarımı kurutmakla uğraşmak istemiyordum, bir an önce çıkmalıyım buradan.

Aklım hâlâ karışıktı. Çok fazla şey anlatmıştı. Sorulacak çok soru vardı.

Ceketimi üzerime geçirdikten sonra cebime anahtarımı ve telefonumu atıp odamdan dışarı çıktım. Islak kaldırımda hızlı hızlı yürürken taksi durdurmak gibi bir amacım yoktu, saçlarım zaten ıslak olduğundan çiseleyen yağmur da umurumda değildi doğrusu. Ellerimi ceketimin cebine sokup botlarımın yağmur damlalarıyla ıslanan uçlarını izleyerek yürüdüm. Caddenin başına geldiğimde etraf sakin görünüyordu. Pusula'yı görebilecek yakınlığa geldiğimde, sarışın bir kızla uzun boylu kumral bir çocuğu fark ettim. Pars da yanlarındaydı.

Ben yaklaşırken sarışın kızla kumral çocuk basamaklardan aşağı indiler ve *Audi*'ye bindiler. Araba geri geri giderken adımlarım Pusula'nın hemen önünde durmuştu. Pars beni fark ettiğinde basamaklardan hızlıca indi, yağmur da hızlanmıştı.

Gözlerimi *Audi*'nin ön koltuğunda oturan, buz mavisi gözleri olan sarışın kıza çevirdim. O da bana bakıyordu. Suratında hiçbir ifade yoktu. Aslında suratında hiçbir şey yoktu. Çok saf ve temiz görünüyordu. Düz saçlarını ortadan ikiye ayırmış ve kulaklarının arkasına atmıştı. Yanındaki kumral çocuk bir şey söylediğinde dikkati dağıldı.

Pars önümde dikildiğinde ceketimin kapüşonunu kafama geçiriyordu. "Evden buraya yürüdüğünü söyleme," diye homurdandı elini uzatıp üşümüş elimi sıcacık avucunun içine alırken. "Saçların yağmurda mı ıslandı?"

"Duş almıştım zaten," diye mırıldandım ruhsuz bir sesle. "Onlar kimdi?"

"İçeri gel," dedi elimi yakalarken. Avucunun içinde küçücük kalan elime bir bakış attım, merdivenlerden çıkarken içimi ısıtan bir his kaplamıştı yine her yanımı. Oğuz uyuşturucu etkisi olan bölgesel anestezi iğnesinden bahsettiğinde, Nil'in neden aynısını göğsünde de saplamak istediğini yeni anlıyordum.

İçerisi çok da dolu değildi, zaten hava daha kararmamıştı bile. Burada olduğuma göre bu gece burada karışıklık çıkmayacaktı.

Çok garipti, onu Pusula'nın önünde gördüğümden beri, içimi yakıp kavuran, beni buraya kadar bu yağmurda yürüten belirsizlik yok olmuştu. Anlamsızca ve istemsizce rahatlamıştım.

Oğuz'u bar kısmında fark ettiğimde Pars'ın elimi tutan elinden çekiştirip o tarafa yürüttüm. "Senin bu Oğuz fanlığın ne alaka onu bir çözemedim," diye homurdanarak peşimden atıyordu adımlarını.

"İyi çocuk. Gecesi gündüzü belli. Gizli saklı işleri de yok." Bar sandalyesine oturduktan sonra başımdaki kapüşonu indirdim. Ayaklarımı taburenin altına koymuştum ve bir dizime Pars'ın önünde dikilen bacaklarından biri değiyordu.

"Ondan pek emin olma," diye mırıldandı gözlerini ileride, bar tezgâhının diğer ucunda müşteriyle ilgilenen Oğuz'a çevirdiğinde.

Şaşkın bir ifade kapladı yüzümü. "O da mı?"

Gülerek "Hayır," dedi. "Ama herkesin sırları vardır."

Kaşlarımı kaldırarak önüme döndüm. Oğuz'ın sırları nedense kişisele benziyordu, o anlatmadığı sürece beni ilgilendirmezdi bu yüzden kendimi meraklandırmayacaktım.

Oğuz "Liva, ayaklanmışsın?" diye sorarak gülerken elindeki bezi belindeki önlüğün cebine koydu ve kollarını tezgâha yasladı. "Nasıl dikişlerin? Acıtıyorlar mı?"

Ona gülerek ortada dikiş falan kalmadığını söylemek istedim ama o sırada Pars elini elimden çekip iki kolunu da yanımdan geçirerek ellerini önümdeki tezgâha yasladı ve nemli saçlarımın arasından dudaklarını kulağıma yasladı. "Oğuz bilmiyor. Arada bir ortaya çıkan şu Oscar'lık oyunculuğunu uygulasan hiç fena olmaz."

Kulağım o kadar gıdıklanmıştı ki gülmemek için kendimi tutarak başımı dudaklarından uzaklaştırdım ve Oğuz'a döndüm. *Uzaklaş be adam!* "Dikişlerim çok acıtmıyor, ağrı kesici kullanıyorum. Elin çok hafifmiş bu arada. Tekrar teşekkür ederim."

Oğuz suratında garip ama muzip bir ifadeyle bir Pars'a bir bana baktıktan sonra "Pekâlâ," diye mırıldandı. "İçecek bir şey ister misin?"

"Şu geçen yaptığın... Naneli falan bir şey yapıyordun ya..." Bir yandan da omzumda Pars'ın göğsünü ittirmeye çalışıyordum. Göğsünü sırtıma yaslamıştı, resmen zayıf noktamı bulmuş üzerine üzerine gidiyordu. Pars sözleriyle ya da hareketleriyle, bu huyumu çok iyi anladığını belli ediyordu.

"Hemen geliyor."

Oğuz arkasını dönerek büyük ve uzun bardakların olduğu raflara ilerlediğinde hafifçe arkaya dönerek başımı kaldırıp arkamda ayakta olan Pars'a baktım. "Yapma şunu."

"Neyi yapmayayım?" diye sordu gülerek, gayet keyif aldığını belli eder bir hâlde.

"Bak benim de kozlarım var, kullanırım."

"Öyle mi?" Hafifçe yüzüme doğru eğildi. Hafifçe eğilerek bile yeterince yaklaşmıştı. "Nasıl kozlarmış onlar?"

Birkaç saniye dümdüz, kaşlarımı çatarak suratına baktım ama daha sonra burnumdan soluyarak önüme döndüm. Oğuz da aromalı su bardağını önüme bırakmış, ardından biraz ilerideki müşteriye yönelmişti.

Bardağı elime alıp birkaç yudum aldım. "Kapıdakiler kimlerdi, yanıtlamadın."

"Aşağıya gidelim," diye mırıldandığını duydum, kollarını çekip yanımdaki sandalyeye otururken. O kadar uzundu ki bacakları, oturmuş haliyle bile sanki yaslanmış gibi uzatabiliyordu bir bacağını. Diğerini bar sandalyesinin altındaki demire koymuştu.

Üzerinde ince, lacivert, vücudunu saran uzun kollu bir kazak vardı. Siyah pantolon giyiniyordu ve kemer takmıştı. Bardağın ucu hâlâ dudaklarımdayken ve su içiyorken Pars'ın boynundaki dövmesine kayan gözlerimi omzunun üzerinden, arkadan gelen kıza çevirdim.

Naz.

Uzun, siyah saçları ve kâkülü dümdüzdü. Üzerinde bacaklarını ikinci bir ten gibi saran siyah deri pantolonunun içine soktuğu ince beyaz uzun kollu badisi vardı. Makyajı her zamanki gibi kusursuzdu; kirpikleri diken gibi uzun ve siyahtı, teni beyaz ve dudakları ise kırmızı. Topuklu uzun botlarıyla adımlarını bu tarafa atarken her seferinde diğer insanların konuşmalarına ve müziğe rağmen herkesin net bir şekilde duyabileceği tok sesler çıkartıyordu. *Ben buradayım,* diyordu herkese. Benim aksime ortama girdiği an direkt dikkat çekiyordu.

Kendine haksızlık etme, sana da bakıyorlar Liva... Bir barın ortasında yürüyen ayaklı cenaze kimin garibine gitmez?

İçtiğim sudan bir yudum boğazıma kaçarken öksürerek bardağı dudaklarımdan uzaklaştırdım. Pars kaşlarını çatarak tek harekette tezgâhın arkasına uzanıp kâğıt havlu alarak bana uzattığında ben, kâğıt havluyu kavramış ağzımı silerken yanımıza ulaşmış Naz'a bakıyordum. İki keskin bıçak darbesiyle açılmış gibi duran gözlerini gözlerime çevirerek "Nasılsın Liva?" diye sordu. "Daha iyi misin? Yaralandığını duydum. O hengâmede olanların farkında değildim."

"İyiyim," diye mırıldandım. "Sağ ol."

Kafasını salladı kısaca. Ardından Pars'a döndü. O Pars'a döndüğünde, ben de çatılmış kaşlarımla ona bakıyordum doğrudan. "Aşağı bıraktım," dedi Pars'a doğru. Ardından dönüp çıkışa yürüdü.

Nereye gidiyordu hemen? Aşağı bıraktığını söylediği her ne ise dikkatimi dağıtmıştı, bu yüzden Naz'a sormak istediklerimi sormamıştım. *Pars'a kısmetmiş...*

Oturduğum yerden inip hızlı adımlarla ilerlemeye başladım. Aslında Naz kapıya yürümemiş olsa muhtemelen ben kapıya yürürdüm ama bu kez koridor ayrımına, hatta direkt merdivenlere yürüyordum. Merdivenlerden inmeye başladığımda Pars'ın da peşimden geldiğini biliyordum.

Kapıyı açıp içeri geçtiğimde loş aydınlatmalar çalıştı. "Kapının önündekilerin kim olduğunu iki kez sordum, ikisinde de geçiştirdin," dedim kollarımı göğsümde birleştirirken. "Artık üçüncüye söylersin herhalde. Yoksa Akademi sırrı mı?"

Kapı kapandıktan sonra Pars deri koltuğa yürüdü ve sırt kısmına yasladı kalçasını, bacaklarını öne uzatmış ve kollarını göğsünde birleştirmişti. "Geçiştirmedim Liva, yalnız kalacağımız bir anı kolluyordum. Sen Oğuz'un yanına gitmek istemeseydin çoktan konuşmuş olurduk bu konuyu." Pekâlâ. Haklıydı. "Lamen'in çocukken kafasını karıştırdığı bir kız çocuğundan bahsetmiştim, gördüğün sarışın o'ydu. Buraya Lamen'le görüşmek için gelmişlerdi ama Lamen yurtdışına kaçtığı için bulamadılar elbette."

Gözlerim kısıldı. "O kumral çocuk da..."

"Cık," dedi Pars, tok bir sesle. "Değil. Her ne kadar yurtdışında Sapphire'le bağlantılı bir okulda okumuş olsa da. Adin'ler Sapphire'i finanse eden köklü ve zengin ailelerden biri, hatta Türkiye'deki Safir Okulları onların özel mülkü. Bilseler de canları pahasına Sapphire'in çıkarları için Akademi sırlarını korurlar."

Anladım dercesine başımı salladım. Demek öyleydi.

Pars birkaç saniye sonra yaslandığı yerden doğrulup masasına ilerlediğinde mini buzdolabını açtı ve orta büyüklükte bir strafor kutuyu çıkardı.

Yanına yürüdüm. "O ne?"

Bir saniyeliğine bana baktı, ardından kapağını kaldırdı. Kalkan kapakla birlikte etrafa bir soğukluk, gözle net bir şekilde görülebilir beyaz dumanlar yayılmıştı. Bu bir soğutucuydu. İçinde, renksiz sıvılarla dolu küçük cam şişeler vardı.

Antikor olduklarını düşündüm.

Bir paketi eline aldı Pars. "Antikor. Damardan enjekte edilmesi gerekiyor normalde. Birkaç günde bir alman lazım, muhtemelen ihtiyaç duyduğunu hissediyor olacaksın bir iki güne." Elindeki paketi tekrar kutunun içine attı ve kapağı kapattı. "Bunlar seni, biz Fransa'ya gidene dek idare ederler."

Kafamı salladım. "Nereden geldi bunlar?"

Gözlerini gözlerime değdirdi. "Yunanistan'daki laboratuvarlardan."

"Arıyorsun ve gönderiyorlar mı?" Kaşlarımı kaldırarak sordum. O kadar kolay mıydı bu kadar değerli bir ilacı getirtmek?

"Pek sayılmaz," diye mırıldandı ve gözlerini kaçırarak.

O an, aklıma, Naz'ın yukarıda söylediği cümle geldi. *Aşağı bıraktım.*

Şaşkınlık içinde aralanan ağzımı kapatıp büyüyen gözlerimi Pars'a çevirdim. Anladığımı anlamış gibi bana bakıyordu. "Naz mı getirdi bunları Yunanistan'dan? Sen mi istedin ondan?"

"Kendisi gitmek istedi. Antikolarlara ihtiyaç duyacağını biliyordu."

Naz'ın nasıl biri olduğunu kafamda oturtamıyordum. Kafamı karıştırıyordu. Bir an kötü biri gibi geliyordu, bir an iyilikler yapıyordu böyle... Eminim Akademi kolay bir şekilde öylece vermemişti bu paketi ona.

Üstelik o da Akademi'dendi değil mi? Bu onun da bazı değerleri olduğu anlamına gelirdi. O da küçük yaştan beri eğitim görmüş ve savaşmıştı. Sapphire'e ihanet etmiş gibi hissetmiş miydi?

Bakışlarımı parmaklarıma indirip onlarla oynamaya başladım. "Fransa'da küçükken birlikte miydiniz hep?"

"Liva..." Bir uyarı niteliğinde ismimi söylediğinde bedeni iki bacağımın arasında dikiliyordu.

"Pars." Dudaklarımı ıslattım. "Biliyorum anlatmak zorunda değilsin. Buraya görev için geldin, bitirince gidecektin. Şimdi tek fark bana rastlamış olman. Benim de senin gideceğin yere gitmem gerekiyor çünkü ilacım orada, akrabalarım orada... Cevaplar orada. Ama bu süre boyunca yan yana olacağız ve bilmiyorum, belki o kafede olduğu gibi... Birazcık olsun tanımama izin verirsin seni." Başımı kaldırdım ve ona baktım. "Ben seni dünkü kadar tanımıyorken bile, en büyük sırrımı anlatmıştım. Yeterince adil değil mi?"

Bir çift mavilik benim ela gözlerime odaklanmıştı. Haklı olduğumu biliyordu.

"En büyük sırrın..." Pars masanın kenarına kalçasını yasladığında, beni de bileğimden çekti ve masasının koltuğuna oturmamı sağladı. "Gel." Hemen önümde dikiliyordu. "Tamam. Haklısın."

Haklıyım tabii.

"Büyüdükçe daha geniş, daha az kişinin kaldığı odalara yerleştirilirsin. On ikiden geriye altı, dört, iki... En son yalnız kalabileceğin bir odaya sahip olursun. Hatta yeterince tehlikeli ve güçlü biriysen, Akademi yakınlarına kendi evinin inşası için izin verilir. Biz Naz'la hep aynı odada kaldık," diye devam etti Pars.

Lafını böldüm. "İkili odada bile mi?"

Pars güldü. "İkili odada bile. Akademi içinde gruplaşmalara ve dolayısıyla da arkadaşlıklara sıcak bakılmaz, zaten sistem buna müsaade etmiyor da. İstesen de arkadaş edinemiyorsun. Arkadaşlık zaman gerektirir, bağ kurman gerekir, iletişim ister. Bizim aramızda bunların hiçbiri yok. Ama bir şekilde Naz'la hep aynı çemberlerin içine düştük, birlikte göreve çıktık, baktığım her yerde o vardı. Benim için bir dosttan öte."

Sözleri neden canımı yakıyordu bilmiyordum ama damağımdaki acı tat dışarıdan belli olmasın diye surat ifademi çok zor tutuyordum. Parmaklarımla oynamaya başladım.

"Küçükken, çocuklar gruplara ayrılırdı ve başlarında onları kontrol eden, hareketlerini puanlayan dadıları olurdu. Böylece küçük hediyeler alırdık. Mesela farklı ülkelere turist olarak gitmek ya da en basitinden oyun parkına gitmek gibi." Pars avuçlarını bacaklarına yasladığında, neredeyse kötü hissettiği için gerildiğini düşünüyordum. Endişeyle surat ifadesini süzdüm.

"Pars?"

"Bir çocuk vardı, en sessizimiz. O kadar sakardı ki sürekli bir tarafını çarpıyordu bir yerlere, hep suratında bir yeri mosmor olurdu ya da yaralanırdı. Ona aciz gözüyle bakardık, hatırlıyorum, bir keresinde anne babacığına dönmesi gerektiği ile ilgili dalga geçilmişti onunla. O zaman bile hiçbir şey söylememişti. Bu kadar sessiz ve sakin olmasının, onu dadının en sevdiği ve hep ödüllendirdiği çocuk yaptığını sanıyorduk; bu yüzden o küçük hâlimle, ben kendimin bile sinirlendiğini hatırlıyorum."

Bir başkası olsa gülerdi, ama nedense ben bu hikâyeyi dinlerken gülememiş; tetikte bekliyordum. *Yaşayan hissediyordu.*

"Bir gün Naz'ı yanına çağırdı, yemek vaktiydi. Naz o öğlen yemek yemedi. Akşam odaya geldiğinde dudağı kabuk bağlamıştı ve gözleri şişmişti. Düştüğünü ve çok ağladığını söyledi, yemin ettirdi kimseye söylememem için. Herkesin dalga geçeceğini söylüyordu. Haklıydı, böyle şeylerde gerçekten başka gruplar dahi olsa dalga geçiliyordu çünkü yaşımızın çok üstünde bir eğitime tabi tutuluyorduk ve buna göre bir olgunluk bekleniyordu bizden... Bunun düşüp yaralanmakla ne alakası varsa artık." Pars alaycı ama öfkeli bir ifadeyle önündeki bomboş duvara baktı o an.

O an anladım.

"Ertesi gün kahvaltıda Naz, dudağındaki yaranın sebebinin ben olduğumu söyleyince bozuntuya vermedim. Dövüştüğümüzü ve onun da beni kaburgamdan fena yaraladığını söyledi, bu herkesi heyecanlandırmıştı bile. Bir kişi hariç. O çocuk. Masadan kalkarken tabağını bile düşürdü. Bütün yemekhanenin sessizleşip ona baktığını hatırlıyorum. O akşam dadı, yatakhaneye bizi kontrol etmek için gelmedi."

"Pars..."

"Doğru anlıyorsun, evet," dedi Pars. "Dadımız bizi istismar ediyordu. İçinde biriktirdiği öfkeyi küçük çocukları döverek, aşağılayarak, canlarını yakarak çıkartıyordu. O küçük çocuk buna boyun eğmişti ama Naz'ı gördüğünde bu damarına basan şey oldu. Öyle olmuş..." Seslice nefes verdi. "Dadıyı acımasızca öldürmüş. Kamera kayıtlarına göre dadının, çocuğun çevikliğine cevap vermeye vakti bile olmamış. Dokuz yaşındaydık Liva, dokuz," diye devam etti. Sesinde büyük bir öfke vardı. "Çocuğu başka bir merkeze yolladılar, Fransa'da kalmadı. Onun ardından asilkanların yetiştiği küçük enstitüler kalktı ve dadı sistemi de. Travmaları olmayan yapay zekâ dadılar geliştirildi."

Söyleyecek hiçbir şeyim yoktu. Dokuz yaşındaki bir çocuk, acımasızca bir kadını öldürmüştü; onu istismar eden dadısını. Arkadaşını istismar eden dadısını.

"Naz'ın bana yalan söylemiş olduğuna inanamadım. Haftalarca, bu olayın ardından bile inkâr etti ama en sonunda anlattı. O günden sonra hep birbirimizin arkasını topladık," dedi Pars seslice nefes vererek. "Naz ailesine çok kızgındı, onu Akademi'ye verdikleri için. Ben umursamıyordum. Annem ölmüştü, babam ve ailesi de beni okul diye zırdelilerin eğitim verdiği bir yere yollamıştı işte ve bu kadar basitti. Naz bunun başına gelmeyeceğini düşünüyordu, eğer ailesi onu kendilerine saklasaydı. En azından bir yaşa gelene kadar... Ama daha sonra... Dünyanın ne kadar boktan bir yer olduğunu gördü. Gördük. Ve her şeyi düzeltmek için bir yemin ettik." Okyanuslarını bana çevirdiğinde, anında göz göze gelmiştik. İçinden geçen öfkeyi, intikam hırsını, acıyı ve özlemi hissedebiliyordum. "Bizim jenerasyonumuz düzeltemese de her şeyi, elimizden geleni yapacağız. Yapıyoruz. İşe yaradığımız son noktaya kadar. Dünyanın açık yarası da bu Liva, insanlar birbirlerine zarar veriyor; doğaya, hayvanlara, küçük çocuklara... Ve izi kalıyor bıraktıkları yaraların. Nesilden nesile aktarıyor travmalı çocuklar öfkesini. Bunun bir son bulması lazım."

Hafifçe gülümsedim, hiçbir şey söylemeden; gözümde yaşlarla. Çünkü küçük Liva, hayatı boyunca ilk defa, çocukluğunun kurtarılabileceği gibi; diğer açık yaralara da izleri kalmaması için dikiş atılabileceğini hissetmişti.

Bir Önceki Gece

Naz

Bir paket cipsi çıkartıp paketini tek seferde açtı ve koca bir parçayı ağzına tıkıştırdı. Cips sevdiği yoktu, aslına bakılırsa nefret bile ediyordu bu tuzlu abur cuburdan. *Bu gece değil,* diye düşündü içinden. Bu gece değildi. Bu gece nefret etmiyordu. Bu gece bu paketi bitirip üstüne çikolata raflarına saldırabilirmiş gibi hissediyordu, marketten çıktıktan sonra cebine sıkıştırdığı bir paket karamelli çikolata da bunu kanıtlar nitelikteydi zaten. Ne zaman kafası karışsa cevapları cips paketlerinin dibinde arayan küçük bir kızdı o hâlâ. Dış görünüşünün insanlara verdiği yargılama hakkına kan püskürürcesine tepki veriyordu bu hareketleriyle.

Fit vücut hatlarını saran kıyafetler giyip topuklular üzerinde dengede, bir kez olsun yalpalamadan yürüyebilir; güçlü surat ifadesiyle karşısındakine vereceği cevabı tek kelime etmeden verebilir, aldığı görevlere gözü kapalı atlayıp işi bitirebilir ve tatillere çıkmadan yoluna devam edebilirdi ama o da her genç kadın gibi boşluğa düşüyordu işte bazen. Hayat antrenmanlardan, görevlerden ve bakım yapmaktan ibaret değildi sonuçta. Hayır, hayır... Onun antrenmanlarından daha karışık bir düzeni vardı hayatın. Kaos içinde nefes alıyordu insanlar. Yutkunuşları boğazlarında takılı kalıyordu bazen.

Bu cipsi bitirsem yarın yüzüm şişer mi? diye düşünmedi o an bir kez olsun, yiyeceklerle arası iyi insanlardan olamamıştı hiçbir zaman. Paketin dibini gördüğünde paketi buruşturup kenardaki çöp kutusuna attı ve köşesinde dikildiği kapalı mağazanın siyah kepenklerine hafif bir tekme savurdu. En sevdiği botlarını giymişti bugün, ne yazık ki en sevdiği günlerden biri olmayacaktı ama bugün.

Nerede bu herif? diye geçirdi içinden. Depoda gördüklerinden sonra o da sarsılmamış değildi, duyduklarından çok gördükleri şaşırtmıştı onu evet. Tam da bu yüzden o karmaşa sırasında kaçmıştı. Konuşmak için. Konuşması gereken ve yaptığı aptallığı suratına vurması gereken bir insan vardı.

Cebindeki çikolatayı çıkartıp paketi sıyırdı ve sanki çikolatayla kavga eder gibi bir ısırık alıp çiğnemeye başladı. Sarhoş olduğunda otoparkta yaptıkları büyük saçmalıktı. İşin komik tarafı, Akademi'de onlara sarhoş olmamayı öğretmişlerdi, bunun için aldıkları vitaminler ve ilaçlar vardı ama o gece bir kez olsun kafası bulansın istemişti. Bir kez olsun çağrıldığında gitmemek istemişti, çünkü ona gitmek istediği insanın gitmek istediği başka biri vardı.

En yakın arkadaşını gözünün önüne kaybediyordu. Bu maçı göz göre göre kaybediyordu ve kendi kalesine gol atan kendisinden başkası değildi. Bir an önce kendine gelmesi ve bu zavallı hareketlerini bırakması gerekiyordu. Dünyanın sonu değildi ya aşkına karşılık bulamamak? Oralarda bir yerlerde mutlu olduğunu bilmek, başkalarıyla da mutlu olduğunu bilmek yeterliydi.

Asıl o da reddedilse bu fena bir hâl olurdu. İki en yakın arkadaş, ikisi de reddedilmiş... Bir bela, iki beladan iyidir.

Boş caddede beklediği motor sesi yankılandığında bakışlarını yola çevirdi. Canavar gibi kapkara bir motorsiklet önünde durduğunda çikolatayı bitirmiş, paketini çöpe fırlatıyordu.

"Hep geç mi kalırsın?" diye sordu Naz, karşısındaki siyahlar içindeki çocuğa.

Çocuk kafasındaki kaskı çıkarttı ve karışmış saçlarını karıştırdı. "Tam vaktinde geldim."

"Her neyse." Homurdanarak omuz silkti Naz. Aslında fena görünmüyordu bu çocuk. Üzerinde siyah deri bir ceket, siyah mat bir pantolon ve botlar vardı. *Siyah insanı*, diye düşündü. İtiraz edemeyecekti, yakışıklıydı.

"Neden benimle gelmeyi istedin?" diye sordu çocuk, arkasındaki ikinci kaskı çıkartıp ona verirken. Surat ifadesi temkinliydi. Çenesini sıktığında bu karanlıkta bile görülebilecek çene hatları belli oluyordu. Bu çocuğu duymuştu ama yüzünü daha önce hiç görmemişti. Akademiler arasında aldığı görevlerin rütbesi ve akademik anlamda kazandığı başarılar sayesinde en popüler isimlerden biriydi.

Burada ona rastlamak komik geliyordu. İzlenmeden nasıl seyahat edebiliyordu ki zaten?

"Ufak bir iyilik yapasım tuttu diyelim. Şu ilacı alalım da yollarımız ayrılsın istiyorum." Gözlerini devirdi. "Ayrıca kimin getirdiğini sorduğunda söylenecek bir isim lazım. Seninkini söyleyemeyeceğimize göre?" Tek kaşımı kaldırdım. İtiraf etmesi gerekiyordu, çocuğun ismi çok hoştu. Daha bebekken Akademi'ye verildiğine göre bu ismi ona ailesi mi vermişti yoksa eğitmenlerinden biri mi? Belki de dadısı vermişti.

Dadı.

Kulakları ısındı. Bu kelimeyi kullanmayı sevmiyordu. Gözlerini kaçırdı. "Her neyse, gidiyor muyuz?" diye mırıldandı geçiştirircesine. Moralinin bozuk olduğunu çok iyi saklayabilirdi ama karşısındaki kişi de sokaktan geçen herhangi bir insan değildi.

"Yunanistan'ın havası sana yaramamış anlaşılan."

"Ben de sana hiç yaramayacak havalar biliyorum." Yağmurlu havalar mesela. Gözlerini devirdi. Aslında içine dokunan bir hikâyeydi bu öğrendiği, hiç de dalga geçmek istemezdi.

Gözlerini kaçırarak önüne döndüğünü gördü. Görülecek ne vardı ki bu sessiz, izbe caddede? Belki de karanlığın içine baktığında kendisinin çok da farklı olmadığını ve içinde kaybolduğunu görüyordu.

"Kalbi kırılacak," diye mırıldandı Naz. "Böyle yapmana gerek yoktu."

Onun kırılırdı çünkü. Belki de kırılmıştı.

Akademi'nin öne çıkan erkekleri nedense ders almadıkları hâlde profesyoneldi bu konuda.

Sadece bir tanesinin, sadece bir tanesinin öyle olmamasını ve onu bulmasını diledi.

"Kalbinin kırılmasıyla ilgilenmiyorum, atsın yeter," dedi gerçekten umursamaz bir sesle. "Hanımefendi'nin aksine, ben Liva'nın yerinin Sapphire olduğunu biliyorum. Hep öyleydi. Biri kalbini kıracaksa bu ben olmam, annesi olur."

"Ona anne demiyorsun, ilginç," diye mırıldandı Naz. "Kim dünya üzerindeki en güçlü liderlerden birinin annesi olmasıyla gurur duymaz?"

"Annelik konusunda ne kadar boktan bir iş çıkardığını bilen biri." Çocuğun sesi soğuktu.

"Bak... Eğer çocukken yaşadıklarımızı düşünüp bunu söylüyorsan her yerde yaşanabilecek bir şeydi bu..."

Bakışları, Naz'ın sözünü bölen en sessiz gürültüydü. Belki de bundan bahsetmesi son derece aptalcaydı ama kendini tutamamıştı. Naz, kendini borçlu hissediyordu. Çünkü o susmayı seçmişti, karşısındaki ise susturmayı. Durdurmayı. Sorunu ortadan kaldırmayı.

Daha o yaşta.

Naz dudaklarını gergince yaladı ve birbirine bastırıp bakışlarını başka bir tarafa çevirdi. "Kusura bakma. Konusunu bile açmamalıydım."

"Şu çocuk, Yağız, onun arkasını kolla," dedi tok bir sesle. "Ben ayrılıyorum Türkiye'den."

Naz kafasını salladı. "Liva'nın evinden ne almasını istedin ondan?"

"Bunun hakkında kimseyle konuşma." Yandan bir bakış attı. "Bir fotoğraf..."

"Anladım, ailevi," dedi Naz, bir kez daha sallarken kafasını. "Kimseye bahsetmeyeceğimden emin olabilirsin."

Kaskı kafasına geçirdi, saçlarını ceketinin içine soktu ve ceketinin fermuarını çektikten sonra arkasına binip omuzlarından tutundu. Hızlı ve kısa bir yolculuk yapacaklarını biliyordu.

Düzenini sağlamak için ruhlarımızı feda ettiğimiz dünyanın kuklalarıyız, diye geçirdi içinden.

6

Kalbe Atılan Kesik

Otuz üçüncü kattaydım.

Pars'ın dairesinde.

Pusula'dan çıktıktan sonra büyükannemle telefonda konuşmuştum ama Pars'ın yanından ayrılırsam cevapsız sorular sayesinde ne büyükannemle doğru düzgün oturup konuşabileceğimi ne de uyuyabileceğimi ya da başka herhangi bir şey yapabileceğimi düşündüğümden ona bu akşam bir arkadaşımda kalacağımı söylemiş ve Pars'la evine gelmiştim.

Koyu renkli kalın perdelerin çekili olmadığını gördüğümde, pencerelere çok yaklaşmamak suretiyle salonu turladım yavaş adımlarla. Bir şimşek, loş ışıklandırılmış salonu tamamen aydınlattığında hassas gözlerimi anlık olarak sıkıca kapatmak zorunda kalmıştım.

"Bu daireyi kendime sürekli nerede olduğumu hatırlatmak için kiraladım," dedi Pars, ceketini çıkartıp mutfağa ilerlerken. "İnsan sürekli yer değiştirince, nerede uyandığını kestiremiyor bazen."

Oturup konuştuğumuzdan beri daha rahat davrandığını hissetmemek mümkün değildi. Üstelik daha çok ve daha dürüstçe konuşuyordu.

"Aç mısın?" diye sordu buzdolabını açarken ardından anlık bir şekilde mutfak tezgâhına baktı. Tezgâhın üzerinde bir koli vardı ve üzerinde çince bir şeyler yazıyordu. Pars başını koliden çevirmeden, buzdolabını kapattığında çattığı kaşlarını dikkatle izledim.

"O ne?" Ceketimi çıkartıp koltuğun kenarına bırakırken yanına ilerledim.

Pars bir koliye, bir de bana baktı. "Bu kadar çabuk elime ulaşmaması gereken bir şey." Gözleri kısıldı, ardından telefonunu çıkardı ve birini aradı. Kayra'nın isminin ekranda yazdığına yemin edebilirdim. "Alo? Oğlum sen arka bahçende mi yetiştiriyorsun bunları ne ara o kadar yol geldi bunlar?"

Şüpheli bir ifadeyle koliye, ardından Pars'a baktım. Neyden bahsediyordu tam olarak?

Pars koridorun başına yürürken benden uzaklaşıyordu. "Siktir oradan," diye başlamıştı lafına ama koridorda kaybolduğunda lafının devamını duyamadım.

Dolanıp bar sandalyelerinden birine oturduğumda, dirseklerimi tezgâha yaslayıp derin bir nefes aldım.

Pars bir dakikadan kısa bir süre sonra geri geldiğinde, telefonuna ters bakışlar atıyordu. Telefonu kenara bırakıp bana bir bakış attı ve çekmeceden bir çift eldiven ile birlikte büyük bir bıçak çıkardı.

"Kimyasal mı?" diye sordum istemsizce, Pars cevapsız bırakmıştı sorumu.

Eldivenleri taktıktan sonra koliyi tek bıçak darbesiyle açtı ve kapakları geri büktü. Eldiven taktığı eliyle çıkartıp havaya kaldırdığı, bir şeftaliden başka bir şey değildi. Şaşkınlıkla büyümüş gözlerimle bir eline, bir de şeftali dolu koliye baktığımda ağzım bir karış açık kalmıştı.

"Bilemedin, şeftali," dedi Pars kaşlarını oynatarak. Yüzünü buruşturarak bakıyordu eldiven taktığı elindeki meyveye. Sanki elinde bir şeftali değil de, bağırsak taşıyordu. Eminim bağırsak taşısaydı bu bakışı atmazdı.

"Sen nereden... Bunları nereden buldun? Bu mevsimde?" Kolinin içine bir bakış atıp elime iki tane şeftali aldım. Gerçek olduklarına inanamıyordum. Kayra'nın söyledikleri işe yaramıştı, ama Kayra'nın yanıldığı bir nokta vardı; Pars'ın bunu bana acıdığı için yaptığına emindim, kendi ağzıyla söylemişti on dokuz yaşında hasta bir kız olduğumu. Beni böyle görüyordu.

"Sen canının çektiğini söyleyince, ben de şeftali bulmak zor değil diye düşündüm ve sipariş ettim. Yalnız bunların üç gün sonra gelmesi gerekiyordu, Kayra bir haltlar karıştırmış ama... Neyse." Homurdanarak elindeki şeftaliyi kolinin içine bıraktı. "Al bunları. Soy soy ye."

"Şeftalinin kabuğu soyulmaz," dedim elimdekini lavaboda yıkarken.

"Midem kalktı galiba."

"Sen gerçek misin?" İyice yıkadığım şeftaliden bir ısırık aldığımda, çeneme akan suyunu bir peçeteyle sildim ve Pars'a baktım. "Yani eminim bir adamın karnını deşsen ve bağırsakları dışarı fırlasa yüzünü bile buruşturmazsın ama şeftali kabuğu mideni kaldırıyor? *Sims* karakteri misin sen Pars?"

Pars güldü. Gözlerini kaçırırken gülmesi o kadar hoşuma gitmişti ki ağzıma götürdüğüm şeftali elimdeyken havada asılı kalmıştı.

Eldivenlerini çıkartıp çöp kutusuna attıktan sonra "Şeftaliye alerjim var, aklında bulunsun. Onu yedikten sonra ellerini dezenfekte etmeden bana yaklaşma. Özellikle şeftali tüyü, o midemi kaldıran kabuğundaki tüylerden bahsediyorum evet; benim için çok zararlı. Direkt solunum yolumu etkiliyor, dakikalar içerisinde boğulabilirim bile."

Birkaç saniyeliğine hareketlerim durdu ve çiğnemeyi bıraktım. Alerjisi bu kadar kötü müydü? Eğer bilseydim Kayra'nın lafını dinlemezdim, şeftali hakkında tek kelime etmezdim bile.

"Ben duş alıp geliyorum, sen de o elindeki dışında yemek için bir şeyler hazırla istersen."

Pars koridora girdiğinde, birden şeftali için açılan iştahım kapanmıştı. Kolinin kapağını kapatıp, çekmecelerden birinde bulunduğum bantla ağzını sıkıca bantladıktan sonra ellerimi üç kere yıkadım ve ardından şeftaliyi attığım çöpün de ağzını bağlayıp daha sonra atmak için kenara bıraktım. Şeftaliden iz kalmamıştı, hatta şeftali dolu o koli bu mutfağa hiç girmemiş gibiydi bile.

Kayra'nın derdi neydi? Pars'ı öldürmek mi istiyordu? Adama garezi mi vardı?

Telefonum çalmaya başladığında ve ekranda İrem'in ismini gördüğümde, yüzüme yayılan tebessümle koltuklara ilerlerken aramayı cevapladım. "Liva! Ne yapıyorsun? Bize gelsene!"

"Gelemem." Koltukta bağdaş kurup kafamı geriye atarken ayaklarımın ucundaki yağmurlu şehri izliyordum. "Pars'la birlikteyim."

"NE? Ne zamandır? Benim neden bundan haberim yok? SVHSPDA Komitesine aykırı bu!"

Ufak bir kahkaha attım. "Ne komitesi ne komitesi?"

"Sonsuza Ve Her Sır Paylaşılıncaya Dek Arkadaşlık Komitesi!"

Daha sesli güleceğim sırada elimi ağzıma çarpmış ve kendimi durdurmuştum. Geriye bir bakış attım ama karanlık koridorda kimse yoktu. Pars hâlâ duştaydı. "Öyle bir şey olmadığına eminim ama... Anlık gelişti İrem. Okuldan sonra eve dönüp uyudum, sonra Pusula'ya yürüdüm ve..."

"Ondan bahsetmiyorum akıllı seni," Her kelimenin üzerine basarak durdurdu İrem beni. "Ne zamandan beri birliktesiniz? Öğlen böyle bir şey yoktu! Yoktu değil mi? Söylerdin değil mi Liva? Bak delirdim burada!"

"Ha..." Bir anda neşem silindi, omuzlarım çöktü; telefonu tuttuğum bileğimin bile zayıfladığını hissetmiştim.

"Öyle değil İrem, yanlış anladın." Etrafa baktım, gözüme çarpan yalnızca televizyondu. "Benim izlemek istediğim bir film vardı, Pars da söz vermişti özel tarifli bir makarna yapmak için bana. Öyle ikisini aradan çıkaralım dedik. Kocaman bir televizyon ve dehşet bir ses sistemi var evinde..."

Gürültüsü birkaç saniye süren gök gürlediğinde istemsizce sıçradım. Ne kadar yüksekteysen, o kadar net ve korkunç geliyordu sesi.

"Hıı... Anladım," dedi İrem keyifsizce.

"Ne oldu? İyi misin sen? Moralin bozulmadıkça akşamın bu saatinde aramazsın beni. Baban mı yine?" Gergince dudaklarımı ıslattım ve tavana bir bakış attım. İrem'e ne zaman babası hakkında bir şey soracak olsam, geriliyordum. Aile yapısı nedir, bir baba nasıl davranır ya da davranmalıdır bilmediğimdendi belki de ama İrem'in babasının sorunları olduğunu biliyordum. Ailesini de etkileyen sorunlar. Üstelik Köksal Mendere, kötü bir adamdı. Taylan Arıkan ile işbirliği içerisinde, kafası bozuk oğlunun kendi öz kızına takmasına izin verecek kadar...

"Babam aslında, evet," diye mırıldandı İrem. "Bu akşam annemle yıldönümleriydi ve söz vermişti erken geleceğine. Erken gelmedi. Normalde geldiği saatte de gelmedi. Telefonlarını da açmıyor Liva... Korktuk biraz..."

"Bir şey yoktur, belki işi uzamıştır ya da anlık gelişen önemli bir görüşmesi olduğu için telefonunu kapatmıştır," dedim omuz silkerek. "Endişelenme sen. Bir duş al, uyu... Sabah okul var. Annen kahvaltıda babana hesap sorar, keyfin yerine gelir."

İrem kıkırdadı ama sesi o kadar keyifsizdi ki bu benim canımı sıkmıştı. "Öyle olur muhtemelen. İyi... Uyuyayım ben. Sana da iyi eğlenceler... Pars *Cullen*'la."

"Tedavi olman lazım."

"Peki Liva *Swan*."

"İrem!"

"Hadi yattım ben!"

İrem telefonu kapattığı an, telefonu kenara bırakıp istemsizce güldüm. Deli kız, nerede ve ne hâlde olursa olsun beni güldürmeyi başarıyordu.

Mutfaktan gelen bir tıkırdama sesiyle yerimden sıçrayarak koltuktan apar topar kalkarken karşımda gördüğüm manzarayla bozguna uğramıştım. Pars Kalkavan, resmen mutfaktaydı ve dolaptan çıkardığı geniş bir tavayı ocağa koymuştu.

Üzerinde beyaz bir tişört, siyah bir eşofman vardı ve saçları ıslaktı. Omzuna sanıyorum ki mutfak havlusu asmıştı.

"N... Ne yapıyorsun?" diye sordum içimden İrem'le konuşmamı duymamış olmasını umarak mutfağa yürürken.

Pars bana baktı, suratı dümdüzdü. Pekâlâ, bu iyi, duymuş olsa kesin güler ve dalga geçerdi şimdiye kadar.

"Geçen söz verdiğim özel tarifli makarnayı yapıyorum, izlemek istediğin filmin yanına iyi gider."

Hiç hesapta olmayan bir öksürük dalgası göğsümü kapladığında iki büklüm duvara tutundum ve patlamak üzere olan gözlerimi yeniden üzerine çıkardım. "Duydun mu? Her şeyi?"

Pars sorumu duymazdan gelerek, "Yani yemek yapmayı bilmediğini biliyordum, sorsam muhtemelen en sevdiğin yemek çubuk kraker ve peynir falandır," dedi spagetti paketini tezgâhın üzerine bırakırken. Dolaptan yağ, donmuş ıspanak ve kuru domates de çıkarmıştı.

"Susamlı çubuk kraker ve tel peynir," diye düzelttim onu. "Ve domates. Ama küçük olanlar."

Pars bana bakarken bir süre durdu. Ardından havalandırdığı kaşlarıyla birlikte önüne döndü. "Peki bir soru," dedi makarnaları haşlanması için kaynamış suya bırakırken. "Ev yemeği sipariş etmek aklına gelmedi mi hiç bunca zaman?"

Sorusu beni geçmişe sürüklerken, istemsizce sakinleşmiştim. Kenara geçip bar sandalyesine oturdum ve parmaklarımla oynamaya başladım. "Geldi. Sipariş etmiştim. Ama tadını sevmedim. Yani, tadını değil de... Bilmiyorum..." Dudaklarımı birbirine bastırdım ve duvara baktım. "Hoşuma gitmedi."

Bana hissettirdikleri, hoşuma gitmedi.

"Ne, hoşuna gidecek biliyor musun?" Pars gözleriyle yağladığı tavayı işaret etti ve elini omzundaki havluya kuruladı. "Makarnam."

Ağzım kapalı güldüm.

Makarna haşlanırken, Pars tavada doğradığı ıspanağı ve kuru domates parçalarını kavurdu. Ardından krema ve baharat ekledi. Makarnayla güzelce karıştırıp biraz daha pişirdikten sonra tabaklara servis ettiğinde, "İzlemek istediğim bir film yok," dedim tezgâhın üzerine çatal, kaşık ve bardak koyarken. Dolaptan içecek bir şeyler ve su da çıkarmıştım. "Burada yiyelim. Sormak istediklerim var."

"Elbette var," dedi Pars salatayı tezgâha bırakırken. Karşıma oturdu.

"Yağız'ı araştırdın mı?" diye sordum makarnadan bir çatal alırken. Tat hücrelerim bayram etmişti ama konuya o kadar odaklanmıştım ki iltifat etmek aklımdan çıkmıştı. Sadece yemek yeme ve soru sorma fonksiyonlarım çalışıyordu. "Depoda olanları hatırlıyorum. Eve gizlice girdiğini ve bir şey aldığını itiraf etmişti. Sen öfkelendiğinde ve ne olduğunu sorduğunda da gizli bilgi olduğunu söylemişti. Sence o... O da Akademi'den olabilir mi?"

Pars dirseklerini masada birleştirdi ve "Yağız'ı araştırdım," dedi düz bir sesle. "Ailesi fazla güçlü. Türkiye'de Sapphire'le bağlantısı olan çok az aile var fakat Uraǧanlar onlardan biri olabilir. Doğrulama için Akademi'ye dönmem lazım, uzaktan sisteme erişmem gizlilik kuralları nedeniyle mümkün değil. Ama Yağız'a emir veren her kimse, Sapphire'den olmalı."

"Ben bayıldıktan sonra Naz ve Yağız nasıl ortadan kayboldular?"

"Naz, Tolga'nın peşinden gitti. O karışıklıkta Yağız da kaçmış olmalı," dedi Pars suyundan bir yudum alırken. "Naz'ın bir arkadaşıyla buluşacağını biliyordum, beni şaşırtan Yunanistan sınırındaki merkeze gidip antikorları kendisinin almak istemesi oldu. Ama bunun altında aranacak bir bit yeniği yok, durumu anlayıp yardım etmek istemiştir."

Kafamı salladım. Ben de Naz'ın bu hareketinin altında bir bit yeniği aramıyordum.

"O üvey adama ne olacak?"

Pars bir an çiğnemeyi bırakıp bana dümdüz baktığında, istemeden de olsa üst üste yutkundum. Neden böyle bir tepki vermişti?

Derin bir nefes aldı, ağzındakini yuttu ve bir yudum su içti. Ardından "Suratını görmek istemediğin biri olduğunu varsayıyorum," dedi düz bir sesle. "Ama bu onu benim gazabımdan kurtarmayacak. İsterse dünyadaki tüm aç insanların karnını doyursun, yine de kaderinden kurtulamaz."

"Kaderi ne ki?"

"Benim." Sesindeki tehlikeli bir tını vardı. Başımı kaldırıp ona baktığımda benimle göz göze gelmedi, bu beni daha da korkutmuştu.

Ya da, korkması gereken o adam mıydı?

Muhtemelen öyleydi.

"Ben Akademi'ye ait olduğuma göre..." Boğazımı temizledim. "Akademi'nin malı değilim, onu biliyorum ama bir şekilde oraya bağlı olduğuma göre..." Gözlerimi tabakta gezdiriyordum, kaldırmaya cesaretim yoktu bir şekilde.

"Sen beni, oraya ulaşana kadar, başıma gelecek her tehlikeden korumak zorundasın değil mi Pars?"

Bana cevap vermediğinde başımı kaldırmak zorunda kaldım. Göz göze geldik. Suratında mimik oynamadan "Evet, Liva," diye yanıtladı beni.

"O üvey adam bana bir tehlike teşkil etmiyor ama kartelin gizli bir üyesi olduğuna göre, sen ona bulaşırsan... Sana karşı bir tehlike teşkil edebilir. Ya da senin beni tanıdığını öğrenirse, benim için de... Bu yüzden ona bir bedel ödetmene gerek yok."

"O adam şu an sana bir tehlike teşkil ettiğinden değil." Pars çatalını bıraktığında, çatalın metali tabağa çarptı ve tok bir ses bıraktı. "Kişisel bir mesele," dedi yüzünde yaprak kımıldamazken gözlerimin içine bakarak. Yüzü durgundu belki ama okyanuslarda durum, Soyhan'ın havasından farklı değildi.

Giray.

Pars, Giray'ı o adam hakkında bilgi toplamak için gönderdiğinde Giray'ı gafil avlayarak çocuğu hastanelik etmişlerdi. Pars bundan bahsediyordu. Aptal. Aptal kalp! Yarışta değilsin, neden hızlanıyorsun?

Sözlerin altında aranan gerçek, kahve falı gibiydi; istediğin tarafa yor... Zaman içinde, gerçekler tokadını suratına çarptığında, beş parmağın beşinin de izi kalıyordu.

"Doydun mu?" diye sordu Pars, tabağımı bitirdiğimde. O çoktan bitirmişti ve bir süredir beni izlediğini hissediyordum ama ben sofradan kaldırmamıştım bakışlarımı.

"Evet. Ellerine sağlık. Gerçekten çok güzeldi." Ispanakla domatesin bu kadar yakışacağı aklıma gelmezdi.

"Öyleyse konuşmamız gereken bir şey var," dediğinde, çatalımı bırakmış peçeteyle ağzımı siliyordum. Ona devam etmesini istercesine baktım. "Zamir aradı."

Kaşlarım çatıldı. "Bunda garip olan ne?"

“Zamir hiçbir zaman iyi bir haber vermez.”

Zihnime Zamir’i Felaket Tellalı, diye kaydettim.

Fakat Pars, çok kötü bakıyordu. ”Neden öyle bakıyorsun?” diye sordum sakince, daha doğrusu sormaya çalıştım. Eğer şaka yapıyorsa hiç hoş değildi. Tamam, bundan sonra anlatacaklarını sakince, atak geçirmeden dinleyecektim elbette ama her şeyi sindirmeye hazır olmadığımı sokaktan geçen bir yabancı bile suratıma bakarak anlayabilirdi.

“Köksal Mendere ölmüş.”

Köksal Mendere. Zihnimdeki isim havuzunda aradım ismini, benim için bir şey ifade etmeyen bir isimdi. Birkaç kere o büyük, bahçeli evde; birkaç kere de televizyonda görmüştüm o adamı. Kartelin gizli ortaklarından biriydi ama istikrarsızdı. İşe bulaşıp daha sonra çıkmaya çalışmıştı. Muhtemel ölüm nedeni, kurtulmak istediği kartelin önce davranıp ondan kurtulmasıydı.

Daha sonra beynimde şimşekler çaktı. İrem. İrem’in babası.

Bu tarz bağlılıklara o kadar yabancıydım ki bir anlığına ciddi bir şekilde rahatlamıştım ama aslında benim en yakın ve tek arkadaşımın babası ölmüştü. Üstelik çok değil bir saat önce yalnızca, İrem beni arayıp babasının çok geç kaldığını ve telefonlara çıkmadığını söylemiş ve endişesini dile getirmişti; ben ise onu rahatlatıp uykuya göndermiştim.

Ayağa kalkıp mutfakta tur atmaya başladım, bir elim belimde diğeri ağzımdaydı. “Nasıl olmuş? Kim yapmış? Kaza mı?” Elimi saçlarımdan geçirdim ve gözlerimi kapıya çevirdim. “Ben İrem’in yanına gidiyorum.”

“Dur, dur,” diyerek ellerimden tuttu ve beni durdurdu Pars. Ne zaman ayağa kalktığını fark etmemiştim. “İrem’in henüz haberi yok, muhtemelen sabaha haberi anca alırlar.”

“Ne demek sabaha anca alırlar? Pars neler oluyor?” Yutkunmaya ve kafamı toparlamaya çalışırken gözlerinin içine, maviliklerine bakarak cevapları aradım. Bu durumda ne yapmalıydım? Nasıl davranmalıydım? Bundan sonra neler olacaktı?

"Ceketini al, çocuklarla buluşmaya gidiyoruz," dedikten sonra uzanıp kanepenin ucundaki ceketimi aldı ve bana uzattı. "Arabanın anahtarlarını alıp geliyorum."

Kafamı salladım.

Pars bir dakika içerisinde eşofmanlarını değiştirmişti. Uzun bacaklarını saran bir pantolon, kalın siyah bir sweatshirt ve ceket giyiniyordu. Ceketinin yakalarını düzeltirken hızını kesmeden kapıya yöneldi. Kanepenin üzerindeki telefonumu aldığım gibi botlarımı giyinip peşinden çıktım.

Arabaya geçtiğimizde aramayı sonlandırıp emniyet kemerimi bağladım. Pars otoparktan çıkarken floresan lambalar gözümü alıyordu. Sonunda karanlık Soyhan yollarında asfalt altımızdan kaymaya başladığında "Bir şey anlatmayacak mısın?" diye sordum İrem'den herhangi bir mesaj ya da arama gelmiş mi diye kontrol ederken. Pars, sabaha kadar öğrenmeyeceklerini söylemişti. Muhtemelen öyle olacaktı. "Zamir başka bir şey söylemedi mi?"

"Detayları ben de bilmiyorum," dedi yola odaklı bir şekilde. "Gidince öğreneceğiz."

Kafamı salladım. Demek o da bilmiyordu? Muhtemelen Zamir, Köksal Mendere'nin başına geleni detaylara girmeden söylemişti.

Pars, ben yemeğimi bitirene kadar ağzını açmamıştı.

"Sence Taylan mı yapmıştır?" diye sordum gözlerimi yanımızdan akıp giden ağaçlara çevirirken. Yağmur atıştırıyordu yine. Arabanın farları ağaçlı bir yoldan gittiğimizi gösteriyordu. İleride, gökyüzünde bir şimşek çaktığında bir saniyeliğine yol aydınlandı ve bir yanımızda deniz olduğunu o an fark ettim. Uçurumun kenarından düşmekten bizi tutan tek şey bariyerlerdi.

"Taylan böyle bariz bir şeyi yapmaz. Adam bölge savcısıydı," dedi Pars, tok bir sesle. "Ama Bahtiyar yapar. Yeterince gözü dönmüşse yapar."

"İrem çok üzülecek." Sessizce mırıldanarak önüme döndüm ve parmaklarımla oynamaya başladım. Pars bir şey söylemedi. Bir anlığına bakıp başım eğik, parmaklarımla oynadığımı gördüğünde elini uzatıp bir elimi avucunun içine aldı sadece. Yeterliydi. Desteğini gösteriyordu. Koruman o senin. Başka bir şey değil.

Elimi çektim.

Uzun, siyah demirlikli bir bahçe kapısı olan evin önünde durduğumuzda endişeli gözlerle asfaltı döven yağmuru izliyordum. Aynı anda dışarı çıkıp kapıları kapattık. Pars ilerleyip zile bastığında kapıdan içeri, bahçeye baktım. İçeride birileri vardı, konuşmalarının sesleri geliyordu.

Kapı otomatik açıldığında "Burası neresi?" diye sordum. Pars açılan kapıyı önce geçmem için açık tutarken "Bizim çocukların kaldığı ortak ev," diye mırıldandı. Daha önce hiç gelmediğim bir ev daha.

Akademi mi onlara bütün bu imkânları sağlıyordu? "Görevlere gidiyorsunuz..." diye mırıldandım, çimenliğin ortasındki taş yolda yürürken. Pars onaylar bir ifadeyle bana baktığında devam ettim. "Para kazanıyor musunuz bütün bu işlerden?"

Sorum ona çok masum ya da aptalca gelmiş olacak ki, gamzeleri belli olacak şekilde gülerken önüne döndü ve gülmeye devam etti. Ardından hafifçe kafasını salladı.

Gerçi senin ailen de zengin.

Belki de Akademi'deki köklü bütün aileler zengindi. Sonuçta annem de, o üvey adam gelip mirasına konana kadar zengin bir kadındı. Ama annemin Akademi'yle doğrudan bir ilgisi var mıydı? İşte havada asılı kalan konu buydu.

Belki de emekli olmuştu ve hafızası silinmişti. Boşlukta kaldığından intihar etmişti. Bu olası ihtimal, sırtıma mızraklarını geçirirken şimdilik bu konuyu rafa kaldırma kararı aldım ve yürümeye devam ettim.

Bahçede üstü kapalı bir çardak vardı, geniş oturaklara büyük ve yumuşak görünen koyu kırmızı yastıklar konulmuştu. Masanın üzerinde sadece bardaklar, tabaklar, ıslak mendil, peçete gibi gereçler ve pahalı görünen alkol şişeleri vardı. Votka? Votkaydı sanırım. Sadece Giray'ın oturduğunu fark ettiğimde Kayra ve Zamir'in içeride olduğunu düşündüm. Evin bahçe kapısı boydan boya camdandı ve salonun ışıkları yanıyordu.

"N'aber Liva?" Giray kalkıp telefonunu ve bilgisayarını masanın üzerine bıraktı."İyiyim," diye mırıldandım etrafa bakarak. "Sen nasıl oldun? Soramadım geçen sabah..." Etraf büyük çalılıklarla kaplıydı, gerçekten gizli bir ev gibi duruyordu.

"İzi bile kalmadı morlukların," diye yanıtladı beni Giray. Ardından Pars'a bir bakış attı ama Pars gözlerini açıp kaparken kafasını sallayarak onu susturdu. İyiyim diyince neden kimse inanmıyordu? O kadar mı berbat görünüyordum?

Kenara oturup sırtımı geriye yasladım ve bacaklarımı kendime çektim. Şimdiden bu çardağın uyumak için harika bir yer olduğunu düşünmeye başlamıştım, tasarımı sayesinde dışarıda sicim gibi yağmur yağsa da içerideki insanlara değmezdi tek bir damlası.

Pars'la geldiğimiz kapının açılma sesini duyduktan sonra bakışlarım o tarafa çevrildi. Kayra kucağında bir deste pizza kutusuyla görüşü tamamen kapanmış bir şekilde buraya geliyordu. "Ulan tembel götler, ben sizin köleniz miyim niye her seferinde ben gidiyorum şu pizzaları almaya..."

Kayra söylene söylene buraya gelirken Zamir'in evin yan tarafındaki karanlık alandan bu tarafa yürüdüğünü fark ettim. Elinde sigara vardı ama bitmiş gibiydi, geldiğinde masanın ucundaki küllüğe bastırıp söndürdü.

Kayra'nın arkasından Naz'ın, onu daha önce hiç görmediğim bir hâliyle içeri girdiğini gören gözlerim bu görüntüye inanamadı. Naz'ın üzerinde spor ayakkabıları, gri ve bol bir eşofman, kalın ve büyük mavi bir kazak vardı; suratında tek gram makyaj yoktu ve saçları da tepesinde öylesine bir şekilde topuz yapılmıştı. Elinde ceketini taşıdığını, telefonunu ceketinin cebine koyarken fark ettim. Yorgun gözlerini kaldırıp buraya baktığında bir saniyeliğine göz göze geldik, ardından gözlerini diğerlerine çevirdi.

Ne demeliydim? Teşekkür etmeli miydim? Ne yapacağımı bilmiyordum.

Onu ilk defa böyle görüyordum. Çok yorgun görünüyordu. Onu bu kadar yoracak ne yapmıştı?

Yunanistan'a aynı gün gidiş dönüşlü bir yolculuk mesela? Akademi'den antikorları nasıl aldığı konusu da bir muammaydı bana göre, bu kadar yücelttikleri bir kuruluşu kandırmak kolay olmasa gerekti... Bu noktada, gerçekten teşekkür etmezsem kendimi çok rahatsız hissedecektim.

Kayra pizza kutularını masanın üzerine bıraktığı sırada beni fark edip "Yani şu kız da olmasa bütün gece meymenetsiz suratlarınıza tek başıma katlanacaktım," diye homurdanarak bana göz kırpışıyla bir selam çaktı. Ona gülümsedim. Nedense eskisi gibi neşeli gelmiyordu sözleri kulağıma. İrem'in babasının ölümüne üzüldüğünü düşünmeye başlamıştım. Adama değil de, daha çok, İrem'in vereceği tepkiye ve yaşayacağı şoka...

Kayra üzülmüyor muydu? İrem'den hoşlandığını sanıyordum.

"Hadi hadi, çok konuşma," dedi Pars geçiştirerek.

"Şimdi sana bir şey derdim de pizza soğuyor." Kayra göz devirerek pizzaları yan yana dizmeye başladığında Köksal

Mendere'nin ölümünü pizza yiyerek konuşacağımız için midem bulanmaya başlamıştı. Naz, yanıma geçip oturduğunda Giray da onun yanına oturdu ve "Ne bu hâl?" diye sordu gözlerini üzerinde gezdirerek.

Bu insanlar kaç ölüm görmüştü? Ne kadar alışmışlardı ölüm fikrine? İşin bu yanı beni biraz korkutuyordu. Ölüm korkutmasa da...

"Bir ortak edindim ve sinirlerimi bozuyor." Homurdanarak geriye yaslandı Naz. Bir saniyeliğine bana bakmış, ardından kafasını önüne çevirmişti.

"O çocuğun neresi sinirlerini bozuyor? Şişirilerek öne atılmış kamu mankeni gibi bir şey. Sadece adı var." Zamir bir dilim pizzanın yarısını tek ısırıkta ağzına aldıktan sonra ayakta kalarak yemeye devam etti.

Naz gözlerini devirerek Zamir'e baktı. "Boş boş konuşma, hazır Zırh yakındayken ringe bir davet et de patlat bir gözünü istersen."

Akademi'den başka biri daha mı buradaydı?

Pars'a baktım. O da bana bakıyordu. Yanımda rahatça oturmuş, bana yakın olan kolunun üzerine yaslanmış dönen muhabbeti dinliyordu.

"İkimiz aynı ringe çıksak patlayacak tek şey onun taşakları olur."

Naz güldü. Bu ona gerçekten komik gelmiş gibi bir süre kahkaha attı, kahkahaları Zamir'in sinirini bozmuş gibiydi hatta. Sanırım dalga geçiyordu onunla.

Daha fazla konuşmaya devam etmediler. Kayra'nın masanın diğer ucuna oturduğunu fark ettim, herkes tabaklarına birkaç dilim alırken o, pizzaları getiren kişi olmasına ve sanki yemek için sabırsızlanıyormuş gibi konuşmasına rağmen bir şey almamıştı. Büyük bardaklardan birini yarısına kadar kola doldurduktan sonra kalanını votka ile tamamladı. Değişik bir seçimdi.

Pars, "Yemeyecek misin?" diye sorduğunda "Biz yeni yedik, kaç tane midem olduğunu sanıyorsun? Ayrıca buraya Köksal Mendere'nin nasıl öldüğünü konuşmaya geldiğimizi sanıyordum," diye mırıldandım sessizce. Kayra'yla gözlerimiz buluştu bu lafımın ardından. Yeterince sessiz konuşmamıştım demek ki.

"Normal insanların sahip olduğu zamandan çok önde olduğunu fark ettiğinde, önce, vakti gelene kadar her şeyi sindirmeyi öğreniyorsun. Susmayı öğreniyorsun." Naz, bir tabağa iki dilim pizza aldıktan sonra kucağına koyup geriye yaslandı ve kolasından bir yudum içti. "Garip geliyor değil mi? Sanki masada bir cenaze var ve senin sikinde değil çünkü pizzanı yemekle meşgulsün."

Herkes bir anda sessizleşti. Naz'a baktım. Pars'tan duyduklarımdan sonra herkese çok farklı gözlerle baktığımı fark etmiştim o an, halbuki onlar da insandı. Benden birkaç yaş büyük, çok daha farklı bir hayatı yaşamışlardı şimdiye kadar sadece; bu onların da insan olduğu gerçeğini değiştirmezdi. Yine de yetiştirilme tarzları bir insan gibi değildi. Akademi, savaşçılar yetiştiriyordu. Fiziksel, zihinsel...

Muhtemelen sabaha öğrenecekler, demişti Pars, İrem'in yanına gitmeme engel olurken. Böyle şeyleri önceden bilmek, bilmiyormuş gibi davranmak ve herkes öğrenene kadar hayatına devam etmek... Bu dayanılabilir bir şey değildi. Bir kez atlatılsa bile tekrar edilebilir bir şey değildi.

Onları gözümde farklılaştırdığımı düşünmelerini istemedim, zaten olanları algılayabilmiş de değildim. Bir dilim pizza ve bir tabak aldıktan sonra pozisyonuma geri döndüm. Midem bugün patlamazsa, daha da patlamazdı.

"O zaman..." diye mırıldandım sessizce, sessizliğin içinde. Arka planda biraz yağmur sesi vardı gerçi. "Biliyor musunuz?" Dudaklarımı birbirine bastırdım. "Kimin yaptığını? Nasıl olduğunu?"

"Taylan gergin," diye mırıldandı Naz. "Yakında işinin biteceğini biliyor. Bahtiyar da bu gerginliği sezerek çok büyük bir yanlış yaptı. Köksal Mendere savcılık pozisyonunu kullanarak şimdiye kadar edindiği bütün bilgileri kanıtlarıyla birlikte mahkemeye sunacaktı, kendinin de batacağını bile bile adamlar hakkında dosya açmıştı. Kartel, Köksal'ın bu riski alamayacağını düşünüyordu. Doğrusunu söylemek gerekirse ben de göt korkusundan yapamayacağından emindim ama eğer şu an hayatta olsaydı sabah savcılıkla görüşmesi vardı."

"Sahilin batı kısmında ara verilmiş bir inşaat var," dedi Zamir lokmasını yutmak için içeceğinden içerken. "Birkaç saat önce Köksal orada Bahtiyar'la buluştu. Adam soğuk soğuk terlediğinden Bahtiyar kurduğu tezgâhı anladı. İki kurşun; biri kafaya, diğeri kalbe. Anında gitti Köksal. Cesedin üzerine beton döktüler."

Tüylerim diken diken olmuştu. Ağzımda çiğneyip durduğum lokmayı tükürmek istedim, elimdeki dilimi tabağa koyup tabağı da masanın üzerine bıraktım. "İnşaata ara vermişler, cesedin üzerine de beton dökülmüş. Nasıl bulacaklar adamı?"

"Görgü tanığı ayarladım." Kayra'nın ilk defa duyduğum buz gibi ses tonu kulaklarımdan içeri dolduğunda gözlerim saniyesinde ona çevrilmişti. Oturduğu yerde bacaklarını ileriye uzatmış, durgun gözlerle yeri izliyordu. Bunca zamandır numara mı yapıyordu? "Köpeğiyle yürüyüşe çıkmış evsiz bir adam. Cebini biraz doldurunca senaryoyu ezberledi. Şu an polis merkezindedir, sabaha cesedi betondan ayırır kimlik tespiti yaparlar. En geç yedide ev telefonu çalar," diye mırıldandı seslice nefes verdikten sonra. "İrem muhtemelen seni sonra arar. Akşama doğru. Hazırlıklı olursun."

Nasıl hazırlıklı olabilirdim ki bunun için? Yine de sakince kafamı salladım. Kayra daha sonra kalkıp içeri gitti. Giray da peşinden kalkmıştı.

Herkesin keyfi kaçmıştı. Bir tek Naz yiyordu pizzayı hiçbir şey olmamış gibi. Zamir bile bırakmış, çardağın girişine yaslanmış yağmurun yere düşüşünü izliyordu.

Bir rüzgâr estiğinde Pars'ın doğrulduğunu hissettim, bana bir bakış attı; kollarımı ovuşturuyordum sakince. Giray'ın peşinden Kayra'nın yanına gideceği anlamına geliyordu bu. Gitmeden önce bir anda üzerindeki kapüşonlu *sweatshirt*ü çıkartıp kucağıma bıraktığında "O ceketin ince olduğunu biliyordum," diye homurdandı.

Kapüşonlu *sweatshirt*ünün altında kısa kollu beyaz tişörtü vardı. Çardaktan çıkıp yağmurun altında eve yürümeye başladığında bir süre boş gözlerle sırtına baktım.

Ceketimi çıkartıp kapüşonlu *sweatshirt*ü başımdan geçirdiğimde başından beri aldığım şampuan kokusu artık daha netti. Kollarımı bacaklarımın etrafına sarıp geriye yaslandım ve yağmurun sesini dinledim bir süre. Naz yemeğini bitirdi, bardağına sek votka doldurmuştu; geriye yaslanarak sessizce içmeye devam etti.

Geriye attığım başımı doğrultup dudaklarımı birbirine bastırarak ona döndüm. Hemen yanımdaydı zaten. "Birinin babasını öldürdüler," diye mırıldandım sessizce. "Öldürüp üzerine beton döktüler."

"Benzin variline konmaktan iyidir, kemiklerin bile eriyor. Çene kemiğinden kimlik tespit etmeye çalışıyor adli tıpçılar, uğraş dur."

Nefesim göğüs kafesimde sıkıştı. Ölümden bahsedip duruyordum da, nasıl bir şeydi biliyor muydum ki? Gerçekten ölene kadar bilemeyecektim hiçbir zaman.

Naz sürekli yudumladığı sek votkasını kucağına indirdiğinde siyah ojeli uzun tırnaklarını bardağın ağız kısmında gezdirmeye başlamıştı. "Alışıyorsun," diye mırıldandı. "Empati yoksunluğuna. Öteki türlü bir faydan olmazdı bu dünyaya."

Haklı değil miydi sahi? Her gidenin arkasından empati kurup acı çekseydi, kendini başkalarının yerine koya koya öldürürdü kendini. Oysa ki devam etmek zorundaydı. Kayıplar her savaşta veriliyordu ve ne yazık ki bu dünyada kazanmaktan daha önemli değildi hiçbir şey. Hele onlar için... Mutlu olmak bile.

Dünya baştan aşağı kirliydi ve biz de elimizde çalı süpürgesiyle sokaktaki çöpleri süpürüyorduk.

"Teşekkür ederim," diye mırıldandım. "Antikorlar için."

Naz kafasını ilk defa bana çevirdi, şöyle bir baktı, ardından gözleri gözlerime değdi. "Teşekkür etmen gereken kişi ben değilim."

Kaşlarım çatıldı. Antikorları getiren o değil miydi? Başka kime teşekkür etmem gerekiyordu ki o zaman?

"Kafan karışık ve bu hiçbir zaman düzelmeyecek," diye mırıldandı Naz, elindeki boş bardağı masanın üzerine bırakırken. Koltukta biraz kayıp arkadaki yastıklara başını yasladı ve kollarını göğsünde birleştirdi.

"Hiçbir zaman mı?" Kaşlarımı kaldırdım.

"Hiçbir zaman..." diye mırıldandı gözlerini kapatarak. Uykusu mu gelmişti? "Ta ki büyüyene dek. Büyümen lazım."

Yeterince büyük değil miydim? "Daha ne kadar büyümem gerekiyor?"

"Asıl soru ne kadar değil..." Dudaklarından sesli bir nefes kaçtı. "Nasıl büyümen gerektiği."

"Nasıl büyüyeceğim?"

"Kaybederek."

Birkaç saniye yağmurun sesinden başka bir şcy duymadık. Daha sonra Naz gözlerini açtı ve bomboş bir şekilde tavana baktı. "Kaybetmen lazım. Kemik yaşı ve reşitlikle ilgili söylenenlerin hepsi saçmalık... *İnsan asıl kaybedince büyüyor.*"

"O zaman ben bir istisnayım," diye mırıldandım parmaklarımla oynarken.

"Onlar sayılmaz."

Kaşlarım çatıldı. Naz kim oluyordu da ailemin gerçek bir kayıp olmadığını söyleyebiliyordu? Bir şeyden haberi var mıydı ki? Tek bildiği dışarıda yargılamak olanın kendisi olduğunu düşünmeye başlamıştım birden.

"Çok küçüktün, o yüzden." Kafasını bana doğru çevirip kendine çektiği dizlerinin üzerine yasladı ve kollarını dizlerinin etrafında bağladı. "Yoksa acını falan küçümsediğim yok. Sadece çok küçüktün, seni sancıyacak bir acı hissetmek için çok küçüktün."

Sancımak.

Bazı acılar zehirli bir yılandı demek ki.

Yani Naz'ın anlattığı profile uymak için acıyı en üst seviyelerde hissedecek kadar uyanık olmak gerekiyordu.

Teorisinin bir saçmalık olduğunu düşündüm o an, daha sonra birilerini ya da bir şeyleri çok kötü kaybettiği düşüncesiyle tuttum ağzımı.

Orada dikilip yağmuru izleyen Zamir'i unutmuştum o ana kadar. Dönüp Naz'a bir bakış attığında suratındaki ifadeyi görmüştüm, konuştuklarımızı ciddiye almamış gibiydi. "Sorun şu ki küçük kız," dedi bana hitaben. "Hayat senin büyümeni beklemez, acıyı hissedecek olgunlukta olup olmamanla ilgilenmez, seni sancır. Seni öyle bir sancır ki anandan emdiğin süt götünden çıkar. O yüzden büyümekle ilgili anlattığın saçmalığı unut, herkesin hikâyesi farklıdır. Senin tecrübelerin başkasına yardımcı olmaz, anca aklında çukur açar."

Naz kafasını kaldırıp sert ifadesiyle ona bakmaya başladığında Zamir hızlanan yağmuru umursamadan eve doğru yürümeye başlamıştı hiç de acele etmeyen adımlarla. O an fark etmiştim, aslında bana söylememişti o sözleri. Naz'a söylemişti.

"Takma," diye mırıldandı Naz. "Konuşur o bazen öyle."

Bir merak doldu içime o an, herkesin hikâyesi farklıdır, demişti Zamir; peki onunkisi neydi? Kendi anlatmadığı sürece başkasının ağzından öğrenebileceğimi düşünmüyordum yine de. Merak duygumu istediğim zaman kapalı bir kutuya kilitleyebilseydim keşke.

Naz ayağa kalktığında "İçeri geçelim," dedi. "Bunların geleceği yok. Benim uykum var."

Burada mı kalacaksın, diye sormak üzereydim doğrulurken. Ne kadar saçma bir soru olduğunu düşünür müydü acaba? Tabii ki burada kalabilirdi. Burası onun arkadaşlarının eviydi.

Ceketimi elime alıp kapüşonunu kafama geçirdim ve hızlı adımlarla Naz'ın peşinden eve girdim. İçerisi hayatımda gördüğüm en sade tasarımlardan birine sahipti; her şey ya beyaz, ya gri ya da siyahtı. Hayatım gibi.

Mavi?

Salondaki kenarda görünen büyük Amerikan tarzı mutfağa ve merdivenlere giden üçlü basamaktan çıktığımızda Naz direkt üst kata yöneldi. Benim gözlerim aralık dış kapıdan içeri giren başka birine kilitlenmişti; Pars dalgın görünüyordu. Ayağım, adımımı attığım ilk merdiven basamağında durduğunda onu izledim. Kapıyı kapattıktan sonra yavaş adımlarla saçlarını karıştırdı ve gözlerini ovaladı. Daha sonra kafasını kaldırdı ve okyanusu gözlerimin önüne serdi. Tatlı esintiyi hissettim.

Denizde dalga çoktu bu gece, kayalara çarpıp debeleniyordu tuzlu su. Ufukta görünmüyordu tek bir ada ışığı ve yoktu insanı karşıya geçirmeye hevesli bir tahta parçası.

Bu gece düşen suya, boğulacaktı.

Çünkü tabuttu, bu gece tek tahta parçası.

"Eve dönelim," dedi Pars.

Naz'ın kapısını açmak için uzandığı odada elinin havada asılı kaldığını gördüm. Birkaç adımda merdivenleri indi ve Pars'ın karşısına dikildi. "Konuşmamız lazım."

"Ne hakkında?" Barizdi ki, Pars'ın konuya dair ya hiçbir tahmini yoktu ya da birçok tahmine eşit ihtimal veriyordu.

Naz seslice nefes verdi ve bakışlarını üzerime çevirdi. Vücudumu hayali bir esinti üşüttü, irkiltti; konu bendim. Benimle ilgiliydi.

Pars başıyla salonu işaret ettiğinde Naz başını sallayıp önden geçti, ben ise tereddütsüz peşinden ilerledim. Benimle ilgiliyse, en çok beni ilgilendiriyordu. Kimseye ben de geleyim mi? diye sorup izin almama gerek yoktu.

"Fransa'ya nasıl gideceksiniz? Jetle mi?" Naz salonun ortasında ayakta durduğunda, Pars kenardaki koltuğa kalçasını yasladı ve kollarını göğsünde birleştirdi. İnce beyaz tişörtünün üzerine ceketini giymişti. Kapüşonlu *sweatshirtü* benim üzerimdeydi.

"Evet," diye yanıtladı onu Pars. "Sorun ne?"

"Belki de burayı bize bırakıp direkt gitmelisiniz Pars." Naz'ın böyle bir şey söylemesini beklemiyordum. "Rusya'da işlerin karıştığını biliyorsun. Yönetimdekilerin çoğu suikaste kurban gittiler."

"Öldüler mi?" Pars'ın kaşları çatıldı. Neyden bahsettiklerini bilmiyordum ama tepkisinden dolayı iyi bir şey olamayacağının farkındaydım. "Peder de mi?"

"Hayır, hayır..." Naz kafasını olumsuz anlamda salladı. "Peder yaşıyor. Zaten korkmamız gereken de bu. Adam safkan neslini devam ettirmek için birini isteyecek. Eğer Liva, Fransa'ya ulaşamadan yakalanırsa kimliği açığa çıkar. Her şey ifşa olur. Her şey. Peder'in gücünü biliyorsun, psişik katliamını biliyorsun, yönetimdekilerin suikastini kendi bile planlamış olabilir."

"Naz bunu İsviçre ile konuşmalıyız..."

"Hanımefendi ile konuşmalıyız, evet," diye lafını kesti Naz. Pars o sırada bana baktı, sanırım ne kadarını anladığımı sorguluyordu. "Ama çok geç olabilir Pars, vaktimiz yok. En geç iki güne ayrılmalısınız."

Pars doğruldu, bir eli ensesinde diğeri belindeydi ve duvara odaklanmış yalnızca düşünüyordu. Naz bana endişeli bir bakış attığında, neden bahsettiklerini soracaktım ki Pars araya girdi.

"Rus yönetimindekiler ne zaman öldüler?"

"Birkaç saat önce," dedi Naz. "Peder'in yaptığına eminim. Her biri eşzamanlı, kusursuz cinayetler. Yönetime kendi adamlarını geçirip ataerkil bir düzen kurmak istiyor, kendi çocukları ve torunlarıyla Rus Akademisi'ni ele geçirecek. Eğer Liva'nın safkan, başıboş olduğunu öğrenirse; onu geç, kimin k..."

"Naz." Pars lafını böldü. "Tamam. Anladım orasını." Yüzünü sıvazladı ve koltuğa bir tekme geçirdi. "Lanet Ruslar!"

"Tam olarak ne oluyor?" Kollarımı göğsümde birleştirip, geçip koltuğun kolçağına oturdum ve bakışlarımı ayakta volta atan Naz'la Pars'ın üzerinde gezdirdim. "Neyden bahsediyorsunuz tam olarak?"

Naz'ın bir anda öfkeyle Pars'a baktığını hissettim, Pars seslice nefes verdi ve Naz'ın bakışlarını görmezden gelerek bileğime uzandı. "Arabada anlatırım Liva, gel."

Pars'ı takip ettim ama evden çıkarken Naz'ın arkamdan attığı bakışları unutmam mümkün değildi. Pars'a kızgındı, bana ise üzgün bakıyordu. Neden bana üzgün bakıyordu? Bir başkası için av hâline gelebileceğimi, gerçek bir av, fark etmiştim konuşmalarından ama sanki başka bir şeyler daha vardı.

"Peder kim?"

Arabanın ön koltuğuna bindiğimde sorduğum soruyu Pars duymuş mu emin değildim çünkü yağmur çok sesliydi. Ben emniyet kemerimi bağlarken çoktan yola çıkmıştık bile.

"Her merkezin başında tek bir adam ve onu denetleyen bir yönetim olur. Peder, Rusya'daki merkezin başındaki adamdı."

"Hanımefendi de İsviçre'deki merkezin başındaki kadın mı oluyor?"

Pars, kırmızı ışıkta durduğunda bana bakıyordu. Kafasını olumlu anlamda, ağırca salladı. "Evet. Bunlar çok güçlü liderler. Genelde aldıkları kararlar yönetim ve diğerleri tarafından desteklenir ama yine de normaller ve asilkanlar arasında tartışmaların çıktığı olur. Buna en büyük örnek psişikler. Sana asilkanların, deneyler için müsait bir yapısı olduğunu ve güçlü olduklarını söylemiştim."

Başımı salladım. Yeşil ışık yanmasıyla Pars gazlamıştı.

"1900'lerin başında Sapphire'e çalışan bir grup Rus bilim adamı, protokolü imzalayan bir grup asilkanla deneyler yapıyor ve bu deneyler sonucunda psişik güçler kazanıp sağ kalıyorlar. Seçilen asilkanların yarısından fazlası deneyler sırasında öldüğünden ve de güç kazananlar da bir olup Sapphire'e ihanet ettiklerinden dolayı dosya kapanıyor. Bu tarz tehlikeli dosyalara kilit vurulur ve saklanır. Çünkü hem Sapphire'in amacına hizmet etmez hem de yeni sorunlar yaratır. Ama Peder bunun bir lütuf olduğunu ve Sapphire'in işlerini kolaylaştıracağını söyledi Yüksek Kurul'da, bu yüzden yönetimi ikna edip Rusların yeniden deneylere başlaması için talimat verdi. Yüksek Kurul, yılda bir kez ülkelerdeki liderlerin bir araya gelip kararlar aldıkları bir meclistir."

Kaşlarım havalandı. "Bu tehlikeli deney için kendi rızalarıyla protokole imza atanlar oldu mu gerçekten?"

"Sorun da burada. Bazı Akademiler, Peder'in seçilen asilkanlara hiçbir zaman protokol imzalatmadan, genetik yeterliliklerine bakarak onları deneylere zorladığını düşündükleri için Rus Akademisi'ne karşı tavır aldılar. Bu Peder'in hoşuna gitmedi. 2007'de Rus Akademisi'nden kaçan bir denek, kendini kontrol edemeyerek Balkanları ateşe verdiğinde kışın ortasında başlamasına rağmen yangınları durdurabilen yoktu. Bu yüzden merkezler arası bir sözleşme imzalandı. Peder imzalamak zorundaydı çünkü eğer imzalamazsa diğer Akademi liderlerinin gözünü kırpmadan, Sapphire'in Rusya ayağını yok etmek için karar çıkartacaklarını biliyordu. Sözleşmede deneklerin serbest bırakılması ve özgür iradelerinin, normal yaşam şartlarıyla birlikte geri verilmesi gerektiği maddesi vardı."

"Peder... Denekleri serbest bırakmadı değil mi?"

Pars başını olumsuz anlamda salladı. "Daha bugün bile yeterli kanıt yok ama Peder'in tüm psişiklerin ölüm emrini verdiği ve neredeyse bir soykırım gerçekleştirdiği bilinen bir gerçek."

"Anlamıyorum," diye araya girdim dudaklarımı ıslatırken. "Neden kimse bir şey yapmıyor o zaman?"

"Çünkü sözleşmeyi imzaladı. Sözleşmenin diğer maddeleri, Rus Akademisi'ne dokunmayı imkânsız kılıyor. Peder her şeyi o kadar ince işlemiş ki, ortaya koyduğu kanıtlara bakılırsa söylediklerinin aksini kanıtlamak imkânsız. Ona göre, asilkanlar kendi istekleriyle denek oldular ve psişik güçlerine kavuşunca delirdiler. Elinde bunu kanıtlayan video ve bilimsel kayıtlar var. Sapphire böyle doğaüstü güçlere sahip insanların varlığının dünyaya sadece kaos getireceğini bildiğinden, Peder olmasa dahi, psişikleri ölüme terk ederdi. Daha insancıl bir şekilde. Ama onları düzeltmeyi ya da kontrol etmelerini sağlamayı denedikten sonra."

"Nil gibi," diyerek araya girdim, dudaklarımı ıslattım gergince bir nefesi üflerken. "Nil de asilkan değil mi?"

Pars kafasını salladı. "Ailesinin Sapphire'e çalışan bilim insanları olduklarını söylemiştim. Elbette ki Akademi'yle ilgileri var."

"Ama kimse Nil'i öldürmek istemiyor." Emin olmaya çalışıyordum.

"Liva, sana şu kadarını söyleyebilirim..." Pars derince bir nefes çekti içine, büyükannemin evinin önüne gelmiştik. "Nil'in gücü, duygu yoğunluğu. En iyi oyuncular bile dışarıdan ağlıyor görünseler de göğüs kafesini, Nil'in salması gereken gücü açığa çıkarmak için gereken buhrana boğamazlar. Rus Akademisi'ndeki psişiklere önce akıl kontrolü öğretildi. Manipülasyon, kontrol, güç. Bu üçü çok tehlikeli silahlardır, hele ki enerjilerini kullanmayı iyi bilenlerin elinde. Eğer bugün, dünyanın dört bir yanındaki Sapphire Akademileri o psişik katliamının hesabını sormuyorsa bunun sebebi, bir yandan rahatlamış olmaları."

"Psişiklerin hepsi öldüğü için..." Dudaklarımı birbirine bastırdım. "Pekâlâ. Anladım sanırım."

"Peder'in senden haberi olursa, seni istemesi olası. Rusya, Karadeniz'in hemen yukarısı biliyorsun ki... Ve sen Rus topraklarına girersen, kimsenin yapabileceği bir şey kalmaz."

Önüme döndüm, başım eğikti. "Anladım."

"Kimsenin, hiçbir Akademi'nin," diye devam etti. "Ama ben peşinden gelirim. Neden biliyor musun?"

Başımı kaldırıp ona yan bir şekilde baktım. "Neden?"

"Çünkü ben, bu dünyanın sana on dokuz yıllık bir hayat borcu olduğunu biliyorum. Sen bugüne kadar öleceğini düşünerek yaşadın, bundan sonra yaşaman gereken hayat bir esirinki olamaz. Peder seni öğrenmeyecek, Naz haklı; Fransa'ya gideceğiz. Direkt."

Direkt. Kaygı ve endişeden dolayı omuzlarıma çöken ağırlığı hissediyordum, aynı zamanda sevdiğim insanları ardımda bırakacağım gerçeği de tokadını geçirmişti yüzüme. Büyükannem burada kalacaktı, üstelik hastaydı ve kemoterapiyi reddetmişti. Benden gizliyordu, tedavi aldığını söylüyordu ama belki de dışarıya yalnızca çay içmek için çıkıyordu. İrem...

"İrem'le konuşmalıyım, babası öldü. Hayır... Vahşice öldürüldü. Onun yanında olmama ihtiyacı var, benim onun yanında olmaya ihtiyacım var," dedim endişeli bir sesle. Emniyet kemerimi çözmüş ve Pars'a dönmüştüm koltukta. "En azından... İki gün. Bu iki günde onun yanında olmama izin ver."

"Seni aksine zorlayacağım düşünülemez," dedi Pars, bana o kadar anlayışlı bakıyordu ki ona sarılmak istiyordum. Hemen o an, oracıkta boynuna atlamak istiyordum. Beni durduran, benden gizledikleriydi. Her ne kadar o da bildiklerinin sonradan farkına varmış olsa da.

Belki de kızgındım. Eğer ben de asilkan olmasaydım, Pars görevi bittiğinde çekip gidecekti. Onsuz Soyhan... Bomboş olurdu. Onsuz dünya bomboş olurdu.

Boku yemiştim ve farkındaydım. Yaptığımla gurur duymuyordum ama kendimi kontrol edememiştim işte.

O an dank etti. Safkan.

"Bekle," dedim bir anda gergin bir ifadeyle. "Naz benden bahsederken safkan kelimesini kullandı. Bu ne demek?"

Pars seslice nefes verdi. "Safkan, hem anne hem babanın asilkan olduğunda doğan çocuklara denilir. Naz senin bir safkan olduğunu düşünüyor."

"Ne?" Bu bilgi, bu ihtimal nabzımı hızlandırmaya yetmişti. "Naz ne biliyor ki böyle bir ihtimal üzerinde duruyor? Öz babamı mı araştırmış?"

"Araştırıyor. Ona karışmaması gerektiğini söyledim ama beni dinlemedi. Konunun yalnızca seni ilgilendirmediğini söyledi."

"Ve sen de ona izin verdin öyle mi?" Şiddetle, sesimi yükselterek sormuştum bunu.

Pars geriye yaslandı, başını koltuğa yasladı, ardından bana çevirdi maviliklerini. Duyabildiğim arabanın üzerine hiddetle yağan yağmurun gürültüsü, görebildiğim okyanuslarıydı yalnızca. Karanlıkta bile. "Liva, Naz bir şeyi yapacağını söylüyorsa... Yapar. İzin almaya bakmaz. Sapphire yasak tutsa bile gizli gizli yapar ama yapar. Ve o, konunun yalnızca seni ilgilendirmediğini söylüyorsa; emin olabilirsin, yalnızca seni ilgilendirmiyordur. Ben kefilim."

Kefildi. Benim öz babamdı konu, Naz benden habersiz işler çeviriyordu ve Pars ona kefildi.

Kendime hatırlatmam gerekiyordu, kendime gerçekten hatırlatmam ve gerekirse kendimi tokatlamam gerekiyordu bu noktada. Pars ve Naz'ın bağı sımsıkıydı, güçlüydü. Güven örmüştü ağlarını, sevgi ve sadakat... Her şeydi onlar birbirlerine. Ben ise bir görevdim. Sapphire politikası dolayısıyla, Akademi'ye götürülmesi gereken bir paket. Güvenle götürülmesi gereken bir paket. Bu kadar.

Fazlası değil.

Pars sınır koymayı çok iyi biliyordu.

"İyi geceler," diye mırıldandım ona bakmadan kapıyı açıp dışarı çıkarken. Pars'ın koluma uzandığını hissettim ama o kadar hızlı çıkıp kapıyı çarpmıştım ki bana engel olamamıştı.

Kaldırıma çıktığım an arkamdan bir kapı kapanma sesi geldiğinde, fırtınanın gürültüsü içinde "Liva!" diye bağırdığını duydum. Bana sesleniyordu. Ben ise yalnızca eve girmek istiyordum.

Bahçe kapısına uzanacağım sırada kolumdan çekip kendine döndürdüğünde ikimiz de saniyeler içinde sırılsıklam olmuştuk. "Neden cevap vermiyorsun? Duymuyor musun beni?"

"Efendim Pars?" Durgun, yorgun ve biraz da buruk bir ifadeyle baktım yüzüne. Başımı kaldırmam gerekiyordu onu görebilmek için, boyu uzundu.

"Sen iyi misin?"

Yutkundum ve başımı salladım. "İyiyim."

"Neden yalan söylüyorsun şimdi bana?"

Akademi'de bunun için de bir ders almış mıydı acaba? Yalan söylediğimde ya da bir şeyler sakladığımda anlıyordu, durağan bir anda aklımdan geçenleri bile ufak hareketlerden fark edebiliyordu. Keskin kulakları ve iyi bir görüşü vardı. Pars, bana söylüyordu ama gördüğüm en kedi insandı. Büyük kedilerden.

Benim gibi güçsüz, ıslak, yavru sokak kedilerinden değildi.

"Kötüyüm desem ne yapacaksın? Ne yapabilirsin ki!" Sesimi ona yağmurun gürültüsünde duyurma isteğiyle bağırırken kollarımı ellerinin esaretinden kurtardığımda bir adım geri çekildim ve suratına baktım. "Yerinde sandığım tüm taşlar oynuyor hayatımda, meğersem bir yapbozun ortasına oturmuş boş boş duruyormuşum yıllardır! Annemin intiharının ardından başka bir sebep olabileceği gerçeği, babamın terk edip gidişinin sebebi daha ortada yokken, neyin nesi olduğum bile muammayken, daha ölmeyeceğimi öğrenişimin üzerinden iki gün geçmemişken nasıl olmamı bekliyorsun ki benden Pars? Biliyorsan neden soruyorsun? Yalan söylüyorum evet! Ama her yalanın bir haklılık payı vardır. İyi olmak istediğim için iyiyim diyorum ben! Çünkü öğrenmek istemediğim şeyler hakkında bile kontrol sahibi değilim! Böyle işte benim hayatım!"

"Bu raddeden sonra öğrenmediğin her detay senin hayatını tehlikeye atar Liva." Pars, benim aksime, sesini duyurmak için bile olsa bağırmıyordu ama ben çok iyi duyuyordum onu. "Bu yüzden üzgünüm. Belki canın daha çok yanacak, kafan biraz daha karışacak ve ihanete uğramış gibi hissedeceksin ama tüm bunlar senin gerçeklerin. Senin, bilmen gereken gerçeklerin." Elini saçlarından geçirdi. "Seni ait olduğun yere götüreceğim. Yıllar önce gönderilmiş olman gereken yere."

"O yer buradan daha mı iyi?" Öfkeme hâkim olamıyordum, bir patlama noktasıydı bu. "O küçük çocuğun, Naz'ın istismar edildiği yer buradan daha mı iyi Pars? Sen bana sadece, dünyanın her yerinin, en dip köşesinin bile kötülüklerle dolu olduğunu gösterdin!"

"Böyle düşünmüyorsun!" Sesinde gizli bir hiddet vardı. Ellerini omuzlarıma yerleştirdiğinde gözlerine öyle odaklıydım ki engel olamadım. "Böyle düşünmüyorsun, sadece öfkelisin şu an. Naz'ın babanı araştırmaya başladığını ve benim engel olmadığımı öğrendiğin için öfkelendin. Anlıyorum. Anlıyorum Liva! Ama böyle düşünmüyorsun. Ben senin gözünün içine baktım ve orada umudu gördüm bugün. Öyle bakan biri böyle düşüncelere sahip olamaz!"

"Umut mu? Ne umudu! Kandırmışsın sen kendini!" Ellerini ittirdim. "Bırak!"

Beni şaşkınlığa uğratan bir şey yaparak ellerini omuzlarımdan çekmek yerine beni kendine çektiğinde kollarını etrafıma doladı ve çaresiz çırpınışlarımı sahipsiz bıraktı. "Bırak Pars!"

"Söyle," diye fısıldadı saçlarımı kenara çekerken kulağıma doğru. "Söyle kedi, niye kızgınsın bu kadar? Neye kızgınsın?"

"Değilim!" İttirmeye çalışıyordum onu ama işe yaramıyordu, fazla güçlüydü.

"Öylesin!" Beni bahçe duvarına yasladı, ellerimi bileklerimden esir aldı ve yüzüne bakmaya zorladı. Eğer bırakmasa, ona uzun tırnaklarımın nasıl pençelere dönüşebileceğini göstermek isterdim ama o an bile, tek bir çiziğin tenine değmesini istemediğimi de fark etmiştim.

"Kimse yoktu, neden şimdi bu kadar kalabalık? Aklım da, etrafım da... Alışkın değilim ben!" Belki ellerimi kullanamıyordum ama sözlerimin onu tokatladığından emin olacaktım. "Anlamıyor musun? Yıllar sonra iki çift laf ettiğim tek insan da suikastçi çıkıyor! O ve tüm arkadaşları! Sen!" Bileklerimdeki zayıflayan tutuşunu hissettiğim an duvarla arasından çıktım ve yüzümden akan yağmur damlalarını silmek için üzerimdeki onun kapüşonlu *sweatshirt*ünün kollarını kullandım. "Ben büyükannemle konuşacağım biraz. Yalnız kalmak istiyorum Pars. Yarın da İrem'le olurum zaten. İyi geceler sana."

Pars o gece, eve girmeme izin verdi.

7

Göğüs Kafesi Mezarlığı

Kafanda öldürmediğin insanın cesedi toprağın altına girse de kalbi göğüs kafesinde atmaya devam eder. Sesi, yüzü, kokusu, dokunuşu, enerjisi... Anılarında soluklanır her biri. Bir yere gidersin; önceden onu gördüğün bir yerdir orası, tam o köşede yaşamaya devam eder ruhu işte. Aklında oynatıp durursun tam orada söylediklerini, o kaldırımda yürüyüşünü, eğilip bakmışsa açısını; yüz ifadesini hatırlarsın, ses tonunu hatırlarsın, saçlarına değen rüzgârı... Saat kaçtı onu bile hatırlarsın. Mümkün kılmaz hayat birini öylece unutmayı. Öldürmez çünkü dünya, ölen insanın hatırasını.

Bir şarkı bir yerden tanıdık geliyordu, bir rüzgâr esiyordu, aynı parfüm ciğerlerine doluyordu, çok sevdiğini bildiğin bir yemek bir masada önüne konuyordu ya da hep aynı köşeden dönerken bakıyordun işte oralara bir yerlere, belki yürüyordur aynı kaldırımda diye. Tabutunu görmüş olman bir şeyi değiştirmiyordu. İnsanın aklı yaşamayı ölene kadar kavrayamadığı gibi, ölümü de yaşarken anlamıyordu işte.

Nasıl akıyordu trafik hiçbir şey olmamış gibi? Nasıl bir cüretti bu güneşteki, nasıl doğabilirdi? Hep karanlıkta bıraksa olmaz mıydı gökyüzü bizi de anılarımızı da, bizi de gözümüze dolan yaşları da, bizi de aklımızı çıkaran ama aklımızdan çıkmayan o yüzleri de... Bizi bıraksa olmuyor muydu şöyle karanlık bir köşede? Sonra devam edebilirdi işte her şey. Sonra akabilirdi trafik, doğabilirdi güneş, kahkahalar atılabilirdi kaldırımlarından yürüyüp geçtiğimiz kafelerin içinde.

Bak, onu aldım, diyordu dünya uçsuz bucaksız gökyüzünü yüzümüze dikerken. *Ama sen kalacaksın. Öyle bir kalacaksın ki hem de, bu uçan kuşlar, bu el ele tutuşmuş parkta koşturan çocuklar, bu renkli balonlar rahatsız edecek seni. Bu güzel havalar dokunacak sana. Bir şey yemeye ihtiyaç duymak, yataktan kalkıp yüzünü yıkamak zorunda kalmak hep rahatsız edecek seni. Onu aldım, sen yaşayacaksın ve böyle yaşamak dokunacak kanına.*

Sonra bir gün geliyordu işte. Geçiyordu hepsi. Unutuyordun biraz biraz, en azından yaşayacak kadar. İki lokma bir şey yiyip dışarı çıkacak kadar. *Sevecek kadar birini,* unutuyordun. Değil kalbine, kemiğine kazınmış bir kesik oluyordu bu senin; mezarda bile yanından ayırmıyordun. Teninin altındaydı, saramıyordun. Acıtıyordu, *acıyan neresi* diye sorana gösteremiyordun.

Birini kaybetmek böyle bir şeydi işte.

Ve sadece ölümle kaybedilmiyordu insanlar.

Saat sabahın altısıydı. Uyuyamamıştım. Bütün gece gözlerimi kapatmıştım sadece. Çok uykum vardı, bazen dalıyordum ama kafamın içi o kadar doluydu ki çaresizce uyku için yalvaran vücuduma istediği şeyi verememiştim bir türlü. Hiçbir şey rahatlatmıyordu ne aklımı, ne bedenimi, ne de kalbimi.

Babam ilk gittiği zamanlarda keşfetmiştim küçük beyaz ilaç dolabını. Boyum yetmiyordu o zamanlar, mutfaktan onca yol zar zor taşıdığım sandalyeyi getirip üzerine çıkarak anca ulaşabiliyordum. Anahtarı üzerinde oluyordu hep, çevirmek yeterliydi. Birkaç şişe, beyaz sargı bezleri, şuruplar ve haplar... *Yara bantları.* Yara bantlarını hatırlıyordum. Her kutudan birer tane varken, her şişeden birer tane varken yara bantları kutu kutu dizilmişti tek bir rafa.

Çok düşer, çok kanatırdım bir yerlerimi; bir kalemle resim yaparken bile yaralayabiliyordum ellerimi. O yüzden bu kadar çok yara bandı vardı, biliyordum. Annemi hatırlıyordum, ne zaman yara bandına ihtiyaç duysam koşa koşa gelirdi yanıma.

Sonra babam gitti bir gün. Ben düştüm.

Ve yara bantları yanımdaki duvardaydı yalnızca, dolabın içindeydi işte.

Annem gelmedi.

Sen alışkanlık hâline getirdin bu yaralanma işini, diye söylenişleri düşmüştü aklıma. Yankılanıyordu zihnimin duvarlarımda. Alışkanlık hâline getirdiğimi düşündüğü için mi gelmemişti? Odasında olduğunu biliyordum. Hep odasındaydı. Hiç çıkmıyordu. Daha fazla peynir yemek için dolabı açtığımda bile gelmiyordu artık. O kadar peynir yememe hep kızardı. O kadar bisküvi almama da... Ama babam gittikten sonra sadece... Görmemeye başlamıştı. Duymamaya başlamıştı. Sarmamaya başlamıştı yaralarımı.

Belki de bu yüzden taşımaya başlamıştım o yara bantlarını ceplerimde. Ben düşecektim, o gelecekti kızacaktı bana, sonra uzatacaktım yara bandını cebimden çıkarıp çünkü küçüktüm ben, nasıl takılır bilmiyordum o zamanlar; elime yapıştırıyor kırıştırıyor düşürüyor kirletiyordum hep.

Göğüs kafesimdeki mezarlığı terk etti, tabutu boş kaldı.

O ilaç dolabındaki yara bantları bir daha hiç gerçek yaralara yapıştırılmadı.

Zaten annem bir daha hiç gelmedi peşimden.

Kabuk oldu yarama ama akan kanı durduramadı.

Bir sarılış, bir sıvazlayış omzumu, bir öpücük yanağıma, belki bir de uyku borçluydu bana... Belki de bir söz , *her şey düzelecek* diye fısıltı borçluydu bana.

Bir kez, bir kez olsun!

Bir kez olsun duymadım sesinden.

Gece, Pars'ın yanından ayrıldıktan sonra eve girdiğimde büyükannem uyuyordu. Sare Hanım ise salonda kısık sesle eski bir Türk filmi izliyordu. Beni sırılsıklam görünce şaşırmış, kalkıp bir havlu vermişti saçlarıma ama gereksizdi. Odama çıktıktan sonra nasıl olsa üstümü değiştirecektim.

Değiştirmemiştim. O ıslak, bana ait olmayan, büyük kapüşonlu *sweatshirt*le yattım yatağa. Yorganı kaldırıp içine girme ihtiyacı bile hissetmemiştim. Öylece uyumuş, uyuyabilmiştim. En azından uykum hatırlamadığım kâbuslar tarafından tekrar tekrar kesilene dek.

Yaptığı her şey doğru görünse de, öyle olsa da, kızgındım Pars Kalkavan'a. Deniz gözlü yabancıya. *Neden?* Çünkü... Çünkü.

Onun bana verdiği değer damarlarımda akıyor olsa, ben ona bir insan olarak değer verdiğimi inkâr etmeyecektim bu noktada ve değer verdiğin insanlara çok derinlerde kırılırdın, bazen ortada hiçbir sebep olmasa da. Pars bana birçok sebep vermişti.

Kendi kontrolümde gelişmeyen nedenler.

O da, Naz da küçük bir çocuktu ailelerinden koparıldıklarında. Eğer işler yolunda gitseydi muhtemelen ben de aynı kaderi paylaşacaktım onlarla... Her ne kadar daha acı şeyler yaşadığımı düşünsem de... Pars'ın da, Naz'ın da, o okuldaki istismara uğrayan diğer çocuğun da büyürken nelerle savaştığını bilemezdim. Üstelik yalnızca üç kişi değildi bu saydıklarım, yüzlerce, binlerce asilkan sırf ailenin ilk çocuğu oldukları için Akademi'ye verilmişti yetiştirilmek üzere.

Belki başka bir hayat yaşamak isterlerdi, onlara sorulmamıştı bile.

Sare Hanım kahvaltı için kapımı tıklattığında yataktan çıkmam ve üzerimi değiştirmem gerektiğinin farkındaydım. Bu yüzden sıcak bir duşun ardından kalın bir kazak ve pantolon giyip kahvaltıya indim. Pars'ın anlattıklarından sonra ilk defa karşımda gördüğüm büyükannem, tabletinden haber okurken bir yandan da fincanından çay içiyordu.

Kemoterapiyi reddetmiş. Herhangi bir tedavi istemiyor. Bunun onu ölüme daha da yaklaştıracağını bildiğinden, kalan zamanını torunuyla geçirmek istiyor.

Naz'ın şüphesini hatırladım. Babamın da Akademi'den olduğunu düşünüyordu. Haklı olabilir miydi?

Öğrenmenin tek bir yolu vardı.

"*Günaydın büyükanne,*" diye mırıldandım yanına geçip otururken. Sare Hanım bana bir servis açmıştı ve kahvaltılıklarla donatmıştı tabağımın etrafını.

"*Liva,*" dedi büyükannem, tabletini başında bekleyen uşağı Richard'a uzatarak. Dikkatini tamamen bana vermişti. "*Anlat bakalım, nasıl geçti günlerin? Bir süredir yüzünü göremiyorum.*"

"*İyi...*" Konuya nasıl giriş yapmalıydım? Dikkatli olmak zorundaydım. Eğer öz babam da Sapphire'dense bu, büyükannemin de ilgisi olduğu anlamına geliyordu. Büyükannem gerçekten kanser miydi yoksa her şey bir kurgu muydu? Pars'ı bile kandırmış olabilirler miydi? Belki büyükannem Akademi'nin tersine gidecek bir şey yapmıştı ve antikor göndermeyi kesmişlerdi ona. Pars'ın annesi de böyle vefat etmişti.

Paranoya aklıma giden yolu ezbere biliyordu.

"*Richard dün gece evin önünde erkek arkadaşınla tartıştığınızı söyledi,*" dedi büyükannem, sanki çay mı kahve mi istediğimi sorar gibi. Neredeyse çiğnediğim zeytinle boğuluyordum. "*Müdahalede bulunacakmış ama sanırım ters bir hareketi olmamış. Değil mi Richard?*"

Büyükannem omzunun üzerinden Richard'a döndüğünde, ellerini önünde birleştirmiş dikilen Richard ağırca başını salladı. Onunla göz göze geldiğimizde istemsizce gerildim. Evin önünde olan her şeyi izlemiş miydi yani? Pars beni kenara sıkıştırdığında ben onu ittiriyordum, yumruklar atıyordum göğsüne; Richard bunu ters bir hareketten saymıyor muydu yani?

Bir yanlışlık vardı.

Pars'ın erkek arkadaşım olmadığını söylemek gibi gereksiz bir tartışmaya girmenin konuyu dağıtacağını bildiğimden *"Önemli değil, klasik ufak sorunlar,"* diye geçiştirdim. *"Büyükanne,"* dedim ardından. *"Eski evde vitrinleri karıştırırken... Bir adamın fotoğrafını buldum. Babamın."* Yutkundum. Yalan söylüyordum ve kötü hissettiriyordu. *"Bu komik çünkü onunla ilgili hiçbir şey hatırlamıyorum. Adı neydi, ne iş yapıyordu, neden terk etti bizi... Artık on dokuz yaşındayım, sence de bunları konuşmanın vakti gelmedi mi?"*

Büyükannem fincan tabağı bir elinde, fincanı diğer elinde soğumuş çayına tatsız bakışlar atarken söylediklerimi bir süre değerlendirdi. İlk defa bu konuyu açtığım için şaşırmışa benzemiyordu, daha çok hayal kırıklığına uğramış gibiydi.

"Baban varlıklı bir iş adamıydı Liva," dedi en sonunda, fincanını ve fincanının tabağını masaya bırakırken. Ellerime uzandı ve masanın üzerine çıkardı, ardından ellerini ellerimin üzerine koydu. Teninin soğukluğu, beni bile ürpertmişti. *"Bazı değerler konusunda annenle ortak paydada buluşamadıkları için ayrılma kararı aldılar."*

Kalp atışlarımın gerginlikten durduğunu hissediyordum. *"Babamın bizi terk ettiğini sanıyordum?"*

"Terk etti, gitti, gitmek zorunda kaldı... Nasıl istersen öyle görebilirsin bunu ama evet, annenin haberi vardı babanın gideceğinden. O sadece durumu kabullenmek istemedi."

"Hayatının aşkı onu ve çocuğunu bırakıp gitti çünkü," dedim ellerimi büyükannemin ellerinin altından çekerken. *"Nasıl kabullensin? Gitmeden önce haber vermek ya da*

bunun sinyallerini vermek, gittiği ve karısıyla çocuğunu yalnız bıraktığı gerçeğini değiştirmez... Bizi nasıl bir cehenneme terk ettiğinden haberi var mıydı? Beni nasıl bir..." Başımı çevirdim, içeriden yanaklarımı ısırdım ve dudaklarımı birbirine bastırdım. Büyükannemin bilmesine gerek yoktu.

"*Seni nasıl bir, ne Liva?*"

"*Her şey babamın bizi terk edişiyle başladı,*" diye mırıldandım daha kısık bir sesle. Çaresizlikten omuzlarım çökmüştü. *Ben de susamlı çubuk kraker ve tel peyniri en sevdiğim yemek olsun istemezdim Pars ama benim akşam yemeklerini birlikte yiyebileceğim tek bir kişi bile yoktu yanımda.*

Onun yerinde buzdolabında son kalanlarla okula götürmek için hazırladığım sandviçleri tek lokmada midesine indiren üvey bir babam vardı.

"*O seni çok seviyor Liva,*" dedi büyükannem yeniden ellerime uzanırken. Bu kez sandalyesini yanıma çekmiş ve ellerimizi kucağımda birleştirmişti. "*Baban seni çok seviyor güzel kızım... Seni sevmeyi hiç bırakmadı.*"

Gözlerime dolan yaşları kontrol edemedim o an. "*Ne? S... Sen onunla görüşüyor musun hâlâ?*"

"*O benim oğlum,*" dedi büyükannem, yüzünde soft bir tebessümle. "*Nasıl iletişimi kesebilirim ki onunla?*"

"*Benimle kesti, annemle kesti!*" Ayağa kalktım, sandalyem devrilmişti ama umurumda değildi. Richard'ın Sare Hanım'ı salondan çıkardığını göz ucuyla görebilmiştim. "*Büyükanne bunu benden nasıl saklarsın?*"

"*Ondan nefret ettiğini düşünüyordum kızım, adını bile anmıyordun! Konusunu açmadın şimdiye dek...*"

"*Adını bilmiyordum çünkü! Hatırlamıyordum bile! Kimliğimin arkasında bile yazmıyor büyükanne! Sildirmiş annem! Neden?*"

Sessiz kaldı. Ben ona soru işaretleriyle karmakarışık bir şekilde bakarken büyükannem soğukkanlı bir şekilde sandalyesinde oturuyordu. Bana cevap vermek yerine başını yana çevirdiğinde, bu soruya verecek bir cevabı olmadığını açık ve net bir şekilde söylemişti aslında.

Bu yüzden *"Afiyet olsun sana,"* diyerek yanından geçip gittim. Arkamdan seslenmedi, hiçbir şey yapmadı. Ben portmantodaki montumu alıp çıkarken Richard ve Sare Hanım koridorda yan yana, gözleri yerde dikiliyorlardı.

Ellerimi montumun cebine soktum ve kaldırımda seri adımlarla yürümeye başladım. Telefonumu ya da cüzdanımı yanıma almamıştım, bugünkü aptallık kotamı daha sabahtan doldurmuştum.

Kotumun cebinde bulduğum beş lirayla minibüse bindim sahilden, Pusula'ya yakın bir yerde indim. En azından oraya gidersem İrem'i arayabilirdim ya da bir şeyler öğrenebilirdim durumla ilgili. Eve dönmek istemiyordum, büyükannemin suratını görmek istemiyordum. Her ne kadar benim için birçok fedakârlık yapmış olsa da, kalkıp İngiltere'den gelmiş olsa da benden babamla görüştüğü gerçeğini saklamıştı ve de sorularıma cevap vermiyordu. Belki de Naz şüphelerinde haklıydı. Babam varlıklı bir iş adamı falan değildi, Sapphire'dendi.

Pusula'nın kapısını açıp içeri girdiğimde bar kısmında tanımadığım birinin bardakları sildiğini gördüm. Beni görünce garipsemedi ya da çıkmamı söylemedi.

"Liva?"

Arka tarafta, deri koltuklardan birine kalçasını yaslamıştı Naz. Pars da önünde, kollarını göğsünde bağlamış bir şekilde dikiliyordu. Üzerinde siyah, kollarını kıvırdığı bir gömlek ve siyah pantolon vardı. Naz ise kendi formuna geri dönmüştü; deri bir şort ve ince boğazlı kazak giyinmişti.

Onları yan yana görmek, bu kadar yakınlarken içime tarifi imkânsız bir kıskançlık aşılıyordu ama bir, bu konuda yapabileceğim hiçbir şey yoktu; iki, onlar çocukluklarından beri en yakın arkadaşlardı. Biri bakmıyorken diğeri onun arkasını kollardı. *Yani kıskançlığını alıp bir tarafına sokabilirsin çünkü onların arasındaki bağ sende yok.* Dikkatimi toplamaya çalıştım.

"Babam hakkında ne biliyorsun?" Direkt olarak Naz'a odaklandım, göz temasını kesmeden yanına yürüdüm. "Onu araştıracağını, Sapphire'den olduğundan şüphelendiğini biliyorum. Şimdiye kadar ne öğrendin?"

Naz, Pars'a bir bakış attıktan sonra yaslandığı koltukta doğruldu ve yeniden gözlerimiz buluştu. "Gerçekten bilmek istiyor musun?"

"Her ne kadar küçük yaşta beni bırakıp gitmiş olsa da o benim biyolojik olarak babam ve evet ne haltlar karıştırdığını bilmek istiyorum." Başım dik, ifadem sertti; orada bugün, hiç olmadığım bir Liva olarak dikiliyordum. Ve bundan sonra Liva Uz için, aslında hiçbir şey eskisi gibi olmayacağından; Liva Uz'un da aynı kalması beklenemezdi.

Değişecektim.

Değişim şarttı.

Çünkü yaşayacaktım.

Yaşamak için artık bir amacım vardı.

Hesap soracak, payıma düşeni yapacaktım.

"Babandan önce büyükanneni araştırdım, varlıklı bir kadın. İngiliz. Fakat kanser, ve kemo..."

"Kemoterapiyi ya da herhangi bir tedaviyi reddetmiş. Zaten öleceğini bildiğinden, kalan zamanını burada benimle geçirmek istemiş. Evet, biliyorum o kısmı," dedim burayı hızlıca geçmek istediğim için.

Pars kaşlarını kaldırdı, bir saniyeliğine ona baktıktan sonra dikkatimin dağılmasına izin vermek istemediğim için Naz'a geri döndüm.

"Baban İngiltere'deki Sapphire'in sahibi olduğu okullardan birinde okumuş. Akademik başarısına bakılırsa Sapphire'den teklif almamış olması imkânsız. Kayıtlarda Oxford'da okuyup Türkiye'ye döndüğü ve burada sakin bir iş hayatı geçirdiği, evlendiği yazıyor ama gerçek bundan çok farklı olabilir çünkü biz özel hayatımızı gizlemeyi çok iyi biliriz. Kimin, kim çıkacağından biz bile bazen emin olamıyoruz," dedi Naz tok bir sesle. "Şimdilik bu kadar. Henüz daha derinlere inmeye vaktim olmadı. Bir de..." Dudaklarını birbirine bastırdı. "Birinden bir haber bekliyorum. Bir dosttan. Eğer yardımcı olursa, işimiz kolaylaşacak."

"Şu seni Yunanistan'da Akademi'ye sokan ve antikorları almana yardımcı olan dostun mu?" diye sordu Pars, kıstığı gözleriyle Naz'a bakarken. Naz, Pars'tan bir şey mi gizliyordu?

Naz seslice nefes verdi. "Pars. Bunu konuştuk. Ne seni, ne de onu satabilirim inan."

"Meslektaşının kim olduğunu söylememek ne zamandan beri adam satmak oluyor? Eminim o benim kim olduğumu, hatta çok daha fazlasını biliyordur," dedi Pars, kolona yaslarken omzunu.

"Pars..."

Pars, "Onun kim olduğunu biliyorum," diyerek Naz'ın lafını kestiğinde, Naz'ın nefesini tuttuğunu ve gerildiğini vücut dilinden anlamıştım.

"Bu imkânsız."

"Değil," dedi Pars. "Fazla parça bırakıyor, kimsenin birleştirmesini istemediği bir yapboz için."

"Meslektaş tartışmanızı böldüğüm için özür dilerim ama büyükannem babamla görüşüyor." Araya girerek yoğun göz temaslarını bozduğumda, ikisi de neye uğradığını şaşırmış gibi şaşkın ifadelerini bana çevirdi. "Kahvaltıda onunla konuştum. Babamın bizi terk etmediğini, annemin onun gideceğini bildiğini söyledi. Neredeyse anlaşmalı ayrıldıklarını itiraf edecekti ya da öyle bir şey ima etti bilmiyorum. Ama açık açık, iletişimde olduklarını söyledi."

"Büyükannenden babanla görüşmeyi talep edebilirsin," dedi Naz hızlıca.

"Bu aptallık olur," dedi Pars araya girerek. "Babasının kim olduğunu bile bilmiyoruz daha tam olarak."

"Benim dostumun kim olduğunu biliyorsun ama Liva'nın babasının kim olduğunu bilmiyor musun Pars?" Naz'ı belki de ilk defa, Pars'a karşı çıkarken görüyordum. "Bak bu komik işte."

"Ortada komik olan bir şey yok, ortada hayal kırıklığı var Naz. Böyle bir şeyi, böyle kritik bir zamanda benden saklamamalıydın." Pars gerçekten hayal kırıklığına uğramış gibi görünüyordu ve en önemlisi de, bunu saklamıyordu. *Naz'a gelince değil.* "Orada tek başına ne halt çeviriyor bilmiyorum ama onun planlarına göre hareket etmeyeceğimi iletirsin."

Pars'ın bana döndüğünü hissettiğimde bileğimden kavrayacağını hissettim, bu yüzden ondan önce davrandım ve kolunu tuttum. "Pars, nereye?"

"Sen de benimle geliyorsun Liva. Merak etme, şu an en çok kimin yanında olmak istiyorsan onun yanına gidiyoruz," dedi Pars düz bir sesle. Ardından elimi kolundan çekti ve elimi tuttu. *Elimi tuttu.* Sıcak avuçlarımız birleştiğinde ağzım açık bir şekilde Naz'a bakıyordum çünkü Pars az önce Naz'ın laflarını ağzına tıkamıştı.

"Pars, ben özür dilerim..."

Naz'ın sesini, kapıya yürüdüğümüz sırada duyduğumda omzumun üzerinden ona döndüm. Pars durmamıştı. Kapıyı açarken "Yağız," dedi ve Naz'a döndü. "Yağız hastanede. Saldırıya uğramış. Kim tarafından olduğunu tahmin edersin."

Kapıdan çıkarken son gördüğüm Naz'ın dolmuş gözleri ve dudaklarından okuduğum bir "Teşekkür ederim," cümlesiydi.

Ne için teşekkür ediyordu?

Pars'ın arabasının köşeye park edilmiş olduğunu gördüğümde, içeri girene kadar tek kelime etmedim. El temasımız kesildiğinde arabanın iki farklı yanına ilerlerken göz göze gelmiştik, Pars sinirli görünüyordu. Naz onu bu kadar sinirlendirebiliyordu.

"Sinirlisin," dedim emniyet kemerimi bağlarken. "Nereye gidiyoruz?"

"İrem aradı." Cevabıyla anında ona döndüm. Pars gaza basıp Pusula'nın sokağından çıkarken bir anlığına dikiz aynasından Naz'ın mekândan koşar adımlarla çıktığını görmüştüm. "Bir parti varmış. Sana ulaşamayınca benimle konuştu. Şarjının bitmiş olabileceğini söyledim ama telefonun çalıyormuş, sen açmıyormuşsun."

"Evden apar topar çık..."

"Aklım çıktı." Kırmızı ışıkta durduğumuzda, Pars lafımı keserken eş zamanlı olarak ağır bir hareketle başını bana çevirmişti. Göz göze geldik. "Liva yapma. Telefonunu yanından ayırma. Böyle tek başına çıkıp gitme bir yerlere... Evde kal. Biriyle kal. Alarmda ol."

"Pars sakin ol," dedim dudaklarımı ıslatırken. Ben de gerilmiştim. "Yağız'a kim saldırmış? Neden saldırmış?"

Pars bana cevap vermeden, elini ceketinin cebine soktuğunda küçük naylon bir poşet çıkardı. İçinde inciye benzeyen bir kolye ucu vardı. "Al, tak bunu."

İnciyi aldım, gerçekten bir kolye ucuydu. "Ne? Bu ne? Pars..." Seslice, öfkeyle soludum bu kez. "Ben sana neler döndüğünü soruyorum ve sen bana inci mi hediye ediyorsun!"

"Güvenliğin için." Eli çok hızlıydı ya da ben fark etmemiştim. Çenemi iki parmağının arasına aldığında istemsizce ona doğru uzanmıştım, o da yüzüme yaklaştırmıştı yüzünü. "Hep üzerinde taşı. Nerede olduğunu bileyim. İnci değil aslında o, iz sürücü. Tenine değdiği sürece nabzının atıp atmadığını da kontrol ediyor." İki parmağını çenemden boynuma indirdiğinde nabzımı ölçüyordu. "Burası durmasın."

Burası durmasın.

Dilimi ısırdım, burnumun direği sızladı. Aynı anda kalp atışlarım hızlandı, ağlamak istedim ama tuttum gözyaşlarımı. Birçok şey oldu ama Pars hiçbirini görmedi, hissetmedi, bilmedi. *Burası durmasın.*

Elimi kazağımın içine attım ve hep taktığım kolyemi çıkardım kazağımın üzerine. Kolye ucu, Pars'ın direkt dikkatini çekti. "Bu kolyeyi terapiye başlamadan önce satın almıştım. İçine küçük bir boncuk sığabiliyor." Ardından kolyenin ucunu açtım, içinde küçük beyaz bir hap vardı. Hap avucuma düştüğünde, Pars kaşlarını çatarak baktı. "Bu ilacı ise, çok çalıştığım bir dönem internette *hacker*lık yaparken satın almıştım. Bir servete mal olmuştu. Diline değdiği an önce tat alıcılarını kör ediyor, daha boğazından geçerken kesiyor nefesini; midene ulaştığında... Ölüyorsun. Saniyelik, acısız bir ölüm."

Pars bir şey söylemedi. İfadesi gevşemişti ve dinliyordu.

"Çatıda güllerle birlikte yanmak üzere olduğum geceyi hatırlıyor musun?" Yutkundum. "Ben de meraklısı değilim acı çekmenin ve Pars, biliyorum; yanarak ölmek çok acı veriyor. O gece..." Pars gözlerini kapattı. "O gece bu hapı alacaktım. Bitecekti."

Yeniden maviliklerini görmeme izin verdiğinde, dönüp camı açtım ve hapı dışarı attım. Ardından inciyi kolyenin küçük boşluğuna yerleştirip kapattım. "Ama şimdi bu hapın yerine bu inciyi yerleştiriyorum çünkü artık ölmek istemiyorum. Başıma bir şey gelirse de beni bul istiyorum. Beni bir görev olarak gördüğünü ve bir çeşit korumam olduğunu biliyorum..."

Pars kaşlarını çatarak "Benim görevim karteli devirmek, seni Akademi'ye teslim etmek değil," diyerek araya girdi. "Eğer öyle olsaydı burada kalır kartelle uğraşmaya devam eder, seni başkasıyla yollardım. Hatta Pars Kalkavan ne yapardı biliyor musun Liva?" Pars bir elini koltuğuma koyarak üzerime eğildiğinde, sanki sözlerini hep hatırlamamı istermiş gibi "Sikine bile takmazdı. Sen benim görevim değilsin. Ben üstlerimden seni Akademi'ye götürmek gibi bir talimat almadım. Ben seni oraya götürüyorum, çünkü olman gereken yer orası. Cevapları alacağımız yer orası."

"Sen neyin cevabını alacaksın?" Gözlerim kısıldı. O kadar yakındaydı ki şampuanının kokusunu alabiliyordum. Eğer saçlarına elimi daldırabilseydim, eğer bakışlarımı maviliklerinden biraz aşağı indirebilseydim, eğer...

"Ben cevap almayacağım. Ben hesap soracağım."

Arkadan gelen kornayla, Pars geri çekildi ve gazladı. Kolyemi kazağımın altına soktum, ardından geriye yaslandım. "Neyin hesabını Pars?"

Cevap vermedi. Yalnızca bana baktı birkaç saniye, ardından önüne döndü. "İrem'in gideceği partide biri var. Kuzeni, Gökay Mendere. Tolga ile yakın arkadaşlar... Arkadaşlardıbir zamanlar."

"İrem'in kuzeni ve Tolga yakın arkadaşlar mıydı?" Şaşkınlıkla açıldı ağzım.

"Aralarında bir mesele döndü, arkadaşlıkları bitti. Ama Tolga'yı bu akşam bize getirebilecek biri varsa o da Gökay Mendere'dir."

"Tüm bunları nereden biliyorsun sen?" Bazen Pars'ın bildiklerinin şaşkınlığını yaşarken bir de bilip anlatmadıklarının şokunu yaşatıyordum kendime.

"Bağlantılarım var."

"Yağız'a kim saldırdı Pars?" Doğruldum, ona baktım yükselen bir öfkeyle. Bunca şey biliyorken bana bunun cevabını vermesi lazımdı.

"Benimki yalnızca bir teori. Doğru olup olmadığını bu akşam anlayacağız."

Ve öylece, Pars'a inandım. Çünkü ona güveniyordum. Çünkü etrafımda güvenebileceğim başka kimse yoktu ve onun bana zarar vermeyeceğinden, yalan söylemeyeceğinden emindim.

"Pars!" Hatırladığım pek de küçük olmayan ama küçücük bir detayla bir elimi Pars'ın koluna, diğerini arabanın kapısına yasladığımda neredeyse uzay boşluğuna düştüğümü hissedecek kadar bir şaşkınlık içerisindeydim. "Sen..." Nefes alamadım. "İrem'in sabaha haberi olur demiştin! Ama kız partiye gidiyor!"

İrem'in babası ölmüştü ve onu kartel öldürmüştü, bir zamanlar birlikte iş yapmış olsalar da Köksal Mendere bu kirliliğe dayanamayıp tüm delillerle bir dosya hazırlamıştı mahkemeye sunmak üzere. İnfaz edilmişti. Katledilmişti. *Beton dökülmüştü üzerine.*

"Köksal'ın ölümü ortaya çıkarsa parti olmaz, parti olmazsa bay bay Gökay Mendere. Gökay Mendere yoksa Tolga da yok. Tolga yoksa..." Durdu. Kafasını salladı. "Geri kalanını hep birlikte göreceğiz."

"Sana inanamıyorum..." Bunu yapmış mıydı gerçekten? "Sırf kendi planların için Köksal Mendere cinayetini saklı mı tutuyorsun sen? Kızının partiye gidip eğlenmesine izin mi vereceksin? İrem bu vicdan azabıyla ne yapar?"

"Köksal öldü. Dirisi işimize yaramadığı gibi ölüsü de işe yaramaz ama bu noktada bir gün daha saklanılması cinayetinin... İşte bu şu an ihtiyacımız olan şey Liva. İrem'in babasını bir gün daha yaşıyor bilmesi ondan bir şey götürmez ama bizim işimize gelir." Pars arabayı bahçeli bir evin önüne çektiğinde yağmur çiseliyordu. Emniyet kemerini çözdü ve bana döndü. "Biliyorum, şu an çok kötü biri gibi görünüyorum ve öyleyim de bunu inkâr etmiyorum ama iş yapmak istiyorsan soğukkanlı olmak zorundasın. Kim olursa olsun Liva. İrem senin çok yakın arkadaşın olabilir ama burada söz konusu olan senin hayatın, senin geleceğin. Eminim İrem'in haberi olsaydı, yapması gerekeni yapardı."

Eminim İrem'in haberi olsaydı, yapması gerekeni yapardı.

Pars gerçekten soğukkanlıydı. O hep öyleydi ama ben bunu yeni fark ediyordum, belki de tokadını yediğimdendi suratıma. Aile nedir, anne baba nedir bilmeden yetişen; kendi kendini yetiştiren benim yanağım bile tatmıştı o tokadı. İrem'inki nasıl tatmasındı?

İrem böyle bir fedakârlık yapar mıydı? Ağlardı. Çok ağlardı. Sarılırdım ona. Saatlerce sessizce duvara bakardık, o ağladı diye ben de ağlardım gram empati hissetmediğim babası için. Babasının ölüsü için. Betonda ölüsünün izi çıkan adam için. Ama İrem bilse; kalkar yüzünü yıkar, makyajını yapar, en güzel elbisesini giyer çıkardı o odadan ve gelirdi partiye. Kimseye de bir şey çaktırmazdı.

"Nasıl bu kadar kalpsiz olabilirsin bilmiyorum," diye mırıldandım ruhsuz bir sesle. Ruhsuz Liva geri döndüğünden değildi ama Liva'nın o ruhsuzluğuna ihtiyacı vardı bu gece.

Çığlık atmadan en yakın arkadaşının suratına bakabilmek için. Çünkü yüzüm yoktu.

"İrem'in babasını öldüren ben de olabilirdim, gerekseydi."

Başımı kaldırdım ve ona baktım, söyleyebileceğim hiçbir şey yoktu. "Ama..."

"Çünkü o adam, küçük çocukları ve kadınları kaçırıp tehditle fuhuşa zorlayan ve ülkeye uyuşturucu, kokain,

LSD ne ararsan sokan bir pezevenkle ortaklık yaptı. Kimbilir kaç hayatı yaktı, kimbilir kaç masumun canını yaktı. Benim elleri kirlenmiş bir adamın canını almam seni korkutmasın," diye devam etti Pars. Ona çatık kaşlarla baktığım sırada elinin tersini yanağıma sürttüğünde, tüm hücrelerim uyarılmıştı. "Senin gözünde o en yakın arkadaşının babası olabilir ama benim gözümde kokuşmuş bir fare. Aç gözlülükle, para hırsıyla kokuşmuş hem de. Savcılık gibi saygı duyulan bir mesleği varken, paraya ihtiyacı yokken... Zevkine. En nefret ettiğim."

Söyleyebileceğim bir şey vardı. Pars haklıydı. Duygusal düşünüyordum. Tek düşündüğüm bu durumun en yakın arkadaşımı nasıl etkileyeceğiydi. Ama bunun ötesinde bir dünya vardı ve Köksal Mendere o dünyaya alet olmuştu. Onların aleyhinde bir dosya açmış olması ve bunun için hayatını kaybetmiş olması yaptıklarını, ortak olduklarını değiştirmezdi.

Pars'ın parmakları yanağımdan çeneme kaydığında kararlılıkla ona baktım ve kafamı salladım. "Hadi, kedi," dedi başıyla inmemizi işaret ederken. Bana yine *kedi* demişti.

Arabadan birlikte indik, bahçe kapısından içeri girdik. İçeriden insan sesleri geliyordu, bir de rap bir şarkı çalıyordu. Merdivenlerden çıkarken elimi montumun cebine soktum, Pars kapıyı çaldı.

Dönüp bana baktığında, ben de ona baktım bir saniye. Uzanıp saçlarımı kulağımın arkasına ittiğinde kulağıma doğru eğilerek "Sorarlarsa," diye mırıldandı, ardından elime uzandı ve parmaklarını benimkilerin arasından geçirdi. Tutuşmuş ellerimizi cebimden çıkardığında, kapı açılmadan hemen önce devam etti lafına. "Sevgiliyiz."

Ambulans 112 miydi 155 mi?

Kapıyı tanımadığım bir çocuk açtı ve açtıktan hemen sonra ortadan kayboldu. İçerisi kalabalıktı ama çok da boğucu bir kalabalık yoktu. Üzerimdeki kazak, pantolon ve mont buraya ait olmadığımı bağırıyordu ama ben zaten bunca zaman kendimi bir yere ait hissetmemiştim bu yüzden biri bunu burada bana hatırlatsa bile sorun yoktu.

"Liva! Yüzünü gören cennetlik be kızım! Kayboldun yine ortalardan... Çekil be!" İrem'in sesini yakınlarda duyduğumda, sohbet ettiği kişilerin yanından geçip bu tarafa gelirken önüne çıkan çocuğa çemkirdiğini görüp istemsizce güldüm. İrem ardından bakışlarını elime indirdi ve kocaman açtığı gözleriyle Pars'a baktı.

Pars garip bir şekilde dudaklarını birbirine bastırıp gülümsedi.

İrem bana baktı.

Ben halıya baktım. *Ne güzel bir halı.*

"Ben içecek alayım," dedi Pars etrafa bir bakış atarken. Anında ellerimiz çözülmüştü. İrem'in yanından geçerken ona "Selam," dedi ve ortadan kayboldu.

İrem koluma girip beni ileriye sürüklemeye başladığında "Sence polisi arasam seni içeri atarlar mı çünkü ben burada en yakın arkadaşına yalan söyleyerek çok büyük bir suç işlediğini düşünüyorum," diye mırıldandı hızlı bir şekilde, elindeki şampanyadan bir yudum alırken. "Tabii *naçizane* düşüncem, yanlış anlaşılmasın."

Yüzümü buruşturdum. İrem bilerek *naçizane* kelimesini kullanmıştı çünkü o kelimenin okunuş biçiminin içimde bir şeyleri gıdıkladığını ve bundan hoşlanmadığımı biliyordu. "Pars'ı aramışsın," dedim bu konuyu dağıtmayı umarak. "Telefon numarası sende var mıydı onun?"

"Evet. Kendi vermişti." Bu garibime gitmişti. "Herhangi bir durumda onu aramam için, seninle ilgili tabii. Herhangi bir durum derken neyi kastettiğini bilmiyorum ama tam olarak şu durumu kastediyor olabilir," diyerek arkamı gösterdiğinde bana montumu çıkarttırıyordu.

Arkamı döndüm. *Ah... Hayır.* Geçen sene okuldan mezun olan son sınıflardan biri buradaydı. Okulların kapanmasına yakın, İrem'in verdiği bir partide tartışmıştık ve çocuğa boyum kadar yalan söylemiş, tehdit etmiştim bir de.

O partide bütün gece beni rahatsız etmiş, telefon numaramı istemiş, bana alkol içirmeye ve sarhoş etmeye çalışmıştı. Bir yudum bile sürmemiştim ağzıma. Sürekli yanında gezen futbol takımındaki arkadaşının telefonunun kamerası açık bir şekilde aşağıdan fotoğraflarımı çekmeye çalışmış olmasını aklımdan çıkaramıyordum. O kadar sinirlenmiştim ki gözünün önünde telefonunu kalın topuklu botlarımla ezip duvara çarpmış, onu mahkemeye verirsem hapishanede gençliğinin nasıl çürüyeceğinden bahsetmiştim; başta beni ciddiye almamıştı bu yüzden hiç çekinmeden sıralamıştım yalanlarımı.

Babamın İrem'in babasıyla arkadaş olduğunu, yüksek mevkilerde güç sahibi biri olduğunu söylemiştim; eğer istersem bütün ailesini avucumun içinde mahvedebileceğimi. O kadar sinirlenmiştim ki bu kadar ileri gitmiştim. Muhtemelen sıkı ve zengin bir ailesi vardı, o yüzden alacağı cezadan çok ailesinin tepkisinden korkuyor olmalıydı ki hiçbir şey söylemeden gitmişti. Bunların hiçbirinden İrem'in haberi yoktu çünkü o gece zil zurna sarhoş olmuş masanın üstünde dans ediyordu. Gecenin sonunda arabasını eve süren ve onu yatağına yatıran ben olmuştum.

Bu kez de öyle olsun istemiyordum.

Ama bir yanım bayılana kadar içmesini ve o masanın üzerine çıkıp deliler gibi dans etmesini istiyordu yine. Çünkü bugünden sonra bir daha hiç bu kadar eğlenebileceğini zannetmiyordum.

"Vay vay vay, kimleri görüyorum?" diyerek girişini yaptı Fırat. Boyu benden çok az uzundu ve aşırı yapılıydı, bu onda çirkin duruyordu. "Seni araştırdım," diye devam etti alaycı tavrına. "Geçen seneki lafların şişirme çıktı. Baban yok, annen yok, mevki dedin güç dedin; e hepsi yalan. O zaman geriye ne kalıyor? Ben söyleyeyim, telefonumu kırmış küçük bir cadoloz kalıyor."

"Telefonun için para dileniyorsan IBAN at, beni rahatsız etme." Önüme döndüm. İrem montumu koltuğun kenarına bırakırken Fırat'a *aldın mı cevabını* gibisinden alaycı bir bakış attı.

Saçımda bir hareketlilik hissettiğimde Fırat'ın dibime girmiş, saçımın bir tutamını parmaklarının arasına almış olduğunun farkında bile değildim. Eline vurdum ve geri çekilip karşısına geçtim. "Ne yapıyorsun sen be?"

"Dilin zehir," dedi alayla. Yanından geçen garsonun tepsisinden içinde ne olduğunu bilmediğim bir içki bardağı aldı ve bana uzattı. "İç de tatlansın."

"Sen aptal mısın?" Kollarımı göğsümde birleştirdim. "Sen gerçekten aptal mısın?" Çok ciddi soruyordum. "Geçen sene beni rahatsız ettin, yetmedi arkadaşın taciz etti. Özür dileyeceğin yerde gelmiş yine aynı hareketlere devam ediyorsun, ne umuyorsun cevap olarak çok merak ediyorum. Buyur arka odaya geçelim dememi falan mı bekliyorsun?"

"Haklısın, haklısın," dedi bir an, boşluğuma gelmişti. Fırat bana uzattığı içkiden kendi bir yudum aldı ve elinde tuttu bardağı. "Eşeklik ettim, arkadaşım ise şerefsizlik etti. Zaten o olaydan sonra bir daha görüşmedik. Burada seni bir yılın ardından tekrar görünce selam vermek istedim ama giriş kısmında nasıl konu açsam bilemedim."

Ters ters bakıyordum ona, söyledikleri hiç de samimi gelmiyordu. "Fırat git karı kız kovala ya, bak benim arkadaşımın dalyan gibi sevgilisi var bir koyarsa seni duvardan spatulayla kazırız."

Fırat ekşi bir suratla İrem'e baktı, ardından beni baştan aşağı süzdü. "Geçen seneden fiziğinden haberdarım Livacığım ama bu tarzla tavlayabileceğin tek dalyan, bizim çiftlikteki danalar olur gibime geldi."

Alayla güldüm. "Sırf biraz ten ve kıvrım göstermedim diye potansiyelim olmadığını mı söylüyorsun? Az öncesine kadar sen bana bu tarzımla," dedim üzerimdekileri göstererek. "Yürüyordun ama Fırat. Senin standartların bu kadar düşük mü ya?"

"Allah belamı versin şuraya çömeleyim iki paket çekirdekle, tüm gece atışmasını izlerim şu kızın," dedi İrem kahkahalar atarak. "Cevap vermiyor ulan, saplıyor! Saplıyor!"

Fırat gözlerini devirdi. Ardından içkisinden büyük bir yudum aldı. "Sevgilini getirmedin herhalde partiye, izin vermedi ya da normal giyinmene. Dağ ayısıyla partner olduysan demek ki." Bardağı kenara bıraktı. "Hadi kanıtla," diye devam etti. "Tavla buradan birini."

Kaşlarımı havaya kaldırdım. "Ben neden sana bir şey kanıtlamak zorundayım?"

"Bana kanıtlamak zorunda değilsin, bir kadının pantolon, kazak ve kabarık saçıyla etkileyici olabileceğini savunuyorsun sen şu an. Aşağıdaki kalkmaz," dedi gözlerimi devirmeme sebep olarak. "Getir birini yanımıza, iltifat ettir. Dizlerimin üzerine çökerim bak, abartısız."

Dizlerinin üzerine çökmesini falan istemiyordum, onu ikna etmek de istemiyordum. Hiçbir şeyi kanıtlama ihtiyacı duymuyordum. Ama yine de içimde bir yerlerde, pantolon kazakla geldiğim için güvensiz hissettiğimden "Tamam," dedim ve kollarımı göğsümde bağladım. "Seç."

"Hassiktir..." İrem şaşkınlıkla bana bakarken şampanyasını kafasına dikmişti.

"Hımm..." Fırat etrafa bir bakış attı. Şansım varsa Pars'ı seçerdi ama Pars ortalarda yoktu bile ve Fırat yalnızca salonda gezdiriyordu gözlerini. Köşede, bar sandalyesine kalçasını yaslamış, bir beyzbol şapkası takan uzun boylu ve yapılı çocuğu gösterdiğinde, "Adil bir hedef," dedi. "Buyur sende iş."

Ona gözlerimi devirdim bir kez daha. Bir yabancıyla tanışacak olmanın verdiği karın büken his kamburumu çıkardığında, dik yürümek için zorladım kendimi. Kalabalığı aşıp yabancının yanına gittiğimde, yanındaki bar sandalyesine oturdum ve tezgâha kolumu yasladım. Üzerinde açık mavi eski bir kot ve gri bir tişört vardı yalnızca.

Kulağında kulaklık vardı ve telefonundan bir dizi izliyordu.

Tırnaklarımı masaya çarptım, boğazımı temizledim, ardından "Bir partide yapılacak en iyi şey kulaklıklarını takıp dizi izlemektir zaten," diye bir yorumda bulundum. İtici mi olmuştu? Bilmiyordum. Hayatım boyunca hiç, birileriyle tanışmak zorunda hissetmemiştim kendimi ama Fırat beni kızdırmıştı.

Çocuk duymuş muydu? Duymamıştı. Birkaç saniye geçti. Başımı çevirip Fırat'a bakmak istemiyordum, bu yüzden dudaklarımı birbirine bastırdım ve cevap bekledim. Beni duymamıştı bile, nasıl cevap verecekti? Koluna mı dokunsaydım?

Tam başımı eğip yüzüne bakacağım sırada kulaklıklarından birini çıkardı ve "Her ne kadar bir partide kulaklıklarını takmış dizi izliyor olsa da, tanımadığın birini bölmek de kabalıktır," diye cevap verdi bana. Sesi kadifeydi.

Cevap vermiş oluşunun şoku kısa sürdü.

"Kusura bakma, partilerde kulaklıklarını takıp dizi izleyen çocuklarla sohbet etmek benim hobimdir."

"İnsanları rahatsız eden bir hobin var öyleyse," dedi düz bir sesle.

Kaşlarım çatıldı. Rengini anlayamıyordum. "Gideyim mi?"

"Bilmem. Kal istiyorsan."

"Senin rahatsızlığın ne tam olarak?" Kollarımı göğsümde birleştirdim. Bir an Fırat'ı da, İrem'i de unutmuştum ve sohbeti ilgimi çekmişti. "Güzel bir kız yanına oturmuş seninle konuşuyor, telefonunun ekranındaki o sahte dünya daha mı ilgi çekici?"

"Orada her şey yolunda," diye devam etti. "Orada her şey, yazarın yazdığı senaryo dahilinde ilerliyor. Her ne kadar izleyici neyin ne zaman olacağını çoğu zaman kestiremese de kontrol var."

"Kontrolcüsün yani."

"Öyleyim. Kontrol edemediğim değişkenler beni rahatsız eder." Başını hafifçe kaldırdı. Dudaklarını ve burnunu görebiliyordum sadece. "Sen de bunlardan birisin," diye devam etti. "Arkadaşlarının yanına dönmeni tavsiye ediyorum."

"Beni mi izliyordun?"

"Yanında birileri olduğu, birilerini tanıdığın belli. Yoksa bu partide işin ne?" Haklıydı.

Etrafa baktım. Pars neredeydi acaba? Gökay Mendere ile mi konuşuyordu? Onunla tanışıyorlar mıydı?

"Sen de gelmek ister misin benimle arkadaşlarımın yanına?" Dudaklarımı birbirine bastırdım. Zararsız birine benziyordu, Fırat'la İrem'i ise konuşma tarzıyla muhtemelen gıcık ederdi. Üstelik harika bir diksiyonu vardı. Şansım varsa Fırat sinir olur, bahsi unutur ve giderdi.

"Neden geleyim?" diye sordu adını bilmediğim yabancı.

"İşte... Sohbet muhabbet." Bunu yaptığıma inanamıyordum.

"Sohbet muhabbet?" Hafifçe güldü ya da sadece dudaklarının kenarı kıvrıldı. "Sence sohbet muhabbeti seven birine mi benziyorum?"

Kuşkusuz ki cevap hayır'dı ama evet demesine ihtiyacım vardı.

"Tamam," dedi ardından, bir anda. Ben onu ikna etmekle kalkıp Fırat'a orta parmak çektikten sonra Pars'ı bulmaya çalışmak arasında gidip gelirken. Telefonunu cebine attı, kulaklıklarını da öyle. "Gidelim."

Şaşırmıştım.

Ben sandalyeden indiğimde o çoktan kalkmıştı. Boyu benden en az bir kafa boyu daha uzundu, yani bayağı uzundu. Kalabalığın arasından geçerken ona "İsmin ne?" diye sordum.

"Selim," dedi tok bir sesle.

Elimi uzattım. "Liva ben."

Elimi tuttu, sıktı. "Memnun oldum Liva."

"Ben de." Dünyanın en fevri ve aptal insanıydım. Fırat neden benim umurumda olsundu ya da savunduğum düşünceyi kanıtlamak? Benim Fransa'ya gitmem, babamın kim olduğunu öğrenmem, peşime düşmek üzere olan Peder'den kaçmam gerekiyordu.

Benim acilen Pars'ı bulmam gerekiyordu.

"Sizinle Selim'i tanıştırayım," dedim bana dudakları kapalı bir sırıtışla bakan İrem'e ve yavşak ifadesiyle yanında dikilen Fırat'a hitaben. "Selim bunlar Fırat ve İrem."

"Memnun olduk," diyerek araya girdi İrem direkt. Bir eli ne ara belime uzanmıştı bilmiyordum ama beni cimcikleyince istemsizce yana kaydım, Selim ise inanılmaz bir refleksle kolumu tuttu. Ben şaşkınlıkla ona bakarken, Fırat da kaşlarını kaldırmış Selim'in tuttuğu koluma bakıyordu. Geri zekâlı herif, bunun flörtleşmek olduğunu düşünüyordu.

"Ee Selim, nerede okuyorsun?" İrem, yanından geçen garsonun tepsisinden iki içki aldığında birini Selim'e; diğerini bana uzattı. Selim kolumu bırakmıştı bile. Aynı anda *cık*'ladığımızda bunu garipsemedim. Demek ki o da alkol almayı sevmiyordu.

"Yurtdışında," diye yanıtladı Selim onu.

"O zaman kısa süreli buradasın," dedi İrem. "Ailen mi burada? Yorucu olmuyor mu gidip gelmek?"

"Olmuyor. Ailem dünyanın dört bir yanına dağılmış durumda." Fırat, Selim'in İrem'e cevap verdiği sırada elini uzattı; ben Selim'in şapkasını kapacağını anlayana kadar Selim çoktan Fırat'ın elinden yine bir refleksle kenara çekilerek kurtulmuş ve çocuğu umursamamıştı.

Fırat şaşkınlıkla ona bakarken ben alayla yakaladım gözlerini. Yanımda getirdiğim çocuk bile daha ne kadar pis biri olduğunu bilmeden tavır yapıyor, görmezden geliyordu onu. Selim'in içgüdüleri çok iyi çalışıyordu gerçekten.

"Ay çocuk şapkasını çıkarmasa da yakışıklı," diye fısıldadı İrem kulağıma eğilerek. "Ay, Liva... Bu yavruyu bana mı yapsak ya ne yapsak?"

"Sen önce tabağındakileri bitir," diye cevapladım onu bu kez ben kolundan cimcikleyerek. Tolga ve Kayra'yı unutmamıştım.

İrem "Aman be," diye homurdandı önüne dönerken.

Fırat, Selim'le aramda geçecek bir konuşmayı dört gözle beklediğinden bana sinyal çakarcasına bakıyordu. En sonunda Selim'i baştan aşağı süzdüm ve şapkasından göründüğü kadarıyla yüzüne baktım. Şapkasını çıkarmak istemeyişini hiç garipsememiştim, belki de onu rahatsız eden bir nedeni vardı. "Tişörtüne bayıldım, erkek reyonundan alışveriş yapmayı çok severim. Nereden aldın?"

"Hatırlamıyorum."

"Bu üstümdeki kazak da erkek reyonundan," dedim kollarımı açarak. Evet, öyleydi. Lacivert, büyük bir erkek kazağı giyiyordum çünkü az önce söylediklerimde dürüsttüm.

Selim kazağıma baktı, ardından "Güzel, yakışmış," dedi.

"Çuval gibi dursa bile mi?"

"Patates çuvalı olsa bile değişmez. Önemli olan onu taşıyan kadın," dedi Selim. O an onu hiçbir art niyet taşımaksızın, Fırat'ın gözüne soka soka alnından öpmek istemiştim büyük bir zafer coşkusuyla.

İrem "Ve bu iş burada biter," dedi ne zaman eline aldığını bilmediğim *mojito*sunun pipetini ağzına dayayarak. Fırat göz devirmişti.

"Dizlerinin üzerine," dedi İrem işaret parmağıyla ona yeri gösterirken.

Fırat yüzünü ekşitti. "Yok daha neler."

"Diz çökeceğim demiştin." Kollarımı göğsümde birleştirdim ve ağırlığımı bir ayağıma verdim. "Getir birini yanımıza, iltifat ettir. Dizlerimin üzerine çökerim bak, abartısız demiştin. Evet aynen böyle söylemiştin."

"Aynen öyle söylemiştin," diye tekrar etti İrem, kolunu omzuma attı ve *mojito*sunun pipetini bana uzattı. Limon ve tanenin ağır tadı ağzıma ulaştığında, ne kadar susadığımı fark etmiştim.

"Çocuğun yanında ettiğin laflara bak!" Fırat, kaybettiği bahsin bedelinden kaçmaya çalışıyordu ama geçen seneki tavırları aklıma geldikçe bahsi de bedeli de bir kenara bırakıp yumruğumu geçirmek istiyordum suratının tam ortasına. Diz çökmese de olurdu.

"Selim çok kafa biri, umursamaz..." İrem, Fırat'a doğru alayla konuşurken üçümüz de yan tarafa döndüğümüzde, Selim'in artık yanımızda olmadığını gördük. Ne ara, nereye kaybolmuştu?

"Ee, nereye gitti bu çocuk?" İrem kolunu omzumdan çekti ve bardağını kenardaki sehpanın üzerine bıraktı.

"Hadi ben kaçar!" Fırat, Selim'in olmadığını fark ettiği gibi arkasını dönmüş; kalabalığın arasına karışacakken arkasından "Dur!" diye bağırdım. Elbette onun cüssesinde birini durdurabilmemin imkânı yoktu, kaldı ki dur dememle duracak biri de değildi.

Ama başka biri onu durdurdu. Omzuna elini geçirdiği gibi Fırat koşar adımlarını duvara toslamış gibi durdurduğunda İrem yanımda sessiz çığlıklar atıyordu. Nereye kaybolduğunu bilmediğim Selim gibi, nereden çıktığını da bilmediğim Pars; Fırat'ı "Gel sen bir," diyerek hiç de dostane olmayan bir surat ifadesiyle bu tarafa doğru yürütüyordu.

İrem'in *mojito*sunu alıp tekli koltuğun kolçağına oturdum ve pipeti ağzıma dayadım. Fırat "Ne oluyor ya? Bıraksana abicim," diye homurdanıyor ama yine de bu tarafa doğru yürüyordu tıpış tıpış.

"Bu doldurulmuş peluşun sıkıntısı ne tam olarak?"

İrem, Pars'ın doldurulmuş peluş yorumuyla zevkten dört köşe olmuş bir vaziyette kahkahaatarken; Fırat, Pars'ın elini ittirdi ve üzerini silkeledi. "Asıl bu elemanın sıkıntısı ne?!"

"Liva'nın sıkıntısı sensin şu an, doğal olarak *bu eleman* diye bahsettiğin dalyanın sıkıntısı da sen oluyorsun." İrem harika konuşuyordu. "Gerçi, pardon, Liva'nın tavlayabileceği tek dalyan sizin çiftlikteki danalar olur demiştin... Al sana dana." İrem, Fırat'a Pars'ı takdim etti.

Pars'ın ifadesini kayda alıp tekrar tekrar oynatmak isterdim o an. Kaşları çatılmış, anlayamamış bir ifadeyle İrem'e kendini göstermiş, ardından aynı ifadeyle Fırat'a da kendini göstermişti.

"Estağfurullah bizde olmaz öyle şey, dinime imanıma tövbe," dedi Fırat başını geriye çekerek gıdısını ortaya çıkartırken. Küçülmüş de küçülmüştü. "Ben gideyim karı kız kovalayayım... İrem sen iyi demiştin az önce. İyi demiştin."

"Diz çök!" diye bağırdı İrem, kaçarcasına giden Fırat'ın arkasından. Gayet de ciddiydi. "Geri dön ve diz çök pezevenk!"

Pezevenk yorumuyla ağzım beş karış açık, gülerek baktım İrem'e. "Ne var?" dedi. "Hep kalabalıkta birine pezevenk diye bağırmak istemişimdir."

Alkolden miydi bilmiyordum ama gülüyordum, İrem beni hep güldürecek bir şeyler yapardı ama bu kez sırtım hafifken güldüğüm için acıtmıyordu kahkahalarım. Dilimde bir ekşi tat vardı ama bunun sebebi içtiğim şey değildi; bunun sebebi en yakın arkadaşımın babasının öldüğünü bile bile, onun bir partide eğlenmesine izin verdiğim içindi. Empati yapıyordum ve birinin bunu bana yapması durumunda nasıl bir tepki verirdim, tahmin bile edemiyordum.

Ama Pars rasyonel bir insandı. Öyle olmasa bile öyle olmak zorunda olan biriydi. Köksal Mendere iyi bir adam olsaydı bile, cinayetini işine yaraması için son ana kadar kullanırdı.

Bu yüzden güldüğüm sırada, Pars'la göz göze geldiğim an bir sessizlik çöktü dudaklarıma. Düz bir çizgi hâlini aldılar. İrem bana dostluğuyla, sıcaklığıyla hayat veriyorsa; Pars Kalkavan o hayatı söküp alıyordu çünkü sırlarıyla. Bir kez daha anlıyordum, Tanrı beni okyanuslarında boğmak istemişti. *Fırtınadan sağ çıkıp kıyıya yüzdüğümde, daha neler olur da hayat yine de devam eder diyebilmek için.*

En kötü günümü düşündüm.

Annemin eve getirdiği o pislik adam her yemeğimi yediğinde, her içtiğinde ve bana Bahar diye seslendiğinde, kapımı kırıp bana dokunmaya çalıştığında ama ona izin vermeyip kırıp dökerek çatıya saklandığımda; kir, toz ve fareler arasında uyumaya çalıştığımda... Bu anıların her birinde, hayatımın en kötü günü olduklarını düşünmüştüm. Ama değildi. Babamın bizi terk ettiği gün bile kötü bir şey düşünmemiştim ben çünkü çocuktum.

Benim hayatımın en kötü günü annemin en son uyuduğu gündü.

Çünkü bir daha uyanmadı.

Eğer Pars, çıkarları doğrultusunda benden annemin ölüsünü saklasaydı... Benden yalnızca hayatımı söküp almış olmayacaktı, kendisini de alacaktı.

Ona söylememiştim ama ben aslında onunla tanıştığım gün vazgeçmiştim ki. Çünkü ben onunla tanıştığım ilk gün, çaresizce yaşamak için; bir şeyler deneyimlemek, bir şeyler tatmak için atlamıştım hayatına. Emniyet kemeri takmadan binmiştim arabaya, paraşütsüz atlamıştım bulutlardan, oksijen tüpü olmadan dalmıştım okyanusunun derinliklerine.

Ben onunla tanıştığım gün intihar etmiş ve yaşamayı seçmiştim aslında.

8

Sakladıkça Büyüttüğün Yalan, Seni Sancıyacak Zehirli Bir Yılan

"İrem, Liva'yı biraz çalıyorum müsaadenle," dedi Pars gayet nazik bir sesle. İrem'in "İzin veriyorum," demesine kalmadan ben onun başıyla işaret ettiği tarafa yönelmiştim bile.

Arka taraftaki, soğuk olduğu için sakin ve sessiz terasa geçtik. Pars terasın kapısını kapatırken bana bir bakış attı ve "Neden gülmeyi bıraktın?" diye sordu ciddi bir sesle.

Bunu sormasını beklemiyordum, durumla ilgili konuşmasını bekliyordum bu yüzden gafil avlanmıştım. Trabzana yaslanırken gözlerimi kırpıştırarak "Nasıl?" diye sordum. O ana kadar elinde montum olduğunu fark etmemiştim, ne zaman aldığı hakkında da bir fikrim yoktu.

"Ne geldi aklına?" Montumu giyinmem için tuttu. Bir monta, bir de ona baktım. Ardından bakışlarımı yere indirdim ve montumu giyindim. Tekrar trabzanlara yaslandığımda Pars karşımda durmuş, sanki çok normal bir şeymiş gibi montumun fermuarını kapatıyordu.

Başımı kaldırdığım gibi göz göze geldik.

Bakışlarımı kaçırdım ve yutkundum. "Pars, böyle şeyler konuşarak vakit kaybediyoruz..."

Beni anlamıyormuş gibi alaycı bir sesle, "Ne demek vakit kaybediyoruz? Böyle şeyler ne ki senin için?" diye sordu maviliklerini kısarak. Böyle şeyler, demek istedim. Böyle şeyler...

"Böyle şeyler işte," dedim cesaretimi toplayarak. "Benim ne hissettiğim, benim ne düşündüğüm ya da... Böyle şeyler işte Pars. Bunların bir önemi yok. Buraya gelme sebebimiz belli. İhtiyacımız olanı alıp çıkacağız, ki bu durumda bu Tolga oluyor. Her ne kadar ona neden ulaşmaya çalıştığını bilmesem de. Çünkü aptalın teki, babasının adamlarını kullanarak bize tuzak kurdu ve neredeyse ölüyorduk evet ama senin gibi büyük işler peşindeki bir adamın Tolga gibi bir serseriyle ne işi olur anlamıyorum."

Pars, Tolga mevzusunu sanki hiç duymamış gibi görmezden geldi. "Konuyu değiştirme Liva, buraya gelme sebebimizle şu an tartıştığımız konunun hiçbir ilgi ve alakası yok. Düşüncelerinin ya da hislerinin önemsiz olduğunu nasıl söyleyebilirsin?"

"Bir önemi var mı Pars?" Doğruldum, çenemi kaldırdım.

"Var," dedi gözlerimin içine keskin bir sertlikle ya da emin bir şekilde bakarken. Emindi.. Vardı.

"Ben Naz değilim. Seninle büyümedim, arkanı kollayamıyorum, aslına bakarsan hiçbir işine yaramam da. Sana hiçbir şey ifade etmiyorum. Neden bunların bir önemi olsun?"

"Naz'la ne ilgisi var?" Şaşırmıştı.

"Onunla göreve çıktığında da böyle ufak anlarını yakalayarak hesap soruyor musun?"

"Hayır," dedi dürüstçe. "Eğer görevi etkileyecek herhangi bir şeyle bir ilgisi yoksa tepkisinin."

"Benim tepkim de görevini etkilemeyecek, emin olabilirsin."

Pars o an, başını geriye atarak kocaman bir kahkaha attı. En son ne zaman kahkahasını duymuştum ya da daha önce duymuş muydum bilmiyordum ama olaylara insani tepkiler vermesi hoşuma gidiyordu. "Liva ben soruyorum, çünkü bilmek istiyorum. Neden sürekli bir şeyleri Naz'a ya da göreve bağlıyorsun?"

"Çünkü görev için yapıyorsun," dedim dürüstçe. Doğruydu da sözlerim.

"Neyi?"

"Bunu!" Ellerimi havaya kaldırdım, ben de şaşkındım beni anlamadığı için. "Bunu Pars! Sen, bir hafta öncesine kadar kartelle işin bittiğinde hiç Türkiye'ye gelmemiş gibi terk edecektin buraları. Bir sabah kalkacaktım ve yine o karanlık bulutların hüküm sürdüğü melankolik dünyamda olacaktım. Senden tek bir iz kalmayacaktı, belki Sapphire'in serumlarından kullanıp silecektin bile hafızamın seninle geçirdiğim zamanını... Hiçbir şey bırakmayacaktın bana. Bunun çok normal olduğunu ikimiz de kabul edebiliyoruz da, neden ben dikkat dağıtmamak için duygular ve düşüncelerden bahsetmek istemediğimde sıkıntı çıkıyor?"

"Çünkü önemsiyorum, ihtiyaç duyuyorum!" Bir elini saçından geçirdi, cümlelerini toparlamak istercesine gözlerini kapattı, dudaklarını ıslattı; şaşkınca suratını izlediğim saniyelerde. "Bunu anlamak çok mu zor? Her şeyi anlıyor, idrak edebiliyorsun da bunu mu fark edemiyorsun? İstediğin bahaneyi kullan. İstersen görev de, istersen başka bir şey. Benim senin ne hissettiğini, ne düşündüğünü bilmeye ihtiyacım var."

Sanki maraton koşmuş gibi göğsüm hızla inip kalkarken "Neden?" diye sordum, gerçek bir cevap isteyerek. Çünkü önemsiyordum, çünkü bilmeye ihtiyacım vardı.

Ama soru işaretinin kancasının göğsüme geçirildiği o saniyelerde, herhangi bir cevap alamadım. Pars tıpkı benim gibi ağır nefesler alırken sessiz kaldı.

"Ben cevap vereyim, nabzımı ölçmek için. Bir aptallık yapar mıyım diye," dedim sert bir dille. Bak bana. Ben bakıyordum ona. Kimse sağ kalmaz dedin içeride. Kapıyı tıklattım açmadın, zili çaldım kulaklarını tıkadın, kapının önündeki paspasın üzerine kıvrılıp uyudum ıslak yavru bir sokak kedisi gibi. Sen daha benden ne bekliyorsun?

Bazı sözler, sarf edilmediğinde daha güçlüdür. İnsana irade verir.

Terasın kapısının açıldığını fark ettim. Dikkatim tamamen dağıldığında, ortamın gerginliği de dağılmaya başlamıştı. İçeri giren, daha doğrusu dışarı çıkan; uzun boylu, uzun sarı saçlarını arkasında toplamış, benim yaşlarımda bir erkekti. Etrafı süzdükten sonra direkt Pars'a baktı.

O an fark ettim. Gökay Mendere. İrem'in kuzeni.

"Bunu sadece Varis rica ettiği için yapıyorum," dedi ciddi bir sesle. Yanımıza gelmişti. "Çünkü normalde rica etmez."

Pars'la geri çekildik. Zaten onun dikkati çoktan Gökay'ın üzerine çevrilmişti bile.

Bir vâris mi vardı? Bu bir lakap mıydı?

"Burada," diye devam etti Gökay, benimle tanışmasa da başıyla ufak bir selam verirken. "Tolga sokağın hemen aşağısında, terk edilmiş gecekondu bir evde bekliyor şu an. No 87."

"Eyvallah," dedi Pars, Gökay'la el sıkışırlarken. Gökay kafasını salladı.

"Ona ne olacak?" Bu sorunun cevabını ben de bilmiyordum ama muhattabı zaten Pars'tı. "Onu... Öldürecek misin? Başına bir şey gelecek mi?"

"Benim elimden değil," diye mırıldandı Pars, düşünceli bir sesle gözleri bahçenin derinliklerine dalmışken. Bu ne demekti?

"Hasta o, yapılabilecek bir şey yok." Gökay bir sigara yaktı. Kendininkini yakmadan önce Pars'a da, bana da teklif etmişti ama kafamı olumsuz anlamda sallamıştım. "Aslında yapılabilecek bir şey var, rehabilitasyon merkezine yatırmak ama babası bunu asla kabul etmez laf olacak diye. Sırf laf olacak diye, oğluna gereken tedaviyi yaptırmaz."

"Onu ne kadar iyi tanıyorsun?" diye sordum yutkunarak. Gökay iyi birine benziyordu, en başta bize yardım ediyordu.

"Tolga, benim hayatımın aşkına bir böbreğini verdi." Gökay, söylediği hiçbir şeymiş gibi dudaklarının arasındaki sigaradan içine bir nefes çekerken benim ciğerlerimdeki nefes göğsüme dar gelmişti.

Ne? diye sormaktan son anda alıkoydum kendimi. Tolga böyle bir şey yapar mıydı? Vardı onda o delilik... Ama fedakârlık? "Hayatının aşkına böbreğini veren birini sattın az önce, farkındasın değil mi bunun?"

"O, Irmak'a böbreğini verdi. Bunu duyan babası Taylan Arıkan da, onu aldı benden. Yalnızca böbreğini değil, Irmak'ı da," diye devam etti Gökay, küçük dilimi yutkmak üzereydim. Pars hafif ekşi bir suratla, kendi sigarasını yakmıştı o an. "Bildiğim üzere arkadaşın," dedi ve başıyla Pars'ı işaret etti. "O aileyi yok edecek. Yalnızca yok etmeyecek, beş paralık edecek isimlerini, piyasalarını, itibarlarını. Bu durumda benim, her ne kadar Irmak'a hayat nefesini üflemiş olsa da; babası her şeyimi elinden alan birine sadakat beslemem beklenilemez."

"Acımasızsın," diye mırıldandım istemsizce. Hayatının aşkına böbreğini veren Tolga'ydı, aynı kızı öldüren ise babası. Bunun Tolga ile bir alakası yoktu.

"Hayat işte." Gökay omuz silkti. "Kötülük bir kez seni bulduğunda, domino taşları gibi devriliyor insanlara yüklediğin anlam. Çok düşünmemeni tavsiye ederim. Öfkeni sarabiliyorsan, sar. Daha yaşanabilir kılıyor hayatı."

Anlamlı konuşuyordu, sözlerinin altında yatan acıyı hissedebiliyordum.

Gökay sigarasını bitirdiğinde, yere atıp ayağının ucuyla ezdi ve botuyla bahçedeki su birikintisine attı. Ellerini pantolonunun cebine sokarak Pars'a döndü ardından. "Köksal Amca'ya ulaşamıyorum. Bir sebebi var mı?"

"Bu sorunun cevabının bende olduğunu sana düşündüren nedir?" diye sordu Pars, nabız yoklamak için.

Gökay alayla gülümsedi. "Çünkü Taylan Arıkan'la çevirdikleri haltlardan haberim var. Köksal Mendere, halkın gözünde dürüst bir savcı olabilir ama gerçekte kirli para yiyen bir şerefsizden fazlası değil."

Pars'ı izledim. Ona cevap verecekti değil mi? Gökay, İrem kadar bilgisiz değildi. Çoğu şeyden haberi olmasa da en azından bize yardım ediyordu ve Köksal Mendere'nin çevirdiği dolapların farkındaydı.

Pars sigarasının dibini içtiğinde, trabzanın üzerindeki küllüğe bastırdı ve söndürdü. Dumanı dışarı üflerken omzunu kolona yaslamıştı, bir eli cebindeydi. "Bir fikrim yok," dedi Gökay'a. Yalan söylüyordu.

"Eyvallah," dedi Gökay, ardından bana kafasıyla selam vererek teras kapısını açtı ve gitti.

Birkaç saniye gittiğinden emin olmak için bekledim. Pars hiçbir şey söylemedi, sadece bir sigara daha yakmıştı. Onu ilk defa iki taneyi ardı ardına içerken görüyordum. "Neden ona yalan söyledin?" diye sordum kollarımı göğsümde bağlayarak. "Gökay mimik bile oynatmayacak birine benziyor."

"Sırf güvenilir diye sırrını dağıtır mısın herkese? Ne kadar çok kişi öğrenirse, sızma ihtimali o kadar artar. Kişi istesin, istemesin."

Pekâlâ. Haklı olabilirdi.

"Gitmiyor muyuz?" diye sordum.

"Şu bitsin." Parmaklarının arasındaki sigaradan bahsediyordu.

"Sanki çok vaktimiz varmış gibi sigara içmen... Garip. Çok rahatsın," diye mırıldandım şüpheli bir tonda. "Tolga'nın bekleyip bekleyip ardından çıkıp gitmesinden korkmuyor musun?"

"Cık," dedi Pars, kaşlarını kaldırarak. Rahatlığına gülmek istiyordum bu noktada, ben bile diken üstündeydim. "Ufak bir iyilik yapıyorum."

"Dediklerinden hiçbir şey anlamıyorum."

"Sana bir şeyleri açıklamam için, önce teorilerimi doğrulamam gerekir."

"Burada dikilip sigara içerken mi doğrulayacaksın peki o teorilerini?"

"Liva," dedi Pars o an, sigarasını bitmeden küllüğe bastırırken yaslandığı kolondan doğrulmuş ve üzerime doğru yürümüştü. Bir anda yaklaştığı için trabzana yasladım kalçamı, o ise iki elini belimin yanından trabzana yasladı ve yüzüme eğildi. Boylarımızı eşitlemişti. "Hadi bir anlaşma yapalım. Bana neden gülmeyi kestiğini söyle, sana teorimi söyleyeyim."

Kollarımı göğsümde bağlamış, memnuniyetsiz bir ifade takınıyordum. Arkasında bir şey olmasa bile içeride neden gülmeyi kestiğimi söylemek istemiyordum artık, bana teorisinden bahsetmeyecekse öyle olsundu; nasıl olsa o doğruladığında, ben de öğrenmiş olacaktım.

"Seni ilgilendirmez," dedim düşünmeden. Sözler ağzımdan çıkar çıkmaz, aklıma haftalar önce arabada yaptığımız sohbeti düşürmüştü.

Beni evime bırakıyordu ve adresimi bildiğini fark ettiğimde dehşet saçılmıştı zihnime. "Şuradan dön," diye mırıldanmıştım ileriyi göstererek.

"Evini biliyorum," demişti bana.

"Fark ettim. Nereden?"

"Orası seni ilgilendirmez," demişti bana. Deliye dönmüştüm. Nasıl bir yabancının, benim evimin adresini bilmesi beni ilgilendirmezdi? Ama öğrenmiştim artık, o günün çok daha öncesinde bile biliyordu Pars evimi. Akademi'den biri onun eline bir adres tutuşturmuştu ve Pars beni ziyaret etmişti. Cem ve İrem'le gittiğimiz mekâna dek, onun beni son gördüğü gündü o gün.

Daha sonra arabadan inerken kendi silahını ona doğrultmuş ve benim hayatımın da onu ilgilendirmediğini söylemiştim, sözlerimin arkasındaki anlamı sorduğunda.

Orası da seni ilgilendirmez.

Pars dudakları kapalıyken sırıttı ve bu herkesin bildiği bir gerçekmiş gibi "İlgilendirir," dedi. "İlgilendirdiğini biliyorsun."

"Pars..." Seslice nefesimi dışarı üfledim. "Bırakacak mısın artık şu konunun peşini? Gereksiz uzadı gerçekten!"

"Seni neredeyse hiç gülerken görmedim." Beni dinlemiyordu, sesi yumuşacıktı. Tane tane açıklıyordu. "İlk defa içeride dertsiz, tasasız gülüyordun. Sonra göz göze geldik, ne düşündüysen asıldı suratın. Senin suratın benim yüzümden mi asıldı,Liva?"

Sözleri beş parmaklık bir tokattı ve benim yanağımda izi kalmıştı.

Pars'ın bu soruyu gözlerimin içine bakarak sormasından daha ağır olanı ise, cevabın evet oluşuydu kuşkusuz.

Hafifçe doğruldu, ellerini trabzandan çekmişti ama daha da yaklaşmıştı. Öyle ki bir an, nefesinin dudaklarıma değdiğini hissettim; bir diğer an ise, alnı alnıma değiyordu. "Söyle," dedi ve gözlerimi kapattım.

"Senden nefret ediyorum," diye fısıldadım kaçak bir nefes sızarken dudaklarımın arasından.

Pars gülümsedi. "Bunu kastetmediğini biliyorum."

"Ben senin olduğumu sandığın kişi çıkmasaydım, işi hallettiğinde çekip gidecektin," diye devam ettim. Bir soruydu bu aslında.

Ve Pars onayladı. "Evet."

"Senden nefret ediyorum," dedim bir kez daha.

"Edemezsin," dedi gözleri açık, parmaklarına dolanan bir tutam saçımı izlerken. "Saçların bile benim şampuanım kokuyorken edemezsin."

"Bu çok aptalca..."

"Bu da mı aptalca?"

Göğüslerimizin birbirine yaslandığını hissettim, bir eli kolumdaydı ve çenemi iki parmağı arasına yerleştirmişti. Çok az, çok az mesafe vardı dudaklarımızın arasında. Benimle oyun oynuyordu.

"En son bu olduğunda, birkaç saat sonra başka biri vardı yanında."

"Ben onu istemedim," dedi hafifçe kafasını yana sallayarak. Çok ağırca sallamıştı ve burunlarımız değmişti. "O hata benim değildi," diye devam etti. "Karşı tarafındı."

"Hayır Pars, sen onu istedin," dedim bastırarak. "İstemediğin biriyle geçirmezsin geceni. Sen onunla seviştin."

"Geçmiş zaman," dedi tok bir sesle. "Yıllar öncesi... Tek gecelik bir şeydi."

"Sen hastasın," dedim.

"Sevişmek ve seks farklı şeylerdir Liva. Birini hissettiğin için yaparsın, diğerini hissetmek istediğin için."

"Hissettin mi bari?" Gözlerim kısıldı. Hesap mı soruyordum ben?

"O gecelik, evet. Fiziksel temasın amacı budur."

Alayla gülerek başımı yana çevirdim ve yanından geçip gitmek için hareketlendim ama kolumdaki eli buna engel oldu. Bana attığım birkaç adımı geri aldırırken suratına kolumu bırakması için bağıracaktım ki bir anda avucu boynumla yanağım arasında bir yere yaslandı ve yalnızca bir saniyede, nefes almam için bana izin bile vermeden az öncekinden çok daha yakın bir pozisyona getirdi yüzlerimizi.

Ona yapma, demedim. İstemiyorum da demedim. Bunun yerine gözlerindeki bakışlarımı, dudaklarına indirdim ve karnının üzerine yasladım elimi.

Bir kalp atışı sonrasında kavradı dudaklarımı. Yanağımla boynum arasına sabitlediği eliyle kafamı kendisine daha çok çekerken ağzımı araladığımda, bir saniye sonrasında az önce kendisinin omzunu yasladığı kolona yaslanmıştım. Bacağıma değen eli pantolonumun kumaşına değdi, ardından kazağımın içinden çıplak belime temas etti ve sarıldı.

Dilini kullandı, beni belimden çekerken kendine yasladığı an aynı anda inledik. Hiçbir şey hakkında düşünmüyordum, dünya umurumda değildi şu an. Herkes siktirip gidebilirdi.

Yaptığı yalnızca beni öpmek değildi, beni ele geçiriyordu. Pars'ın daha önce kendini tuttuğu o kadar belliydi ki bir yanım kendini serbest bıraktığı için çığlıklar atarken diğer yanıma buna neyin sebep olduğunu merak etmekle meşguldü.

Belime değen elini karnıma yaslayıp yukarı çıkardığında, soğuk hava sıyrılan kazağın yolunu takip etti. Sütyen giymediğimi hatırladığım an ateş alacağımı sandım, kızardığıma emindim ama ona engel olmadım. Çünkü o an, onda durum nasıldı bilmiyordum ama ben hayatımda ilk defa çok derinden bir şeyin eksikliğini ve aynı zamanda tamamlandığını hissediyordum.

"Şimdi," diyerek alnını alnıma yasladığında nefes nefeseydim. Sesi kulaklarıma ulaşıyor muydu, anlıyor muydum; yoksa sadece sigara kokan nefesine mi odaklıydım emin değildim. "Buna hissetmek istediğin için mi izin verdin, yoksa zaten hissettiğin için mi? Bunu düşün."

Düşünme eylemini gerçekleştirecek bir beynim var mıydı, motorlar çalışıyor muydu ya da kendimde miydim? Bence önce, bu soruların cevabını bulmam gerekiyordu.

Pars'ın saatinden tok bir ses geldiğinde, kolunu kaldırıp saatini kontrol etti ve ardından elimden tuttu. Bir anda kazağımın içinden elini çıkarmış ve yanağımdaki avucunu da çekmişti, istemsizce soğuk hissetmiştim. Üstelik karnımdaki ve kasıklarımdaki his beni yürüyebileceğime inandırmıyordu.

Ama Pars "Gel," dediğinde terasta peşinden indim aşağıya. "Vakit geldi." Evin arka tarafından dolanırken kafamı toparlamam gerektiğini biliyordum ama yalnızca görüyor, duyuyor ve yürüyordum sanki.

"Silah kullanmayı öğrenmen gerekiyor ama birini vurabilir misin emin değilim," dedi içeri geçmem için arabanın ön kapısını açarken.

"Seni vurarak kanıtlayabilirim," dedim istemsizce.

Pars alayla gülerek kapıyı kapattı ve ön taraftan dolanarak yanıma bindi. "Deneme tahtası olmak istediğimden eminim, bir de delik deşik," dedi gaza basarken. Müthiş bir manevrayla evin önünden ayrıldığımızda Pars doğruca aşağı sürüyordu. No 87. No 60'lardaydık, gittikçe yaklaşıyorduk.

Hava yağmurluydu. Pars, güçlendirilme için yapıma verilmiş bir apartmanın önünde durduğunda "Gerçekten arabada kalmanı gönülden isterim," dedi kapısını açıp bana bir bakış atarken.

Anlık bir şekilde gülümsedim ve kapıyı açıp çıktım. "Ben ise buna inanmış olmanı gönülden kınıyorum."

Montumun kapüşonunu başıma geçirdim. Pars önden ilerliyordu. Eski, tahta bahçe kapısını araladığında kapı gıcırdadı ama yağmurda duyulması imkânsızdı. Eğilerek ilerlemeye başladığında arkasından ilerledim, kapının yanındaki pencerenin altına geçmem için bir işaret yaptı. İkiletmedim.

"İçeri girme," dedi otoriter bir sesle. Bu bir soru değildi, bir emirdi. Üst-alt ilişkisi gibi. Ben bir asker değildim ama içeride ne olduğunu bilmediğim böyle bir durumda bilirkişinin sözünü çiğneyecek ve risk alacak kadar da aptal değildim.

Bu yüzden ağır bir hareketle başımı salladım.

Pars, benim onayımla ona gereken işareti almış gibi bir anda arkasından ucuna susturucu takılmış silahını çıkardığında nabzım hızlanmıştı. Kilide iki el ateş etti, silah o kadar sessiz çalışmıştı ki kapı açılmasa Pars'ın ateşlediğini fark etmeyecektim bile.

İçeri girdi. Hemen altında beklediğim pencereyi açtığını hissettim, işaret parmağını ağzına dayadı ve sessiz olmamı tembihledi. Ardından evin içine doğru ilerledi.

Pencere açıldığından, sesler duyuyordum.

Biri ağlıyordu. Bir erkek. Sesi o kadar aciz, o kadar acı çıkıyordu ki tanısam bile kim olduğunu anlayamazdım.

Ardından bir çığlık koptu. Sessizlik. Altında kot, üzerinde siyah bir ceket olan, beyzbol şapkalı birinin evin yan tarafındaki camı büyük bir gürültüyle aşağı indirdiğini duydum. İstemsizce duvara yaslanarak o tarafa kaydırmaya başladım kendimi, her şey birkaç saniye içerisinde oldu.

Tek omzuna taktığı siyah bir sırt çantasıyla bahçe duvarına koştu, tek elini kullanarak öteki tarafa atladı. Kotunun kenarı kan olmuştu. Yaralıydı. Yağmurda ıslanan beyzbol şapkasını düzeltirken sokakta kaybolduğunda peşinden koşmuştum duvara kadar çünkü üzerindekiler tanıdıktı.

Selim.

Partide tesadüfen tanıştığım Selim miydi o gerçekten? Burada ne işi vardı? Kimdi o?

"Siz kimsiniz?!"

Aynı acı, ağlamaklı sesin bağırdığını duydum evin içinde. Pars hâlâ içerideydi. Tolga da öyle olmalıydı. Aralık kapıdan içeri temkinli adımlarla girdiğimde, koridorda yere oturmuş; başını ellerinin arasına almış bir ileri bir geri sallanarak içli içli ağlayan biri vardı. Bir erkek.

Başını kaldırdı ve kızarmış, şişmiş gözleriyle arka odadan çıkan Pars'a baktı. "Siz kimsiniz?! Neden yapıyorsunuz bunu bana!"

"Kes," dedi Pars, ölüm gibi bir sesle.

Tolga. Yere çökmüş ağlayan, Tolga'ydı. Üzerinde kirlenmiş bej bir gömlek ve toz içinde kalmış siyah bir pantolon vardı. Beni fark etmemişti bile.

Ama Pars fark etmişti. "Onu kaçarken gördün mü?" diye sordu bana. Başımı salladım.

"Kimdi o?"

"Kim oluşundan çok, neyi neden yapıyor oluşu burada kilit nokta," diye araya girdi Pars. Tolga'ya baktı. "Senden ne istedi?"

Ama Tolga transta gibiydi. Pars bunu fark ettiği an eğilip yakalarından tuttuğu gibi Tolga'yı kaldırdı ve duvara mimledi, Tolga ise çığlık atmıştı. "Yeter! Yeter bırak! Bırakın beni siktirin gidin hayatımdan yeter!"

"Cevap ver yoksa götünden kan getiren herifin zamanı olsa yapacağı şeylerin on katını yaşatırım sana burada." Tolga'yı kendine gelmesi için bir kez daha çarptı duvara. Şaşkınlık ve benden beklenmeyecek bir soğukkanlılıkla izliyordum tehdidini. "Konuş!"

"Ne yaptım ki ben amına koyayım alt tarafı intikam istedim! Öfkeliydim! Kimse ölmedi de! Aksine o delirmiş orospu yıktı depoyu üzerimize, adamlarımız kaldı enkazın altında..."

"Doğru düzgün konuş," diyerek kestim lafını, damarlarımda kaynayan kan ile. Yanlarına yürüdüm, kollarımı göğsümde bağladım. Pars beni izliyordu. "Ve adam sana konuş, dedi Tolga, zırla demedi."

Tolga'nın bana bakarken nefesi kesilmişti. "Liva," dedi kesik nefesle. "Tamam," dedi yutkunarak. Pars'a bakamıyordu. Bakıyordu ama bakışlarını kaçırıyordu. "Tamam," diye devam etti ve "Bırak beni bir," dedi ardından. Pars onu bıraktığında duvara yaslandı, ellerini de dizlerine yasladı ve soluklanmaya çalıştı. Kendine gelmeye çalışıyordu. Yüzü darmadağındı.

"Öfkeliydi," dedi ardından. Burnunu çekti. "Dosyalara ulaştığım için... Ama ben ulaşmadım. Bana verdi. Bana o kadın verdi senin dosyanı." Kimden bahsediyordu? Lamen'den mi? "Sonra... Depo için de kızmıştı. Yağız'ı buldum ve dövdüm, hırsımı ondan çıkardım. Komalık olmuş sanırım. Onun için de öfkeliydi. Her şeye öfkeliydi amına koyduğumun..."

Pars, sertçe kesti lafını. İki elini duvara yaslayarak kafeslemişti Tolga'yı. "Canını seviyorsan pis ağzını sustur, yoksa ben de seni komalık edeceğim birazdan. Bakıyorum da yediğin dayağa rağmen ayaktasın hâlâ."

"Tamam... Tamam abi tamam," dedi Tolga. Muhtemelen göğsüne bir darbe yemişti ki kesik kesik nefesler alıyordu, bu da sürekli nefes nefese kalmasına sebep oluyordu. "Ama bilmiyorum ki! Allah kahretsin ki bilmiyorum! Kim bu eleman? Niye öfkeli bu kadar? Neyin sinirini çıkardı benden? Bilmiyorum!"

"Ben biliyorum," diye araya girdi Pars, ardından geri çekildi.

"Kim?"

Pars, Tolga'nın sorusunu görmezden gelerek bakışlarını bana çevirdiğinde susturucu taktığı silahını beline soktu. "Gidiyoruz Liva."

"Ya neden?! Söylemeyecek misin!"

"Çeneni kapalı tut ve yaptıklarından sonra hayatta olduğuna şükret," dedi Pars, Tolga'ya ters bir bakış atarak.

Tolga elini kaldırmıştı. "Ama ben biliyorum... O piç Gökay çekti beni buraya, o çağırdı. Tuzağa düşürdü beni..."

"Eğer şu an nefes almaya devam ediyorsan bunun sebebi Gökay." Pars onu böldüğünde, Tolga şaşkınlıkla gözlerini kırpıştırıyordu. "Bir açıklamayı bile hak ettiğini düşünmüyorum ama senin yalnızca bu şekilde hayatta kalabileceğini düşündüğü için benimle işbirliği yaptı. Az önceki herif var ya, ağzını yüzünü dağıtan," diye devam etti Tolga'yı baştan aşağı süzerek. "Ölüm makinesi. Seni hırpalayarak kendince eğlenmiş... Ha bulmaz mıydı? O seni yine bulurdu. Yerin dibine gir, şehri ortadan ikiye bölerdi seni oradan almak için."

Öyle korkunç bir tonla konuşuyordu ki Pars, Tolga duvara sinmişti. "Gökay bugün seni buraya çekti, yaşaman için. Çünkü o herif seni yalnız başına yakalasaydı sen saatlerce acı çektikten sonra anca ölürdün. O yüzden hâline şükret ve defol git bu şehirden. Birazcık aklın varsa babandan kaçar, tedavi olur ve kalan hayatını bu bok çukurunun dışında yaşarsın."

Pars'ın Tolga'ya çektiği nutuk, benim de bir şeylerin farkına varmamı sağlamıştı.

O evden birlikte çıkarken Pars'ın Tolga'yı buraya çekip beklemesinin sebebinin o herif diye bahsettiği herkimse, ona fırsat yaratmak için olduğunu anlamıştım. Selim. Gerçekten o muydu? Ve Gökay, itiraf etmese de içten içe Tolga'nın yaşamasını istemişti, bunu Pars'a söylemesine gerek yoktu çünkü Pars bunu biliyordu ve bu yüzden Tolga'nın yaşamasına izin vermişti.

"Kaçan kişiyle partide tanıştım," dedim arabanın içindeyken. Nereye gittiğimizi bilmiyordum ama oradan çıktıktan sonra ilk defa konuşmuştum.

Pars arabayı yolun kenarına çekti. Gözleri kapalıydı, ardından açtı ve inanamıyormuş gibi "Ne?" dedi.

"Onunla tanıştım." Bunu söylemek zorundaydım. "Bar kısmında yalnız başına oturuyordu, telefonundan dizi izliyordu. Sen gelince kaçan çocuk, Fırat, onunla aptal bir bahse tutuşmuştuk. Her neyse... Adının Selim olduğunu söyledi ve şapkasını asla çıkarmadı. Çok iyi refleksleri vardı. Bir an konuşuyorduk ve bir an baktığımızda, toz olup kaçmıştı."

"Tahmin edeyim, ben gelmeden hemen önce," diye devam etti Pars geriye yaslanırken.

Kafamı salladım. "Kim o?"

"Sapphire'in yetiştirdiği biri," diye yanıtladı beni Pars.

"Yağız'ı dövenin Tolga olmasına şaşırmadım, tamam. Ama o yabancının bunun için öfkelenmesi ne anlama geliyor?"

"Yağız'ın, o yabancıya çalıştığı anlamına geliyor." Pars'ın cevapları açık ve yalındı. "Bak Liva, Yağız'ın ne kadar karıştığını bilmiyorum ama o normal biri, halktan; Akademi ile ilgisi yok. Muhtemelen karşılığında reddemeyeceği bir şey teklif edildi, o da söyleneni yapıyor."

"Evime girmiş ve bir şey çalmış, ne çaldığından haberim yok... Sorduğumuzda gizli görev demişti depoda. Üstelik gergin bile değildi bıçaklar varken gayet rahattı. Ölmeyeceğinden emindi."

"Çalıştığı kişi tarafından korunduğunu ve kurtulacağını biliyordu."

"Ama bizi kurtaran Nil değil mi?"

"Nil olmasaydı, bir şeyler için çok geç olmadan önce Yağız'ın çalıştığı kişi bir şekilde, kimliğini belli etmeden araya girebilirdi. Bu mümkün."

"O zaman Yağız sadece aklı çelinmiş bir çocuk..."

"Öyle," dedi Pars beni onaylarken. Arabayı tekrar yola soktuğunda, nereye gittiğimizi bilmiyordum.

"Teorin doğrulanmadı mı?" diye sordum dirseğimi cama, başımı da çeneme yaslayarak. Ona bakıyordum, profilini izliyordum. Araba sürerken gayet rahattı.

"Emin değilim Liva..." Bana bir bakış attı, gerçekten emin değildi. "Seni hayal kırıklığına uğratmak istemem, böyle özel bir konuda."

"Özel bir konu," dedim seni hayal kırıklığına uğratmak istemem cümlesinden hiç etkilenmemiş gibi. Halbuki kanım kaynamaya başlamış ve oturduğum yerde nabzım hızlanmıştı. "Ne kadar özel bir konu?"

"Doğruluğu ispatlanmadıkça bahsedilmemesi gereken," diye cevapladı beni. Bir evin yüksek duvarlarının önünde durmuştuk... İrem'in evinin. Pars uzanıp elimi avucunun içine aldı, elimin üzerini öptüğünde bunu yapmasını beklemiyordum ki nefesimi tuttum. "Biz partiden ayrıldığımızda, İrem bir telefon aldı. Babasının cinayeti ile ilgili. Ve apar topar eve, annesiyle kız kardeşinin yanına döndü. Burada olmak isteyeceğini düşündüm."

Şaşkınlıkla ağzım aralanırken bir camdan dışarı bir de Pars'a baktım. Çok düşünceli bir davranıştı bu ve alışık olmadığım gibi Pars'tan gelmesine de alışık değildim elbette. "Sen?" diye sordum yutkunurken. Nefes al. "Sen nereye gideceksin?"

"Planlarım var bu akşam, kartelle ilgili."

Belki de Pusula kalabalık olacaktı.

"Naz'ın söylediklerini dikkate alıp buradaki işleri onlara bırakacaktın," diye mırıldandım, soru sorar gibi.

"Bırakacağım ama önce birkaç düzenleme yapmam gerekiyor." Sözlerine güvenebileceğimi hatırlatmak istercesine, baktığımda çıplak olduğunu hissettiğim mavilikleriyle bakıyordu bana. Ne diyebilirdim ki?

"Tamam," diye mırıldandım doğrulup emniyet kemerimi çıkartırken. "Sonra... Görüşürüz o zaman."

Kapıyı açıp çıkarken elim, avucunun arasından kayıp yanıma düştü. Ben kapıyı kapatırken o hâlâ beni izliyordu. Arkamı dönüp karşıdan karşıya geçtim, ardından bahçe kapısını açtım. Pars pencerenin camını indirmiş, girmemi bekliyordu.

İçeri girdim ve hissettiğim tüm negatif duygulara rağmen arkama bakmadan ilerledim.

9

Geçmişin Külleri, Geleceğin Temeli

Gidenler hep ben küçük yaştayken gittiklerinden, kaybedilenler hep ben farkında değilken ellerimden kayıp gittiğinden; ve gitmek fiili, lügatımda acıyla sarılıp sarmalandığından, empati yeteneğimi kaybetmiştim insanlar için. Olan buydu belki de bana.

Umurumda olmadığından değil, umurumdaydı her şey; sadece hissetmek istesem ne zaman, kalbim uyuşuyordu.

İrem, ksz kardeşi Mira vc anneleri; yakın akrabaları ile evdelerdi. Başından sonuna dek yanında olduğum İrem'in, babasını son gördüğü günle ilgili ifade verişini izlemek benim için zordu. O neşeli kız gitmiş, yerini içi boş bir kabuk almıştı sanki; yemiyor, içmiyor, konuşmuyor... Sadece uyumak istiyordu.

Uyumak.

"Kâbus belki bunlar, uyuyayım biraz, tamamen uyanınca gelir oturur babam o kaskatı suratıyla yemek sofrasına," demişti gecenin bir yarısı su içmek için uyandığında. Ona bir şeyler yedirmek için ısrarcı olmuş ve sandviç tabağını başucuna koymuştum ama ağzına sürmemişti.

O gece onun yanında uyumuştum kıvrılıp. "Böyle bir şey mi Liva? Babasız olmak?" diye sormuştu bana uykulu uykulu ağlarken sessizce.

"Benim bir babam hiç olmadı İrem, o yüzden onu kaybetmek ne demek bilmiyorum," diye cevaplamıştım onu, saçlarında parmaklarımı gezdirirken.

Özür dilemişti. "Sormamam gereken bir soruydu, özür dilerim..."

Dakikalar sonra uykuya daldığında, hâlâ parmaklarım saçlarındaydı. Üstünü örtüp yataktan kalkmıştım sabahın ilk ışıklarıyla, "Ben özür dilerim İrem," demiştim ona duymadığını bile bile. Ben özür dilemeliydim. Pars'a, Köksal Mendere'nin bahsini açan bendim. Tolga'yla işleri kızıştıran da bendim. Belki ben onun hayatında olmasam, babası ölmezdi bile.

O sabah cenaze sırasında Köksal Mendere için İstanbul'daki Yüksek Mahkemeler tarafından yolsuzluk davası açıldığını duyan İrem'le Mira'nın annesi baygınlık geçirerek hastaneye kaldırılmıştı. Tüm öğleni hastanede geçirmiş, hasta kadından ifade almak için gelen polisi doktor sayesinde gitmeye ikna etmiş, kafeteryada oturmuştuk bir müddet sessiz sedasız.

Telefonumu en son büyükannemin evinden çıkarken yanıma almamıştım bu yüzden hâlâ yanımda yoktu ve Pars'a ulaşmak istesem ne yapardım bilmiyordum, yine de o boynumdaki inci sayesinde nerede olduğumu görüyor olmalıydı. Çünkü kendisi ortalıkta yoktu. Ne dün akşam, ne sabah, ne de cenazede ortaya çıkmamıştı.

Kafeterya masasındaki esmer şeker paketini elimle buruş buruş ederken İrem sandalyesinde hareketlendiğinde bakışlarını kafeterya girişine yöneltti. Gökay; yanında kumral, bizim yaşlarımızdaki bir erkekle buradaydı. Arkadaşı olmalıydı.

"Selam," dedi İrem uzun örgü hırkasına daha da sarılarak. Altında bir eşofman ve üzerinde de uzun kollu tişört vardı. Saçları tepeden topuz yapılmıştı dağınık bir şekilde, yüzü solgun ve çökmüş görünüyordu.

"Müsaade varsa," dedi Gökay, gözleri bana değdiğinde. Başımla geçip oturmalarını işaret ettim.

"Siz tanışıyor musunuz?" diye sordu İrem direkt, gözlerini benimle kuzeni arasında gezdirirken. Gökay ve yanındaki çocuk karşılıklı oturmuşlardı, İrem'le ben de karşılıklı oturuyorduk yuvarlak masada.

"Cenazede tanıştık," diye geçiştirdi Gökay. "Sen nasıl oldun? Yengem?"

İrem'in suratı daha da asılınca, cevabı ben verdim. "Doktor yarın çıkabilir diyor, tansiyonu düşmüş."

"Geçmiş olsun." Gökay'ın yanındaki çocuk ilk defa konuştuğunda, İrem ona bir bakış attı. Tanışıyor olmalılardı. "Ve başın sağ olsun," diye devam etti.

"Siz ikinizden birinin anca diğerinin cesediyle aynı masaya oturacağını sanıyordum," dedi İrem kaşlarını kaldırarak. Daha önce sipariş ettiğimiz kahveleri getiren garson, Gökay ve arkadaşına bir şey isteyip istemediklerini sordu o sırada.

"Nasıl?" Gökay'la arkadaşını süzdüm. Gayet normal, anlaşıyor gibi görünüyorlardı. Aralarında ne sorunu olabilirdi?

Gökay arkadaşının adına da çay istedi. "Sırası değil İrem," dedi çocuk, ardından bana döndü ve başıyla selam verdi. "Alper ben bu arada."

"Liva," dedim başımı sallarken. "İrem'in arkadaşıyım."

"Sırası olmadığını bana söyleyecek kişi sen misin Alper?" İrem kollarını göğsünde birleştirdi ve öfkeli, alaycı bir tavırla çevirdi başını. "Baş sağlığına gelişinize bir bak. Daha birbirinizin suratına bakamıyorsunuz."

"İrem," dedi Gökay ismini ağır bir şekilde tonlayarak. "Yavaş ol abicim."

"Her neyse," diye homurdandı İrem. Ardından birkaç saniye öylece durdu, masayı izledi. Gergince ayak topuğunu yere vuruyordu. En sonunda "Pardon," dedi, dudaklarını birbirine bastırdı. O an anladım. Ağlayacaktı.

Bu şekilde başlıyordu krizleri. Birkaç saati sakin geçiriyor, ardından en ufak şeyde bile parçalanabiliyordu. Öfkeliydi ama öfkesini çıkarabileceği tek kişi de yerin dibindeydi; artık yüreği soğumazdı arkadaşımın.

O geceyi karşılıklı sedyelerde uyuyarak geçirdik. İrem artık yorgunluktan ayakta duramadığı için direkt bayılmıştı, ben ise onu kontrol edip kapıyı kilitledikten sonra birkaç saat kestirmiştim.

Sabah annesinin çıkış işlemleriyle de birlikte, evime dönüp kendime gelmem gerektiğini söylediğinde başta itiraz etmiş; ardından durumun vahimliğini kabul ederek tıpış tıpış çıkmıştım hastaneden.

Beklemediğim şey, Richard'ı arabayla hazır bir şekilde hastanenin önünde görmekti. Büyükannem nereden biliyordu? Gerçi, duymamış olamazdı; Köksal Mendere sosyal statüsü yüksek biriydi ve cinayeti ana haber bültenlerinde yer almıştı.

Richard'ın açtığı arka kapıdan arabaya binip büyükannemin evine dönmemin tek sebebi eşyalarımın ve telefonumun orada olmasıydı. Bu şekilde Pars'a ulaşabilirdim. İki gün olmuştu ve benim meşguliyetime karşın, ondan da tek bir haber yoktu.

Evin kapısını Sare Hanım açtığında beni içeri buyur etti. Işıkları açık salonu geçerek direkt olarak merdivenlerden yukarı, odama çıktım ve içeri girdiğim gibi kapıyı kilitledim. Telefonum komodinin üzerindeydi. Duş alıp, üzerimi değiştirip çıkabilirdim. Henüz öğlendi, Pusula güvenliydi. Ya da otuz üçüncü kata gidebilirdim, evin şifresini biliyordum. Ya da... Ne olursa olsun, buradan çıkmam gerekiyordu. Bunu biliyordum.

Büyükannem tedavi gördüğü konusunda yalan söylemişti ve babamla görüşüyordu. Babam, Akademi'den olabilirdi. Asilkan olabilirdi. Bu her şeyi daha da karmaşık yapardı ve karmaşanın olduğu yerde, bela da vardı.

Artık şüphe duymadığım hiç kimse ve hiçbir şey yoktu. Üzerimdekileri çıkartıp çamaşır sepetine attıktan sonra sıcak suyun altına girdim ve birkaç dakika yalnızca derin nefesler aldım, düşünebilmek için. Ne zaman Fransa'ya gidecektik? İki gün önce Naz'ın söylediğine göre, bir an önce ülkeyi terk etmemiz gerekiyordu çünkü Rus Akademisi'nin başındaki adam benim peşime düşebilirdi. Ben başıboş bir asilkandım. Belki de safkan.

Aklım almıyordu. Farklı bir insan türü mü oluyordum yani? Antikoruna, bir ilaca bağımlı olan asilkan nasıl olurdu da diğer insanlara göre daha güçlü olabilirdi?

Çok fazla sorum vardı. Çok daha fazlası.

Ve cevaplayabilecek tek kişiye iki gündür uzaktım.

Delirmek üzereydim.

Vücudumu keseleyip saçımı şampuanladıktan sonra banyodan çıktığımda iç çamaşırlarımı giyindim. Bu kez sütyen giyinmeyi unutmamıştım. Parti evinde, terastaki yakınlaşmamız bu iki gün içerisinde aklıma gelmemişti doğrusu ve İrem'in yanındayken düşünmeyi uygun bulmamıştım.

Öyle hissedilebileceğini bilmiyordum.

Belki de, bunca zaman, aradığım her şeydi o his. Ve o hissi Pars'tan başkasında tatmamıştım. En başından biliyordum, ne halt yediğimi biliyordum, ona da çaktırmıştım bunun da farkındaydım ve o beni reddetmişti. Öyleyse nasıl beni öpebilmişti? Seks ve sevişmek arasındaki farkı kanıtlayabilmek için mi?

Biri hissetmek için, diğeri hissettiğin için yapılır. Bana hangisi olduğunu sormuştu, karşılık vermemin; izin vermemin sebebinin... Peki kendisi ne düşünüyordu?

Siyah bir pantolon ve beyaz boğazlı bir kazak giyindim, askıdaki kalın deri montumu yanıma alıp telefonum ve cüzdanımla birlikte odadan dışarı çıktığımda saçlarımı kurutmamıştım bile ama hasta olmak umurumda değildi. Bu evde artık güvende hissetmiyordum ve çıkmak istiyordum.

Bir an önce.

Ama merdivenlerden indiğimde, evin sessizliği beni rahatsız etti. Telefonumdaki cevapsız aramalar yalnızca birkaç gün öncesine aitti, İrem ve Pars'tandılar. Pars son iki gündür bana ulaşmaya çalışmamıştı. Neden? En son, kartelle ilgili işleri olduğundan bahsetmişti. Başına bir şey gelmiş olabilir miydi?

Hayır. O eğitilmiş bir askerdi. Suikastçiydi. Kötü adam o'ydu. Eğer birinin başına bir şey gelecekse bu Pars olmazdı, Pars; birinin başına bir şey getirecek kişi olurdu.

Değil mi?

"Avuçlarımdan kayıp gittiğini hissediyorum, torunum," sesini duydum büyükannemin, merdivenlerin girişinde başımı eğmiş telefonumu kontrol ederken. Başımı kaldırdığımda, salonun girişinde dikildiğini gördüm. "Nereye gidiyorsun böyle? Saçlarını kurutamayacak kadar acelecisin. Hasta olacaksın..."

Doğrudan gözlerine baktım. Babamın gözlerine benziyorlar mıydı? Hatırlamıyordum. Sen de asilkan mısın büyükanne? Kayıtları karıştırdım, kanser değilsin de... Antikora mı ihtiyacın var?

Eğer bağlı olduğu merkez, tedariğini kesmişse; bu mümkündü.

"İrem'in babası öldürüldü. Onun yanında olmalıyım," dedim inkâr edemeyeceği, görmezden gelemeyeceği bir gerekçe sunarak.

"İki gün boyunca arkadaşının yanında değil miydin? Belki de onu biraz... Kendi hâline bırakmalısın. Çünkü o da zamana bırakmalı yaşadıklarını." Doğru konuşuyor olabilirdi ama duymak istediklerim bunlar değildi.

"Tamam. Birlikte zamana bırakırız o zaman," diyerek montumun fermuarını iliklerken kapıya ilerledim. Bir anda önüme bir tahta parçası uzatıldığında neredeyse takılıp düşüyordum ama tahta parçası o kadar güçlü tutuluyordu ki, benim düşmeme engel olmuştu.

Nabzım hızlanırken aşağı baktım; bu işlemeli bir bastondu. Büyükannemin bastonu. Ve bana engel olmak için önüme uzatmıştı.

Yüzünde gayet sakin ve tatlı bir ifade var gibi görünüyordu ama neden vücut dili fazlasıyla vahşiydi? Ben mi uyduruyordum yoksa gerçekten güçlü müydü? "Konuşmamız gerekiyor Liva."

Konuşmak mı?

"Ne hakkında?" diye sordum kuruyan dudaklarımı ıslatarak. Aslında o an, konuşmak da istemiyordum; beni bu dünyada yeniden güvende hissettirecek tek şey, Pars'ın yüzünü görmek ve gelişmelerden haberdar olmaktı.

"Önemli meseleler," dedi büyükannem, başından sonuna dek dik duruyordu ve bastonunu da ellerinin altında dik pozisyona getirdiğinde; maskesini gördüm. Tüm vücudum bana kaç! diye bağırırken orada dikilmem aptallıktı ama yine de suratına bakmaktan ve korkmaktan alıkoyamıyordum kendimi. Benim tatlı büyükanneme ne olmuştu? Mizacı hep sertti ama o an hissettiğim, çok daha... Sahte bir şeydi.

Sanki artık, daha fazla ona biçilen rolü oynayamıyor gibi.

"Su içmeliyim," dedim mutfağa yönelerek. Üç büyük adım attım, mutfağa girdiğim an kapıyı kapatacağım sırada niyetimin farklı olduğunu anladığında "Liva, hayır!" diye bağırarak kapıya atıldı ama kapıyı suratına kapattım, kilitledim ve en yakındaki sandalyeyi kapı koluna dayadım.

Siktir. Kalbim ağzımda atıyordu. Hızlıca etrafı süzerek bir çıkış yolu aradım, mutfak kapısına atıldığım an kilitli olduğunu fark etmiştim. Lanet kapı açılmıyordu!

Tezgâhın üzerine çıktım, pencereleri açtım. Kendimi dışarı atarken tek düşündüğüm, altıncı hissimdi. Kaç diyordu durmaksızın, kaç! Kaç! Kaç Liva!

Islak çimenlerin üzerinde koşarak hiç durmadan çitlerin üzerinden atladım ve sokağın sonuna doğru koşmaya başladım. Nefes nefeseydim, neden kaçtığımı da bilmiyordum; bendeki sadece bir içgüdüydü. Ama dinledikçe daha rahat, daha güvende hissettiğim bir içgüdü.

Richard'ın arabasına bindiğini gördüm sokağın sonundan, aklıma gelen tek şey eski evdi. Telefonumu çıkartıp bir yandan Pars'ı ararken diğer yandan caddeye doğru koştum. Buraya fazla uzak değildi o ev.

Arabaların önüne atlayarak, kaldırımda yürüyen insanlara çarparak ilerlerken Pars telefonunu bir türlü açmıyordu. "Bir de açmayınca bana kızarsın!" dedim neredeyse telefonu sokağa fırlatacak kadar sinirlenirken ama yalnızca aramayı sonlandırıp cebime tıkmıştım.

Eski evin sokağına girdiğimde etrafta Richard'ın arabasından iz yoktu. Arka bahçeye atladığımda montumun fermuarını sonuna kadar çektim ve kapüşonumu başıma geçirip bodrum kapısına yürüdüm. Bodrum kapısı şifreliydi ve aşağıdan eve girebilirdim, ön kapı için anahtarım yoktu.

Merdivenlerden indim ve şifreyi girdim, demir paslı kapı açıldı. Karanlıkta telefonumun feneriyle yol bulurken birkaç kez hapşırmıştım ama önemli değildi. Birine ulaşmam gerekiyordu, önemli olan buydu. Kimi arayabilirdim?

Bodrum merdivenlerinden yukarı çıkarken, ön kapıdan bir gürültü geldiğini duydum ve aralayacağım kapının arkasına yapıştırdım sırtımı. Evde biri vardı.

Richard? Büyükanne? Richard o kapıyı kolayca kırabilirdi. Büyükannemi arabaya binerken görmemiştim ama o da gelmiş olabilirdi. Bir anda nasıl böyle değişmişti? Yoksa hep böyle miydi?

Pars'ın bile gözden kaçırdığı bir şeyler vardı.

Ya da henüz doğrulayamadığı.

"Liva!" diye bağırdı tanıdık bir ses, ön kapının sertçe kapandığını duydum. Naz. "Neredesin? Tehlike geçti!"

Hızla kapıyı açtım ve merdivenlerden yukarı çıktım. Salon karanlıktı çünkü perdeler çekiliydi ama Naz'ın kapının önünde dikildiğini, ayaklarının dibinde ise kanlar içinde bir adamın yattığını görebiliyordum. Richard değildi, o lacivert bir takım elbise giyiyordu. Bu... Başka biriydi. Siyahlar içinde, hırsız gibi giyinmiş biri.

"Hırsız mı?" diye sordum dehşetle açtığım gözlerimle, adamın kesilmiş boğazına bakarak. Naz elindeki bıçağı koltuğun yastığına sildi, ardından botuna yerleştirdi. Ben onu fal taşı gibi açık gözlerimle izlerken o yastık kılıfını şömine odunlarının arasına sıkıştırıyordu.

"Hayır. İki gündür seni takip ediyordu," diye cevapladı beni. "Sen nasılsın? İyi misin? Yara aldın mı?"

"Hayır... Ne? İki gündür beni takip mi ediyordu?" Taşları yerine oturtmaya çalışıyordum. "Sen nereden biliyorsun bunu?"

"Çünkü iki gündür seni takip ediyordum."

Pekâlâ. İşte bu beklenmedikti. "Pars nerede?"

Naz, nefes nefese etrafı süzdükten sonra mutfağa yöneldi. "Burayı yakıyorum Liva."

"Ne?!"

Kapının önünde, yerde cansız yatan adama bakmamaya çalışarak peşinden mutfağa girdim. Naz, dolapları açıp kapatıyor ve her şeyi aşağı indiriyordu. Sonunda lavabonun altında bir şeyler buldu ve koca bir kap çıkartıp ne olduğunu anlayamadığım şeyleri içine döktü. Kabı alıp mutfaktan çıktığında "Ne yapıyorsun?" diye bağırdım arkasından.

"Banyo nerede? Temizlik malzemeleri?"

"Şu dolapta," dedim koridoru gösterirken. Naz elindeki büyük kabı benim kucağıma verdi, ardından dolabın kapaklarını açtı ve temizlikte kullanılan bazı kimyasalları "Bu iş görür," diyerek kaba boşaltmaya başladı.

"Naz ne yapıyorsun açıklayacak mısın artık?" diye sordum şaşkınlık içerisinde. "Ne için bu?!"

"Evi yakıyorum Liva, dinle beni," dedi kabı alıp rasgele etrafa dökmeye başladığında. "Bir buçuk saate İstanbul uçağı kalkacak, Pars'la havaalanında buluşacaksınız. Ülkeden çıkışınız özel bir jetle olacak, kaçak çıkacaksınız. Sen burada öldün, o uçağa da binmedin bugün," dedi koltukların üzerinde gezdirdiği boşalan kabı köşeye fırlattıktan sonra. "Sen bugün öldün Liva."

"Naz..." Tek kelime edebilecek gücüm yoktu.

"Vakit yok Liva, vakit yok. Bu adam var ya," dedi Naz, yerdeki adamı gösterirken. "Peder'in adamı. Seni takip ediyordu. Büyükannen var ya? Asilkan. Rus Akademisi'nden. Yarı İngiliz, yarı Rus o kadın! Senin baban da o Akademi yararına çalışıyor. Peder'in adamlarından biri!" Cebinden bir çakmak çıkardı. "Acilen çıkmamız gerekiyor. Acilen Soyhan'ı terk etmen gerekiyor..."

Naz'ın bu noktadan sonra söyledikleri kafamda bulanıktı çünkü tek düşünebildiğim İrem'di. En yakın arkadaşım. Ona bir veda bile edememiştim. Yanımda olduğu onca zor zaman boyunca bir kez olsun ortadan kaybolmamıştı, beni asla yalnız bırakmamıştı. O daha babasının cinayetini atlatamamışken benim onu terk etmem adil değildi.

Geri döneceğim, dedim bu yüzden Naz evin içine çakmağı bıraktığında. Birlikte merdivenlerden indik ve arka bahçeden dolandık. Naz'ın motorsikleti vardı.

"Atla," dedi bana kaskı uzattıktan sonra. Tereddüt etmeden arkasına bindim ve kollarımı beline doladım. Bir saniye bile kaybetmeden gazladı.

Arkama baktığımda geçmişim yanıyordu.

Ama zaten gelecek, geçmişin külleri üzerine inşa edilirdi.

Benim babam asilkandı. Bizi terk etmişti. Rus Akademisi'nin amaçları için mi? Ne için? Annemle neden kavga etmiş ve ayrılmışlardı? Annem intihar etmişti ve sebebi o'ydu.

Büyükannem İngiltere'den dönmüştü. Benim için değildi, babamla görüşüyordu ve bunu benden saklamıştı. Kanser değildi, olamazdı. Hasta bile değildi belki de. Tüm bu hikâye... Empati içindi. Kalbime giden yol bu kadar kolay mı?

Naz arabaların arasından şimşek hızıyla geçip trafik kurallarını hiçe sayarken ölmekten korkmuyordum, korktuğum; içimde biriken öfkeyi dışarı atamadan ölmekti. Artık korktuğum tek şey, hayatım üzerine kumar oynayanları bulup hesap sormaktı.

Bir hayatım yok sanırdım. Hayatımı benden çaldıklarını bilmeden.

Kim olduğumu bilmeden.

Babam bizi terk etti, annem intihar etti, üvey babam ise istismar... Sanırdım. Hastayım, öleceğim, hiçbir şeyin bir anlamı yok; zaten bir şey hissedebildiğim de yok, gidebildiği yere kadar ciğerlerimin; nefes alsam yeter... Sanırdım.

Beni bu sanrılar öldürdü.

Bugün.

Tarih 29 Ekim.

Havaalanının arkasındaki boş arazide duracağımızı anladığımda, gözüme direkt olarak park hâlindeki *Audi* çarpmıştı. Naz tam olarak *Audi*'nin yanında durdu. Aşağı indim ve kaskımı çıkardım, ardından etrafa baktım. Fazla rüzgârlıydı hava, saçlarım uçuşuyordu.

Audi'nin ön kapısı açıldı, Pars onu daha önce içinde görmediğim renkler giyiniyordu; mavi bir kot, beyaz bir kazak ve koyu kahverengi bir ceket. Gözünde güneş gözlüğü vardı ve saçlarını taramıştı. "Her şey tamam mı?" diye sordu Naz'a, Naz başını sallarken ben kaskı motorsikletin üzerine bırakıyordum.

Naz motorsikletten inmeden kafasını salladı, "Dikkatli olun," dedi gözlerini ikimizin üzerinde gezdirirken. Ardından tekrar gazlayarak boş arazide bir çember çizdi ve merkeze dönen yola saptı.

"İki gündür nerede..." diye sorarken başımı geriye çevirdiğimde, Pars'ın kolumdan tutup beni karşısına çekişi lafımı ağzıma tıkayan şey oldu.

Saçlarımı eliyle kenara çekerken önce yüzümü, ardından vücudumu kontrol etti. "Sen iyi misin?"

Kaşlarım çatıldı. "İyiyim," dedim, boğazımı temizledim. "Teorini doğruladın mı?"

"Büyük bir kısmını. Bir detay hariç," dedi yaslandığı kapıdan doğrularak etrafa bakarken. "Arabaya geçelim. Uçağın kalkmasına kırk beş dakika kaldı."

Başımı salladım. Ön taraftan dolanıp arabaya bindiğimde, ben daha emniyet kemerimi bağlarken Pars gazlamıştı bile. "Pasaportum yok biliyorsun değil mi?"

Uzanıp önümdeki torpidoyu açtı, ardından kimlik ve pasaportları kucağıma bıraktı. Biri erkek, diğeri kadınlar içindi. Onunkini açıp baktığımda fotoğrafı vardı üzerinde, isim kısmında ise Poyraz Kayır yazıyordu. Gülme isteğiyle dudağımı ısırdım. "Burada 1989 doğumlu olduğun yazıyor. Yaşını büyültmüşsün." Ardından kendi sahte kimliğimi açtım. Leyla Kayır. "Ve ben reşit bile değilim!"

"Çünkü ben senin abinim," diyerek elimdeki kimliği aldı ve kucağıma bıraktı Pars. "Liva, kimlikleri bırak... Nasılsın? Bana nasıl hissettiğinden bahset."

"Dalga geçiyorsun değil mi?" Elimi saçlarımdan geçirdim ve alayla güldüm. "Büyükannemin asilkan olduğunu biliyor muydun? Kanser değil de, antikor açlığı çektiğini?"

"Hayır. Sana doğruları söyledim her seferinde Liva, yalnızca kesin olmayan şeyleri konuşmaktan kaçındım. Bu yalan söylemekle denk değil," diye yanıtladı beni. Benim gerginlikten yüksek çıkan sesime karşın o sakindi ve tane tane açıklıyordu. "Büyükkannenin arkasında Ruslar var. Bu yüzden kimliğini çok iyi gizleyebildi."

"İnanamıyorum," dedim önüme dönüp tekrar tekrar yutkunurken. "İnanamıyorum!" Ellerimi havaya kaldırdım ve kafama vurdum. "İnanamıyorum ya!"

"Büyükanneni aç bırakan yine bağlı olduğu Sapphire, Rusya'daki merkez. Şantaj yapıyorlar kadına, senin yanına kendi gelmedi. Gönderildi," diye devam etti Pars. Havaalanının içine girmiştik. "Peder'den destek alıyor. Liva, en başından beri biliyorlardı. Daha bizim haberimiz yokken." Arkaya uzandı ve bir şapka ile güneş gözlüğü kutusu bıraktı önüme. "Tak bunları."

Şapkayı kafama geçirdim ve güneş gözlüklerini de taktım hızlıca.

"Kim?" diye sordum çatık kaşlarımın arasından. "Anlamıyorum Pars, nasıl..."

"Liva, baban," diye hatırlattı Pars o sırada. Ardından dudaklarını ıslattı ve bana bakamıyormuş gibi önüne döndü. Havaalanının kapalı otoparkına girmiştik.

Doğru. Babam. Benim öz babam. Kim olduğumu, ne olduğumu bilen adam. Bizi terk eden, annemi ölüme sürükleyen adam.

"Öyleyse doğru," diye mırıldandım. "Safkan olayı. Naz haklı çıktı..."

Pars başını salladı. İlk bulduğu boş yere tek manevrada girmişti. Emniyet kemerini çözdükten sonra kimlik ve pasaportları aldı, ardından bana baktı. Güneş gözlüklerimin ardından gözlerimi görebilirmiş gibi baktı.

Tek bir hareketle güneş gözlüğünü yüzümden söküp alırken aklında ne vardı bilmiyordum ama emniyet kemerini de çözdü ve kendini tamamen bana döndürdü. "Üzgünüm. Konuşmaya vaktimiz yok. Uçak kalkacak..."

"Önemli değil," dedim burnumu çekip başımı yana çevirerek. Sanırım ıslak saçlarım yüzünden üşütmüştüm. "Sen gerçekler için savaşıyorsun, onlar... Onlar benim ailem ve aynı zamanda kötü insanlar," diye mırıldandım. "Yani en azından, ailemden geriye kalanlar."

"Seninle aynı kanı paylaşan insanlar ailen olmayabilir, o kelime çok farklı anlamlar taşıyor biliyorsun," dediğinde avucunu yanağıma yasladı, başımı ona çevirdim. Kedi gibi avucuna düşürmek istiyordum başımı ama dik durmak zorundaydım. Bunun yerine, ben de onun gözlüklerini çıkardım ve maviliklerine baktım.

"Mesela benim ailem, Soyhan'da tanıştığın ve İstanbul'da yaşayan kişiler değil," diye devam etti.

"Dolunay bile mi?" diye sordum kaşlarımı kaldırarak.

Güldü. "Hayır," dedi. "Dolunay daha çok... Ayda yılda bir gördüğüm, alaycı bir arkadaş gibi."

Anladım dercesine kafamı salladım. "Senin ailen, annendi," dedim ardından ve bakışlarımı kazağının üzerinden göğsüne düşürdüm. Dövmesini hatırladım. Kalbine uzanan yaprakları dökülmüş, dikenli dalları hatırladım.

"Evet," dedi Pars. "Benim ailem, annemdi. Senin ailen kimdi Liva?"

Sorusuyla birlikte dudaklarımı birbirine bastırdım. Bunu sormaması gerekiyordu. Bunu nasıl sorabilirdi? Ama kendisinin cevapladığı bir soruydu ve onun için de cevap vermenin zor olduğunun bilincindeydim. "Ben..." Yutkundum, sertçe. Kim? Annem mi? Annem bana sahip çıkmamıştı. Babam terk etmişti. O üvey adam sapığın tekiydi. Büyükannem? Bir amaç uğruna gelmişti Soyhan'a, o bile ve şantaja uğradığı için... Tehditle.

"Sahip olduğum, aileye yakın tek kişi İrem'di," dedim ve bir anda farkındalık kıyılarıma çarptı. Burnumun direği sızlarken gözyaşlarımın ne zaman gözlerimi doldurduğunu fark etmedim bile ama aniden, ardı ardına düşmeye başladılar. Nefes alamadığımı hissettim elimin tersiyle yüzümü silerken. "Hayır... Öldüğümü düşünecek," dedim kesik nefeslerle. Önüme dönmemle Pars'ın yanağımdaki eli de düşmüştü. "İrem öldüğümü sanacak... Daha babasını yeni kaybetti o ve..."

"Liva, sakin ol..."

"Öldüğümü sanacak..." Avuçlarımı yüzüme yasladım. Daha önce, en son ne zaman ağladığımı hatırlamadığım gibi; nasıl bu kadar dolu dolu ağlayabildiğimi de anlayamıyordum ama göğsümde, çok sevdiğim birini az önce toprağa vermiş gibi hissettiğim acı gerçekti. Bunu biliyordum.

Neredeyse Pars'a bakıp geri dönmemiz için yalvaracaktım, beni tutan tek şey Naz'ın arkasında giderken dönüp baktığımda yanan o ölü evdi; geçmişimi yakmıştı Naz, kül etmişti. Liva Uz ölmüştü.

Ben kimdim öyleyse artık?

Pars kapıyı açıp arabanın içinden çıkarken ne ara benim tarafıma gelip kapıyı açtığını fark etmedim bile. Emniyet kemerimi çözdü ve beni dışarı çıkardı, ardından göğsüne çekti. Saçlarımı toplayıp yüzümü açığa çıkardığında transa girmiş gibi yalnızca ceketine bakıyor ve ağlıyordum, yüzüm avuçlarının arasındaydı ama ellerinin sıcaklığını hissedemiyordum.

"Liva, dinle beni, bunu sana benden başka hiç kimse içtenlikle söylemeyecek; yaşadıkların için üzgünüm, yaşayacakların için daha da üzgünüm," dediğinde kulaklarıma ulaşan sesi, algılarımı biraz olsun açmıştı ve gözlerine bakabilmiştim. "Sevdiklerini geride bırakmıyorsun, bunu bir ara olarak düşünebilirsin. Bir şeyler yolunda değil ve düzeltmek için zamana ihtiyacın var."

"Ama İrem öldüğümü..."

"Ben ona bir ipucu bıraktım," dedi kelimeleri tek tek, anladığımdan emin olmak için yan yana getirirken. "Onu terk etmiyorsun."

Ne? İpucu mu bırakmıştı? "G... Gerçekten mi?"

Pars dudaklarını birbirine bastırdı, ardından başını salladı. Ben elimin tersiyle gözyaşlarımı silerken Pars arabanın içine eğilmiş ve gözlüğümü almıştı. Dikkatlice yüzüme geçirdikten sonra kendi gözlüğünü de de taktı ve kapıları kapatıp kilitledi.

Ardından elimi tuttu. "Bu, hazır olmakla ilgili bir savaş değil Liva. Bu kazanmakla ilgili."

Bu kazanmakla ilgili Liva.

Yürüyen merdivenlerden yukarı çıkıp bilet kontrolüne girerken ve ardından bekleme odasında, zihnimdeki en karanlık köşeyi kırmızı alarm ışığıyla aydınlatan dört kelimeydi bu. Biz, ne kadar inanmak istemesem de ne olduğunu bile bilmediğimiz bir savaşın içindeydik ve bu hazır olmakla ilgili değildi, kazanmakla ilgiliydi.

Pars'ın neden böyle söylediğini biliyordum.

Çünkü eğer sana saldırıldığında hazır olmama bahanesine sığınmaya kalkarsan, ikinci bir şansın olmayacak. Kreşte değiliz. Bahçede oyun oynamıyoruz... Olimpiyatlar bile belki bir sebepten yeniden düzenlenebilir ama bu değil.

•

Pars, telefonumu alıp pilini; kırdığı Sim kartını ve telefonu çöpe atmış ve yerine başka bir telefon vermişti. Rehberde yalnızca kendi numarası kayıtlıydı.

Soyhan'dan İstanbul'a uçak yolculuğu yaklaşık bir saat kırk beş dakika kadar sürmüştü. Uçak kalkarken hafif bir korku yaşamış, koltuğa sinmiştim ama daha sonra ağlamaktan ıslanan gözlerim beni uyutmayı başarmıştı bir şekilde. Uyandığımda Pars'ın kolunu ve omzunu esir aldığımı fark etmiştim. Kolu benim kucağımdaydı ve iki kolumla sarılmıştım ona, omzu ise başıma yastık olmuştu.

İstanbul yağmurluydu ve havaalanı otoparkında park hâlinde bizi bekleyen bir araç vardı.

Pars, siyah *SUV*'nin kilidini uzaktan kumanda ile açtığında "Ne yapacağız?" diye sordum, otopark kapısı yakındı bu yüzden yağmur sesi buraya kadar geliyor ve istemsizce sesimi bastırıyordu.

Esnedim.

"Fransa uçağı yarın," dedi Pars içeri geçmem için kapıyı açarken. "Bu gece burada kalacağız."

"Riskli değil mi?" Kapıdan içeri geçerken sormadan edememiştim. Aptal güneş gözlükleri yüzünden okyanus rengi gözlerini göremediğim için biraz sinirliydim.

"Riskli," dedi Pars. "Ama iadeiziyaret gerekliydi."

Kaşlarım çatıldı. "Ne?"

Pars kapıyı kapattı ve ön taraftan dolanarak yanıma bindi. Motoru çalıştırırken emniyet kemerini bağlamadan önce torpidoya uzanmış ve hazır bekleyen silahın şarjörünü kontrol ettikten sonra beline yerleştirmişti.

"Yumruklarının, güvenlik taramasından geçtiği için daha iyi bir silah olduğunu söylediğini hatırlıyorum," dedim geriye yaslanırken. Güneş gözlüğümü çıkardım, şapka hâlâ kafamdaydı.

"Düşmanına göre cephane edinmelisin." Gaza bastı.

Hava koyu renkli bulutlar sayesinde oldukça karanlıktı, öğlen saatine göre. Pars öne eğilip gökyüzüne baktıktan sonra "Ama bu dünyadaki en iyi silah kim biliyor musun?" diye sordu ve geriye yaslanıp emniyet kemerini taktı.

Gökyüzüne baktığı için bir tahmin yürüttüm. "Nil mi?"

"Hayattaki, evet," dedi Pars. "Nil'in varlığından habersiz Peder'in deneylerdeki amacı, silah üretmekti. İnsanları kontrol edebileceği silahlara dönüştürmek. Bir asker düşün, fiziksel açıdan dünyanın %0.1'lik özel bir diliminde. Bu askere üzerinde taşıması gerekmeyen ve nereye gitse onunla birlikte gelen silah özellikleri yüklediğini düşün şimdi de," diye devam etti bana bir bakış atarken. Aklıma direkt tabancalar gelmişti. "Ateş etmekten söz etmiyorum Liva, ateş edilen kurşunu durdurmaktan bahsediyorum. Dünya üzerindeki en güçlü silah, kalan diğer bütün silahları etkisiz hâle getirebilmektir. Bir insanı bile."

"Peder'i sadece vurmalıydınız," dedim nefretle. "Bu kadar tehlikeli işler çevirmesine nasıl izin verdiniz?"

"Manipülasyon ustası biri," diye yanıtladı Pars. "Ve gerçekten ne yaptığı diğer ülkeler tarafından fark edilene dek, henüz yalnızca geliştirme sürecinde olduğu zannediliyordu."

"Peki ya sonra? Yozlaşmış liderleri devirmek değil miydi amacınız?"

"Devrilmesi zor biri diyelim," dedi Pars.

"Çok kolaymış gibi söyledin..."

"Ama sen olmadığını biliyorsun." Yan bir bakış attı, otobandaydık ve arabanın üzerine sicim gibi yağmur boşalıyordu. Güneş gözlüğünü çıkartıp iki koltuk arasındaki bölmeye attı, ardından yüzünü buruşturarak yağmurdan dışarıyı göstermeyen camlara baktı.

"Nil'in varlığını öğrendikten sonra yağmurlara anlam yüklememek imkânsız," diye mırıldandım botlarımı çıkartıp koltukta bacaklarımı kendime çekerken. Üşümüştüm.

Pars yalnızca bana baktı, sanki vücut dilimden anlamış gibi klimayı çalıştırdığında çenemi dizlerime yaslamış; radyoyu karıştırıyordum.

"Annene kızgın mısın?"

Aniden dudaklarımdan dökülen soru, aslında izin almadan kaçmıştı ağzımdan. Belki yağmur sesi, belki radyodan gelen *Ghostly Kisses* şarkısı, belki de ısrarla onun hakkında daha çok; daha derinden şeyleri öğrenme isteği... Belki de empati kurma çabasıydı bunun sebebi.

"Ne hakkında?" diye sordu Pars.

Çoraplarıma baktım. "Eğer seni... Seni verseydi Akademi'ye direkt, kaçmasaydı... Kendi de antikorlarından mahrum bir şekilde ölmeyecekti," diye mırıldandım. "Ve... Bugün yaşıyor olacaktı. Belki bulamayacaktınız birbirinizi ama bir şekilde bir yerlerde yaşadığınızı biliyor olacaktınız birbirinizin. Bunun için ona kızgın mısın?"

"Değilim," dedi Pars, direkt. Cevabı kesindi çünkü daha önce bunun hakkında düşündüğü belliydi. "Denediği için ona kızgın değilim. Ben olsam, ben de çocuğumu Sapphire'e vermek istemem. Başka bir hayatı olsun isterim. Yaşasın isterim, yaşatmak yerine. Bu herkesin yapabileceği bir şey değil."

Başımı kaldırıp ona baktım. Daha önce hiç bunu düşünmüş müydü acaba? "Daha önce hiç aile kurmayı düşünmedin değil mi? Bu yüzden."

Dudakları kıvrılır gibi oldu. "Beni tanıyorsun, bak," dedi başını ağırca sallarken.

"Ama emekli olup aile kurmak mümkün... O zaman çocuğunu vermen gerekmez."

"Liva, kimse Sapphire dışında âşık olmuyor," dedi Pars suratıma gerçeklerin tokadını çarparken. "Çünkü buna vakitleri yok, alanları yok bunun için... Hayatları yok demek daha kolay olur. Bu durumda iki tarafın da emeklilik prosedürünü kabul etmesi gerekir."

"Ve hafızaları silinir," dedim daha önceden öğrendiklerimin ışığında. "Anladım..."

"Aile kurmak istiyorsan, benliğinden vazgeçmelisin. Seni törpüleyen bütün her şeyden, acıdan ve öfkeden; yaşanmışlıklardan, tanıdığın insanlardan... Ben bunu istemezdim. Sen ister miydin?" diye sorduğunda, nabzım istemsizce hızlanmıştı.

Yutkundum. "Haklısın. İstemezdim."

Beni bugüne getiren hiçbir şeyi unutmak istemezdim. Beni bugünkü hâlime sivrilten hiçbir anıyı unutmak istemezdim. Gıcırdayan merdivenli, tozlu evimin acımasız hayaletlerinin nefesini ensemde hissettiğim her sabah ölmeyi dilemiştim; bunu unutursam, yaşamamın bir anlamının kalmayacağı yerdeydim artık. Uçurumun kenarında değildim çünkü o uçurumdan çoktan atlamıştım.

Ya da itmişlerdi beni. İkisinden biri.

Çünkü babam, hakkında bir kez olsun dönüp de düşünmediğim adam; iyi bir amaç için savaş veren bir kurumun, bağımsızlaşmış kötü tarafındaydı. Bizi terk ettiği gibi, annemi de kendi elleriyle ölüme göndermişti o. Biri beni itmişse... Bu babamdan başka biri olamazdı. Ha o üvey adamın yamacına, ha uçurumdan aşağıya...

Çift katlı bir villanın önünde durduğumuzda İstanbul'un içine girdiğimizden bile emin değildim, Pars otobandan çıktıktan sonra bir süre yalnızca uzaktaki dağ yamaçlarına kurulmuş köyleri ve ormanlık alanları görebilmiştim.

Ev alınmış ve öylece kendi hâline bırakılmış gibiydi. Pars kapıya şifreyi girdiğinde, kapı otomatik bir sesle açıldı ve içeri geçtik. Salona giden geniş bir koridor ve yukarı çıkan bir merdiven vardı. "Evi gezebilirsin, güvenli," dedi Pars, kapıyı kapattıktan sonra dümdüz ilerleyerek.

"Sen ne yapacaksın?" diye sorduğumda, ceketini çıkarmış ve kazağının kollarını sıvamış; mutfak olduğunu düşündüğüm kapıdan içeri giriyordu.

"Yemek!" diye seslendi ortadan kaybolduğunda.

Yemek. Evet. Birimizin yemek yemeyi hatırlaması iyiydi.

Üst katta üç oda vardı; biri yatak odası, diğeri yatak odası ve diğeri de boştu. Alt ve üst katta olmak üzere toplam üç banyo vardı ve daha önce burada biri kalıyorduysa da, evin sahibi varsa da... İzi yoktu.

Bir süre sonra merdivenlerden aşağı indiğimde evin artık ısınmış olduğunu fark edip montumu ve şapkamı çıkarmıştım.

Pars mutfaktaydı. Mutfak geniş ve ferahtı. Beyaz mermer ve siyah ahşap kullanılmıştı sadece. Pars ocağın başındayken ortadaki tezgâhın bar sandalyesine oturduğumda; masanın üzerinde bir zarf olduğunu fark ettim. Büyüktü ve içinin dolu olduğu belliydi.

"Bu ne?" diye sordum dokunup dokunmamak arasında kalırken.

Pars ocağın altını kapattığında, elini kurulayıp yanıma geldi. "Açsana."

Ciddi olup olmadığını sorgularcasına çatık kaşlarla ona bakarken, mavilikleri yalnızca zarfın üzerindeydi bu yüzden tereddütsüz zarfın ucunu yırttım ve içine baktım. Birkaç fotoğraf ve birkaç kâğıt vardı.

Önüme düşen fotoğrafta bir adam kaldırımdaydı, şoförü olduğu belli olan adam ona arabasının kapısını açıyordu. Fotoğrafı çekilen adamın saçları beyazlamıştı, buna rağmen oldukça fit ve sağlıklı görünüyordu; üzerinde koyu gri bir takım elbise ve elinde evrak çantası vardı.

Tarih iki gün öncesinindi.

Ve fotoğraftaki benim üvey babamdı.

Sorarcasına, bir onay beklercesine, inanamayarak baktım Pars'a. İfadesi dümdüzdü ve gayet sakin bir şekilde beni izliyordu. Bir şey söylemediği için diğer fotoğrafları da önüme saçtığımda, hepsinde o adam olduğunu gördüm. Bazıları aynı günden farklı pozlardı, bazılarında yanında bir erkek çocuğu ve bir kadın vardı. Bir aile kurmuştu. İyi yaşıyordu. Mutlu görünüyordu.

Ama hâlâ benim kâbuslarımın sebebiydi.

"Bu herifi mi araştırdın?" diye sordum içimde yanan ateşle Pars'a bakarken.

Elimdeki fotoğrafıaldı, ardından yanımdaki bar sandalyesine oturup bana döndü ve dirseğini tezgâha yasladı. "Serhat Göreli. Söyle, Liva. Adamın ismini söylemekten korkma."

Dilim yanmış gibi hissettim bir an. Değil o adamın ismini dilime değdirmek, zihnimden içeri bile sokmuyordum ben yıllardır... Unutmuştum. Unuttuğumu söyleyip kendimi kandırıyordum belki de. Ama sen yok sayınca silinmiyordu geçmiş.

Fotoğraflardan birinde Lamen Fettahoğlu'nu beyaz, kaşe bir montla onun yanında gördüğümde şaşırmama izin vermedim. Fotoğrafı çekip aldım ve Pars'ın önüne bıraktım. "Daha önce, o dağ evindeyken Lamen'in kendi hastalarını kendinin seçtiğini söylemiştin. Bu herifle olan bağlantısını nasıl açıklıyorsun?"

"Lamen'in kimin tarafında olduğunu çözebilmiş değilim Liva," dedi Pars başını iki yana sallayarak. Fotoğrafa baktı, ardından bana. "İki ihtimal var bu yüzden, ikisini de cepte tutuyorum. Bir, İsviçre'ye çalışıyor. Bunun sebebini sana daha sonra açıklarım. İkincisi ise, Peder'in tarafında olması ve hatta onun emriyle buradaki Lamen kimliğini öldürüp Rusya'ya kaçmış olması. Bu durumda Peder'in senin safkan olduğunu bir süredir biliyor olduğu ihtimali kesinleşir."

"Peder," dedim, ardından Naz'ın söylediklerini hatırlamak için yutkundum ve biraz bekledim. "Onu denetleyen yönetim kurulunu katletti değil mi? Bütün bunların hepsi bir plan dahilinde, onun kendi hükmettiği Akademi'yi başka bir amaç için tamamen diğer merkezlerden sıyırıyor olması olabilir mi?"

"Biz de öyle düşünüyoruz," dedi Pars, kafasını sallarken. "Konuya geri dönersek... Serhat Göreli ile bir dönem görüşmüş olmasının tek sebebini, senin hakkında bilgi almak olarak yorumlayabiliyorum."

Mantıklıydı. "İkinci ihtimalden yürürsek, o zaman... Lamen'in bunca zaman beni gözetlediğini ve Peder'e hakkımda bilgi gönderdiğini söyleyebiliriz, öyle mi?"

Pars bana baktı. Sanki cevabı dünyamı başıma yıkacakmış gibi temkinli bir şekilde yüzümü inceledi bir süre. Ardından kafasını salladı ağır bir ifadeyle.

Cevabı dünyamı başıma yıkmadı ama kendimi dünyanın en aptal insanı gibi hissettirmişti. Alaycı bir kahkahayla masadan kalkarken "Sikeyim böyle işi," diye homurdandım. Avuçlarımı yüzüme bastırdım ve derin nefesler aldım. Onca seans gözümün önünden geçmeye başlamıştı bir anda; öylece karşısına geçmiş ve her şeyi anlatmıştım. Boynumdaki intihar hapını bile ve bana dayanamayacağım noktada deneyebileceğimi söylemişti. Doktorların bu şekilde tavsiye vermesi etik miydi ki?

Pars ayağa kalktığında, ocağa ilerledi ve iki tabak çıkarttı. "Planın ne?" diye sordum, fotoğraflara bakarken.

Pars fotoğrafları kenara itti ve önüme bir tabak koydu. "Yemeğini ye. Enerjiye ihtiyacın olacak."

"Sessiz olacak mısın?" diye sordu canavar.
"Asla," aldığı yanıttı, kapının ardından.
Kapı kolunu zorladı. "O zaman kıracağım bu kapıyı!"
Kırılmadı.
O gece yalnızca kapının kolu kırılmadı.

10

Çocukların Kaynamayan Kırık Çıkıkları

Fazlasıyla yüksek bir rezidansın, yirmi beşinci katındaydık. Üzerimde siyah pantolonum, siyah kazağım vardı; büyükannemin evini terk ederken giydiğim kıyafetler. Saçlarımı sımsıkı toplamıştım tepemde ve siyah bir şapka ile tek kullanımlık maske takıyordum.

Benim aksime Pars üzerini değiştirmişti. Evin yatak odasında, yatağın yanında iki çanta vardı; birinde kıyafet, diğerinde ise silahlar bulunuyordu. Siyahlara bürünen Pars, dolu gelmişti buraya. Susturucu takılmış bir silah, içine ne koyduğunu bilmediğim bir iğne ve bıçak taşıyordu üzerinde.

İadeiziyaret derken üvey babamın evine gelmeyi beklemiyordum ama dosyasını gördükten sonra anlamıştım. Pars, o adamı uzun zamandır izlettiriyordu ve bu gece İstanbul'da kalmamızın sebebi, tam olarak bu adamdı.

İstemezsem gitmeyebileceğimizi, film izleyebileceğimizi söylemişti ama onun mutlu, iyi hâlde olduğunu fotoğraflardan da olsa görmek bana iyi gelmemişti kuşkusuz ki. İstediğim intikam mıydı? Değildi, küçük bir kız çocuğunun intikamını on dokuzuncu yaşı alamazdı. Ben sadece gözümle görmek istiyordum hayatın adaletsizliğini; öfkem damarlarımda akan kana güç olsun, yumruğumu daha sert sıkayım ve daha sert bassın ayaklarım yere.

Pars, evin kapısını açan şifre düzeneğini söktüğünde ben etrafı gözetliyordum. Yalnızca bir dakika içerisinde kablolarla oynadı, ardından düzeneği yerine geri taktı ve tek bir tuşa bastı. Kapı otomatik bir sesle açıldığında dönüp omzunun üzerinden bana bir bakış atmıştı. İçerdeyiz.

Pars'ın söylediğine göre, Serhat Göreli yeniden evlenmişti ve bir oğlu ile karısı vardı ama onlar birlikte tatil için yurtdışına çıkmışlardı, bu yüzden evde yalnızca o adam olmalıydı.

İçeri girdiğimizde koridorun loş aydınlatması yanıyordu sadece. Pars kapıyı sessizce kapattı, ardından burada beklememi işaret etti. Başımı salladım ve gergince kapıya bir bakış attım.

Fazlasıyla sessizdi. Odalara girip çıktı, salonu kontrol etti. Sonunda yanıma döndüğünde "Çalışma odasında," diye fısıldadı ve başıyla koridoru işaret etti.

"Kapıyı açıp... Öylece girebilir miyim?" Kısık bir sesle sormuştum.

"Hayır," dedi Pars. "Önden ben gireceğim, herhangi beklenmedik bir saldırıya karşı."

"Ben girmek istiyorum." Direttim. "Adam evde yalnız, yaşlı. Ne saldırısı olabilir?"

"Adam ruh hastası. Masasının altında silah tutuyorsa ve panikleyip sana ateş ederse ne yapmayı planlıyorsun? Benim ne yapmamı bekliyorsun peki? Çünkü benim kurşun durdurma gücüm yok, sadece adamın kafasını koparabilirim bu da işime yaramaz."

Seslice nefesimi dışarı üfledim ve gözlerine baktım. O haklıydı. "Tamam," dedim sonunda kabullenerek.

"Durumu anlayıp direkt kabul etmene bayılıyorum." Elini koluma koyduğunda, kaşlarımı çattım.

"Etmese miyim?"

"Hayır," dedi, kapının önünde durmuştuk. Altından sarı ışık çıkıyordu koridora. Pars beni ensemden yakaladı ve şapkamın üzerine bir öpücük kondurdu. "Hep böyle soğukkanlı ve mantıklı ol. Seni hayatta tutar."

Gözlerimi kaçırdım. Benden nasıl davranmamı bekliyordu bilmiyordum ama ben olduğum gibiydim, ve başa çıkamayacağım durumlarda duygusal düşünerek aptalca kararlar alabilirdim hâlâ. İstemsizce içimde oluşan, Kalkavan'ı gururlandır modunu kapatamıyordum sadece. Kapatma tuşu yoktu ki...

Pars, eliyle üçe kadar saydı ve sayarken gözlerini gözlerimden çekmedi. Sanki son ana kadar benden kapıyı açmaması anlamına gelecek bir hareket beklemişti ama karşısında yalnızca bekledim. Sırtımı duvara yaslamıştım.

"Ona kadar say, sonra içeri gir."

Pars anahtar deliğinden baktı, ardından şimşek hızıyla kapıyı açtı ve kolunun içine soktuğu bıçağı odaya fırlattı. Şokla ağzımı kapatırken ses çıkarmamak için avucumu yaslamak zorunda kalmıştım kapanan dudaklarımın üzerine. Ne yaptı o?

Serhat'ın acıyla inleyen sesini duydum, Pars çoktan içeri girmişti bile. Saniyeler içerisinde boğuşmaya benzer bir ses doldu kulaklarıma, içimden Ona kadar saymaya çalışıyordum. Bitmiyordu lanet rakamlar...

Sonunda ses kesildiğinde, derin bir nefes aldım ve geri sayımın da bitmesiyle kapının pervazında dikildim. İçerisi kitaplıklardan ve bir çalışma masası ile koltuklardan oluşan, klasik bir çalışma odasıydı. Bu odayı sıradışı yapan, bir eli avucundan geçmiş bıçakla duvara saplanmış olan Serhat Göreli ve kitaplığa yaslanmış, kollarını göğsünde birleştirmiş sakin bir ifadeyle tepkimi izleyen Pars'tı.

Adamın diğer eli kalorifer peteğine bağlanmıştı, ayakları ileri uzatılmış bir şekilde yerde oturuyordu. Çalışma masası inanılmaz bir güçle ileri itilmiş olmalıydı ki fazladan yer açılmıştı içeride.

Adam zorlukla, öğüre öğüre ağzına tıkıştırılmış kâğıtları tükürdü ve öksürmeye başladı. Başını kaldırıp da neler olduğuna bakamıyordu bile, neye uğradığını şaşırmıştı. "Siz..." Öksürüyordu. "Siz de kimsiniz amına koyayım?!"

"Eli acımıyor mu?" diye sordum Pars'a. Acısın istiyordum ama herifin umurunda bile değildi.

Pars cebindeki boş şırıngayı çıkardı. "Uyuşturucu iğne yaptım, hemen etkisini gösterir. Biz buradayken bağırıp da komşularını başımıza toplamasın diye."

Başımı salladım.

İçeriye attığım bir adım, ömrümden aylara tekabül ediyordu; küflü bir ekmeğe, ekşimiş peynire, içki kokan iğrenç bir nefese ve kırılan bir kapıya. Şapkamı çıkardım, ardından maskemi. Serhat Göreli'nin kısılan gözleri, simamı tanımak için yüzümde geziniyordu.

Beni tanımamış mıydı?

"O hafta yemek için bulabildiğim tek yemeği yedikten sonra içki şişeleriyle dolu kanepeye tüm ayyaşlığınla yığıldığın geceyi hatırla, uyuyabilmek için suyla midemi doldurmam gerekiyordu bu yüzden mutfağa inmiştim." Önünde durdum, tam ayaklarının önünde. Doğrudan yüzüne bakıyordum, gözümü bile kırpmadan. "Ama sen ayak seslerimi duydun ve uyandın. İçtiğim suda boğuluyordum neredeyse bana Bahar diye seslendiğinde. Merdivenlerden yukarı koştum, kılpayı kurtuldum elinden ve kapımı kapatıp kilitledim. Bana, eğer kapıyı açmazsam, kıracağını söyledin. Sessiz olmamı söyledin, annemin uyanmaması gerektiğini. Annem zaten evde yoktu. Ve sen o gece kapımı kırdın benim."

Serhat'tan başka bir yere bakmıyordum, o da şok ve korkuyla dolu gözlerini benimkilerden ayırmıyordu. "Kırdığın yalnızca kapım değildi, kolumu da kırdın," dedim bir elim, sağ kolumun üzerine giderken. Bugün bile hayalî de olsa hissedebiliyordum acısını, ilk günkü gibi. "Kitaplığımı devirdin üzerime. Diğer birkaç geceden birisi bu yalnızca...

Ve sen bana, benim kim olduğumu bilmediğini mi söylüyorsun? Hatırlamadığını mı söylüyorsun?"

Pars'ın yanımda hareketlendiğini gördüğümde bakışlarım ona kaydı. Bana bakmıyordu, önündeki duvara bakıyordu yalnızca. Yumruk yaptığı elini ısırırırken birkaç adım attı ileri, ardından hızlandı ve kitaplığa yumruğunu geçirdi.

Nefesimi tutarak gözlerimi kapattım ve bakışlarımı çektim üzerinden. Yere düşen kitapların sesiyle birlikte irkilmiştim.

"L... Liva," dedi Serhat, titrek bir sesle. Gözleri dolmuştu ve o dolan gözleri, korkuyla benim arkama bakıyordu; Pars'a. Ondan korkuyordu.

"Ondan mı korkuyorsun?" diye sordum ona.

"Senden daha çok..." dedi Serhat. "Senden daha çok korkuyorum."

"Neden?"

"Sana yaptıklarım yüzünden yıllardır uyuyamıyorum, çaresizce terapi görüyor ve kimsesiz çocuklara, yurtlara paramı dağıtıyorum ama geçmiyor..." Başını iki yana sallıyordu çaresiz bir çocuk gibi ağlarken. "Gözlerini unutamıyorum..."

"Sen benimle dalga mı geçiyorsun?" Öfkelenmiştim. Pişmandı. Pişman olduğunu söylüyordu ve ayrıca bunu gözlerinde görebiliyordum. "Kötülük yapıp, pişman olup kolayca sıyrılabileceğini mi sanıyorsun kendince içini rahat ettirme metotlarıyla? Bana, çaldığın annemin servetiyle inşa ettiğin işinden kazandığın o kirli paradan gönderdiğinde bir şeyleri düzeltebileceğini mi düşündün sen?!" Kendimi tutamıyordum, bağırıyordum.

Kahkaha atarak geri çekildim. Yüzümü sıvazladım. "Biliyor musun?" dedim iğrenir bir ifadeyle yüzüne bakarken. "Hayal kırıklığına uğradım. Eğer istismarını şu an devam ettiriyor olsaydın, şurada elin kolun bağlıyken yalnızca sözlerinle bile olsa; çok memnun olurdum. Sen bu'sun çünkü. Şu an değişmiş olman geçmişini değiştirmez, bu kadar kirliyse o geçmiş ve başkalarına bulaştıysa kirin."

"İyi misin sen? Aklın alıyor mu? Nasıl yapabilirim bunu? Hastaydım ben..." Kendi lafını kendi kesti, başını iki yana salladı. "Hastaydım... Alkoliktim. İşsizdim. Bir boka yaramazdım. Kafamı ölmüş kızımla bozmuştum... Bahar'la."

"Kes," dedi Pars o an, arkamdan çıkıp adamın önünde dururken. "Buraya hayat hikâyeni dinlemeye gelmedik."

"Benim yüzümden öldü," diye devam etti yine de. "Araba kazası... Benim yüzümden. Benim para alıp frenini bozduğum araba çarptı ona..."

Derin bir nefes aldım ve gözlerimi kapattım. Onun sesini ya da travmasını duymak istemiyordum, bu bana yaptıkları için bir bahane değildi ve asla olamazdı da. "Ben de kaybettim," dedim yeniden ona bakacak cesareti bulduğumda. "Ben de çok kişi kaybettim, çok şey kaybettim; hayat bu, çok daha ağırını yaşayanlar oluyor. Ama bu senin içinde olan bir şey değilse, ne alkol ne uyuşturucu ne de başka bir şey bunu açığa çıkaramaz. Yoktan var edemez. Hasta olan sensin, alkole suç atma. Travmana suç atma. Hastasın sen."

Bacaklarını kendine çekip duvardan tarafa döndüğünde yaşlar akan yaşlı gözleriyle, sağ eline baktı; avucunun içinden geçen bıçağın, duvara sabitlediği eline. "Çıkarın şunu, çıkar!" diye bağırdı. Hissetmediği için, kendi çıkarmaya çalışırken daha çok zarar veriyordu eline ama farkında değildi.

"Biraz daha uğraşırsan sinir sistemine zarar vereceksin. Değil elin, kolunu kaybedersin o zaman," dedi Pars. "Kimbilir belki omurgan bile etkilenir... Ne diyorlardı? İnşallah. Hah. İnşallah yani."

"NE?!"

Pars güldü. Alaycı bir gülüş dudaklarını sıyırırken eliyle ensesini ovalıyor, eğdiği bakışlarıyla küçümseyici bir bakış atıyordu Serhat'a. "Yaptığının cezası olmaz mı sandın?"

"Allah benim cezamı öldüğümde, cehennemde verecek! Sana düşmez!" dedi Serhat, bana bakmıyordu ya da bakamıyordu, bilmiyordum. "Sen kimsin?! Ben hatalarımdan ders çıkarıyorum!"

"Çıkardığın çıkaracağın tüm dersleri sikerim senin." Pars, Serhat'ın yanında ayaklarının üzerinde eğildiğinde doğrudan gözlerine bakıyordu. "Senin inandığın Tanrı'nın öteki tarafta vereceği ceza, geç kalınmış bir ceza olur. Burada yaptığının bedelini, burada ödemelisin; yoksa yanına kâr kalır, buna inanırım ben," dedi ölümcül bir sakinlikle. "Ve biliyor musun, inandığı şeyler için kendi kurallarını bile parçalayabilecek biriyim. Senin elin ne ki?" Hayır. Sakin falan değildi. Kafasını koparmak istiyordu, her an atağa geçebilecek yırtıcı bir hayvan gibi bakıyordu ona.

"Yüzlerce kadın ve çocuğun istismar edildiği bir düzenin içerisinde paranı katlayarak zenginleşirken de hatalarından ders çıkarıyor muydun?" Yüz kaslarım gevşemişti. Onu böyle çaresizce, ağlarken görmek bana zevk verir; keyfimi yerine getirir sanıyordum ama yalnızca daha da rahatsız olmuştum. "Her gün çocuğunun yüzüne bakarken, karını kollarının arasına alırken bir yandan da bu kirli para nasıl aklanır diye düşünürken; eli yüzü düzgün görünen ama paçalarındaki çamurla ayak bastığı her yeri kirleten adamların ellerini sıkarken de hatalarından ders çıkarıyor muydun?"

"Ne?" Gözyaşlarından önünü göremiyordu. Panik tüm vücudunu sarmaladığında saniyeler arasında bakışları Pars'la aramda sekip durdu. "Ne biliyorsunuz siz?"

Mekanik ses tüm odada yankılandığında Pars sessizce doğruldu ve çatık kaşlarıyla odanın kapısına baktı. "Allah

Allah ya, bu kapıya ne olmuş?" diye homurdanıyordu sesi gür bir kadın, anahtar şıngırtısı geliyordu ayrıca.

Karısı gelmişti.

Pars müthiş bir refleksle adamın ağzına cebinden çıkardığı deri eldivenini tıkarken "Ses çıkartırsan hiç planda olmadığı hâlde başka birilerinin de canı yanar," diye tehdit etti onu. Yakar mıydı?

"Babaa! Biz geldik! Bak ne aldık!"

Küçük erkek çocuğunun sesi kulaklarıma dolduğu an Pars'la göz göze geldim. Burada olmamaları gerekiyordu ama buradalardı. Erken mi dönmüşlerdi tatillerinden? Nasıl haberimiz olmazdı?

"Tatlım önce ellerini yıka," dedi kadın. Kapalı kapıya yaslanmış, seslerini dinliyorduk. Koridordan geçtiler. "Ben bir duş alacağım, sen de babanı rahatsız etme bu saatte. Çalışıyordur."

Sesler uzaklaştığında ve bir kapı kapandığında, yeniden yalnızlık ama yalnızca odanın içinde. "Ne yapacağız?" diye sordum Pars'a, fısıldar bir sesle.

"Erken ayrılmalıyız," diye cevapladı beni.

Tam dönüp adamın yanına ilerleyeceği sırada "Onu öldürecek misin?" diye sordum. "Ne yapacaksın?"

Serhat, öldürmek kelimesini duyduğu an ağzına tıkalı eldivenle bağırmaya çalıştığında aynı anda yerinde debelenmeye de başlamıştı. Pars ona baktı, Serhat susar gibi oldu ama canı için yalvarıyordu biliyordum.

"O bıçak," dedim eline saplı bıçağı başımla göstererek. "Ona tam olarak ne yaptın?"

"Bıçak zehirli. Saplandığı bölgede sinirleri parçalıyor. Bileğinden aşağısı felç. Bir saat daha kalırsa, muhtemelen zehir tüm koluna yayılır," diye cevapladı beni Pars. "Liva, ne var aklında?"

Serhat'a baktım. Tüm öfkem diz çökmüştü şimdi vicdanımın önünde, "Baba! Girebilir miyim?" diye ona sesleniyordu şimdi kapının diğer ucunda küçük bir erkek çocuğu. Karşımdaki pislik onun babasıydı.

Ölüyken küçük bir çocuğa baba olamazdı.

Yanına yürüdüm, küçük adımlarla. "Oğlunu seviyor musun?" diye sorarken gözümden bir damla yaş düşmüştü. Küçük Liva'yı hissediyordum çünkü içimde, yumruğumu vursam göğsüme tam sol tarafta bir yerlerde; çığlıklar atıyordu, uyuyamıyordu tozun kirin farelerin içinde, kimsesi yoktu onun. Onu terk etmişti herkes, yaşarken hem de.

Serhat acı homurtular eşliğinde ağlarken başını salladı. Ne söylemeye çalıştığını biliyordum, onu öldürmeyin, ona zarar vermeyin, bırakın gitsin, diyordu.

"Canavarlar sevemez, küçük çocuklar bile onlara sevgiyi öğretemez. Sen kötü bir kâbussun," dedim dizlerimin üzerinde önüne çökerken. "Senin oğlunu sevdiğine inanmıyorum. Bahane ettiğin hiçbir şeye inanmıyorum. Sen kötü bir insansın. Annemin ilgiye açlığını sömürdün, benim çocukluğumu sömürdün, annem intihar ettikten sonra tek bir gözyaşı dökmedin; bunun yerine sahip olduğumuz her şeyi üzerine aldın ve kaçtın. Beni sen bile kimsesiz bırakabilmişsin, öyle iğrenç bir kimsesizlik işte benim içine terk edildiğim."

Serhat başını iki yana sallıyor, şiddetle ağlıyordu; omuzları sarsılırken gözyaşları dinmiyordu. Ben ise yalnızca öfkeliydim, onun gözyaşları ve pişmanlığı bana hiçbir şey ifade etmiyordu. İnanmıyordum.

"Şimdi seni burada sağ bırakacaksam bunun tek sebebi, bu gece buradan çıkıp giderken o pis ellerinin bir daha hiçbir çocuğa kalkmayacağını bilmemden," dedim ve bir ayağımı duvara dayadıktan sonra sağ eline saplanmış bıçağı tüm gücümle kendime çektim. Bıçak çıkarken Serhat acıdan bağırmaya çalışmıştı ama sesi acı bir inleme olarak çıkmıştı dışarıya.

"Baba? İyi misin?" sorusu doldu kulaklarıma, oğlunun.

Serhat'ın cansız sağ eli kucağına düştüğünde şok içerisinde olduğunu biliyordum, bundan yararlanarak sol elini iplerden kurtardığımda avucunu yere yasladım ve hiç düşünmeden bıçağı sapladım.

Bu kez uyuşturucu iğne yoktu. Serhat gözleri yuvalarından fırlıyormuşçasına bağırdığında hızla ayağa kalktım, şapkamla maskemi aldım ve kapının önünde sert bakışlarıyla dikilen Pars'a baktım. "Gidebiliriz."

Pars omzumun üzerinden arkama, Serhat'a baktı; Serhat acıyla ağzındaki eldiveni tükürürken çok derinlerden bir yerden bağırıyor, ahşabı delip geçen eline saplanmış bıçağa yuvalarından fırlamak üzere olan kızarmış gözleriyle bakıyordu. Dehşet içerisindeydi.

Benim ise soğukkanlılık mekanizmam devreye girmişti.

Kapıyı açtım, kapının arkasında babasının sesini duyduğu için hüngür hüngür ağlayan çocuğun elinde bir hediye paketi vardı. O kadar küçüktü ki henüz ve bir gözlük takıyordu. "Umarım babana benzemezsin çocuk," dedim onunla göz göze geldiğimde. Çocuk ağlayarak içeri girdiğinde ben koridoru sallandıran sert adımlarlarımla kapıya ulaşmıştım bile.

"Ne oluyor?" diye bağırdı karısı, sanırım bornozla duştan fırlamıştı. "Mert, neden ağlıyorsun?!"

Umarım adın gibi mert olursun.

Pars'la binadan çıktığımızda acele etmemiz gerektiğini biliyorduk bu yüzden bir saniye vakit harcamamıştık. Asansörde şapkamı ve maskemi geri takmıştım, derin nefes alış verişlerim dışında bir şey duyabildiğim yoktu. Sitenin içine park ettiğimiz arabayla hiçbir şey olmamış gibi güvenlikten geçerken, buraya girerken güvenlik sisteminin elemanları gibi davrandığımızı hatırladım. Polis ve ambulansın gelmesi çok sürmezdi.

"Neden geride kaldın?" diye sordum yukarıda, kapıdan çıktığımda onu beklediğimi fark ederek.

Pars kolunun içinden bıçağını çıkardı. Üzerindeki kanı silmişti ama yine de birkaç kısımda kuruyan lekeleri vardı. "Polisin eline geçmemeli."

Başımı salladım, geriye yaslandım ve pencereden dışarıyı; gecenin İstanbul'unu izledim.

Serhat Göreli, benim üvey babam, o üvey adam; artık ellerini kullanmayacaktı. Bıçaktaki zehir, sinirlerini parçalamıştı. Ağzından çıkan tek bir kelimeye inanmamıştım; Pars istese, onu öldürse, buna engel olacağımı düşünmüyordum ama bu gece olabilecek en doğru şey olmuştu. O pislik, ellerini bir daha kimseye süremeyecekti; biraz akıllıysa her şeyden elini ayağını çeker ve ailesiyle geçirirdi kalan ömrünü.

"Lamen'den tedavi aldığı doğru mu o zaman? Gerçekten tedavi aldığı?" diye sordum başımı bu kez Pars'ın koltuğuna doğru çevirerek. Pars sağdaki yola saparak İstanbul dışındaki kaldığımız eve sürmeye başlamıştı.

"Sadece Lamen değil, birçok doktorla görüşmüş. Karısına geçmişi hakkında açıldığı ve o kadının Serhat Göreli'yi yönlendirdiği düşüncesindeyim çünkü kadının kendisi de doktor."

"O kadın her şeyi biliyor ve o adamla aynı yastığa mı başını koyuyor?" Alaycı bir kahkaha çıktı ağzımdan. "İnanamıyorum!"

"Belki de bıçağı kalbine saplamalıydın," dedi Pars. Bana bir bakış attı, kaşlarını kaldırarak. "Bir insanı öldüremeyeceğini biliyorum Liva, bunun için yeterli psikolojik donanıma sahip değilsin. Kaldı ki o adamın şu an nefes almaya devam ediyor oluşunun sebebi oğlundan başkası değil, o küçük çocuk için vicdan yaptığını biliyorum. Ama sen de şunu biliyorsun ki ben..."

"Biliyorum, yapardın," diyerek kestim lafını. Bunu ondan duymama gerek yoktu. "Serhat Göreli de kartelle birlikte yakalanacak mı?"

Pars başını salladı. "Onun dosyasıyla özel olarak ilgilendim. Müebbet yiyecek, diğer herkes gibi. Kaçışı yok."

Bunu bilmek yeterliydi. Bir şekilde, öfkemi dindirdiğimi hissediyordum artık bir kez olsun; bir kez olsun, rahatça başımı yastığa koyabileceğimi. Çünkü bir daha başımı yastığa koyduğumda o tozlu tavan arasında uyanmak istemiyordum.

Eve ulaştığımızda duş aldım, temiz havlu ve iç çamaşırı vardı evde. Bir otel gibiydi. Lacivert askılı-şort pijama takımını giyip saçlarımı tepemde topuz yaptım, ardından merdivenlerden aşağı indim. Uyumam gerekiyordu biliyordum, saat çok geç olmuştu ama yaşadıklarımın verdiği adrenalinle uyumak mümkün değildi. Fazla dinçtim bunun için.

Pars salonda, şöminenin yanındaki sandalyede oturuyordu. Salona benim girdiğimi duyduğunda ateşi izlemeyi kesti ve bana baktı, benim aksime o; geldiğimizden beri burada oturuyor gibiydi. Üzerini değiştirmemişti.

Karşısındaki koltuğa geçip oturdum ve bağdaş kurdum. "Yakalanmayacağımızdan emin misin? Fazla rahat davrandık gibi geldi. Her gece birinin evini basıyor değilim ama..."

"Merak etme," dedi Pars. "Geride iz bırakmadık. Biz binaya güvenlik sistemi elemanları olarak girdik ve öyle çıktık. Serhat Göreli'nin yaralanması konusuna gelirsek de, konuyu polise taşımayacak. Şikâyetçi olamaz."

Gözlerim kısıldı. "Neden bu kadar eminsin bundan?"

"Çünkü detay vermek zorunda. Bir kere ellerinin nasıl felç olduğunu açıklayamaz, o da bunun farkında, her ne kadar kim olduğumu bilmese de. Senin kim olduğunu biliyor ama küçükken istismar ettiğim üvey kızım gelip benden hesap sordu da diyemez, kaldı ki sen kayıtlara ölü olarak geçtin bu akşam itibariyle. Tutarlılığı olmaz. Her şeyi geçersek, itibarını ve ailesini düşünmek zorunda."

Pars haklıydı. Bir kez daha.

Alt dudağımı ağzımı içine yuvarladım ve geriye yaslanarak başımı koltuğa bıraktım. Gözlerim kapalıydı. Yorulmuş muydum? Aç mıydım? Yoksa hızla değişen hayatımın getirdiği karın ağrısı mıydı benimkisi?

Pars ayağa kalkıp yanımdan geçip gittiğinde, göz kapaklarımı aralamış onu izliyordum. Pencere pervazına oturur gibi yasladı kalçasını, pencereyi hafifçe araladı ve bir bacağını kaldırıp pervaza koydu ayağını. Dirseği dizinde, sigara paketi ve çakmak elindeydi.

"Bu aralar çok içiyorsun," dedim pencerenin diğer tarafında duvara omzumu yaslayıp kollarımı göğsümde bağlarken.

"Şöminenin yanında dur, üşürsün," dedi bana. Ardından dudaklarının arasındaki sigarayı yaktı ve paketle çakmağı kenara bırakıp sırtını pervazın içe göçük duvarına yasladı. Bahçenin karanlığını izliyordu. Yağmur atıştırıyordu yine.

"Üşümüyorum." Omuz silktim. Bir nedenden üşümüyordum, belki de içerisi fazla sıcaktı ve pencereden sızan soğuk yetmiyordu beni titretmeye. Belki de antikor bir şeyi daha düzeltmişti.

"Öyle olsun."

Öyle olsun.

"Hep böyle mi peki?" Bu sıralar düşünmeden çok fazla soru kaçırıyordum ağzımdan, belki de daha cesurdum eskiye göre. "Hep böyle... Görevlere gidiyorsun, sonra... Sonra ne yapıyorsun mesela? Evine mi dönüyorsun?"

"Ev neresi ki?"

Gafil avlandığım bir cevaptı. Ev, içimde hiçbir zaman halledemediğim bir meseleydi; lügatıma yabancı bir kelimeydi çünkü. "Fransa'da doğup büyümüşsen... Orası olabilir mi?"

Pars tebessüm etti ama başını olumsuz anlamda sallamıştı, göz kapakları maviliklerini örterken sigarasından aldığı nefesle. "Bir yer vardı." Dudaklarını ıslattı. "Annemin küçükken benimle birlikte kaçtığı bir mahalle, Fransa'da daha kırsal kesimde. İki katlı, küçük, eski bir ev. Beni o evde tek başına doğurmuş. O... Öldüğünde," diye devam etti boğazını temizleyerek. Başını kaldırıp bana baktı. "Orası öylece kalmış. Bozulmamış hiç. Benim çocukluk kıyafetlerim, annemin kıyafetleri, çaldığı piyano... Bahçede çürümüş çiçekler, boş saksılar... Oraya giderdim bazen."

"Artık gitmiyor musun?"

"Cık," dedi kaşlarını kaldırarak. "Yıktırdım orayı."

Bir ağırlık çöktü üzerime, bunu söylemesini beklemiyordum. Bunu yapmış olmasını da beklemiyordum. "Neden yaptın bunu? Orası annenden, geçmişinden kalan tek yermiş."

"Tam da bu yüzden," dedi beni yakalamış gibi. "Geçmişin hayaletlerinin seni avladığı hiçbiri günü şu anda yaşamıyorsun. Geçmiş, güzel anılarla dolu olsa bile onu arkanda bırakmak en sağlıklı olanı. Çünkü sen o mutlu anılarına tutunurken aslında derin bir yas tutuyorsun kalbinde, çürütüyor içindeki tüm diğer duyguları."

"Peki ya göğsündeki dövme?" dedim gözlerimi boynundan sanki görebilirmiş gibi siyah tişörtüne indirirken.

Başını eğip göğsüne baktı. "Dövme... Hatırlamak için."

"Anlamıyorum," dedim yutkunurken. "Arkanda bırakmak için evi yıktırdığını söylüyorsun ama hatırlamak için göğsünü dövdürmüşsün."

Mavilikleri gözlerimle kesişti. "İnsanlar devam edebilmek için affetmen gerektiğini söylerler. Ben buna inanmıyorum, bence affetmeye gerek yok yoluna devam edebilmek için. Olan oldu, affetmen hiçbir şeyi değiştirmez. Devam edebilmek için, tıkılı kaldığın kafesten kurtulmalı ya da ayağa kalkmalısın; yolun ortasına çömelmiş oturursan tabii ki ayakların gitmez. Aynı bunun gibi, arkanda bırakmak için de unutman gerekmez Liva. Sadece bırakıp yoluna devam etmelisin, onlar zaten arkada kalacaklardır."

Farkındalık, insanın omzundaki yükün çoğunu alıyor ve hafifletiyordu sırtını; farkındalığın yaptığı bir şey daha vardı, o da kendiyle yüzleştiriyordu insanı. Mümkün müydü gerçekten? Sen devam ettiğinde yola, onlar zaten arkada mı kalıyordu?

Tarifsiz bir huzur doldu içime, daha hafifti aldığım nefes. Pars öyle yapmıştı. O yoluna devam etmişti, geçmişi arkada kalmıştı.

"Başka neleri arkada bıraktın?" diye sordum, tamamen onu tanımak için. Biraz daha konuşmasını istediğim içindi sorduğum sorular ama her cevabında, içinde sıkıştığım o hayaletli evin bir odasını aydınlatıyordu. Farkında bile değildi. "Pusula'dayken, shot oyunu oynuyorduk... Ve sen shot atmıştın. Hiç âşık olmadım sorusunda."

Yani âşık oldun.

"Öyle mi yapmıştım?" diye sordu Pars, bitmiş sigarasını mermer üzerindeki küllüğe bastırırken. Geriye yasladı başını, duvara. "On yedi-on sekiz yaşlarındaydım, Mısır'daydık. Bir bomba sevkiyatını sabote ettik, ben ve iki çocuk daha. Merkezden geri çekilmemiz yönünde talimat geldi ama ben bize söylenenin aksine bombaların Pakistan'da değil, orada, Mısır'da üretildiğini fark etmiştim arabalardaki sandıklardan. Adres bile yazıyordu. O gece kaldığımız evden sıvışıp adresin koordinatlarının yönlendirdiği yere sızdım. Gözlerimle gördüm, orada üretiliyordu sınırdan teslim alındığı düşünülen tüm silahlar. Yapımında üç kişi çalışıyordu; bir adam, bir kadın ve küçük bir kız. Benden büyük değildi. Göz göze geldik. Gözlerindeki korkuyu gördüm, orada zorla tutuluyordu. Kaçırılmıştı ve silah yapımında kullanıyorlardı onu."

"Küçük bir kızı?" Kaşlarım havalandı.

"On yedi yaşındaydı, adı Isla'ydı. Pakistanlı. Küçük yaştan beri zekâsıyla kendi ülkesinde ilgi çekmiş ve dünyada ödüller toplamıştı. Geliştirdiği ve Avrupa'dan destek gören birçok projesi vardı. Projeleri silahlarla ilgiliydi, kaçırılmasının sebebi buydu. Esir tutuluyordu."

Anladım dercesine salladım kafamı.

"Tüm gece onu bırakmalarını bekledim, yatakhanesine sıvıştım. Biraz İngilizce biliyordu, konuştuk..." Alaycı bir tebessüm sardı dudaklarını, başını salladı. "Yani, benim söylediğim, 'Merak etme seni çıkaracağım buradan'dı. O da kafasını salladı ve beni takip etti. O gece oradan çıktık, sabah kaldığımız eve götürdüm onu. Durumdan Fransa haberdar olunca, jetle merkeze döndüğümüzde ona özel bir ev ayarlandı. Ailesine teslim edilecekti ama önce Sapphire sorgulamak istedi onu, bu da zaman demekti. Haftalarca yanında kaldım; şehri gezdirdim, hiç keşfetmediğim yerlere birlikte gittik... Ama o merkeze gitmek istiyordu. Yönetim izin vermezdi buna."

"Tanıdık birkaç kişiye de planımdan bahsettim yardımcı olmaları için, o gece Isla'yı merkeze soktuk ve şafağa kadar turladık," diye devam etti Pars. "O his... Neydi bilmiyorum ama o hisse sahipken aklımı kullanamıyordum, bu belliydi. Antrenmanları atlatıp onunla gezmek istediğimi, ona yakın olan her yerde uyuyabileceğimi hissediyordum, küvet ya da kapının önü bile olsa. Israrlarından sonra dayanamayıp merkeze sokmamın sebebi buydu onu."

Dudaklarımı birbirine bastırdım. Pars Kalkavan da bir zamanlar, benim şu an hissediyor olduğum gibi hissetmişti. "Tüm kapılar ona çıkıyor," dedim istemsizce, kontrol edemedim kendimi. "...du," diye ekledim ardından, derince nefes vererek.

"Evet, öyleydi," diye onayladı Pars beni. "Ama sonradan öğrendim ki... Meğersem Isla'nın benim yardımıma ihtiyacı yokmuş. O zevk alıyormuş ülkelerin bombalanması, halkın katledilmesi için silah üretmekten. Güç hissettiğini, dünyadaki hiçbir şeyin buna eş değer olmadığını söyledi. Isla o gece, merkezdeki internet dalgasını bozdu ve birkaç saat boyunca kimse kimseyle iletişim kuramadı. Bu neye mal oldu dersen... Yetmiş iki sivil, üç asker; ikisi Sapphire'den olmak üzere."

Gözlerimi kapatırken yutkunamadım. Bunun suçluluğunu taşıyordu üzerinde, bu yüzden ekstra dikkatliydi. Bu yüzden kızıyordu kendine, izin vermiyordu. "O gece..." Devam etmeden önce biraz durakladım. "Demiştin ki... Yapma. Kalbime dokunma, orada yaşamak istemezsin. Kimse sağ çıkamıyor."

Yeniden yüzüne bakacak cesareti bulabildiğimde onun gözlerimi kapattığım süre boyunca beni izliyor olduğunu fark etmiştim. Bir süre daha baktı. Saydım, saydığım süre sırf bir dakikayı geçmişti.

Sonunda Pars bakışlarını, yüzünü buruşturarak kaçırdığında "Onu vurdum," dedi. "Tüm merkezi, başta ben olmak üzere herkesi kandırdığını ve elini bizim üzerimizden daha fazla kana bulayacak kadar zekiydi. Hiçbir şey yapamayacağımı düşünüyordu ona ama ben onu vurdum, o tüm merkezdeki elektriği kesmeden hemen önce. Alnından vurdum."

Sanki bana ateş edilmiş gibi irkildiğimde Pars bunu fark etti ama benim tek düşündüğüm henüz on yedi yaşındaki bir kızın nasıl böyle şeytani bir akla ve hırsla beslenmiş, vicdansız bir kalbe sahip olabildiğiydi. "Olduğunu düşündüğün kişinin ölümü için üzgünüm," diye mırıldandım. "Ve doğru olanı yaptığını düşünüyorum."

"O yaz disiplin kampına yollandım, onu merkeze gizlice sokmayı kabul eden diğerleri ile birlikte..." diye devam etti Pars.

"Ama bu kalbine giren herkesin öleceği anlamına gelmiyor," dedim lafını keser gibi. "Annen oradaydı, Isla da öyle. Ama Naz da orada değil mi? Kalbinde. Bir dost olarak. Canını emanet edersin ona. Ama o yaşıyor Pars, kalbine giren herkes ölmüyor."

"Ama bu delilikti Liva, öyleydi." Sesini yükseltmişti bir an ama bana değil, kendine kızıyor gibiydi. "Görev bittiğinde gideceğimi biliyordun. Belki fazla şey öğrendiysen, anılarının bile koparılıp alınacağını senden... O zaman ne olacaktı?" Pars pervazdan indi, karşıma geçti. "Bütün çalışma planıma karşı bir şeydin sen. Ters orantıydı, Liva. Ben işleri daha hızlı hallettikçe, gitme vakti yaklaşıyordu. Benim saatim ileri işlemeliydi, sen varsan geri gitmesi gerekiyordu ama akreple yelkovanın. Başka yolu yoktu."

"İyi olurdum," dedim başımı kaldırarak. "Sen gittiğinde. Ben zaten kabullenmiştim başıma geleceğini. Eğer diğer zırvalıklar olmasaydı..."

"Ama o zırvalıklar seni şu an yanımda tutan, göreve siktiri çekip yanında olmamı sağlayan," dedi lafımı keserek. "İyi mi olurdun Liva? Gerçekten iyi mi olurdun? Komikmiş..." Alayla güldü. "Ölünce iyi mi olunur sanıyorsun sen? Sona doğru ne kadar acı çekecektin biliyor musun? Kan kusmaya başlayacaktın, uykularını kaçıracaktı acıların. Sen buna iyi olmak mı diyorsun?"

"Seni ilgilendirmezdi, gitmiş olacaktın," dedim yanından geçme isteğiyle ama kolumu tuttu ve yeniden karşısına çekti beni. Gözlerinde gördüğüm hayal kırıklığı olabilir miydi?

"Yolumu sana çıkaran tüm sokakların kaldırım taşlarını öpeyim ama seni bu hâle getiren insanların hırsını sikeyim ben Liva," dedi öfkeyle. "Neden hasta olduğunu, sana ne olduğunu biliyorlardı ama hiçbiri hiçbir şey yapmadı. Onların da hesap vereceği zaman gelecek."

Ne diyeceğimi bilemez bir şekilde ağzım aralık, öfkesine anlam yüklemeye çalışıyordum. Pars gerçekten gideceği için kendine kızgındı ve bir noktada, yanında kaldığım için, yanımda kalabildiği için memnun muydu?

Tüm o insanlar... Doktor Lamen mesela, bana bir abla olmak istediğini söyleyen kadın. Her şeyi biliyordu ve yalancıydı. Öz babam... Büyükannem... Benden ne istemişlerdi? Annemin canına kıymasına sebepti hepsi, hepsinden nefret ediyordum.

Yolumu sana çıkaran tüm sokakların kaldırım taşlarını öpeyim. "Bana..." Yutkundum. "Bana ne olacak Pars, bundan sonra?"

"Ne olacaksa bize olacak," dedi Pars, alnını alnıma yaslayacakmış gibi yüzlerimizi karşı karşıya getirirken. Yanağıma sürtündü elinin tersi. "Yanından ayrılmayacağım."

Cesaret, henüz sıcak bir közse; geçmiş, külleri... Güven, şüphesiz ki onu harlayandı. Böylece ilk kıvılcım çıkıyordu ve böylece ateş yanıyordu. Ben o yangında, karşımızda duran herkesi yakmaya yemin etmiştim.

"Parti evindeki terasta sana sorduğum soruyu hatırlıyor musun?" diye sorduğunda, topuzumdan sıyrılan bir tutam saçım parmaklarının arasına dolanmıştı. Elbette hatırlıyordum, nasıl unutabilirdim ki? "Bana hissetmek istediğin için mi izin verdin, yoksa zaten hissettiğin için mi diye sormuştum sana. Cevabını bulabildin mi?"

Loş ışıkta, tonunu bile hâlâ seçebildiğim okyanuslarına baktım. Nefesi almıştım ama vermeyi unutmuştum ya da ciğerlerime ulaşamamıştı henüz oksijen bilmiyordum. "Cevabı bulmama gerek yok," diye mırıldandım dudaklarımı birbirine bastırarak. "Zaten biliyordum."

"Biliyor muydun?" Kaşları havalandı, hava nasıl bu kadar çabuk değişebilmişti bilmiyordum ama az önceki öfkesinden eser kalmamıştı. Daha çok... Oynuyor gibiydi. Saç tutamımla tabii.

"Hı-hıı," diye mırıldandım başımı sallarken.

"Ve?"

"Zaten hissettiğim için." Daha fazla uzatmadan cevabımı verdiğimde, Pars'ın saç tutamımda gezinen bakışları gözlerime taşındı. "Ama sen de bunu zaten biliyordun Pars."

"Biliyor muydum?" diye sordu bu kez de.

"Dalga geçiyorsun benimle," dedim seslice nefesimi dışarı üflerken. Eline vurdum ve dönüp kapıya yöneldim.

Attığım ilk adımda beni yakaladığında kolumdan çekip kendine çevirdi ve eli bel oyuğuma yaslandı, bedenimi kendine çekmiş ve hatta yaslamıştı. Boy farkımıza rağmen biraz eğildiğinde hemen, iki yapboz parçası gibi dudaklarının dudaklarıma hizalanması kalbimi çok farklı çarptırıyordu.

"Sen biliyor muydun peki?" diye sordu o an, ne söylemek istediğini anlayamadım başta. Kaşlarım çatıldı, kesik bir nefes kaçtı dudaklarımın arasından; alık alık baktım suratına.

"İçeceğine ilaç kattıkları gece, seni ilaç için veteriner kliniğine götürdüğünde ve içtiğin şeyin tadına bakmak için izin istediğimde," dedi ben bir cevap vermediğimde. Başparmağı yanağımı okşadı. "Boku yediğimin farkındaydım. Bir şey daha bilmek ister misin?" diye sordu ardından. "O gece... İrem'le o mekânda olduğunuzu bilmiyordum esasında. USB'yi yanımda taşımak mantıklı değildi, bir yere saklamak aklıma geldiğinde bilerek senin masana yöneldim; bilerek senin çantana attım... Sen olduğunu biliyordum. Daha sonra karşılaşabilmek için."

Bundan bahsetmemişti daha önce. "Ve biliyordun aslında Karadelik'teyken USB'nin çantamda olduğunu, değil mi? Ben de Serdar ve İrem'le mekâna girmeden önce fark etmiştim çantamda bana ait olmayan bir şey olduğunu."

"USB'yle eve dönmene ben izin verdim."

"Neden?"

"Bilmiyorum, Liva, sorun da bu işte. Anlıyor musun? Sebepsiz şeyler yapıyorum böyleyken, kafam böyleyken," dedi derin bir nefes alırken. "O his... Neydi bilmiyorum ama o hisse sahipken aklımı kullanamıyordum, bu belliydi."

Pars aklını kullanamamış mıydı?

Sen biliyor muydun peki?

Belimdeki gevşemiş eli tutuşunu sıkılaştırdı, diğer eli topuzumu tutan lastiği çektiğinde saçlarım omuzlarıma dökülmüştü. "Seni böyle tutmak istiyorum, yakında," dedi bir tutam saçı kulağımın arkasına iterek, bakışları dudaklarıma inmişti. "Seni öpmek istiyorum, her dakika ve her saniye, izin istemeden." Yüzümü kavradı tek eliyle, büyüktü avuçları. "Ve her zerrem biliyor ki, eğer Akademi'yle ilgin olmasaydı ve ben bunu bilerek karşılaştığımız o güne dönseydim yine senin çantanı seçerdim USB için. Ve yine terk etmene izin verirdim Karadelik'i bana ait olan ile birlikte, sırf geri dön diye."

Göğsümdeki serçe kanatlandı, kafesti orası ona; sanki kapıları açıldı. Havalandı, uçtu kafesinden serçe; ağlarsa ölecekti ama mutluluktan kanat çırpti.

"Seni böyle konuşurken görmedim hiç, hep çok serttin, keskindi cümlelerin." Cümle kurabiliyor, cevap verebiliyor olmama şaşkındım ama konuştum yine de. "Ne törpüledi seni?"

"Her şey değişti Liva, her şey," diye cevapladı beni, bir fısıltıdan ibaretti artık sesi. "Göremiyor musun? Geri dönüşü yok bunun artık."

"Yok." Fısıldadım. Bir fısıldayış, bir yeniliş, bir teslim oluş gibi çıkmıştı sesim.

Tatlı nefesini hissettim yüzüme karşı, içtiği sigara karanfil kokuyordu bu kez. Fakat gözlerim açıkken hissettiğim son şey, dudaklarıydı. Yerini bulmuş gibi koluna yaslandı avucum, bir elim ensesine tutunmuştu çaresizce; dudakları dudaklarımı kavramış ve tüm dünya sessizliğe gömülmüştü çünkü o an.

İnanılmaz bir his, yine aynı his karnımdan aşağısını uyuştururken göğsümün sanki mümkünmüş gibi içe göçtüğünü hissettim. Pars beni duvara karşı iterken diğer elim de saçlarının arasında yerini buldu. Şampuanını seviyordum. Kokusunu seviyordum. Sigarasını seviyordum. Elimi yasladığımda avucumu kaşındıran, yeni çıkan sakalını da seviyordum. En başından beri, verdiği kısa cevapları; sakladığı sırlarını, kaçak gülüşlerini, silik tebessümlerini... Hepsini seviyordum.

Bir eli saten pijamanın üzerinden çıplak bacağıma kaydığında kolunu belime sardı ve beni az önce kendisinin oturduğu pervaza çıkardı, oturttu. Parmakları çıplak bacağımdan yukarı karnıma, askılı pijamanın içine sızdığında bu kez yukarı çıkarken tereddüt etmemişti. Tutuşuyla inledim, dudaklarımızı ayırdı, "Bu rayından çıkmış hayatım boyunca duyduğum en iyi ikinci sesti," dedi öpücüklerini boynumdan aşağı indirirken.

"İlki neydi?" diye sordum nefes nefese.

Dudakları yeniden benimkilere değdiğinde "Partideki gülüşün, kahkahaların," diye cevapladı sorumu. Bu, rayından çıkmış hayatım boyunca aldığım en özel cevaptı.

Beni gülümseten cevabıyla öpücükleri tebessüm eden dudaklarımda yerini tekrar bulduğunda pencereye yaslandım, neredeyse bütün vücudunu üzerime yaslamıştı ve onu aşağıda hissedebiliyordum. Kolumu boynuna, bacaklarımı beline doladığım sırada nereye götüreceğini bilmiyordum ama beni kucağına almıştı.

O an, yağmura rağmen kapının çalma sesini duydum; dikkatim direkt dağılırken, Pars'ın ıslak dudakları boynuma kaymıştı. Aralık kalan ağzımdan kesik nefesler alırken kapı neresiydi orayı hatırlamaya çalıştım, ardından tekrar duydum tıklatılma sesini. Biri kapıdaydı. Biri buradaydı.

"Biri burada," dedim sırtım duvara yaslanırken Pars'ın yanağına elimi yaslamış beni dinlemesini sağlamaya çalışıyordum.

"Daha az umursuyor olamazdım," diye cevapladı beni.

"Delirdin mi? Kim burada olduğumuzu biliyor? Nasıl kapıda biri olabilir?"

Pars o an durdu, öpüşmekten kızarmış ve şişmiş dudakları aralık ve kaşları çatıktı. Düşündü. Saniyeler sonra "Aklımı sikeyim," diye homurdandı ve alnını alnıma yaslayarak seslice, yorgun bir nefes verdi.

"Kime söyledin?"

Pars gözlerini kapattı, ardından "Naz adresi istemişti," diye yanıtladı beni.

Bütün enerjim vücudumdan çekilirken ensesindeki diğer elimi de omzuna indirdim ve ayaklarımın üzerinde durmak için bacaklarımı belinden çektim. Pars beni aşağı indirdi. "Liva, gelebileceğini bilmiyordum gerçekten," dedi, kendini açıklamaya çalıştığını hissetmiştim.

"Önemli değil, açıklamana gerek yok. Durumumuz tehlikeli, tabii ki güvendiğin birine adresi verecektin. Sen yanlış bir şey yapmadın." Boğazımı temizleyip konuşurken söylediklerim gerçek hislerimdi.

Bu kez zil çaldı. Pars cevabımdan sonra bana birkaç saniye boyunca öylece bakmış, ardından elini yanağıma yaslamış ve yanağıma bir öpücük bırakmıştı.

Ardından kapıyı açmak için salondan çıktı.

Üstümü düzeltip, şöminenin yanındaki tekli koltuğa oturdum yeniden. Pencereyi kapatmıştım çünkü içerisi soğumaya başlamıştı. Pars'ın kapıyı açtığını duydum, Naz

"Sırılsıklam oldum ya, uyuyor muydunuz?" diye sordu içeri girerken. Adım sesleri direkt buraya yönelmişti.

Salondan içeri girdi. Üzerinde deri bir ceket, pantolon ve botlar vardı ve evet, uzun siyah saçları sırılsıklamdı. "Liva, selam," dedi şömineye neredeyse koşar adımlarla gelirken. Üşüdüğü her hâlinden belliydi.

"Ben kahve yapayım," dedi Pars girişte dikildiğinde, Naz'ın hâlini fark ederek. İster miyim diye sorarcasına bana baktığında olumlu anlamda gözlerimi kapatıp açmıştım.

"Uçuşunuza yalnızca saatler var, neden uyumadın?" diye sordu Naz, botlarını çıkartıp ıslanmış çoraplarını da içine tıkarken. Ateşin önüne oturmuştu.

"Uyku tutmadı." Omuz silktim. "Sen? Soyhan'dan onca yolu bizi yolcu etmek için mi geldin?"

"Sayılır," dedi Naz. "Uçağa bindiğinizi görmeden içim rahat etmeyecekti." Avuçlarını birbirine sürttü ve sıcağa doğru uzattı. "Sen nasıl oldun? Evi yaktıktan sonra havaalanına sürerken acelemiz vardı, konuşamadık. Suratın bembeyazdı. Bunun için nasıl ve ne şekilde özür dilenir bilmiyorum ama... Evini yaktığım için kusura bakma. Gerekliydi."

"Önemli değil. Zaten çoktan yok edilmesi gereken, çürümüş bir yapıydı o ev." Her anlamda. Ve geride bırakmalıydım o evi, arkamda kalmalıydı ben yoluma devam ederken. Gelecek için planlar yaparken geçmişte yaşayamazdım. "Yani... Artık... Ölü müyüm? Türkiye kayıtlarında?"

Naz kafasını salladı. "Senin yerine öldürdüğüm casus gömülecek yarın sabah. Bedeni tamamen yandığı için kimsenin bakmasına, kontrol etmesine izin verilmeyecek."

"İrem?" Yutkundum. "Onu gördün mü? Haberi aldı mı?"

Naz kafasını olumsuz anlamda salladı. "Hayır. Zaten senin yanında olmadığı sürece onu görebileceğim ortak bir alan yok."

Doğruydu.

"Onu arkanda bıraktığın için berbat hissediyorsun değil mi? Çünkü en yakın arkadaşındı."

"Tek arkadaşımdı," diye düzelttim onu. "Ve evet. İrem, bir aileye yakın sahip olduğum tek kişiydi. Berbattan öte hissediyorum..." Ona, Pars'ın İrem için geride yaşadığıma dair ipucu bıraktığını söylese miydim? Naz, Pars'ın güvendiği; aileye yakın gördüğü kişiydi belki de. Sorun olmazdı. "Ama iyiyim. Pars, İrem için geride ipucu bıraktığını söyledi. Ve İrem çok iyi bir oyuncudur."

Naz bana döndü bir an, ardından kaşlarını kaldırdı. "Öyle mi? İyi yapmış."

Kafamı salladım.

"Hiç, bir abin olsun istedin mi?"

Parmaklarımla oynuyordum Naz sorusunu sorduğunda. Başımı kaldırıp ona baktım, "Ya da bir ablan..." diye genişletti sorusunu. "Hiç senden büyük bir kardeşin olsun istedin mi? Sana sahip çıksaydı, yanında olsaydı bunca zaman... Belki bir şeyleri sindirmek ve atlatmak daha kolay olurdu onunla, diye düşündün mü hiç Liva?"

Naz bana neden böyle bir soru soruyordu? Yoksa... Ailesine ulaşmış mıydı? Ama o bir asilkandı, bu da ailesinin en büyüğü olduğu anlamına geliyordu. Ama özel bir durum olabilirdi değil mi? Belki abisi veya ablasının, Akademi'ye katılmasına engel bir hastalığı vardı? Fiziksel ya da zihinsel... Ya da Naz, direkt, olmuş olmasını dilemiş olabilirdi. Bir abi veyahut ablam olsaydı, diye düşündüğünden soruyor olabilirdi.

"Küçükken kardeş istediğimi hatırlıyorum ama annemin psikolojik durumu onun benimle ilgilenmesine bile izin vermiyordu," diye yanıtladım onu. "Bir kardeşim olsaydı muhtemelen benden küçük olurdu, ben ablalık yapardım ona. Her şey yolunda olsaydı tabii, ben Akademi'ye verilmiş olurdum ve onu asla tanımazdım ama..." Yutkundum. "Bir abim ya da ablam olsun istemezdim."

Naz'ın kaşları çatıldı. "Neden?"

Parmaklarıma indirdim bakışlarımı, soyulmaya başlamış siyah ojelerimde gezdirdim gözlerimi. "Geçmişi düşündüğümde... Yalnızca acıyı, kaybı, yalnızlığı anımsıyorum. Kendi kanımdan birini koşulsuz severdim, buna şüphe yok. Yani böyle biri benimle aynı kaderi yaşasın istemezdim asla."

"Ama o birçok şeye engel olurdu, birçok kötü şeye," dedi Naz. "Hiç böyle düşünmez misin?"

Kafamı olumsuz anlamda salladım. "Risk almak istemezdim."

"Anladım," diye mırıldandı Naz, kafasını sallarken. "Ben bir abim olsun isterdim. Akademi'de ikizler var, biliyor musun? Yönetimden birinin çocukları. İkisini birbirinden ayırmak istemedikleri için ikisini birden göndermişler, yönetim kurulu da kabul etmiş o dönem. Bütün görevlere birlikte katılırlar. Asla birbirlerinin yanından ayrılmaz ve her koşulda birbirlerini korurlar."

"Pars'la sen gibi," diye mırıldandım istemsizce. Naz'ın durup bana baktığını hissettiğimde başımı kaldırıp ona açıklama yapma gereği hissetmiştim. "Yani... Siz de çok yakınsınız ve birbirinizin arkasını kolluyorsunuz. O bakımdan."

Naz kafasını salladı. "Ama kardeşlik gibi değil. Hiçbir şey bir kardeşinin olması hissine denk değil. Gün gelir, belki ben ihanet ederim Pars'a... Ya da o bana ihanet etmek zorunda kalır. Ama bir kardeş, ucunda ölüm olsa, diğerine sırtını dönmez."

"Nereden biliyorsun?"

"Çünkü bahsettiğim ikizlerden birinin ölüm haberini aldım buraya gelmeden önce."

Gergince dudaklarımı ıslattım. Sessiz kalmayı tercih etmiştim.

"Pusuya düşürülmüşler, birinin suikasti sırasında. Taş kâğıt makas oynamışlar kimin içeri gireceğiyle ilgili, meğersem diğeri önceden yakalanmış ve üzerinde bomba taşıyormuş. Bilerek ikizine yenilmiş ve onun odaya girmesine izin vermiş. Odanın içinde yalnızca adam ve bir koruması varmış, bizim için kolay lokma yani... Ama o oda, aynı zamanda kalın çelik duvarlarla çevrili olduğundan güvende olacakmış ikiz. Kapıyı kilitlemiş üzerinde bomba olan. Bomba çok geçmeden patlamış."

"Diğeri... Nasıl kurtulmuş odadan?"

"Lokasyonu tespit ettik ama dışarı çıkmak istemiyor. İntihar girişiminde bulundu. Muhtemelen Akademi'nin rehabilitasyon programına yönlendirilecek oradan çıkartıldıktan sonra," diye devam etti Naz. "Öldürülecek olan adamın nabzı ile ikizin üzerindeki bomba bağlantılıymış. Adama zarar gelirse, ikiz de ölecekmiş. Diğer ikizin bundan haberi yok tabii... Adamın kalbi durduğu gibi..."

"Görev için kendini feda mı etmiş?" diye sordum dudaklarım aralanırken şaşkınlık değildi hissettiğim ama tüylerim diken diken olmuştu.

"Adamın öldürülmesi gerekiyordu, böylece işkence edilen ve içlerinde küçük çocuklarla kadınların da bulunduğu bir grup mülteci o işkence kamplarından kurtarılabilecekti. Ne yaptıysa o masumlar içindi." Naz boğazını temizledi, duygulandığı belliydi. "Çok yanlış görünüyor değil mi yaptığı? Ama yerinde hangimiz olsak aynısını yapardık. Belki kardeşimizi ya da arkadaşımızı düşünmezdik ama bir şekilde görevi tamamlardık."

"Görev etikleriniz hakkında konuşabilmek için henüz çok şey bilmiyorum ama hayatımla küçük çocuklar arasında seçim yapmam gerekseydi bunu düşünmezdim," diye cevapladım onu. "Bu yüzden hayır, yaptığı büyük bir fedakârlık. Ama geride bıraktığı kardeşini düşünmemiş hiç..."

"Onu da öldürmüş kendisi intihar ederken, değil mi?" Naz bacaklarını kendine çekip kollarını etrafına doladı. "Ama değdi mi, değdi. Eminim öyle söylerdi yani burada olsa. Eminim sağ kalan ikiz de böyle düşünüyordur, sadece kabullenememiştir henüz."

Başımı salladım, muhtemelen öyleydi. Bir yanım, fedakârlık yapan kardeşin ölmeden hemen önce hangi düşünceler içerisinde olduğunu düşünmeye çalışırken diğeri empati yapmaya çalışırsam bunun benim sonum olacağını düşünüyordu. Benimki bir fedakârlık değil bir vazgeçiş olacaktı ama ölümden önce insan ölümün ta kendisinden başka ne düşünebilirdi ki?

"Başınız sağ olsun," dedim. Diyebileceğim çok fazla şey yoktu.

"Çok şanslısın," dedi Naz, dalgın bakışları şömine ateşindeyken.

Neden öyle söylediğini anlayamadım, soramadım da çünkü Pars tek elinde taşıdığı küçük tahta bir tepsiyle geldiğinde dikkatim dağılmıştı. Önce Naz'ın kahvesini verdi, ardından benim kupamı uzatırken "Sana süt ısıttım," dedi. "Uyuman lazım biraz... Sabah uçağımız var."

Kaşlarımı çatarak aldım kupayı elime, ters ters bakmıştım yüzüne ama o gayet memnun görünüyordu. Kupayı bana verdikten sonra çatık kaşlarıma bakıp burnuma dokunduğunda surat ifadem 180 derece, kızgından şaşkına döndü.

Sütten bir yudum aldım. Bana sever miyim diye sormamıştı ama içine bal koymuştu. Ballı süt. Çizgi film kanallarında annelerin, çocuklarına hazırladığı gibi.

Dikkatim anında dağıldı, tüylerim diken diken olurken üşümüştüm o an. Pars küçük hareketlerinin benim için ne anlama geldiğini bilmiyordu ve bilmeden yapıyordu bunları. Bilmeden, çocukluğumu yatağa yatırıyor ve üzerine bir yorgan örtüp iyi geceler diliyordu.

Ballı süt tadı damağımdayken uyumak istediğim tüm o gecelerde, tozdan hapşırırken soğuk zeminde bilincimi kaybetmiştim ben. Sabahları uyandığımda boğazım kurumuş, belim incinmiş, sırtım ağrıyor olurdu hep.

Ballı bir bardak sütün, tüm o anıları; bu geceyle birlikte, geçmişimden sildiğini hissediyordum artık.

Çünkü iyileşiyordum artık.

Seni iyileştiremediklerinden mi yedi bitirdi içindeki hastalık anne?

11

Anlatılmamış Masalların Kahramanları

"Annem hakkında vardığınız sonuçlar ne peki?"

Ballı sütü yarılamış, dudaklarımı yalamış ve zihnimden çıkmıştım. O an yanımdaki koltuğun kolçağına oturan Pars, arkasını dönüp ona bakan Naz'la göz göze geldi ve aralarında sessiz bir bakışma oldu.

"Annen de asilkan, Liva," dedi Pars, kupasındaki kahveden bir yudum alırken. Nedense bana bakmamıştı.

"Yanlış anladıysam düzeltin," diyerek yutkundum. "Öncelikle, ailenin ilk asilkan çocuğu Akademi'ye verilir. Annemin, kendisinden büyük bir kardeşi var mıydı bilmiyorum ama iki ihtimalden de devam edecek olursak; eğer annem ilk çocuksa, bu Akademi'yle bağlantılı olduğu anlamına gelir. Eğer ikinci çocuksa da, bu yine antikor ihtiyacının olduğu ama Akademi'ye çalışmadığı anlamına gelir. İki durumda da, annemin intiharını nasıl değerlendiriyorsunuz?"

"İlaç zihnini nasıl da açmış değil mi ama," diye mırıldandı Naz belli belirsiz bir sesle önüne dönerken. Aldığım antikordan bahsediyordu. "Bütün bu teorilerini Fransa'ya vardığınızda doğrulayabilirsin Liva. Zaten kafan fazlasıyla dolacak, bence hiç karıştırma şimdi sen içeriyi."

Naz'a ters bir bakış attım. Pars ifademden, nasıl hissettiğimi direkt olarak anlamış gibi "Öfkelenme," dedi dikkatimi üzerine çekerken. Onun yüzüne bakarken, nasıl hâlâ, çok değil dakikalar öncesini hayal edebiliyordum bilmiyordum. "Naz haklı. Cevabını kesin olarak bilmediğimiz konulardan konuşmak istemediğimi sana ben söylemiştim Liva, bu konu da farklı değil. Kafanın karışmaması daha iyi. Hem cevapları almaya bir gece uzağız sadece."

Bir gece uzak.

Bu, yarın sabaha her şeyi öğrenmiş olacağım anlamına mı geliyordu? Tüm kayıp yapboz parçaları yerine mi oturacaktı Fransa'da?

Naz'ın cevabı beni öfkelendirmişti ama o zaten hep bana ters biriydi. Onunla konuştukça nasıl biri olduğunu anlayabiliyordum ama bir yandan da, yıldızımızın hiçbir zaman barışmayacağı ortadaydı. Ne o, ne de ben bu konu hakkında bir şey yapabilirdik.

Kupanın dibinde kalan ballı sütü kafama diktiğimde Pars'la göz göze geldim, "Hadi," dedi başıyla yukarıyı işaret ederek. "Uyku vakti. Neredeyse güneş doğacak birazdan, en azından birkaç saat uyu."

Oturduğum yerden kalkarken başımı salladım. Ballı süt uykumu getirmişti zaten ve yorgundum da. "İyi geceler," dedim hem Naz'a, hem Pars'a ithafen ama ben salon çıkışına yürürken Pars da peşimden gelmişti.

"Sen de mi uyuyacaksın?" diye sordum merdivenlerin başında.

"Hayır," dedi keyifli bir ifadeyle. "Ben seni yatıracağım."

"Çocuk muyum ben? Kendim bulurum yatağın yolunu..." Basamakları çıkmaya başlamıştım.

Pars hemen arkamdaydı. "Belki ben göstermek istiyorum?"

Omzumun üzerinden dönüp ona bir bakış attım, kaşlarını kaldırarak baktı bana. Hemen ardından odaya girmiş ve ışığı yakmıştım. Ben gece lambasını açarken Pars hem kapıyı hem de az önce yaktığım odanın ışığını kapattı.

Yorganı kaldırdığım sırada boşta olan bileğimden yakaladığında beni kendiyle yüz yüze getirmişti saniyeler içerisinde. "Uyumak zorunda olman ne kötü."

"Aşağı inip sohbete devam edebiliriz, kafamı karıştırmak istediğim birçok konu var. Naz ve sen bir araya gelince ilginç bir ikili oluyorsunuz ne de olsa," dedim kaşlarımı kaldırırken, alayla.

Pars ise kaşlarını çatmayı tercih etmişti. "Ne?"

"Dalga geçiyorum," dedim seslice nefes verirken. Omuz silkmiştim.

Pars bileğimdeki elini belime kaydırdığında, aramızdaki kısacık mesafeyi de kapatmış oldu. "Bu konuyu aştığımızı sanıyorum."

"Hangi konu?" Gözlerimi kısarak ona neden bahsettiği hakkında hiçbir fikrim yokmuş gibi baktığımda, amatör oyunculuğumu beğenmiş olacak ki gülümseyerek eğildi ve yanağıma kocaman bir öpücük kondurdu. Gülümsediğinde kısılan gözlerini ve belirginleşen gamzesini seviyordum.

"İyi geceler," diye mırıldandı yüzlerimizi birbirine hizalarken. "Rüyanda aşağıdaki işi tamamladığımızı gör."

"Hayal gücüm o kadar geniş değil maalesef, daha sonra göstermen gerekecek." Seslice, dertlice daha doğrusu, boynumu hafifçe bükerken yanıtladım onu.

Kaşları havada, ağzı bir karış açık kalmıştı. "Dua et, gerçekten uyuman gerekiyor ve aşağıda biri var," dedi cümleyi üçe ayırmış gibi duraklayarak konuşurken. Onu gülerek göğsünden ittirdim ve yatağın içine girdim.

Pars odadan çıkarken, kapıyı aralık bırakmıştı.

O sabah pencereye vuran yağmurla uyandığımda, sırtüstü dönüp gözlerimi ovuşturdum ve tavana baktım bir müddet; rüyamı hatırlıyordum. Annemi görmüştüm.

Mezarının başındaydı, üzerinde beyaz bir gecelik ve elinde ballı süt vardı bir bardak. "Anne," kelimesi çıktı dudaklarımdan, on dokuz yaşında genç bir kızın sesi değildi bu, küçük bir kız çocuğunun sesiydi. Ayaklarımın dibindeki su birikintisine baktığımda gördüğüm de, küçük bir çocuk olan Liva'dan başkası değildi zaten.

Elinde bir masal kitabı tutan, sımsıkı.

"Anne?" diye sordum bilinçsizce, kontrol edemiyordum söylediklerimi. "Uyku vakti gelmedi mi?"

"Benim uykum sonsuz, bir tanem," diye yanıtladı beni. Bana ne zaman bir tanem demişti en son? O kadar küçüktüm ki, anılarına bile tutunamayacak kadar küçücük ellerimle... "Gel, yatırayım seni."

Ama arkasında yatak yoktu, kendi mezarının yanında boş bir mezar daha vardı sadece. İstemsizce, sırf annem çağırdığı için yanına yürüdüm; ellerini omuzlarıma koydu ve arkamda durdu. Ayaklarımın ucundaki boş mezarın başında bir mermer vardı, üzerine ismim kazınmıştı.

"Senin de mi uykun sonsuz artık?" diye sordu annem, kulağıma doğru eğilip gülümseyerek yüzüme bakarken. Yüzünü görmek için başımı çevirmiştim. Bana ballı sütü uzattı, bardağı tuttum. Masal kitabını da ben ona verdim, kitabı aldı ve mezarının kenarına oturdu.

Annemin mezarındaki dikili tüm çiçekler ölüydü.

"Masalını okuyayım da uyu," dedi ardından ve okumaya başladı. "Bir varmış, bir yokmuş. Ülkenin en çok yağmur alan şehrinde, yine gökyüzüne kapkara bulutların hâkim olduğu bir günde; bir annenin rahmine biri oğlan, diğeri kız iki bebek düşmüş. Doktorlar demiş ki, birini biz alacağız; diğerini size vereceğiz. Çünkü anne hastaymış ve tedavi olması için koşulan şart buymuş. Anne bir karar vermiş, kızım demiş, eğer benim gibi hassas bir zihinle doğarsa dünyaya, bu dünya onu yalnız yaşatmaz. Ama oğlum, babasına çeker ve hırsla ayaklarını yere sağlam basarsa, bu dünyada onu durdurabilecek hiçbir şey yok. Bu yüzden oğlunu doğurmuş önce, doktorlara vermiş. Kızını bekletmişler rahminde, iki sene sonra doğmuş."

"Küçük kızın abisine ne olmuş?" Ballı sütümü içiyordum.

"Annesi yanılmış. Abisi hırsla değil, nefretle büyümüş; küçük kız ise yalnız kalmış, bu dünya onu sarıp sarmalamamış."

"Annesi sarmalasaymış!"

"Annesinin gitmesi gerekmiş, gitmiş..." deyince annem, elimde yarısı içilmiş ballı süt bardağını öfkeyle yere atmıştım. Kırmızı rugan ayakkabılarım ıslanmıştı.

"Anneler gitmez!"

"...yaşatmak için kızını."

"Birlikte yaşasalarmış!"

"Babası izin vermezmiş."

"Kötüymüş o zaman babası!"

Bağırıyordum, yere düşmüştüm bir noktada; kırılan bardağın cam kırıkları avuçlarımı ve dizlerimi kanatmış, külotlu çorabımı yırtmıştı. "Anne," demiştim bir kez daha, sesim değişirken. "Yardım et..."

Bu kez ellerimden de görebildiğim kadarıyla, büyümüştüm. On dokuz yaşımdaydım artık ve damarlarımda akan kan kalbimde kaynarken iç organlarımın parçalandığını hissedebiliyordum. Başımı kaldırıp anneme baktığımda, yoktu etrafta. Mezarı duruyordu sadece. Elimi boğazıma götürdüğümde ise nefes alamadım, bunun yerine aralık dudaklarımdan aşağı akan kan vardı yalnızca.

Ölüyordum ve mezarım kazılmıştı önümde.

Korkunç bir acıyla açmıştım gözlerimi sabaha.

Rüyalarım bilinçaltımın eserleri miydi yoksa gerçekle bir alakası var mıydı? Daha önceden Pars'ın intiharını görmüştüm, şimdi ise kendi ölümümü. Ölüm ve intihar, pozitif şeylere işaret olamazdı değil mi?

Tek bir şeyden emindim, o da annemin rüyamda anlattığı masalı daha önce duymuş gibi hissediyordum.

Üzerimi değiştirip aşağı indiğimde hazır bir kahvaltı sofrası bekliyordu beni. Pankek, bal, meyve ve kahve vardı doğrusu kahvaltıda; bir de antikor iğnesi. Antikoru sol kolumdan damara enjekte eden Pars olmuştu, iğneyi çektikten hemen sonra alkol damlattığı pamukla o kısmı silmiş ve ben ne olduğunu anlayamadan hızlı bir öpücük kondurmuştu üzerine. Kocaman olmuş gözlerimle bize arkası dönük, makineden kendine kahve dolduran Naz'a bakmıştım fark etti mi diye.

Ardından evden çıkmıştık. Koca bir piste giden otuz dakikalık yolda çok fazla bir şey konuşulmamıştı, zaten ben bulutların arasından sırıtan güneşe dikkatle bakmış ve yalnızca rüyamı düşünmüştüm.

"Gelmiş seninki."

Arabayı park edip indikten sonra girişe yürürken Pars, Naz'a dönüp başıyla otomatik cam kapıları işaret ettiğinde yüzünde muzip bir ifade vardı. Naz önüne baktı ve gözlerini devirdi. "İyi ki bir yanında puanladık çocuğu."

"Dokuz verdin ama. Sen daha önce kimseye dokuz vermemiştin."

"Eminim bu konuları seninle değil Kayra'yla konuşuyordum ben Pars."

"Kayra'yla konuştuklarını benimle de konuşmuş say."

Naz ağzı açık bir şekilde önüne döndü ve "Amına koyayım ben böyle işin ama ya," diye homurdandı.

O sırada kimden bahsettiklerini görmek için Pars'ın işaret ettiği, Naz'ın baktığı yere çevirdim bakışlarımı. Havaalanının girişinde uzun boylu, siyah saçlı, benim yaşlarımda bir çocuk dikiliyordu. Telefonla konuşuyordu. Üzerinde siyah bir tişört, ceket ve pantolon vardı.

"Bu kim?" diye sordum. "Sapphire'den biri mi?"

"Sana bahsettiğim güçlü aileleri hatırlıyorsun değil mi?" diye sordu Pars, kafamı salladım. Akademi'yle köklü bağlantıları olan ve onları finanse eden güçlü aileler.

"Sizi Fransa'ya uçuracak özel jetin sahibi kısaca," diye araya girdi Naz. O sırada karşıdan karşıya geçiyorduk.

Adin. Soyadı Adin'se, adı neydi peki? Gözleri... Gri renkteydi. Daha önce gözleri gri olan hiç kimseyi görmemiştim. "Farklı renkte gözleri seviyorsun değil mi?" diye sordu Pars, kulağıma eğilirken. Neredeyse çocukla karşı karşıya gelmek üzereydik. Ona hayır, sadece seninkilerin mavi tonunu, demek istedim ama bu yüzden diyemedim. "Öyleyse Nil'in lenssiz gözlerini görmelisin."

Ne? Şaşkınca ona baktım, tebessüm etti. Nil lens mi takıyordu? Gözleri koyu kahverengiydi onun... Değil miydi?

"Karşılama komitesine bayıldım," dedi Naz ellerini ceketini ceplerine sokarken.

Çocuk ona sevimsiz bir gülümseme fırlattı, gözleri kısaca bana çevrildi ve ardından Pars'a döndü. Havada ellerini tokuştururken "Şu sekreterin geleceğini sanıyordum, seni görmek sürpriz oldu," dedi Pars.

"Reşit Abi babamın işleriyle meşgul," dedi çocuk, aşırı soğuk ve mesafeli görünüyordu. Buna rağmen bana elini uzattı. "Varis ben," dedi gözlerini kısarak. Varis mi? Vâris diye okumamıştı, Varis onun adıydı. Daha önce bahsettiklerinde bir çeşit lakap olduğunu düşünmüştüm bunun ama belli ki değildi. Çocuğun adı Varis'di. Varis Adin.

Elini sıktım, kısaca salladım ve geri çektim. "Liva."

Başıyla selam verdi. Ardından "Otuz dakikaya kalkacağız," diyerek başıyla geriyi işaret etti. "Beni takip edin."

Gözümdeki gözlüğü, at kuyruğumu ve şapkamı düzelttim. Üzerimde hiçbir şey yoktu, Pars'ın bana verdiği telefon ve sahte kimlik dışında.

VIP girişten içeri girdiğimizde, güvenlik kısmında kimsenin olmayışı ve ilerlediğimiz koridorun da bomboş oluşu dikkatimi çekti. Her nasılsa bunun, önümüzde yürüyen çocuğun işi olduğunu düşünüyordum. Bizim için işimizi kolaylaştırmıştı.

"Burası neden bomboş?" diye sordum en sonunda, bir kat alta inip koca piste çıktığımızda. İleride bir uçak vardı ve kapısı açıktı, merdiven dayatılmıştı.

"Bu havaalanı kapatıldı," diye yanıtladı beni Pars. "Sadece özel izinli uçaklar kalkıyor artık buradan."

"Ama yeri iyi. Belki yıkıp AVM ya da otel falan yapmak isterler." Naz alayla güldü.

"Sen de mi jette olacaksın?" Varis, sanki buradan ayrılmak için sabırsızlanıyormuş gibi elindeki telefonun ekranına baktıktan sonra Naz'a döndü.

"Kalmamı mı isterdin?" Naz'ın gözleri kısıldı. Varis'in, onun etkilendiği erkekler sınıfına girdiği kesindi.

"Anlamı bir şey ifade etmeyen sorular soruyorsun," diye cevapladı Varis onu. Belki de Naz'ın huyu buydu, erkeklerle flört etmekten hoşlanıyordu.

"Sürekli telefonuna bakıp duruyorsun. Gitsene sen." Kollarını göğsünde kavuşturdu Naz.

"Giderim birazdan."

"İyi."

Kaşlarımı kaldırarak Pars'a baktım. Bu ikilinin tanıştığı belliydi ama daha önce aralarında bir şey geçmiş miydi? Pars sanki şüphemi anlamış gibi kaşlarını olumsuz anlamda kaldırıp gözlerini kapattığında, dudaklarımı birbirine bastırarak önüme döndüm. Her nasılsa beni ilgilendirmezdi.

"Kaptan içeride, servis için Fransız bir hostes var. Kalkışınız saat tam ikide olacak, haritadan ulaşıp ulaşmadığınızı kontrol edeceğim ama Fransa'ya indikten sonra iletişimimiz tamamen kopuyor." Varis durumu açıklarken uçağa doğru yürüyorduk pistte. Rüzgâr sert esiyordu.

Pars'la Varis kısa bir süre, uçağın rotası hakkında konuştular. O sırada Naz sıkılmış bir görüntüyle, telefonuyla ilgilenmişti ve ben de son kez bakıyormuş gibi ülkeme; süzüyordum etrafı. Ama öyleydi. Dönecektim, biliyordum bunu ama bir süreliğine burada olmayacaktım. Alışmıştım Soyhan'ın havasına... Kapalı, yağmurlu, soğuk. Fransa'da hava nasıldı acaba?

Varis, Pars'la sohbetlerinin ardından veda edip gittiğinde "Hassiktir," diye homurdandı Naz, telefonuna bakarak.

"Ne oldu?" Pars'ın kaşları çatıldı, herhangi ters bir duruma karşı.

"Gidiyor musunuz?" Uzaktan gelen bir bağrış o an Naz hariç, ikimizin de dikkatini çekmişti. "Bensiz mi! Var mı öyle dünya ulan!"

Naz havaya baktı ve gözlerini devirdi. Ağzım beş karış açık gülerken gözlüklerimi çıkarmış, gözlerimi kısmış, bu tarafa yürüyen öfkeli sarışına bakıyordum. Kayra buradaydı. İstemsizce arkasına baktım, Giray ve Zamir'i görmeyi umdum belki de ama yalnızdı.

"Gördüm ağzını hassiktir dedin, sana giren çıkan ne be çekil şuradan," dedi Kayra yanımıza ulaştığı an, Naz'ı ittirerek. Ardından bana uzandı ve ben yüzünü görmeye kalmadan kollarının arasına aldı. "Liva! Ölmüşsün canım, hayırdır?"

İstemsizce güldüm, sırtını patpatlarken. "Öyle oldu biraz."

"Hayret bir şey ya insan cenazesine çağırır," diye homurdanarak geri çekildi Kayra, ardından Pars'la kafa tokuşturdular. "Abicim ne bu acele? Kayboldunuz ortalıktan bir veda bile etmeden."

"Vaktimiz mi vardı oğlum," dedi Pars seslice nefes verirken. "Diğerleri gelmedi mi?"

"Yok." Başını salladı Kayra. "Tolga kayıplara karıştı. Taylan delirdi. Bahtiyar Pusula'ya uğrayıp duruyor ama bir bok bildiği yok, bu gece sevkiyatı patlatacağız. Muhabirlerle konuştuk, orada olacaklar. Bu dosya bir haftaya kapanır diyorum."

"Bitiyor mu sonunda?" Kaşlarım havalanmış, merakla sormuştum bu soruyu gözlerimi ardı ardına kırpıştırırken.

Kayra başını salladı. "Vakti gelmişti artık. Zaten Pars son bir aydır bilerek uzatıyordu bir şeyleri, senin durumun kesinleşince artık bir şeyler hızlandırıldı diyebiliriz. Bizim de kasım ortası dönüşümüz bekleniyor. Orada görüşürüz artık." Göz kırptı.

Kayra, Pars'ın benimle konuştuğunu ve birçok şeyi öğrendiğimi biliyor olmalıydı ki yanımda rahatça konuşuyordu.

O sırada Naz'ın telefonu titreşti. Ekrana baktı, ardından başını kaldırdı ve Pars'la göz göze geldi. "Çantanı getirmişler Pars. Alıp geliyorum ben."

Pars "Ne çantası?" diye sordu, gözlerini kısarak. Naz'ın bildiği, Pars'a ait olan ama Pars'ın haberinin olmadığı bir çanta mı vardı?

"Eşyalarının olduğu."

"Dönerken getirirdiniz, ben çantamı istetmedim."

Naz "Ne bu huysuzluk? Kendi eşyanı kendin götür giderken," diye söylenerek arkasını dönüp binaya yürümeye başladığında Kayra da, Pars da şaşkın görünüyordu.

"Neyi var bunun?" diye sordu Kayra. "Asıl huysuz kendisi, farkında değil."

"Ben de anlamadım." Pars hâlâ, çatık kaşlarla bakıyordu Naz'ın arkasından.

"Belki üzülmüştür sen gidiyorsun diye." Kayra kollarını göğsünde birleştirip muzip bir ifadeyle Pars'a baktığında, Pars ters ters baktı ona. "Ne? Naz zaten işi olmadığı hâlde senin peşinden gelmedi mi Soyhan'a? Dün gece ortalıktan kayboldu, pat, bir baktık İstanbul'da! Neden? Seni yolcu etmek için."

"Naz'ın Türkiye'ye neden geldiğini biliyorsun Kayra, ailesini arıyor," diye açıkladı Pars.

"Eğer onları bulursa bunun bir yaptırımı olacağını bilerek mi? Naz'ın birçok kez aptalca davrandığını gördüm ama hepsinin arkasında zekice bir sebebi vardı ve hepsinde önünü arkasını düşünerek hareket etmişti Pars. Ama bu kez değil. Merkezin onun hareketlerini izlediğini biliyorsun," dedi Kayra, ciddi bir ifadeyle. Merkez Naz'ı mı izliyordu? Pars bunu biliyor muydu? "Peki sen, onun en yakını olarak neden buna engel olmuyorsun?"

"Kendi bilmiyor mu zannediyorsun sen peki?" Pars ellerini ceplerine soktu, Kayra'ya baktı alaycı bir ifadeyle. "Biliyor. Umursamıyor. Bu noktada ben karışamam ona. Çünkü ben aynısını yapsam ondan aynı tepkiyi beklerdim."

Kayra güldü, hoşnutsuz bir ifade takınıyordu. "Kendi cenazesi diyorsun yani?"

"Yaptırımlar ağır mı oluyor?" diye sordum, kendimi tutamayarak. "Naz ailesini bulursa, ağır bir ceza mı alacak?"

"Cezayı alan Naz olmaz, ailesi olur," diye yanıtladı Pars beni. "Onlardan, Naz'ın hatırasını silerler ki bu, tüm anılarının kaybolabileceği anlamına gelebilir. Yani Naz'ın ailesini bulmasının, Naz'dan çok ailesine zararı var."

Kaşlarım şaşkınlıkla çatıldı. "Ve durmuyor mu yine de?"

"Aslında ben vazgeçti sanmıştım," diye mırıldandı Kayra, eli ensesinde. "Vazgeçtiğini söylemişti. Çok ağlamıştı, geçen... Bar'da içerken ses kaydı atmıştı bana ama..." Pars'a baktı Kayra. "Sen almaya gitmemiş miydin onu o gece?"

Pars seslice nefes verirken başını salladı. "Evet. Bayağı dökülmüştü o gece."

Sadece dökülmemişti sanki Pars, demek istedim o an. Aynı zamanda atlamıştı da. Üzerine. O geceki burukluğu, ailesiyle ilgili miydi aslında? "Belki kendine yeni bir motivasyon bulmuştur," diye mırıldandım önüme dönerken. "Belki başka bir kapı..."

"Sanmıyorum," dedi Pars.

Saniyeler sonra Kayra elini cebine atmış, titreşen telefonunu çıkarıyordu. "Efendim Naz?" diye açtı telefonu.

O an Pars'a gözlerimle bak, dedim Kayra'yı işaret ederken. Herkes telefonunu açarken senin öküzlüğünü yapmıyor.

"Tamam geliyorum," dedi ardından Kayra, telefonu kapatıp cebine atarken bir adım geri gitmişti. "İki dakikaya geliyorum."

Kayra neden gittiğini söylemedi, Naz'ın onu neden aradığını da ama Pars sorgulamadan kafasını sallamıştı. Dudaklarımı birbirine bastırarak önünde dikildiğimiz uçağa baktım, ardından seslice nefes verdim o an. Pars bunu duymuştu.

Elimi tuttu, ardından elini başımdan geçirdi ve kolunu omzuma doladı. Hafifçe eğildiğinde, yanağı şakağıma yaslanmıştı. "Ne oldu? Gitmek zor mu geliyor?"

"Nasıl hissedeceğimi bilemiyorum aslında..." Yutkundum. "Muhtemelen, İrem yaşadığımı bilmiyor olsaydı gitmek çok zor olurdu. Evet. Ama..." Ama, ne? "Ama her şeyi bir kenara bırakırsak yeni bir hayat fikri tazeleyici geliyor. Belki antikorun etkisi bilmiyorum ama dinç hissediyorum. Önceden yetmiş yaşında biri gibi hissediyordum. Sürekli yorgundum, iştahım yoktu, hiçbir şey konusunda heyecanlanmıyordum. Hatta hiçbir duygu besleyebildiğimi sanmıyorum hiçbir şeye karşı. Bence ben genel olarak hissetmiyordum. İrem bana hep ruhsuzsun derdi, şimdi ne demek istediğini anlıyorum. Yaşamak nefes almaktan ibaret değilmiş. Belki önümde kötü zamanlar var, belki yaşadıklarımın daha beterleri... Ama en azından onlara göğüs gerebileceğimi hissediyorum günün sonunda rahatlamak, gülümsemek ya da keyif almak için yaşamaktan."

"Hayat bundan ibaret çünkü," dedi Pars, saçlarımın üzerine küçük bir öpücük kondururken. "Seninle gurur duyuyorum, neden biliyor musun? Çünkü birçok kişi, senin durumunda olsaydı; geçmişi saklanmış, ailesi ve çevresindekiler bambaşka insanlar çıkmış olsaydı... Bir köşede ağlamak, saklanmak veya kaçmak isterlerdi bu durumdan. Sen de belki kaçtın bu durumdan, ama gerçekleri öğrenmeye başladığın ilk an ayaklarının üzerinde yere sağlam bastığın ilk gündü. Ben bunu gördüm. Bundan sonra da senin üstesinden gelemeyeceğin hiçbir şey yok Liva. Benimle ya da bensiz."

Verdiğim nefes, ciğerlerimi soldurduğu gibi göğsümü de içeri çökertmişti bir ağrıyla. "Neden bensiz diyorsun? Ölmeye meraklıysan bırak o zaman beni Pars," dedim elini bırakıp kolunu omzumdan ittirirken. Karşısına geçmiştim. "Arabada da demiştin. Yara izin olsam taşımaz mıydın beni teninde diye. İz olmaya meraklı mısın bu kadar?"

"Ben sadece ihtimallerden bahsediyorum Liva ama haklısın," dedi Pars, elinin tersini yanağıma sürterken. "Ölüm hassas bir konu."

"Benim için çok daha hassas, bunu bil de konuş." Huysuz, şımarık bir çocuk gibi serçe parmağımı kaldırdım havaya. "Söz ver. Ölmeyeceksin."

Pars, serçe parmağıma bakıp güldü. "Böyle bir şeyin sözünü nasıl verebilirim?"

"O zaman ben de veremem," dedim kollarımı göğsümde birleştirerek, yan dönerken. Gözlerimi ondan çekmiştim ve uçağa bakıyordum.

"Sen her koşulda kendini ön planda tutarak, kendini düşüneceğine söz verirsen; ben de veririm Liva, ölmeyeceğim." Göğsümde bağladığım kolumdan birini çekti ve elimi tuttu. Serçe parmağımı kaldırmış, kendi serçe parmağına dolamıştı. "Söz mü?"

"Söz," dedim, verdiğim sözün ağırlığını düşünmeden. "Liva sözü."

Pars'ın sert ifadesi kırılırken dudaklarının kenarı kıvrıldı. "Söz. Pars sözü."

Daha önce hiç söz vermiş miydim birine? Hatırlamıyordum. Kendime olsa dahi, yapmamıştım bunu sanırım. Çünkü inancım da, umudum da yoktu; bunun sebebi, hayata karşı da beklentisi olmadan yaşayan biri olmamdan kaynaklanıyordu. Bir yerde okumuştum, beklentiler üzer, yazıyordu. O kadar hayatsızdım ki, beni beklentilerimin de hayal kırıklıklarımın da üzebileceğini düşünmüyordum o zamanlar ama yaşamayı seçmek, acıya kucak açmak demekti.

Ben hayata kucak açmıştım. Bundan sonra kalanı, beraberinde gelecekti.

Naz'ın tek başına kapıdan çıktığını gördüğümde kaşlarım çatıldı. Yanımıza yürürken gayet rahat bir ifadesi vardı.

"Kayra nerede?" diye sordu Pars, ardından saatine baktı. "Artık binmemiz gerekiyor."

"Geliyor şimdi. Çantanı ona yıktım kaçtım," diye cevapladı Naz onu.

"Niye çağırmıştın ki zaten?"

Naz gülümsedi. Daha çok, duygusuz; hayalet bir gülümsemeydi bu. Ne yaptığından haberi bile yok gibi... "Liva, burnun kanıyor," dedi Naz o sırada; kanadığını hissetmeyen ben ise, elimi burnuma götürmüş ve başımı çevirmiştim.

Pars'ın o sırada dikkati dağıldı. Elimi burnuma yaslamış, neredeyse içeri sokacak, ıslaklığı hissetmeye çalışıyordum ama hiçbir şey yoktu. "Kanamıyor..." diyerek Naz'a döneceğim sırada Pars'ın elini omzumda hissettim, beni kendine çevirmek için yaptığı bir hareketten çok destek almak için yaptığı bir hareket gibi gelmişti o an.

Öyleydi de.

Naz elindeki şırıngayı yere atarken "Özür dilerim," dedi ve gözlerini kırpıştırıp odaklanmaya çalışan ama dengesini bulmaktan zorlanıyormuş gibi görünen Pars'ın beline sardı kolunu.

"Ne?"

Bir refleks gibi, arkamda hiçbir ses olmamasına rağmen birinin varlığını hissettim. Bu yüzden arkamı döndüm ama atacağım çığlık, burnuma ve ağzıma bastırılan kumaşla boğazıma kaçmıştı. Tanımadığım birinin göğsüne doğru yığılırken Naz'ın ağlayarak özür dilediğini, Pars'ın onun kollarının arasında yere yığılırken bilincini kaybettiğini gördüm; kendi bilincim de tamamen kapanmadan önce.

"Eğer ona zarar verirsen, seni Pars'ın öfkesinden kurtaramam," dedi Naz'ın ağlamaklı sesi.

Sesi tanıdık gelen yabancı ise "Küçük bir kız çocuğunun, abisinin yanından daha güvenli olabileceği neresi var?" diye konuştu, özgüvenli ve aynı zamanda alaycı tonlamasıyla.

12

Tavandan Sarkıtılmış Gerçekler

Annelerin yalanları.

Küçükken, babamın bizi terk ettiği ilk günlerde annem onun geri döneceğini söylerdi; bu yüzden evin kapısını aralık bırakırdı hep, ben de köşesinde oturur oynardım oyuncaklarımla. Evimizin önünden geçen her adama belki babamdır gözüyle bakmak, küçük bir çocuk için fazlasıyla travmatik olsa gerek; ne zaman kalabalık sokaklarda yürüsem, şapkalı ve büyük kabanlı, uzun boylu adamları hep babam sanırdım.

Küçükken uzun, sarı saçlarım; paltomun cebinden hiç çıkarmadığım sıcak evimizin anahtarları ve kırmızı rugan ayakkabılarım vardı. Annemin saçlarımı taramayı bıraktığı ilk sabah, babamın döneceğine dair umudumu yitirdim. Paltomun cebinden hiç çıkarmadığım sıcak evimizin anahtarını ise, nasıl olduysa bir gün kaybettim. Annem o gece, zili ne kadar çalsam da kapıyı açmadığından; kaldırıma kıvrılıp uyumak zorunda kalmış, sicim gibi bir yağmurla sırılsıklam uyanmıştım ertesi sabaha. O günü hiç unutmam. Çünkü ben o gün aslında evsiz kaldım.

Kırmızı rugan ayakkabılarımın bana büyük geldiğini fark ettiğim ilk gün giymeyi bırakmalıydım aslında ama babamın hediyesiydi onlar; ben giymeyi bırakırsam, belki babam hiç gelmezdi. Küserdi bana. Çocuk aklı işte.

Ayak tırnaklarımın çok acı verici yerlerden kırıldığını, beyaz çoraplarım kıpkırmızı olduğunda bile anlayamamış bir çocuktum ben; bir şeyleri anlamak için hep geç, hep çocuk kalmıştım tam da bu yüzden.

Belki de bu yüzden, asla yenildiğimi söyleyecek cesareti toplayamadım. Bunun yerine her sabah kalktım, kahvaltımı yaptım; kahvaltım hiçbir şeydi belki ama devam ettim, okula gittim. İnsanlarla konuştum, gözlemledim; bir şeyler yanlış gittiğinde ya da öyle hissttiğimde kendimi geliştirmeye çalıştım. Sofraya ekmek, peynir, zeytin koyacak kimse yoktu ben büyürken en basitinden; ekmeğimi de, peynirimi de, zeytinimi de ben aldım koydum masaya. Belki yemedim ama koydum.

Çok duş aldım. Suyun altında izler kaybolur, yaralar iyileşir sandım. Su temizledi belki o yaraları ama yaktı da, çok yaktı canımı. Dikmeyi öğrenmedim yaralarımı, bant yapıştırıp iyileşmesini umdum; zaten elime iğne verseler, kendime kakıp dururdum.

Sorulmadıkça pek anlatmadım. Dürüst olmak gerekirse, sorulduğunda da çok şey anlatmadım. Anlatmak istediklerim anlayamadıklarımdı, anlatmam gerekenler ise konuşamadığım... Kelimeler üst üste bindiler boğazımdan yukarı, inadımdan açmadım ama ben ağzımı.

Sessizce yaşamak, sessizce ölmek istedim. Gürültü üvey annem, öz babamdı hiç atamadığım o çığlık benim.

Geriye dönüp bir bakıyordum da... Dışarıda koca bir dünya vardı ve ben de herkes gibi değerliydim, yaşamım bir anlam ifade ediyordu. Yalnızca henüz o anlamı bulamamıştım, rötar yemiştim belki de on dokuz yıllık... Ben nasıl değerliysem bir karınca da değerliydi; hatta ortak bir noktamız bile vardı fikrimce, ikimiz de küçük; küçücüktük...

Yalnızca ben, daha da küçük hissediyordum, sanki mümkünmüş gibi.

Çocukluğuma sesleniyordum şimdi buradan; bir kâbusun içine sıkışıp kalmış onca yıla; uyan küçük, çünkü sen de herkes kadarsın. Çünkü kutudan büyük çıktı. Çünkü yaşamalısın.

Gözlerimi araladığımda, çok ağır, genzimi yakan bir tat vardı ağzımda. Uzandığım sert yataktan doğrularak yüzümü ovaladığımda, etraf oldukça yabancıydı. Çelik duvarlarla kaplı dört duvarın arasında, odanın ortasındaki beyaz çarşaflı bir yatağın üzerindeydim.

Nabzım hızlanırken ayağa fırladım fakat o an bir şeyi daha fark ettim; üzerimdekiler bana ait değildi.

Koyu gri bir tayt ve boynuma kadar beni saran, uzun kollu, kolunun ucundaki delikten baş parmağımın geçirildiği bir takımın içindeydim. Gözümün önüne gelen saçlarımı kulağımın arkasına sıkıştırdığımda ayaklarıma baktım; bir çift, kauçuktan mı yoksa başka bir şeyden mi yapıldığı belirsiz, garip ayakkabılar...

Biri beni soymuştu.

Sonra yeniden giyindirmişti.

Kapının olmayışı, gerginlik seviyemi artırırken başımı kaldırıp tavana baktım; tek bir pencerenin olmadığı gibi zemin de, tavan da çelik tarzı sert ve soğuk bir maddedendi. Muhtemelen çelikti. Burası neresi?

Bir anda, kapının olmadığından emin olduğum bir yerde çelik bir kapı açıldığında içeri üzerinde beyaz bir tulum olan, siyah saçları tepesinde at kuyruğu yapılmış orta yaşlı bir kadın girdi. Elinde şeffaf, uzay filmlerinden fırlama bir tablet taşıyordu. Arkasında koyu gri tulum giyinmiş olan iki ızbandut gibi çocuk, kadının baş hareketiyle önüne geçip bana doğru yürümeye başladıklarında kıyafetlerimizin aynı olduğunu fark ettim.

"Siz kimsiniz?" diye soramadım. Çığlık atamadım. Çocuklar kollarımdan tutup beni zorla odanın dışına yürütürken havaya tekmelerimi savurup tutuşlarından kurtulmaya da çalışmadım, çünkü çalışamadım. Bir yanım bunun anlamsız olacağının farkındaydı, diğer yanım ise meraktan uysal davranmam gerektiği kanaatindeydi.

Aynı çıkarıldığım oda gibi, çelik ve karanlık bir koridorda yürürken ayağımdakilerin hiç ses çıkarmayışı beni hayrete uğratmıştı. Beni daha da şaşırtan ise, koridoru döndüğümüz gibi gözlerimin önüne serilen karlı dağ manzarasıydı. Bulunduğumuz yükseklik beni korkuturken zemin ayaklarımın altından kayıyor gibi hissetmiştim bir an.

Burası neresi? Ama sorumu sesli tekrarlamam gerektiğinin farkındaydım, eğer bir cevap almak istiyorsam.

Her ne kadar alabileceğimi düşünmesem de.

Kadın bir şey söyledi, kulağında bir cihaz vardı. Rusça konuşmuştu bu yüzden anlayamamıştım.

Rusça mı?

Kalbim korkuyla göğüs kafesimde büzüşürken, merdivenlerden indik ve otomatik açılan iki kapıyı geçtik. Sonunda kadın, çelik bir otomatik kapıdan geçtiğinde, kolumdan tutan çocuklar beni bıraktılar. Dönüp onlara baktım; ikisi de bomboş bakışlarla izliyorlardı beni, benden en fazla birkaç yaş büyüklerdi.

"Hareket et," dedi biri. İngilizce konuşmuştu.

Pekâlâ. En azından birileri anladığım ve konuşabildiğim bir dili biliyordu.

Kadının arkasından odaya girdim. İçerisi kocamandı ve ileride, koca bir duvar tamamen camdan yapılmıştı; karlı dağ manzarası, odanın sahibinin ayaklarının altındaydı.

İçeride yalnızca bir masa ve iki koltuk vardı. Beni çelik odadan çıkaran beyaz tulumlu kadın, masanın başında oturan adamın yanına dikildiğinde gözlerim adamın yeşil gözleriyle buluştu.

Kır saçlıydı. Buna rağmen hafif esmer bir teni vardı. Kısa kollu siyah bir tişört ve pantolon giyinmişti, boğazını saran ve kollarını kaplayan dövmeleri vardı. Yaşı... Muhtemelen elli civarındaydı ama genç gösteriyordu.

"Bu o mu?" diye sordu adam, başını çevirmeden hemen yanında dikilen kadına. İngilizce konuşmuştu.

"Evet efendim," diye cevapladı kadın. Demek o da İngilizce biliyordu. Az önce neden Rusça konuşmuştu o zaman?

Bir yanım çaresizce Rusya'da olduğumu inkâr etmek isterken, diğer yanım gerçeğin kaçınılmaz ve acı olduğunu söylüyordu.

O an, bilincimi kaybetmeden hemen önceki anılarımı hatırladım; Pars. Pars. Ve Naz.

Naz, ona bir şey enjekte etmişti. Nasıl? Dikkatini dağıtarak. Pars'ın dikkati, Naz benim burnumun kanadığını söylediğinde dağılmıştı ama benim burnum kanamıyordu. Muhtemelen Kayra, Pars'ın çantasını da getirmiyordu çünkü o beklenmeyen bir misafirdi ve Naz ondan kurtulmuştu. Naz yalan söylemişti, hem de defalarca kez. Hem de hepimize.

Bu yüzden İstanbul'a gelmişti. Beni Peder'e teslim edebilmek için. Yolcu etmek için değil...

Karşımdaki adama, kocaman açtığım gözlerimle baktım. Peder. Peder diye bahsettikleri adam buydu. Bu o olmalıydı.

"O nerede?" diye sordum dilimin döndüğü ilk an, öfkeli adımlarla masasının başına yürüyerek. Avuçlarımı masaya yasladım ve öne eğildim. "Pars nerede?"

Peki senin bu cesaretin nereden?

Adam bir milimetre dahi kıpırdamamış ve mimik oynatmamıştı. Dirseklerini masasına yaslamış, parmaklarını birbirine geçirmiş öylece izliyordu beni. "İlginç," dedi gözlerini kısarak. "Günler sonra kendine geldiğin ilk an, o Fransız askerini mi soruyorsun?"

Günler sonra mı? Şaşkınlık bir yılan zehri olsa, beni her yerimden sancırdı. "Evine döndü, Fransa'ya, eğer merak ediyorsan," diye devam etti adam, yerinden kalkarken. "Çünkü onun yeri orası ve o, bunu biliyor. Senin yerin ise burası, Liva. Arkadaşına bir şey yapmadım merak etme."

İsmimi doğru bir aksanla söylemiş olmasını ilginç, bahsettiği saçmalığı ise komik bulmuştum. Beni kaçırmışlardı. Yerim burası falan değildi. Ama bir yanım, Pars'ın güvende olduğunu duyduğu için rahatça salmıştı dakikalardır tuttuğu nefesi. Naz birçok şey olabilirdi, benden nefret ediyor olabilirdi, hayatının hatasını da yapmış olabilirdi ama o asla Pars'a zarar verecek bir şey yapmazdı.

Bana yapardı.

Yapmıştı da.

Başından beri söyledikleri yalandı. Peder'in beni bulmasından şüphelendiğinden Pars'la bizim bir an önce ülkeyi terk etmemiz gerektiğini söylemişti ama aslında tüm bunlar bir plan dahilinde gerçekleşmişti. Biz kendi planlarımızı yaparken Naz da; Peder de boş durmamıştı.

"Özür dilerim," demişti Naz. Özrü hiçbir şey ifade etmiyordu şimdi.

Yapboz parçaları birer birer yerine otururken başımı kaldırıp yanıma doğru yürüyen adama baktım; uzun boyluydu ve korku salan, karanlık bir havası vardı. Ürktüm, bir adım geri çekildim ve başımı çevirdim. Ona bakmak istemiyordum. Gözlerimi kapatmak ve uyanmak istiyordum. Bu bir kâbustu, öyle olmalıydı.

"Kimsiniz?" diye sordum, sertçe yutkunurken. Göz kapaklarımı aralama cesaretini bulabilmiştim saniyeler sonunda.

"Ivan Dmitry," diye cevapladı adam beni. "Dünyada bilinen adıyla, Peder." Etrafımda yürüyor, beni baştan aşağı süzüyordu. "Türkiye'de bilinen ismiyle ise, Edizhan Tanyeri."

Ne?

Baba.

Masanın üzerine bırakılmış fişi hatırladım, yeni söküyordum okumayı. Bir litre süt... Bir buçuk lira... İki paket makarna... Yetmiş beş kuruş... Toplam otuz iki lira kırk beş kuruş... Yıldız Market... Edizhan Tanyeri... Kartla ödenmiş...

İsmini yaz Liva, hadi, diyordu annem; masada oturuyordum, önümde kâğıt elimde kurşun kalem... Li... Va... Yazdım anne diyordum, soyadını da yaz diyordu annem. Tan... Ye... Ri... "Oldu mu anne?" Oldu kızım diyordu, şimdi sıra babada, sonra annede... E... Diz... Han... "Oldu mu anne?"

Oldu mu anne?

Tırnaklarım avuç içlerime gömülürken acının o sivrilen tadı damağımı yaktı bu kez, kemiğime dayandığını hissettim tırnaklarımın ama avuçlarımı açıp baktığımda hiçbir şey göremedim; çünkü gözyaşları kapatıyordu görüşümü. "N... Ne?" diyebildim titrek bir sesle, her an düşebilirdim ama beni ayakta tutan inancımdı. Ve ben inanmıyordum. Onun babam olmadığına dair inancım, beni ayakta tutan şeydi.

"Yalan söylüyorsun, aklımı karıştırmaya çalışıyorsun." Sesim hâlâ titrek çıkıyordu ama aynı zamanda ona karşı, söylediklerine karşı bir savaş açtığımın kanıtıydı dik duruşum. "Babamın sana çalıştığını biliyorum ama o sen olamazsın."

"Göbek deliğinin sol kenarında doğum leken var, doğduğunda çok daha koyu ve büyük bir lekeydi," dedi bir kolunu dirseğine, diğer elini ise çenesine dayamıştı.

"Üzerimi değiştirmişsiniz! Eminim birçok şeyi zaten biliyorsundur."

"Üzerini Katya değiştirdi," dedi Peder, Ivan ya da adı her neyse olan adam başıyla hâlâ masanın başında dikilen beyaz tulumlu kadını göstererek. Kadın başını olumlu anlamda, ağırca salladı bir kez. "Ve herhangi bir yaran var mı diye kontrol etmiş olduğu doğru olabilir ama doğum leken hiç kimseye, hiçbir şey ifade etmez; eğer karşındaki ailenden bir birey, mesela baban değilse. Ama sorun değil, Liva, sana bunu kanıtlayabileceğim birçok yol var."

Etrafımda dolanıyor olması başımı döndürüyordu. Bir yandan söylediklerini idrak etmeye çalışırken bir yandan da gözyaşlarımın geldiği kuyuyu kurutmaya çalışıyordum.

"Çocukken kafa üstü düştüğünde ön dişin darbe aldı, koca bir parçası kırıldı," dediğinde vücudumdan bir elektrik dalgasının geçtiğini hissettim. "Bu yüzden yaşıtlarından önce kaybetmiştin bir dişini, hem de ön dişini. Herkes seninle dalga geçiyor diye ekmek içiyle kendine diş yapıp yerini doldurmaya çalışıyordun ama ekmek karbonhidrat olduğundan, tükürük salgınla çözünüyordu. Sana küçük bir ayna verdim, doktorun çektiği o kırılmış dişinin yerine zaten bir diş çıkacağını açıkladım. Sadece vaktinden biraz erken... Neredeyse bütün dişlerinin döküleceğini duymak seni o kadar korkuttu ki ağlayarak annenin kollarına kaçtın. Ne yazık ki, dişlerinin dökülüp yeniden çıktığı o döneme kadar kalamadım yanında ama görmeyi isterdim."

Hatırlıyordum. Silik de olsa hatırası, birinin ben ağlarken bana küçük bir ayna uzattığını; boyum bir metre olduğundan önümde diz çöküp kendi dişlerini gösterdiğini... "Çıkan dişlerini yastığının altına koyarsan diş perisi gelir, dişini alır, sana harçlık bırakır," demişti annem. Ben yalnız uyuduğum geceler boyunca, tavan arasındayken bile yastığımın altına bırakmıştım dişimi ama diş perisi en çok ihtiyacım olduğu zamanda bile harçlık bırakmamıştı bana.

Dik durdum, hıçkıra hıçkıra ağlamamak ya da çığlık atmamak için belki de ağzımı aralayamıyordum ama pat pat dökülüyordu gözyaşlarım. Ona bakmıyordum, hiçbir yere bakmıyordum; her nasılsa, baktığım şeyi görmüyordum da zaten.

"Ne oldu?" diye sordum en sonunda. "O zamanlar, tam olarak, ne oldu?" Her kelimenin sonunda yutkunmak, midemi ağzıma getiriyordu.

"Yirmili yaşlarımızın sonundaydık sana sahip olduğumuzda Meyra'yla. İkimizin de görev bilinci vardı ama Meyra emekli olmak istiyordu. Unutmak istiyordu. Aptal bir protokole uyacaktı. Hiçbir zaman kabul etmedim bunu, benim ideallerim farklıydı. Babamın yolundan gidecek, Artem'i özgürlüğüne kavuşturacaktım. İnancım uğruna sizi terk ettiğim için bir gün olsun pişmanlık duymadım," diye devam etti, kollarını göğsünde birleştirmiş ve masasına yaslamıştı kalçasını.

"Annem senin yüzünden öldü!" Üzerine her an atılabilirmiş gibi bağırdım suratına. "Senin yüzünden! Senin yüzünden yok o artık! Sen gittikten sonra da hiç olmadı! Bizi nasıl bir enkaza terk ettiğinin farkında mısın sen!"

"Büyük amaçlar, büyük fedakârlıklar gerektirirdi küçük kızım," dediğinde midemdeki ekşi tat ağzıma kadar gelmişti. "Yapılması gereken yapıldı. Her iki taraf için de."

O kadar soğuk, katı, ruhsuz ve umursamaz görünüyordu ki; onu babam yapan tek şeyin yıllar önce yumurtaya giren bir spermden fazlası olmadığını hatırlatıyordu bana. Hiçbir şey umurunda değildi, yaşadığım hiçbir şey... "O zaman neden buradayım? Derdin ne?" diye sordum kapıya bir bakış atarak. "Bırak beni, gideyim."

Bir tebessüm sarıldı dudaklarına ama bu tebessümle ilgili hiçbir şey samimi değildi. "Bu mümkün değil. Sana ihtiyacım var."

"Ne için?" Öfkeden dişlerimi ve yumruklarımı sıkıyor, normal bir sesle konuşamıyordum.

"Hiç kimse sana Sapphire'in kuruluş hikâyesini anlatmadı mı?" diye sordu şüpheyle, gözlerini kısarak. "Safkan kadını. Deli kocası ve Yunan doktoru..."

"Biliyorum," dedim gözlerimi kapatırken. Bir anlığına, o kadar çok istemiştim ki gözlerimi açtığımda o restoranda Pars'la kahvaltı masasında oturuyor olmayı. Yeniden. Bir daha görebilecek miydim onu karşımda?

"O kadının adı Sehira'ydı. Kızını, ilk safkan olarak yetiştirdiler fakat ondan sonra doğan kardeşleri soyağacını genişlettikçe, insanoğlunun hiçbir işe yaramaz kanı karıştı torunlarının damarlarına. Sapphire, Sehira'nın torunlarına asilkan der. Ben ise kanlarının beş para etmez olduğunu biliyorum. Bu yüzden psişikleri yarattım, her bir çocuğu kundaktan savaş alanına kadar kendi ellerimle yetiştirdim. Ama hepsi öldüler."

"Sen öldürdün onları," dedim Pars'ın psişiklerle ilgili sözleri aklıma dolarken. "Sözleşmeyi imzaladın, onları teslim etmek istemedin bu yüzden öldürdün! Neden?"

Tehlikeli bir şekilde gülümsedi. "Benim akıllı kızım, babasını tanımasa da neler yapabileceğini anlıyor." Ardından gözlerini etrafta gezdirdi, manzaraya baktı. "Burası Sapphire değil, Liva. Burası Artem. Burası yeni dünya düzenine, tek bir çatı altında karar vereceğimiz, liderlere yükseklerden bakmaya kimsenin; o bunaklardan oluşan kurulların bile cesaret edemeyeceği yer. Çok yakında senin de yardımınla güçlenecek ve kendimizi göstereceğiz."

"Sen hastasın..." deyip yutkundum. Gözlerimi sildim. "Sen delirmişsin. Senin aklın yerinde mi? Sapphire'in amacı zaten dünya düzenini sağlamak! Sen onlara karşı bir direniş başlatıyorsan, bu onların karşısında olduğun anlamına gelir. Kimse senin ayak izlerini takip etmek istemez!"

"Birincisi, iyinin karşısında duran her ruh kötü müdür? Bunu düşünmeni istiyorum senden. İkincisi ise... Gençlerin öfkesini hafife alıyorsun Liva," dedi Peder. "Ailelerinden koparılmış, onca çocuk... Aileleriyle tanışmaya hakları bile yok, bulurlarsa ceza alacaklar; aileleri sonsuz bir bilinmezliğe terk edilecek, çocuk da bir daha yanlarına yaklaşamayacak bile çünkü hatırlamayacak onu kimse... Sapphire, kendi yetiştirdiği ebeveynleri, çocuklarını çaldıktan sonra hiçliğe terk eden bir kurum. Eğer Meyra protokolü kabul etseydi, uygulamadan sağ bile çıkamayabilirdi çünkü işlem sırasında aklını kaybeden çoğunluk azımsanamayacak kadar büyük!"

Gençlerin öfkesini hafife alıyorsun Liva. "Naz'ı kandırdın," dedim. "Senin yüzünden... Senin yüzünden, çocukluk arkadaşına ihanet etti!"

"Naz'la iletişime geçen ben değildim, senin çok yakından tanıman gereken biriydi. Ve Naz ona güvenmeyi seçti, kimse onu kandırmadı," dedi Peder. "Arkadaşının da güvenliği için ayrıca, seni bize teslim etti. Bunda neresi yanlış göremiyorum. Sen babanın yanındasın, evinde, Artem'de. Onlar ise Fransa'da, yetiştirildikleri fare deliğinde."

Fare deliği. Peder, Sapphire'den nefret ediyordu. Psişikleri öldürmüştü. Kendini denetleyen kurulu katletmişti. Öfkeli gençleri kendi safına çekmişti. En baştan, kendi tarikatını kuruyordu. Artem'i.

"Psişik denekler yeterince güçlü değillerdi, sebebi kanlarının bozuk olması. Asilkanlar hiçbir işe yaramaz." Başını iki yana salladı ağır bir şekilde, bana bakarken gözleri parlıyordu. "Ama sen Liva, sen," dediğinde ayaklandı. "Ele geçirebileceğim, kimliği bilinen tek safkansın sen. Yeterince güçlüsün."

"Bana elini sürmendense kendimi öldürürüm daha iyi." Elime uzanacağı sırada bir adım geri çekildim.

"Merak etme, senin uygulamayı kabul etsen de bana itaat etmeyeceğinin tabii ki farkındayım," dedi Peder. "Zaten sıfırdan başlamam lazım. Dolayısıyla bana lazım olan sen değilsin, senin çocukların."

İçime çektiğim nefes ciğerlerimde asılı kaldı bir müddet. "Ne?" Sesim çıkmamıştı bile belki de.

"Daha önce birçok kez safkan tespit ettik, üzerlerinde deneyler yaptık fakat hiçbirinin ürettiği yumurta işlem sırasında bize maksimum verimi sağlayacak şekilde döllenmedi. Yeterince safkan değillerdi. Ama sen," dedi bu kez iki eliyle bana uzanarak. O kadar şaşkındım ki, omuzlarımı tutarken ona engel olamamıştım. "Sen benim kızımsın, aynı zamanda Meyra'nın genlerini taşıyorsun. Meyra, Sehira'nın direkt soyundan gelen güçlü bir kadındı; Meyra'nın soyuna kanını bozacak yeterince erkek katılmadı. Yaptığımız testler de gösteriyor ki," deyip bu kez Katya dediği, beyaz tulumlu, elinde tablet taşıyan kadına döndü. "Atalarından miras aldığın kanla, genlerle... Çok güzel evrimleşmişsin, Liva. Aradığımız sensin."

Aradığımız sensin.

Safkan, çocuk, protokol. Senin çocukların. Bu adam benim öz babamdı. Peder'e çalışan biri değil, direkt kendisi. Ta kendisi. Annem. Meyra... Meyra Uz. Edizhan Tanyeri. Bunlar onların takma isimleriydi. Nasıl Ivan Dmitry varsa, annemin de gerçek bir kimliği vardı.

"Dokunma bana," dedim aniden gelen farkındalıkla Peder'in kollarını üzerimden iterken. Koltuğa takılıp düşeceğim sırada inanılmaz bir refleksle bileğimden tuttu ama gücü ayarsızdı, neredeyse avucunun içinde kırmıştı bileğimi. İnleyerek eline baktım, bileğimi tuttuğu elini sanki ateşe tutuyormuş gibi çekti ve odanın diğer köşesine gerilememe izin verdi.

"Katya, Liva'nın bileğine bak," dedi ardından, ellerini beline götürerek.

Katya başını salladığı ama bana doğru yürümeye başladığı sırada ondan da kaçtım ve bir elim incinmiş bileğimde, kollarımı göğsüme yasladım. "Sen de! Uzak dur. Uzak durun!"

"Onu odasına götür," dedi Peder. Katya birkaç adım önümde bana dokunmaktan sakınıyor gibi dikiliyordu. Başını salladı, tabletinde bir şeyler yaptı. Saniyeler sonra kapı açıldığında buraya gelirken bize eşlik eden çocuklar içeri girmişti.

İki çocuğa değil, iki robota benziyorlardı.

"Soyhan'da bir doktor vardı, Lamen... Onun insanların aklıyla oynayabileceğini söylediler," dedim bana arkasını dönmüş masasına ilerleyen Peder'e doğru gür bir sesle.

Durdu. "Devam et."

"Lamen gibi biri varsa, eminim ondan daha fazlası ve çok daha ağırlarını yapabilen doktorlar da vardır. Böyle bir gücün hele, senin elinde nasıl ve ne amaçlarla kullanılabileceğini tahmin bile edemiyorum. Bu çocuklar beyinleri kontrol ediliyormuş gibi duruyorlar." Peder'in sırtına bakıyordum ama kapının önündeki çocukları işaret ediyordum başımla. "Belki de gençler öfkeli değillerdir. Sen onların akıllarına girmişsindir."

Peder omzunun üzerinden bana baktı, mimiksiz düz ve sert surat ifadesine yamuk bir gülüşün yerleştiğini gördüm. "Fazla zekisin. Hastalık seni esir aldığında, duygusuzlaşıp aptallaştığında da böyle miydin? Neleri fark ettin? Mesela sana tanıyı koyan doktorunu öldürdüğümü fark ettin mi?" Tamamen bana döndüğünde, şaşkınlığımın surat ifademi ele geçirmesine izin vermedim. Hastanedeki doktordan mı bahsediyordu? Dosyam işlenmediğinden kayıtlardan kaçabildiğim... "Lamen'i gönderenin ben değil, başka biri olduğunu fark ettin mi? O başka birinin... Kim olabileceği hiç aklına geldi mi peki?"

"Ne?" Kesik bir nefes kaçtı ağzımdan.

"Fark ettin mi Liva, merak ediyorum..." Bana doğru bir adım attı, masasının olduğu platformdan inmişti. "Kuralları biliyorsun. İlk çocuk Sapphire'e ait. O halde safkan olduğun hâlde neden Akademi'ye verilmediğini hiç düşündün mü?"

"K... Kaydım yok çünkü," dedim yutkunurken.

Peder gözlerini kısarak öne eğildi. "Peki neden kaydın yok?"

Neden kaydın yok? Bu konu açıldığında Pars, yalnızca içeriden birinin bunu yapmaya gücü olabileceğini söylemişti. İsviçre'den gelen birinden evimin adresini aldığını, hiçbir şey kesinleşmeden bana bir şey söyleyemeyeceğini... Akademi'de akrabalarım olduğunu da söylemişti.

Babamın buradan çıkması bunun en büyük kanıtıydı.

"Antikor ihtiyacın başladığında, eğer iki yıl boyunca ilacını almazsan, acı verici bir şekilde ölmeye başlarsın ve buna hiçbir şey mani olamaz. O raddeye geldiğinde artık antikorlar bile işe yaramaz. Çünkü organ yetmezliğini tedavi edemez hiçbir ilaç," dedi Peder. "Yani biri seni, bile bile ölüme terk etti. Ne Akademi ne de ben bulamayayım diye tüm izlerini yok etti. Aklınla oynasın ve kendini de öldürme diye, işleri sağlama almak için bir dostunu da gönderdi. Gözümün önündeydin ama bulamadım seni. Düşün. Kim bu kadar yetenekli olabilir? Beni kandırabilecek kadar?"

Kim?

"Ve bu çocuklara gelince," dedi doğrularak, sert bir ifadeyle onlara dönerken. "Tamamen kendi hür iradeleriyle buradalar, tıpkı bu bina içerisinde kalan diğer herkes gibi. İstersen onlara sorular sorabilirsin, sana yanıt vereceklerdir. Belki aklın biraz durulur ve çalışmaya başlar, kaderini kabullenmek yerine kucaklamaya karar verirsin o zaman. Akşam yemeğinde görüşürüz Liva." Çocuklara bir bakış attı. "Götürün."

Öfkeyle dilimin ucuna gelenleri yuttum, konuşmak bu noktada fazlasıyla anlamsız geliyordu çünkü aklım karman çormandı. Sessiz bir yerde düşünmeye ihtiyacım vardı. Bu raddede elime kalem ve kâğıt verseler çok yardımcı olurlardı hatta. Ama onların hiçbir şeyini istemiyordum. Kendi kıyafetlerimi ve kapı önüne konmayı istiyordum. Beş parasızken bile Rusya'dan çıkmanın bir yolunu bulabilirdim ama buradan çıkmanın yolunu ne ölü ne de diri bulamazmışım gibi geliyordu.

"Burası neresi?" diye sordum Peder'in odasından çıktığımızda, çelik koridorlara geri döndüğümüz an. Çocuklar bu kez kollarımdan kavramamışlardı, biri önümde diğeri arkamda yürüyordu.

"Artem, birinci mıntıka." Öndeki çocuk yanıtladı. Oldukça kalın bir sesi vardı ve aksansız İngilizce konuşuyordu. Rus olduğu her hâlinden belliydi.

"Ülke olarak?"

"Rusya."

"Telefon hakkım yok değil mi?"

Öndeki çocuk dönüp bana ters bir bakış attı. Espri yapmamıştım aslında, elbette bunun kabul olmayacağını biliyordum ama yine de ağzımdan çıkıvermişti. Suçluların bile arama hakkı oluyordu sonuçta. Ben kötü hiçbir şey yapmamıştım, kullanılmak için buradaydım.

Bana lazım olan senin çocukların.

Birden önümde ve arkamda yürüyen iki erkeğin arasında fazlasıyla savunmasız hissettiğimde ovaladığım ve ağrıyan bileğimi bıraktım, ardından sertçe yutkunup etrafı süzdüm. Bir asansöre binmiş, iki kat aşağı inmiştik.

Senin çocukların.

Neden bahsettiğini bilmiyor, bilmek istemiyor; düşünmek dahi istemiyordum o adamın.

Ama düşünmek için alana ihtiyacım vardı ve düşünüp sonuçlar elde etmeliydim, bunun sonu yoktu.

Çelik koridorda, duvarın önünde durduğumuzda yine bir kapı açıldı. Şaşkınlıkla kapının dikdörtgen yapısının nasıl bu duvarlar içinde bu kadar görünmez bir şekilde kaybolduğunu anlamak istedim ama arkamdaki çocuk beni içeri girmem için hafifçe ittirdiğinde ayaklarım ilerledi ve ben odanın içine girdiğim an kapı kapandı. Daha doğrusu kayboldu.

Manzara nefesimi kesmişti.

Bir yatak vardı odada; mini bir buzdolabı ve çalışma masası. Her şey griydi. Ama odanın bir duvarı boydan boya camdı ve... Yemyeşil görünüyordu dışarısı. Bir orman manzarasıydı bu. Orman, odanın içinde gibiydi. Uzakta şelale akıyor, kuşlar cıvıldıyor, kelebekler uçuşuyordu.

Dakikalarca karşısında dikildim, bir hologram olduğunu bile bile gerçeklik payı aradım. Beynim bunun nasıl bir mühendislik icadı olduğunu kavramakta güçlük çekiyordu çünkü biri gelip gerçek olduğunu söylese, muhtemelen ona inanmam daha olasıydı aksini savunmamdansa.

Küçük bir çocuk olsam, cenneti bulduğumu sanırdım.

Ama Rusya'daydık. Peder'in odasının manzarası gerçekti. Dışarısı kimbilir kaç dereceydi ve her yer karla kaplıydı.

Burası muhtemelen bir dağın yamacına inşa edilmiş bir tesisti.

O kadar susamıştım ki buzdolabını göz ardı edemedim. Eğilip kapağı açtım, kullandığım elimin bileği burkulmuş olduğundan canım yandı. Buzdolabında yalnızca su, çeşitli içecekler ve... Küçük tüplerle şırınga paketleri vardı. Antikor?

Ben en son ne zaman vurulmuştum? Fransa'ya gideceğimiz sabah, İstanbul'daki dağ evindeyken. Kahvaltı yaparken Pars enjekte etmişti koluma. Sonra... Geriye doğru düşerek yere oturdum ve dirsek içime dokundum. Sonra iğne yaptığı yeri öpmüştü. Dudaklarının tenime karşı bıraktığı sıcaklığı hâlâ hissedebiliyordum.

Ama Peder, günler olduğundan bahsetmişti. Günlerdir buradaydım. Günlerdir uyuyordum. Günlerdir...

Pars neredeydi? Naz, Kayra'ya bir şey yapmış olabilir miydi? Ya da o çocuğa? Varis Adin'e? Bilerek onu erken göndermişti. Onu rahatsız etmiş ve erkenden gitmesini sağlamıştı. Pars'ı baygın bir şekilde nereye götürmüşlerdi peki? Peder, Fransa'ya gittiklerini söylediğine göre... Pars'la binmemiz gereken uçağa benim yerime Naz binmiş ve onu Fransa'ya götürmüştü.

Cevaplara bir şafak uzaksın, demişti Pars. Şimdi belki de yüzlerce şafak uzaktaydım o cevaplara.

Gözyaşlarımı silerek bir tüp ve şırınga paketi aldım, buzdolabını kapatıp şırınga paketini ağzımla yırtarak tüp içindeki antikoru iğneyle çektiğimde kolumu sıyırdım ve iğneyi zaten çok belirgin olan damarıma batırdım.

Sessizce ağlıyordum, sırtımı yatağa yasladığımda. Zemin soğuktu ama kalkmak istemiyordum. Üç yanım duvar, bir yanım yalandı. Yalan bir manzara. Soyhan'ın hiç güneş açmayan, balta girmemiş ormanları gibi...

Peder'in söylediği her şey doğru olamazdı. Ama Lamen konusu o kadar doğru geliyordu ki... Pars'la, Lamen'in Peder tarafından kontrol edildiğini düşünmüştük ama yanılıyor olabilir miydik? Kimliğini bilmediğimiz başka biri daha mı vardı bu oyunun içinde?

Dakikalar sonra kapı açıldığında, hâlâ yerde oturuyordum yatağa sırtımı yaslamış bir şekilde. Bacaklarımı açmış, kendime çekmiş ve kollarımı dizlerimden sarkıtmıştım.

Biri "İçeri geliyorum," dedi. Sesini tanıdım, tanımak istemesem de. Nabzım hızlanırken şaşkınlıktan vücudum titriyordu.

O içeri girdiğinde, arkasından kapı yeniden kapandı ve çelik duvara karıştı çizgileri. Uzun boyluydu, tıpkı onu hatırladığım gibi. Bu kez şapka takmıyordu, bu yüzden yüzünü tamamen görebilmiştim. Üzerinde sıfır kol siyah bir tişört ve siyah pantolon, hafif dalgalı koyu kahverengi saçları; esmer bir teni, yeşil-ela arası gözleri vardı.

Tolga'yı o evde kıstırıp döven o'ydu. Partide denk geldiğim çocuk. Selim. Gerçek adı bu muydu acaba? Pars, onu denemek için bilerek bekletmişti Tolga'yı o evde ve tahmini de doğru çıkmıştı. Üstelik bu çocuk, yalnızca Tolga'nın canına kastetmemişti; Yağız'ı korumuştu da. Neden? Bağlantıları neydi?

Yağız'ın çalıştığı kişi olabilir miydi?

"Sen kimsin?" diye sordum, yerimden kıpırdamamıştım bile çünkü korkmuyordum ondan.

"S," diye cevapladı beni. "Bana kısaca S derler."

"Selim?" Gözlerim kısıldı, sorarcasına tekrar ettim hatırladığım ismini.

Başını ağır bir şekilde iki yana salladığında, sert ifadesinde neredeyse Peder'in suratını anımsamıştım. Peder benim babamdı. Bu çocuğun adı da Selim falan değildi.

"Türk değilim," dedi S. "Sen de öyle."

Gözlerim kısıldı. Önüme baktım, parçaları birleştirme arzusu ile. Peder'in asıl adı Ivan Dmitry'di, yani o bir Rus'tu. Ama büyükannem İngiliz'di? Annemin adı Meyra'ydı ama Peder'in de Türk bir ismi vardı nasıl olsa. Öyleyse annemin memleketi de mi farklıydı?

"Sen bunu nereden biliyorsun?" diye sordum bitkin bir ifade, ağlamaktan kızarmış ve şişmiş gözlerle suratına bakarken.

Yavaş birkaç adımın ardından yanımda ayaklarının üzerine çöktüğünde bir dizi yerle temas etti, dirseğini havaya bakan dizine yaslamıştı. Donuk ifadesiyle dikkatlice suratımı izlerken cebinden kare bir kâğıt çıkardığında, bunun bir fotoğraf olduğunu fark ettim. İki parmağının arasındaki fotoğrafı bana uzattı.

Fotoğrafı aldım. Annemin, kucağında henüz ben bebekken çekildiği bir fotoğraftı. Bütün fotoğraf albümlerimizin kaybolduğunu düşünüyordum ama bu fotoğrafın varlığı içimi ısıtmıştı o çaresiz anda bile. "Bunun sende ne işi var?"

"Fotoğraftakiler kimler?" diye sordu.

"Annem ve ben," dedim dalgınca.

"Hayır," dedi S. "Annem ve ben."

"Hayır, bu..." İtiraz ederek ona dönecek ve fotoğraftakinin bariz annem, kucağındakinin de tek çocuğu olması dolayısıyla bariz ben olduğumu söyleyecektim ki farkındalık sinsi bir yılanın zehri gibi sancıdı kalbimi.

Ona baktım.

Gözlerime yaşlar dolarken az önce Peder'e benzettiğim sert ifadesini ve ela gözlerini süzdüm; dalgalı koyu kahve saçlarına, kaşlarına, kirpiklerine, burnuna, dudaklarına, çenesine baktım... Çenem titredi.

Asilkan ailenin ilk çocuğu yetiştirilmesi için doğduğunda Akademi'ye verilir.

"Fark ettin mi Liva, merak ediyorum... Kuralları biliyorsun. İlk çocuk Sapphire'e ait. O halde safkan olduğun hâlde neden Akademi'ye verilmediğini hiç düşündün mü?" sorusu çınladı kulağımda, çok değil belki bir saat önce Peder'in odasında sorduğu.

"Bu mümkün değil." Ayağa fırlarken fotoğraf hâlâ elimdeydi, sıkıca tutuyordum onu. S'ye arkam dönükken gözyaşlarımı sildim ve yeniden ona baktım. Ayağa kalkmıştı. "Sen benim kardeşim olduğunu mu söylüyorsun?"

"Abin. Biyolojik olarak, evet, akrabalığımız var," diye yanıtladı beni. "Aslında çift yumurta ikizi olarak düşmüşüz o kadının rahmine. Fakat ikiz çocuk politikasına göre bazen ikizlerin ikisi de Akademi'ye teslim edilir, bu yüzden yumurtalardan birini dondurmayı tercih etmiş. Sen benden iki yıl sonra doğdun." Fotoğrafa bir bakış attı. "O kadınla aynı karede olduğum tek fotoğraf bu, bildiğim kadarıyla."

Sözlerine inanmakta güçlük çekiyordum.

Masal...

"Bir varmış, bir yokmuş. Ülkenin en çok yağmur alan şehrinde, yine gökyüzüne kapkara bulutların hâkim olduğu bir günde; bir annenin rahmine biri oğlan, diğeri kız iki bebek düşmüş. Doktorlar demiş ki, birini biz alacağız; diğerini size vereceğiz. Çünkü anne hastaymış ve tedavi olması için koşulan şart buymuş. Anne bir karar vermiş, kızım demiş, eğer benim gibi hassas bir zihinle doğarsa dünyaya, bu dünya onu yalnız yaşatmaz. Ama oğlum, babasına çeker ve hırsla ayaklarını yere sağlam basarsa, bu dünyada onu durdurabilecek hiçbir şey yok. Bu yüzden oğlunu doğurmuş önce, doktorlara vermiş. Kızını bekletmişler rahminde, iki sene sonra doğmuş."

Gözlerim kendiliğinden kapanırken güçlükle yatağa oturdum. Düşer gibi oturmuştum. Masalı bir yerde duyduğumu biliyordum, rüyamda uydurmamıştım... Bilinçaltımda gizliydi.

Göz kapaklarım aralandığında tek görebildiğim kucağımdaki titreyen ellerim ve yere düşmüş fotoğraftı. "Ne biliyorsun?" diye sordum ona, bakmadan. Bakamamıştım daha doğrusu.

Ben öz abimle bir partide karşılaşmıştım, öyle mi? Onca insanın arasından, onun yanına gidip oturmuş; onunla konuşmuştum...

"Ne bilmek istiyorsun?"

Dudaklarımı birbirine bastırdım. Bir an önce kendime gelmem gerekiyordu yoksa kendimi kaybedecektim. Panik atak geçiriyor olabilir miydim?

Soluk borum darlaştı, ciğerlerime çektiğim oksjien ince bir damardan geçiyormuş gibi hissettim bir müddet. Buzdolabına baktım. Su. Suya ihtiyacım vardı.

Geçen bir dakikanın sonunda kollarını bağlamış, ayakta dikilen S; buzdolabı ile benim aramda gözlerini sektirdiğinde, "Ne?" diye sordu.

"Su," diyebildim yalnızca.

Dolaba eğildi, kapağını açtı ve bir şişe su çıkardıktan sonra kapattı. Şişeyi bana uzattığında ona teşekkür etmeden aldım.

Ama kapağını açamamıştım.

S elimden su şişesini sert ama hızlı bir hamleyle aldı , kapağı açtıktan sonra bana uzattı bu kez. Bir uzattığı su şişesine, bir de ona baktım. Yalnızca Naz'ın sözleriydi aklımda yankılanan. Hiç, bir abin olsun istedin mi?

Suyu kaptım ve birkaç yudum içtim. Sanki benzindi içtiğim, öyle acı geliyordu tadı.

"Naz'la işbirliği yapan sen misin?" diye sordum su şişesinin kapağını kapatıp kenara bırakırken. "O her şeyi biliyor değil mi? Onu tanıyor musun?"

"Naz," dedi S, gözlerini kısarak. "Senin aklının alabileceğinden daha uzun bir süredir tanışıklığımız var."

"Onu kandırdın mı?"

S'nin yüzünü alaycı bir ifade kapladı. "Hayır," dedi ardından. "Neler döndüğünü öğrendiğinde, yardım etmek istedi sadece."

"Neler döndüğünü öğrendiğinde mi?" Alayla güldüm. "Seve seve teslim etti beni size değil mi? Ne teklif ettin ona? Ailesini bulmayı mı? En çok istediği şey buydu ne de olsa. Bari bir işe yaramış olsun dostunu sırtından bıçaklayışı."

"Dost muydunuz?" S'nin gözleri kısıldı. "Hiç sanmıyorum."

"Beni değil, Pars'ı," dedim sert bir sesle. "Çocukluk arkadaşıydı."

"Pars..." Seslice nefes verdi. Çalışma masasının sandalyesini alıp ters bir şekilde oturdu ve kollarını sırtına yasladı sandalyenin. "O güvende. Arkasından bıçaklanılmış olduğunu sanmıyorum, gayet sağlamdı."

"Sorularıma cevap verdiğin falan yok senin," dedim tükürürcesine. "Sen de onun köpeğisin, belki fotoğraf yalan! Aklımla oynamak için gönderdiler seni buraya! Soyhan'a da!"

Kaşları çatıldı. "O fotoğrafı senin kaldığın o eski evden çıkarttırdım. Komadan henüz uyanamamış o çocukla, Yağız'la," dedi sert bir sesle. "Sırf sana bu sikik ilişkiyi kanıtlayabilmek için. Fotoğrafın varlığından haberim yoktu, sonradan öğrendim. Ama seninle aynı eve giremezdim. Birincisi, ben kimsenin köpeği değilim. Durumu tartar ve inandığım yolda yürürüm, emir yukarıdan gelmiş olsa bile," diye devam etti, her bir kelimesini anladığımdan emin olmak istercesine bastırarak söylüyordu. "İkincisi, seninle birinci dereceden yakın bir akrabalığımızın olması daha ilk dakikadan seni etkiliyorsa belki de benim tarafımdan kontrol edilmek endişelenmen gereken şeyler listesinde olmamalı bile."

Yağız'ın gizli görev dediği buydu. Yağız normal bir çocuk olabilirdi ama S tarafından kandırılmış, belki kontrol edilmişti.

"Onun komada olmasının sebebi sensin, Tolga değil. Onu sen bu işlere bulaştırdın. Yağız sadece bir çocuktu."

"Farkındayım," dedi S, dişlerini sıkarak. "Ama yapabileceğim bir şey yok. Onunla bir anlaşma yaptık ve kendi üzerine düşeni yaptı, fazlasını değil."

"Neden geldin Türkiye'ye?" Havaalanını hatırladım. Naz'la konuşan biri vardı... Ben bilincimi kaybetmeden hemen önce. "Beni sen kaçırdın buraya!"

S kafasını salladı ağır bir ifadeyle.

İnanılmaz. Öz ağabeyim tarafından, öz babamın kurduğu Rusya'nın dağlık yamaçlarında bulunan bir tesise kaçırılıyordum ve benden ne isteniyordu? Çocuk yapmam mı?

"O ne istiyor?" diye sordum aklıma doluşan korkunç düşüncelerle. "Onun amacı ne?" Peder demek istemiyordum, Ivan demek de öyle. Edizhan... Zaten onun bile, bu kimliğini kabullenmediğinden emindim.

"Senin DNA'nı kullanarak laboratuvarda yapılmış bebekler yaratmayı," diye açıkladı kısaca.

Çenem yere düşecekti. "Ne?"

"Daha önce yapıldı," dedi S. "Ama hepsi öldü."

"Psişikler," dedim sahip olduğum bilgilere dayanarak. "Pars onların deneylere zorlanan asilkanlar olduğunu söylemişti."

"Hepsi asilkan değildi," diye açıkladı.

"Yani zorlandıklarını kabul ediyorsun?"

"Orada değildim."

"Bu seni daha az mı suçlu yapıyor?"

"Hayır. Bu, konunun muhatabı olmadığım anlamına geliyor," dedi tok bir sesle. "Gerçek bir sorun var mı senin?"

"Peder, o bir Rus," dediğimde lafımı keserek "Yarı İngiliz, yarı Rus," dedi ve büyükannemi bir kez daha aklıma getirdi.

"Peki annem?" diye devam ettim soruma. "Yani sen... Türk olmadığını söyledin. O zaman... Ebeveynlerimiz de Türk değil demek oluyor bu. Annemin gerçek adı Meyra Uz mu gerçekten?"

"Meyra Pardis," diye yanıtladı beni. "Meyra Analita Pardis. Aslen İranlı."

"Yani o... İran'daki Sapphire Akademisi'ndendi?"

S kafasını salladı. "Hamile olduğunu öğrendiğinde izin aldı, Türkiye'ye taşındı."

"Ona kızgın mısın?" diye sordum, öylece, pat diye. "Seni Akademi'ye verdiği için."

S sessiz kaldı, cevap vermedi. Suratında mimik oynamamıştı. Eğer anne karnındayken çift yumurta ikiziysek ve annem onu vermeyi, beni yanında tutmayı seçtiyse... Bu düpedüz, ondan iki kere vazgeçtiği anlamına geliyordu. Her ne kadar sessiz kalsa da, S buna içerlemiyor muydu?

O kadın. Öyle seslenmişti ona. Anne demiyordu. Biyolojik yakınlığımız var. Akrabayız evet. S'nin aile bağlarına inandığı falan yoktu. Beni kardeşi olarak gördüğü ya da... Peki, Peder'i babası olarak görüyor muydu? O yüzden mi bana iğrenerek bakıyordu?

Akademi'de geçen yıllarının onu nasıl törpülediğini bilemezdim. Pars tanıdığım en sert adamlardan biriydi, keza Naz da öyle. İkisi de asilkandı. Ve karşımdaki... O da doğumdan itibaren verilenlerden biriydi, üstelik safkandı.

"Sen de safkansın, biz kardeşsek... Senin DNA'n işe yaramıyor mu?" diye sordum şüpheyle.

"Bir kadın gerekiyor, erkek değil."

"Tüm bunlar senin uğruna eğitildiğin her şeye ters, sorgulamıyor musun gerçekten?" diye sordum şaşkınlıkla. "Adam resmen, öldürdüğü psişiklerden çok daha güçlülerini yaratmak istiyor laboratuvarında. Uzay savaşlarında değiliz. İnsanların işlediği suçlarda insanların cezayı veren olması gerekir, doğaüstü varlıkların değil."

S beni dinlemiyor gibiydi. Buzdolabının önündeki boş antikor tüpüne, şırınga paketi ve kullanılmış iğneye bakıyordu. "Kendine antikor mu enjekte ettin?"

"Evet."

S, tekrar açtı buzdolabını ve eğilip diğer tüplere baktı. "Biliyor musun," dedi doğrulurken. "Bunlar, birinci sınıf antikorlar. Safkanlar için geliştirilmiş. Normal bir insanı saniyeler içinde öldürür, bir asilkana ise saatlerce acı çektirir."

"Beni dinlemiyor musun sen?" Alayla güldüm. "Yoksa zaten ne kadar akıl dışı bir şeyin parçası olduğunun farkında mısın? Onun tarafından yetiştirildiğin ne belli, ikiniz de manipülasyon ustasısınız. Kimbilir ne yalanlar söylüyorsunuz bana, ben de inanıyorum..."

"Ivan tarafından yetiştirilmedim," dedi S, sert bir ifadeyle bana dönmüştü bu lafı duyduğu an ürkütücü bir şekilde. "Onu tanıyalı birkaç ay oluyor. Asilkanların aileleriyle iletişimleri olmadığını biliyorsun."

"Ama sen tanıyorsun onları." Pars da tanıyordu.

"Çünkü Ivan Dmitry ile tanıştığımda, biyolojik babam olduğuna dair sağlam argümanlar sürdü ortaya."

"Ve sen de ona inandın," dedim tok bir sesle.

"Çünkü bu doğru."

Birkaç saniye boyunca, sessizliğin içinde birbirimize baktık. Hologram yansıtılan duvardan gelen çiçek böcek sesleri, onu da beni de irite etmiş gibiydi.

"Peder'in zaten asilkanların aklını çeldiği nokta da buydu, değil mi? Onlara ailelerini tanıma şansı verdi, kimse ceza almadan... İsteyenler tanışabilecek aileleriyle. Sizin Naz'ı tarafınıza çekme sebebiniz buydu."

"Naz aklını kullandı," dedi S.

"Naz bencilin teki!" Ona doğru agresif bir adım attım. "Sırf ailesini bulmak için beni masum bir şekilde babama teslim etmiş gibi görünüyor ama arka planda dönenlerden haberi olduğuna adım gibi eminim! Ne kadar büyük bir hata yaptığının farkına vardığında ise çok geç olacak!"

S'nin sakinliği beni deli ediyordu. Öylece bana bakıyordu.

Nasıl katlanabiliyordu kendi umursamazlığına? Bunu da Akademi'de mi öğrenmişti?

"Hazırlan. Akşam yemeğinden sonra yola çıkacağız," dedi ve arkasını döndü; nasıl çalıştığını bile bilmediğim kapı bir şekilde onun için açılırken.

"Nereye?" diye seslendim arkasından, kapı kapandı; cevap gelmedi.

Öz abimin canı cehennemeydi.

"Küçük kızın abisine ne olmuş?"
"Annesi yanılmış. Abisi hırsla değil, nefretle büyümüş;
küçük kız ise yalnız kalmış,
bu dünya onu sarıp sarmalamamış."
"Annesi sarmalasaymış!"
"Annesinin gitmesi gerekmiş, gitmiş..."
"Anneler gitmez!"
"...yaşatmak için kızını."
"Birlikte yaşasalarmış!"
"Babası izin vermezmiş."
"Kötüymüş o zaman babası!"

13

Cehenneme Giden Yol

Akşam yemeğinin yendiği yer uçurumun kenarına kurulmuş bir terastı ve oldukça soğuktu. Masada yalnızca Peder vardı, başında ise Katya. Kapıda ve her köşede bir adam dikiliyordu. S ortada yoktu.

Benim ise tek düşünebildiğim masalın devamıydı.

Annem gitmek derken ölmekten bahsediyorsa, o zaman intiharını planlamış olabilir miydi? Peder odasındayken birinin beni korumak için uğraştığından bahsetmişti ve Pars'ın teorisi de bunu doğruluyordu ama annem bundan seneler önce ölmüştü. Peder beni hastayken bulduysa ve izimi sürdüyse, o zaman en fazla iki sene öncesine uzanıyordu bahsettiği zaman.

Bir şeyler tutarlı değildi.

"Yemeğini ye, burada akşam yemekleri çabuk soğur," dedi Peder, şarabına uzanırken. Masanın diğer ucundaydı.

Önümdeki ete ve şaraba baktım. Yemeyecektim. Birincisi iştahım yoktu, ikincisi buzdolabından o kadar çok meyve suyu ve soğuk kahve içmiştim ki midem doluydu. Ama asıl neden, beni kullanmak isteyen bir adamın karşısına geçip yemeğini yemek istemememdi elbette.

Hiçbir sorun yokmuş gibi.

Vardı.

En büyüğü ise, onun benim öz babam olmasıydı.

"S, gideceğimizden bahsetti," dedim bunun yerine. Tepemde bir ayaklı ısıtıcı vardı, üzerimde ise gerçek olup olmadığını bilmediğim bir kürk. İğrenerek bakıyordum.

"Evet. Bu akşam Artem'den Rus Akademisi'ne naklin gerçekleşecek. Buradaki laboratuvarlar yeterince donanımlı değil," diye yanıtladı, sanki tavaya yumurta kırmaktan bahsediyordu. Öz kızının DNA'sını kullanarak bebekler yapmak istiyordu. "Yarın sabah sanıyorum ki, yeniden görüşeceğiz."

Oturduğum koltuğun kenarlarındaki ellerimle, deri kumaşı sıktım. İstemsizce teras demirinden aşağı bakmıştım; metrelerce yükseklikteydik ve siste, dip görünmüyordu bile...

"Düşünme bile." Peder'in sesi düşüncelerimi kesti. "Aşağıda gizli bir ağ var, ölmezsin. Elektrik çarpar seni ve bayılırsın, bu da seni tesise geri getirmek için bize yeterince vakit sağlar."

Yutkundum. Atlamayı düşünmemiştim ama eğer burada biri bana istemediğim bir şey yapacak olsa gözümü bile kırpmadan atlardım. Söz verdin. Gözlerimi kapattım ve dudaklarımı birbirine bastırdım o an, farkındalıkla. Söz vermiştim. Serçe parmak sözü. Pars'a. Liva sözü. O da söz vermişti. Yaşayacaktı.

Yaşayacaktım.

Ama durum farklıydı. Pars, beni kurtarmakla dünyayı kaosa sürükleyen psişikler yapılmasına izin vermek arasında kalsa beni seçmezdi. Seçmemeliydi de. Öyleyse sözümü tutmamış sayılmazdım, çok daha büyük bir amaç için feda edilmiş olurdum ve bu da yaşamımı anlamlı kılardı.

Nefes almam gerekiyordu.

"Odadan çıkmadan önce söylediklerin," dedim ve sertçe yutkundum. Peder geriye yaslanmıştı ve dikkati bendeyken geriye uzattığı şarabını, servisi açan kadın dolduruyordu. "Ne demek istedin?"

"Abinle tanıştın, biraz olsun gözünü açar sanıyordum," dedi şarabından bir yudum almadan önce. "Hiçbir şey konuşmadınız mı?"

"Pek sayılmaz. İşine gelmeyen soruları duymazdan gelen biri."

Peder, keyfi yerine gelmiş gibi bir ifade takındı. "Seni, cevaplarına layık görmemiş."

Şaşkınlık ve öfkenin birleştiğinde oluşturduğu ekşi tatla yüzümü buruşturdum.

"Senin aksine o bana benziyor. Bana gençlik yıllarımı hatırlatıyor... Uzun boylu, yapılı, aslan gibi çocuk. Güçlü, zekâsıyla diğerlerinin arasından sıyrılan ve gereksiz güç savaşlarını harcayacağı efora değer görmeyen biri. İlk karşı karşıya geldiğimizde o da anlamak istemedi beni, hatta bana karşı savaştı. Ama beni anlamasını sağladım. Harika bir mirasçı, onunla gurur duyuyorum."

S, ilk geldiğinde Peder'e karşı savaşmış mıydı? Belki Peder de onu manipüle etmişti... Ama S, aklına girilebilecek birine benzemiyordu. En azından kolay kolay... "Nasıl tanıştınız?"

Peder gülümsedi. "Onu, beni öldürmesi için gönderdiler. Beni öldürebilecek tek kişinin o olduğuna inanıyorlardı. Bilmedikleri ise, benim, onun oğlum olduğunu bildiğimi ve başarılarını uzaktan takip ettiğimi bilmiyor olmalarıydı.

Ben başka birini daha tanıyordum aslında... Öfkelendiğinde çatıyı insanın başına çökerten birini... Ama Nil, gücüne rağmen, savunmasızdı ve canından olabilirdi. Peder'de böyle bir güç olmayabilirdi, ama kuşkusuz donanımlı biriydi. Bir askerdi her şeyden önce. Yılları savaşarak geçmişti.

Nil'i eğitseler Peder'i öldürebilirdi. Bir psişik.

Et bıçağına baktım. Yeterince keskindi. Bıçağı aşırabilir miydim? Fırlatsam yakalar mıydı? Yalnızca yaralanır ve hayatta kalırsa daha beter bir tavırla karşılaşabilirdim. Üstelik etrafımızdakiler esir değillerdi, Peder gerçekten ölürse buradan sağ çıkabileceğimi sanmıyordum.

Her şeyden öte onu öldürmek bir kenara, zarar verebileceğimi sanmıyordum.

"Birinden bahsettin odadayken. Beni senden de, Akademi'den de saklayan; ölüme terk eden ama ölmemem için bahsi geçen kadını, Lamen'i gönderen birinden."

Peder'le göz göze geldik. İştahı kaçmış gibi çatalını da, bıçağını da masaya bıraktı. "Yeterince açık konuştuğumu sanıyorum."

"Hayır, yeterince açık konuşmadın."

"Öyleyse, yeterince açık konuşmama izin ver Liva," dedi Peder, geriye yaslanıp bacak bacak üstüne atarken. "Seni benden de, yönettiği Akademi'den de saklayan; seni ihtiyacın başladığında düpedüz antikorsuz bırakıp ölüme terk eden, trajikomik bir şekilde ölmemen için doktoru yollayan kişi... Annendi."

Birkaç saniye boyunca söylediklerinin bir anlam kazanması için bekledim ama hiçbir şey ifade etmiyorlardı. "Benim annem öldü," dedim tok bir sesle, sesim kısılmıştı sonlara doğru. Boğazımı temizledim derin bir nefes alarak. "Benim annem intihar etti. Hastaneye kaldırdılar, tabutunu gördüm. Gömdüler. Benim annem öldü."

Alaycı bir şekilde gülerek başını iki yana sallarken "Cık cık cık..." sesleri çıkarttı. "Annenin delirip intihar ettiğine asla inanmadım. Onun öldüğüne tek bir şekilde inanırım, o da ölümü benim elimden olursa. Yaşamın gözlerinden silinip gittiğini görürsem."

Dehşet içerisinde ağır nefesler alıp verirken dudaklarımı birbirine bastırmış, onu izliyordum yalnızca. Gözlerim görüyordu, kulaklarım duyuyordu; hissettiğim avuçlarımda güm güm atan bir kalpti ve kalp krizi geçirebileceğimi düşünüyordum. "Anlamıyorum."

"Elbette anlamazsın, anlamadığın çok şey var ama birlikte..."

"Onu değil," diye kestim lafını ve masadaki su bardağını alıp birkaç yudum içtim. "Bana böyle bir yalan söyleyerek neyi elde etmeyi amaçlıyorsun, onu anlamıyorum." Gözlerinde şaşkın bir ifade belirdi, bunu beklemiyordu. Ona inanmamış olmam onu neden şaşırtmıştı? Zaten yalan söylüyordu. "Annemi hiç gördün mü?"

"Hayır, fiziksel olarak görmedim onu," dedi ellerini masanın üzerinde birleştirerek. Kahverengi deri eldivenler takıyordu. "Ama ona âşıktım ve aldığı ya da uyguladığı her kararı düşünme şeklinden tanırım. Meyra bugün bile benim fark edebileceğim izler bırakıyor, sen en büyük kanıtısın bunun. Ne Rusya, ne İngiltere, ne İran, ne Colorado ne de İsviçre seni istemez. Sen ilk çocuk değilsin, Akademi'ye ait değilsin; safkansın yalnızca. Yönlendirilmediğin sürece Akademi'ye uygun da değilsin. Ama sana antikorlarını yollarlar, düzenli olarak. Ve sen bunun hakkında bilgilendirilirsin. Bilgilendirilmeliydin. Ama bunların hiçbiri olmadı. Sapphire'in sahibi olduğu bir okula bile gitmedin bu hakkın, aile mirasın olduğu hâlde. Tüm bunların bir nedeni var."

"Tüm bunları annem yaptı," dedim yüzümü buruşturarak. "Buna inanmamı mı bekliyorsun benden? Ölü bir kadının arkasından şu an olanlara kılıf uydurmaya çalışıyorsun sadece. Tüm bunları Akademi'deki bir akrabam bile yapmış olabilir. Bir teyzem... Ya da dayım olabilir."

"Ama hiçbiri, annenin pozisyonunda değil."

Elimdeki bardağı masaya bıraktım. Pozisyon derken neden bahsediyordu?

"Abinle konuş," dedi Peder, ayağa kalkarken. "Yemeğin bittiyse odana dön ve hazırlan."

Peder'in emriyle iki adamın eşliğinde odama döndüğümde, hazırlamam gereken neyim olduğunu bilmiyordum.

Üzerimdeki kürkü yatağın üzerine atıp yere oturdum ve birinin gelip beni buradan çıkarmasını bekledim bir müddet.

Dakikalar sonra "İçeri geliyorum," dedi birisi. S.

Kapı açıldı, bu kez üzerine uzun kollu bir ceket giyinmişti ve ayağında botlar vardı. Omzuna taktığı, içi boş olan siyah çantayı bana doğru attığında havada yakaladım. "Antikorları al. Otuz altı saat yüksek sıcaklığa dayanıklılar. Zaten Rusya soğuğunda dolapla dışarının pek fark edeceğini düşünmüyorum."

Antikor tüplerini ve şırınga paketlerini aldım. Bunlardan merkezde yok muydu sanki? Neden yanıma alıyordum?

"Ve o kürkü giymek istersin, inan bana," dedi çıkmadan önce odaya bir bakış atarken.

"Gerçek değil, değil mi?" diye sordum, birkaç saniye öylece baktı. "Gerçek, değil mi?" Burnumdan soludum. "Gerçi, kimin oğluna neyi soruyorsam..." Gözünü bile kırpmadan defalarca kez katliam yapmış biriydi Peder, hayvanları mı umursayacaktı? Pislik herif.

Ölüm makinesi, demişti Pars, S için.

Pars, S'yi tanıyor muydu? Kim olduğunu biliyor muydu?

Bakışlarım sabit bir noktada donduğunda, nefes alış verişlerim istemsizce kesildi. Fazla parça bırakıyor, kimsenin birleştirmesini istemediği bir yapboz için. Naz'a böyle söylemişti ve Naz'la S tanışıyorlardı. Pars o partide, Yağız'la S'yi yalnız bırakarak o evde, teorisini doğrulamış mıydı?

Peki teorisi tam olarak neydi? Onu tanıyordu. Aksi mümkün değildi. Kim tanımadığı biri hakkında yorum yapabilirdi?

"Sen onu tanıyor musun?" diye sordum yutkunarak. Çünkü o seni tanıyor.

S, kürkü giyinip onunla birlikte odadan çıkmamı bekliyordu. Kollarını göğsünde birleştirdi, kimden bahsettiğim hakkında net bir tahmini yok gibiydi. "Kimden bahsediyorsun?"

"Pars."

Dudaklarını ıslattı ve derin bir nefes aldı. "Tanıyorum. Evet."

"Nasıl?" Gözlerim kısıldı, merakla baktım ona.

"Fransa'daki okul öncesi eğitiminde beraberdik, onunla ve Naz'la orada tanıştım. Daha sonra Colorado'ya nakil istedim," dedi düz bir sesle. "Dünyada toplam yedi Sapphire Akademisi bulunuyor ama bir şekilde yolları kesişmiş herkesin ,her zaman birbirlerinden haberleri oluyor. Düzenlenen müsabakalar olsun, eğitim görürken elde ettiğimiz sıralamalar olsun, birlikte çıkılan gezi ve görevler olsun..."

"Bekle," dedim lafını keserken. "Yedi Akademi mi var dedin?"

S kafasını salladı.

"Az önce yemekteyken Peder yalnızca beş tanesinden bahsetti. Beşi de seni kabul etmez dedi. Rusya, İngiltere, İran, Amerika ve İsviçre. Rusya tamam. Amerika tamam, Colorado senin yetiştiğin Akademi'nin bölgesi. İngiltere'de büyükannem var, baba tarafı diyelim. İran... Annem. Ama İsviçre? İsviçre'yle bir akrabalık bağımız mı var?" Bir adım yaklaştım ona. "Pars, akrabalarımın olabileceğini söylemişti. Hatta o akrabalardan birine denk gelmiş olabileceğini, çünkü benim Soyhan'daki ev adresimi verdiğini." Belki de bunu söylememeliydin. Ama herhangi bir akrabamız olabilirdi... "O yüzden mi İsviçre'den bahsetti? Orada akrabalarımız olduğu için mi?"

S'nin göğsü sakin bir şekilde inip kalkıyordu, bakışları da en az yüzü kadar ifadesizdi. Bu kadar nötr olmak çok zor değil miydi? Ruhsuz, bir hayalet gibi etrafta dolandığım zamanlar bile tepkimi içimde tutamadığım zamanlar oluyordu ve biri suratıma karşı beni de ilgilendiren sorular sorduğunda asla geri durmuyor, bir saniye kaybetmiyordum ama S, bana cevap vermekten çok; söylediklerim ve sorduklarım hakkında kendine cevap vermeyi ve kendi kendine düşünmeyi seviyor gibiydi.

"Evet," dedi en sonunda. "İsviçre'de bir akrabamız var."

Kafamı salladım. O akrabamız, benden haberdardı; bu da demek oluyordu ki beni gizleyen o'ydu. Ev adresimi Pars'a vermesinin sebebi, beni kurtarmak olabilirdi. Lamen ve ölüme terk etmek konusunu bilmiyordum ama bu kadarını temize çekebilmek rahatça nefes alabilmeme izin vermişti.

"Kim peki? Akraba olarak yani?"

"Bunları daha sonra konuşuruz," dedi düz bir sesle, kürkü kapıp kucağıma atarken. İki elimle birlikte zor yakaladım çünkü ağırdı. "Vaktimiz yok, çıkmamız gerekiyor. Hava kararmak üzere."

Kürkü giyinmek zorunda kaldım çünkü terastan dolayı Rusya soğuğunu tatmıştım ve donmak istemiyordum. Hasta olmak da öyle. Ve başka giyebileceğim bir şey yoktu. Özür dilerim derisini sırtıma çektiğim hayvan. Beni sıcak tuttuğun için teşekkürler ama kendi kürkün için acımasızca öldürüldün, bu olmamalıydı. Çok üzgünüm.

Koridorda yalnızca S ile ilerlediğimizi fark ettiğimde, başka birinin olmayışı beni bir şekilde kaçabileceğime inandırmıştı ama yalnızca onun, Peder'i öldürebileceğine inandıklarından buraya gönderdiklerini unutmuştum. Belki de S, hâlâ Peder'i öldürmeyi planlıyor ama uygun bir zaman kolluyordu. Güvenini kazanmıştı sadece.

Beni teslim ederek mi?

Mantıklı değildi. Pollyannacılık oynuyordum.

Asansörde S, ceketinin fermuarını çekti ve cebinden çıkardığı siyah deri eldivenleri giyindi. Öne eğilerek eldivenlere baktım. "Onlar gerçek deri mi?"

Omzunun üzerinden bana ters bir bakış attı.

"Cevap versene," diye homurdandım önüme dönerken ama cevap vermemişti.

Birkaç saniye sonra bu kez aklıma, kendi kıyafetlerim gelmişti. "Benim kıyafetlerime ne yaptınız?"

"Yakılmıştır."

Öfkeyle burnumdan soludum. O deri montu seviyordum.

"Kolyem," dedim ardından. Kolyenin içindeki inci, yerimin tespit edilebileceği anlamına gelmiyor muydu? S omzunun üzerinden dönüp bana baktığında "Hediyeydi. Anlamı vardı," diye devam ettim hızlıca. "Onu da mı alamam?"

"Sen beni aptal mı zannediyorsun?"

Başımı öfkeyle yana çevirirken gözlerimi kapattım ve dişlerimi sıktım. Elbette o kolyenin aslında ne olduğunun farkına varacaktı. Varmak zorundaydı. O, bunun için; böyle detaylar için yetiştirilmişti.

Asansör onuncu katta durduğunda kapılar açıldı. Adım attığımız karanlık kolonlar arasında, açık garaj kapısından uzanan kör edici beyaz ışık her yeri aydınlatıyordu. Burası dev bir garaj gibiydi. Bir helikopter ve onlarca araç vardı. Helikopterin yüksek bir zeminde olduğunu ve tepesinin yukarıya, gökyüzüne çatısız uzandığını fark ettiğim an ürktüm. Yukarısı korkunç görünüyordu.

S, binmem için siyah bir *SUV*'nin arka kapısını açtı. Arka koltukta bir kadın oturuyordu, diğerleri gibi giyinmişti. Sapsarı, uzun saçlarını tepesinde sıkı bir topuz yapmıştı ve kulaklarını kapatan bir bandana takıyordu soğuktan korunmak için.

S ön koltuğa, başka bir adam ise şoför koltuğuna bindikten sonra motor çalışmaya başlamıştı. Arkaya baktığımızda arkamızda bir aracın daha olduğunu gördüm, garajdan çıkmadan hemen önce başka bir araç da önümüzde ilerlemeye başlamıştı. Bu da demek oluyordu ki, üç araç gidiyorduk.

Kapılar kilitlendi. "Ben de kendimi kutup soğuğunda, saatte 80 kilometre hızla giden araçtan dışarı atmaya gönüllüydüm zaten," diye homurdandım arkama yaslanırken. Kimse cevap vermedi. Aman. Ne havalıydı Ruslar.

"Kaç gündür buradayım?" diye sordum bu kez, bir yandan da camdan yolu izliyordum. Dağdan aşağı iniyorduk bu yüzden manzara nefes kesiciydi, araç yalnızca virajlarda yavaşlıyordu; düz yolda hızlı gitmesi beni korkutuyordu.

S, Rusça bir şey söylediğinde gözlerimi kısarak ona baktım ama o arkaya dönmedi. Onun yerine yanımdaki kadın sorumu İngilizce, "Beş buçuk gün," diye cevapladı.

S, yanımdaki kadına, benimle konuşabilmesi için izin mi vermişti?

Beş buçuk gün mü? Koca beş gün. Ve de buçuk. "Ne yaptınız bana?" Gerginlikten çarpıntım başlamıştı. "Beş buçuk gün... Baygın mı yattım?"

"Seni uyuttuk, bu süreç içerisinde bazı testler yapıldı sağlık durumun ve yeterliliğinle ilgili. Eğer iki ay daha antikorsuz kalsaydın önce karaciğerin iflas edecekti, bu yüzden karaciğerin biraz zayıf. Ama onu güçlendirecek bir serum hazırladık ve iki gün boyunca sana verdik. Şu an iyi durumda."

"Bana başka bir şey enjekte etmediğinizi nereden bileceğim?" Yüzümü buruşturdum.

"Peder için çok değerlisin, sana zarar verecek bir şey yapmayız," diye yanıtladı beni kadın. Fazlasıyla soğuk ve düz cevaplar veriyordu.

Geriye yaslandım ve sertçe yutkundum. Onların elinden nasıl kurtulacaktım? Kurtulabilecek miydim ki? Eğer kapılar kilitli olmasaydı uygun bir anı kollayıp soğuğu ve yamaçlık bölge olmasını umursamadan aşağı atlayabilirdim ama kapılar kilitlenmişti bile.

Beni götürdükleri yer, Sapphire'e aitti değil mi? Akademi'ydi. Rus Akademisi. Nasıl olurdu da diğer merkezlerin buraya dokunmaya hakkı olmazdı? Kaçırıldığım biliniyor olmalıydı. En azından Pars biliyordu.

"Peder'in senden haberi olursa, seni istemesi olası. Rusya, Karadeniz'in hemen yukarısı biliyorsun ki... Ve sen Rus topraklarına girersen, kimsenin yapabileceği bir şey kalmaz," demişti beni eve bıraktığında.

"Anladım," demiştim öylece ama buruktu içim. Beni kendi çıkarları için kullanmak isteyebilecek bir adam vardı ortada ve eğer onun eline geçersem kimse kılını kıpırdatmaz mıydı gerçekten?

"Kimsenin, hiçbir Akademi'nin... Ama ben peşinden gelirim. Neden biliyor musun?"

Dudaklarımı sertçe birbirine bastırdım ve gözlerimi kapattım, onları biraz daha açık tutsam dolabilirlerdi. Ne çok ağlamıştım son zamanlarda... Çocukken bile gözyaşı akıtmamıştım bu kadar ya da her şeyimi kaybettiğimde.

Ama sesi yankılanıyordu kafamın içinde. Ona sormamıştım neden diye ama devam etmişti. Çünkü ben, demişti. Bu dünyanın sana on dokuz yıllık bir hayat borcu olduğunu biliyorum. Sen bugüne kadar öleceğini düşünerek yaşadın, bundan sonra yaşaman gereken hayat bir esirinki olamaz.

Pars ne olduğunu, ne döndüğünü biliyordu burada; beni bırakmazdı. Emir alsa da mı?

Başımı eğdim, düşüncelerimin arasında boğulurken alt dudağımı ağzımın içine yuvaladım ve *lütfen*, dedim içimden. *Lütfen öyle bir emir almasın.* Çünkü Pars bir askerdi ve tüm hayatı aldığı emirlerle geçmişti. Eğer öyle bir emir alırsa...

O öyle biri değildi. Neyin yanlış, neyin doğru olduğunu kendi biliyordu; başkasından duymasına gerek yoktu.

Duysa bile yanlış olduğunu bilirdi. Beni bu insanların eline bırakmazdı. Bu insanlar.

Ne komikti... Çünkü biri babam, diğeri abimdi.

Birkaç dakika sonra araba önce yavaşlayıp, sonra durduğunda ön koltukta S ile şoförün Rusça konuştuğunu duydum bu yüzden başımı kaldırdım. Ön camdan baktığımda, önümüzde ilerleyen araç ortalıkta yoktu. "Neler oluyor?"

Şoför, S'ye bir şey sordu ama yine Rusça konuştuklarından bir şey anlamadım. S, camı açıp hiç zorlanmadan bedeninin yarısını dışarı çıkardı ve etrafa baktı. O sırada ben de arkayı kontrol ediyordum, yanımdaki kadın da. Arkamızdaki araç da yoktu. Ne zaman ayrılmışlardı bizden?

O an anlamıştım. Bir şeyler yanlıştı ve bunu en başta onlar biliyorlardı.

S içeri çekti kendini, ardından camı kapattı ve şoföre bir şey söyledi. Motor yeniden çalıştığında bu kez çok yavaş bir hızda ilerlemeye başladık.

Dağdan ne zaman indiğimizi bilmiyordum ama dağların arasında, aşağıda, düz bir vadide, karla kaplı sık ağaçlık bir yolda ilerliyorduk.

İleride, çok ileride tüm o beyazlığın içerisinde siyah bir nokta gördüm. Biz yaklaştıkça siyah nokta büyüdü ve onun bir insan olduğunu fark ettim. Daha da yaklaştık. Şoför bir şey sordu, S az önceki yanıtı verdi. Sanırım sürmesini söylüyordu.

Daha da yaklaştık. Yolun ortasında bir erkek dikiliyordu.

Daha da yaklaştık. Yolun ortasında Pars dikiliyordu.

Onu gördüğüm an göğüs kafesim sarsılmaya başladı, kalbim olağanüstü bir çabayla atıyordu; dört nala koşar gibi. Hayır. Umuda koşar gibi. Öyleydi de.

Pars buradaydı. Bizi nasıl bulmuştu? Arabada üç kişi vardı. Yalnız başına mı gelmişti?

Araba Pars'ın dikildiği yere birkaç metre kala S'nin emriyle durduğunda arabanın kapılarının kilidi açıldı, kapıya davranacağım an yanımdaki kadın kolumdan inanılmaz bir hızla kavramıştı. Bileğime sert ve soğuk bir şeyin geçirildiğini hissettim, şaşkınlıkla bileğime baktım.

Beni kendine kelepçelemişti. Kelepçenin bir kolçası benim bileğimde, diğeri onun bileğindeydi.

"Sen hiçbir yere gitmiyorsun," dedi sert bir sesle, ardından benim bileğimle bağlantılı olmasını hiç umursamadan silahını çıkardı ve şarjörünü kontrol etti.

Sabahtan incinmiş bileğimi daha da çekiştirdiği için acıyla inledim ve önüme baktım; ön camdan dışarıya. Bir elim acıyla havada asılıydı ve bunun sebebi yanımdaki lanet kadındı, diğer elim ise sıkıca çantayı tutuyordu. Bu kadından ve kelepçesinden kurtulmam gerekiyordu. Çanta. Antikor. Birinci sınıf. S ne demişti? Normal insanları öldürür, asilkanlara saatlerce acı çektirir.

Pars'ın elinde hiçbir şey yoktu. Siyahlar içinde, öylece dikiliyordu. S ona doğru yürüyüp kadrajımı kapamadan hemen önce Pars'ın yüzüne baktım bir kez daha; kaşları çatık, dudakları düz bir çizgi hâlindeydi. Sinirliydi. Öfkeliydi. Sanırım Soyhan'da geçirdiği haftalar, S'in aksine Pars'a duygularını dışarı vurmayı öğretmişti.

Kesik nefesler almaya devam ettim, bunu bilinçli yapmaya başlamıştım.

S, Pars'a bir metre kala durdu. Karşı karşıya gelmişlerdi. Ne konuştuklarını duyamıyor, bu mesafeden dudak okuyamıyordum.

Kesik nefesler.

Şoför arkaya döndü, bana bir bakış attı. Ardından kadına baktı ve bir şeyler söyledi. Kadın bana döndüğünde, gözünün ucuyla süzmüştü durumumu.

"Sorun ne?" diye sordu.

"Antikor," dedim geriye yaslanırken, artık ön camdan neler olduğunu göremiyordum ama zaten devamlı yutkunduğumdan zar zor konuşuyor ve de görüyordum. "En son antikor alalı... Uzun zaman oldu..."

"Siktir," diye homurdandı kadın, ardından ayağımın önündeki çantayı silahı tuttuğu eliyle alıp kucağına çekti.

O sırada araba bir darbeyle sallandı. Kadın kendi başını eğerken, enseme koyduğu eliyle benim başımı da eğmişti ama yine ve yine bileğimi büktü. Bu kez çığlık attım. Hem darbenin ağırlığıyla, hem de sızlayan bileğimin acısıyla.

"Sol taraftan in!"

Kadının bağrışıyla, şoför sakinliğini koruyarak oturduğu koltuktan kalktı ve yan koltuğa geçti, yavaşça başımı kaldırıp etrafa baktım ama arabanın neden sallandığını çözememiştim.

Kendi kendime kestiğim nefeslerin sonucu olarak öksürmeye başladığımda kadın çantayı bana fırlattı ve "Yap şu iğneni!" diye bağırdı, bir yandan da silahı bana tutuyor ve kendi tarafındaki camdan aşağı inen şoförü kolluyordu.

Nefes nefese, ter içinde kalmıştım. Çantanın fermuarını açtım ve bir tüp ile şırınga çıkardım, çantanın içinde iğneyle çektim tüpteki antikoru.

Kadının dikkati dışarıdaydı ama bana doğrultulmuş bir silahı vardı ve bileğimde de beni ona bağlayan bir kelepçe.

Başım çantaya eğikken ve kesik nefes numarama devam ederken ön camdan, anlık olarak, S'in güçlü bir yumrukla sağına tartıldığını gördüm. Birkaç adım geriledi, neredeyse yere kapaklanacaktı; o çekildiğinde Pars'ın beklemeye niyeti yoktu. Bir anda S, hızlıca toparlanarak Pars'a atıldığında Pars çoktan çaktığı sağ kroşenin devamını getirmek için onun üzerine atılmıştı bile.

Saniyelik bir dürtüyle, sol elimle silahı tuttum ve arabanın önüne çevirdim ucunu; aynı saniye içerisinde ise bileğimin acısını yutarak iğneyi kadının bacağına sapladım; kumaşı delip geçti. Antikorun tamamı artık bedenindeydi.

Silah patladı, kadın büyük bir çığlıkla hâlâ tutmaya devam ettiği silahın kabzasıyla başıma vurduğunda kapıya çarptım ve acıyla inledim. Belki kürk, darbeyi hafifletmişti ama kadın fazla güçlüydü. "Aptal orospu!" diye bağırdı kalp krizi geçiriyormuş gibi nefesler alırken, dizlerinin üzerinde doğrulmuş ve silahı kenara atmıştı.

Saçlarımdan kavradığı gibi beni kendine çektiğinde acıya dayanamayarak bağırmaya başladım. "Bırak!"

"Rahat dur! Rahat..."

Saçlarımdaki tutuşunun gevşediğini hissettiğim ilk an onu üzerimden bir tekmeyle kendi tarafına ittim, kepçeyle bağlı olduğumuzdan ben de onunla hareket etmek zorunda kalmıştım. İki eliyle birden, kapıya ve koltuğa tuttundu; gözleri kocaman açılmıştı ve ağzı da öyle. Nefes alamıyordu ya da zorlukla alıyordu. Bedeni hareketsiz değildi ama titriyordu. Antikor işini yapıyordu.

Şaşkınlık ve sevinç arasında üzerini aramaya başladım hızlıca. Burkuk bileğim ve alnımdan aşağı süzülen kan hiç yardımcı olmuyordu, üstelik kadının üzerinde anahtar falan yoktu. "Nerede?" diye bağırdım suratına doğru, yakalarından tutup onu sallayarak. Cevap verecek durumda değildi.

Eğilip yerden silahı aldım, o sırada ön cama biri atladı. Hayır. Atıldı. Cam çatlamıştı.

Cama sırtı çarpan S, kalkıp arabanın tepesine çıkarken Pars'la ön camdan göz göze geldik. İkimiz de nefes nefeseydik. Benim alnım, onun dudağı kanıyordu ve elmacık kemiğinin üzerine sağlam bir darbe almış gibiydi.

Beklemeden tek adımla arabanın üzerine çıktı. Arabanın tepesi, iki devasa adamın ağırlığına dayanamayıp ortadan hafifçe çökerken silahı kavradım ve kadının bileğine tuttum. "Beni dinle! Bileğinden koparırım gerekirse elini, buradan çıkmak için. Umurumda bile olmaz! Duyuyor musun? Anahtar nerede!"

Göğsünden kalkmak ister gibi olduğunda kafasını kaldıramadı, geriye tartıldı başı. Topuzundan tutarak başını kaldırdım ve silahı şakağına dayadım. "Nerede?"

Tek kelime edemese de sürekli kapatıp açtığı gözlerinden yaşlar boşalıyordu. "Ce... Cebi... Cebimde..."

"Cebinde yok!"

"İ... İç... Ceb..."

Hızla üzerinden kalkıp ceketini açtım ve iç cebini aradım. Bulduğumda elimi içine daldırdığım gibi küçük anahtarı bulmuştum. Hızla kelepçenin deliğine sokup döndürdüm, gelen klik sesi omuzlarımdan koca bir yükü kaldırmıştı. Özgürdüm.

"Peder'inize söyleyebilirsin," dedim bileğimi kelepçeden çıkartıp fermuarını kapattığım çantayı sırtıma takarken, ardından ona orta parmak gösterdim. "Değil avucunu, bunu yalasın."

Silahla birlikte kapıyı açıp kendimi dışarı attığımda birkaç saniye dengemi sağlamakta zorlandım. Fazlasıyla dengesiz nefesler alıyordum ve kalbim deli gibi atıyordu, adrenalin seviyem tavandı.

Yolun ilerisine ve gerisine baktım; kimse yoktu. Aracın diğer tarafına geçtiğimde biraz önce dışarı çıkmış olan şoförün bacağından iğne tarzı bir şeyle vurulmuş, bilinçsiz bir şekilde yerde yattığını ve arabanın sallanmasının nedeninin de lastiğin patlatılmıştı olması olduğunu gördüm. Kalın, çivi tarzı, sivri bir okla...

"Pars!"

Etrafımda döndüm, yalnız değildi. Biri arabanın lastiğini patlatmış ve dışarı çıkan adamı halletmişti. Bu, onun yalnız olmadığı anlamına geliyordu.

"Ormana kaç!" sesini duydum, hemen yolun kenarındaki ağaçlık alandan geliyordu Pars'ın sesi. Nefes nefeseydi ve başkalarının da sesi geliyordu. Dövüş sesleri. Silah sesleri.

Tamamen kör bir şekilde, Pars'ın sesinin geldiği alana girdim ve koşmaya başladım; kar örtüsü, adımımı nereye attığımı görmememi zorlaştırıyordu ve koşmamı fazlasıyla zor kılıyordu ama umurumda değildi. Elimle alnımdaki sızıya dokundum, elim kan olmuştu. Biraz başım dönüyordu ama kötü durumda değildim.

Uzak bir mesafede, "Arabaya!" diye bağırdığını duydum S'nin. Bir ağacın gövdesinin ardına saklandığımda titreyen bakışlarımın ardından, ileride dövüşenlerin olduğunu gördüm. S'yi bulduğum an, Pars'ı da bulmuştum; ikisi de dakikalardır delicesine dövüşüyordu ve ikisi de biraz olsun yorulmuşa benzemiyordu.

S'in emriyle kaçanlar oldu, yola doğru. Beş kişi saydım. Önde ve arkada giden araçlardan kurtulanlar mıydı bunlar? Ne zaman ortaya çıkmışlardı?

Onların kaçışlarını izlerken, bir tanesiyle göz göze geldim. Arkada kalanla. Yakınımdan geçiyorlardı ve o anki yorgunluk, dikkat dağınıklığı ve başımdaki ağrı yüzünden aptallık etmiştim.

Ağacın gövdesindeki ellerim iki yanıma düştü ve bir adım geri çekildim. Adam anında yönünü değiştirmişti.

Bana doğru koşmaya başladığı an, dönüp hangi yön olduğunu bile bilmediğim ormanın derinliklerine daldım. Çığlık atarsam S'in arabaya yönlendirdiklerini de bu tarafa toplardım ve bu istediğim son şeydi.

Dikenli kuru dallar yüzümü çizerken olabildiğince başımı eğmeye çalışıyordum ama kar yağışı başlamıştı ve önümü göremiyordum, batıp çıkan spor ayakkabılarım garip bir şekilde soğuğa dayanıklı, kuru ve rahatlardı ama sorun bendim. Benim gücüm yoktu. Boğazım o kadar kurumuştu ki devamlı öksürüyor, dizlerim ve bacak kaslarım isyan etse de devam ediyordum.

Üzerimdeki kürk o kadar ağırdı ki soğuğa rağmen bir noktada, çantayı tutsam da kürkü çıkarıp attım; haklıydım, hızlanmıştım.

Kalın bir ağacın gövdesinin arkasına yaslandığımda hâlâ elimde tuttuğum silahın emniyetinin açık olup olmadığını kontrol ettim. Siktir. Adam "Beni atlatabileceğini mi sanıyorsun küçük kaltak?" diye seslendiğinde nefes alış verişlerimin sessiz olması için dua ederek silahın emniyetini açtım. Nereye saklandığımı biliyor muydu? Ormanın örtüsü düz değildi, tümsekler ve alçak bölgeler vardı. Üstelik kar yağışı başlamıştı. Görmemiş olmasını umuyordum.

"Çık ortaya!" diye bağırdı. "Arkadaşların yenildi! Ya burada bu gece soğuktan donarsın ya da bizimle gelir sıcak yatağında güvenle yatarsın!"

Güvenle, kelimesini kullanabildiği için çığlık atmak istiyordum. O adam, benim genlerimden, DNA'mdan bebekler yapmak istiyordu; teknik olarak benim çocuklarımı. Bununla ilgili ne güvenli olabilirdi?

Silahı iki elimle birden sıkıca tuttum ve başımı ağacın gövdesine yaslayıp gözlerimi kapattım. Sertçe yutkundum. Adam sağımdan geliyordu, ayaklarını bastığı yerde eriyen kar ve karın altındaki çatırdayan kuru dalların sesini duyabiliyordum.

"Çık ortaya, seni küçük..."

İçimden üçe kadar saydım, gözlerimi açtım, ardından ağacın gövdesinden dışarı çıktım ve silahı adama doğrulttum.

Adamı görmeyi umuyordum, tetiği çekecektim ve vurulacaktı; dizlerinin üzerine çökecekti ve ben de kaçacaktım.

Ama görebildiğim tek şey okyanustu.

Karların içinde, siyah kirpiklerinin arasına yerleştirilmiş bir çift okyanus mavisi göz. Ağzından derin nefesler alıyordu ve sessizdi ama çoktan adamı yakalamıştı ve boynu kolunun arasındaydı zaten. Omzuyla boynuna aynı anda sert, bir o kadar da çabuk bir kuvvet uyguladığında adam bilincini kaybederek yere yığıldı.

Sanırım boynu kırılmıştı.

Silahı tutuyordum, ucu Pars'a dönüktü.

Şiddetle kalkıp iniyordu omuzlarım, ellerim titriyordu ama aynı güçle tutuyordum silahı; hayatım buna bağlıymış gibi, sımsıkı. Ben. Bir sene önce ölmek için Tanrı'ya dilenen, bir sene önce hasta olduğunu öğrendiğinden beri annesiyle buluşacağı güne takvim yaprakları eksilten ben.

Ben.

Liva Uz.

"Liva."

İsmim, onun iki dudaklarının arasında can bulurken gözlerine baktım yeniden; bakışları bana atan bir kalbi anımsatıyordu. Zihnimin karanlık bir köşesine çekilmiş gibi hissediyordum, onu duyabiliyor ve onu görebiliyordum ama hareket edemiyordum. Sanki edersem yere yığılacakmış gibi hissediyordum ve bana güven veren bir dayanağım yoktu.

Vardı. Onun gözleri vardı. Karşımdaki Pars'tı, hayal değildi.

Bulmuştu beni.

"Liva, alnın kanıyor, iyi misin?" diye sordu yumuşak bir sesle, sesini duyduğum an silahı tutuşum gevşedi.

Ama ona cevap veremedim. İçime çektiğim soğuk hava, boğazımı çiziyordu.

Öksürdüm.

"Liva, güvendesin," dedi bana, bana doğru iki adım attı ve bir elini silaha doğru uzattı. Göz temasını kesmiyordu. "Beni duyuyor musun? Liva bana bak."

Duyuyorum, güvendeyim, demek istedim ama ne yaşadığımın farkında bile değildim.

"Panik atak geçiriyorsun," dedi kaşlarını hafifçe kaldırarak. "Sorun değil. Derin nefesler al. Kesik kesik alıyorsun."

Farkında bile değildim.

Çabaladım. Kurumuş dudaklarımın arasından derin nefesler çekmeye çalıştım içime. Göğsümdeki ağrı hafifliyordu ama göğsümdeki hafifleyen ağrı, alnımdaki yaraya vuruyordu sanki.

"Liva," dedi Pars bir kez daha dikkatimi onda tutarak ve silahın ucunu tuttuğu gibi elimden alıp karların arasına attı. Saniyeler içerisinde beni kolumdan ve ensemden yakalayıp kendine çektiğinde görüşüm, yüzümün boynuna gömülmesinden dolayı kapatılmıştı.

Yeniden yutkunabildiğim ilk an kabanına tutundum, "İyisin," dedi yüzümü avuçlarının içine alarak başımı kaldırıp benimle yüz yüze geldiğinde. Gözleri herhangi bir yerde yara aradı, alnımdaki yarada oyalandı. Saçlarımı geri çekerek başımı yukarı kaldırdığında alnıma baktığını biliyordum. "İyi falan değilsin. Kim yaptı bunu sana?"

Sırt çantamı çıkardı omzumdan. Kabanını ne ara çıkarmıştı bilmiyordum ama bana giydirdiğinde, buz tutmuş uzuvlarımın biraz olsun gevşediğini hissetmiştim.

"Arabadaki kaçık kadın," diye mırıldandım öksürerek. Hava kararmıştı, yeni fark ediyordum. "Ama kurtuldum..." Öksürdüm. "Kurtuldum elinden. Bir şekilde."

Tekrar yüzümü avuçlarının arasına aldığında alnını alnıma yasladı. Belki de bir süredir ilk defa rahat bir nefes alıyordu. "Konuşmamız gereken çok şey var," dedi geri çekilirken, elimi tuttu. "Ama önce buradan çıkmalıyız. Yürüyebilecek misin?"

Kafamı salladım.

"Fazla aşağıya koşmuşsun," diye mırıldandı bir aşağıya, bir de geldiğimiz yüksek yola bakarken. Ardından cebinden telsiz tarzı bir alet çıkardı. "Emile?"

Karşı taraftan ses veren kişi, Fransızca bir şey söyledi.

"Aracı karayolunun aşağısına getirin," dedi Pars aşağıya yönelirken. Sımsıkı tuttuğum elinden güç alarak adımlarımı atmaya başladım. "Acele et!"

Karların arasında bata çıka yürümeye başladığımızda, Pars yukarıda sergilediği gösteriye rağmen hâlâ enerji doluydu; yalnızca ormanda koşmak ise beni bitirmişti ve doğru düzgün yürüyemiyordum bile ama ona belli etmeden, gücümün son damlasını da kullanmaya çalışıyordum. Bahsettiği araca binersek, rahat bir nefes alabilir ve şanslıysam biraz su bulabilirdim boğazım için.

Ilık, tercihen. Ya da sıcak.

Çok soğuktu. Yüzüm donmuştu.

"Biliyor muydun..." Öksürdüm. Pars'ın bakışları anında endişeyle yüzüme çevrildi. Geçmek için devrilmiş bir ağacın üzerine çıkmama yardım etti, ardından elimi bırakıp saniyelik bir şekilde belime sarıldı ve beni ayaklarımın üzerine indirdi. Göz göze geldik. "Peder'in babam olduğunu?"

Pars anlık gözlerini kapattı, seslice soluyarak elimi tuttu ve yürümeye devam etti. "Babanın Peder'le bağlantılı olduğunu kesin olarak biliyordum ama Peder'in kendisi çıkması, beni şaşırttı." Yan bir bakış attı. "Öte yandan... Diğer teorilerimi doğruladı."

Tekrar öksürdüm. "Yani bu artık bana anlatabil..." Tekrar, tekrar öksürdüm. Bir an nefesim kesildiğinden, dizime elimi dayayarak eğilmek zorunda kalmıştım yutkunabilmek ve doğrulabilmek için.

Pars elimi bırakıp doğrulmamı sağladı ve ellerindeki deri eldivenleri çıkarıp çıplak avuçlarını yanaklarıma yasladı. "Buz gibisin ama ateşin var," dedi elleri boynumda, alnımda ve yanaklarımda gezinirken. "Çok kötü öksürüyorsun. Tüm bunları konuşabilmek için önce seni daha iyi olabileceğin bir yere götürmemiz gerekiyor."

"O çocuk..."

Tekrar öksürmemle Pars sert bir şekilde baktı gözlerimin içine. "Mümkünse o güzel ağzını kapalı tut, boğazın fena hâlde. Lütfen."

"Şimdilik," diye mırıldandım yutkunarak.

"Şimdilik," diye tekrar etti beni.

Birkaç dakika boyunca hızlı adımlarla ormandan aşağı yürüdük. Sonunda ağaçlık alanın açıldığını gördüğümde, karla kaplı asfalt yoldaki siyah, büyük minibüsü de fark ettim.

Pars yola çıkmama yardım ederken ayaklarım kaymasın diye iki elimle birden tutundum eline. Biz yola adımımızı attığımız an minibüsün ön kapısı açıldı ve daha önce hiç görmediğim, uzun sarı saçları olan, uzun boylu ve fit bir erkek çıktı dışarı. Muhtemelen Pars'ın yaşlarındaydı.

"Siz iyi misiniz?" diye sorduğunda, sesinden az önce telsizdeki Emile olduğunu düşündüm.

Pars kafasını salladı. "Paket?"

"İçeride," dedi Emile sırıtarak. Minibüsün sürgülü kapısını açtığı an, cam kenarına enine konulmuş üç koltukta oturan iki kişinin arasında, elleri ve ayakları bağlı bir şekilde oturan S'yi fark ettim.

Ağzım beş karış açık, ak sakallı dedeyi görmüş gibi ona bakarken küçük dilimi yutmak üzereydim. "O..." Kendi lafımı kendim kestim, S'yi Pars'a gösterirken.

Pars seslice nefes verirken kafasını salladı ve içeri geçmem için beni yönlendirdi. Arkamdan o da bindikten sonra, ben S'nin çaprazına otururken Pars kapıyı kapatmış ve yanıma geçmişti. "Gidebiliriz."

Emile minibüsü sürüyordu, ön koltuk boştu.

S'ye baktım, öylece, bir heykele bakıyormuş gibi. Yalnızca minibüsün kapısı açıldığında bir kez göz göze gelmiştik ve hiçbir şey söylememişti ne sözleriyle ne de bakışlarıyla, şimdi de öylece, hayatsızca, kapıya bakıyordu sadece. Kaşının üzerinde bir yara vardı ve çenesi morarmaya başlamıştı. Elmacık kemiğinin üzerinde de çok ince, hemen kabuk oluşturmuş bir çizik vardı.

Kollarına girmiş, kadına ve adama baktım; onları da daha önce görmemiştim ve onlar da muhtemelen Fransa'dandı. Tıpkı şoför koltuğundaki Emile gibi. Kadının saçları kısa ve kızıldı, adam ise kirli sakallıydı ve üç numara vurulmuş saçları vardı.

Herkes siyahlar içindeydi.

Pars başımı kendisine çevirdiğinde, saçlarımı alnımdan çekti ve minibüsün ışığını yakarak alnımdaki yaraya baktı. Onun gözleri yarama odaklıyken, ben yüzünü ve aldığı yaraları inceliyordum. "Nereye gidiyoruz?"

"Altı gün önce varmış olmamız gereken yere," diye cevapladı Pars beni. "Fransa'ya."

"Onu da mı götürüyoruz?" S'ye bakmak için dönmek istedim ama Pars başımı çevirmeme izin vermedi.

"Kanaman durmuş. Bu iyi ama beyin travması geçiriyor da olabilirsin. Hastaneye uğrayamayız, bir an önce kalkması gereken bir uçak var bizi bekleyen," diye mırıldandı. Yaraya öyle dikkatli bakıyordu ki; kaşları çatıktı ve sarı tavan ışığında bile koyulaşmış duruyordu gözleri. "Sakın uyuma. Yorgun olduğunu biliyorum ama gözlerini kapatamazsın."

"Kapatabilir," dedi o an S. Pars'la aynı anda ona döndük. "Birkaç saat önce antikor aldı. Safkanlar için geliştirilmiş bir versiyonu. Ayrıca kırk sekiz saat boyunca almış ya da alabileceği herhangi bir darbenin etkisini sıfıra yakın yok ediyor."

"Rus mallarına güvenmiyorum," dedi Pars.

S kafasını meydan okurcasına eğdi. "Adamın derdi kızı yaşatmak, kullanabilmek için. Sence odasını doldurduğu tüplerin içinde ne kadar zararlı bir şey olabilir? Her şeyi geç, Ivan'ın ne kadar yetenekli bir bilim insanı olduğunu biliyorsun."

"Fark etmez," diye cevapladı onu Pars. İki otoriter manyak, sahadaki dövüşlerini laflarıyla minibüse taşımayı başarmıştı. "Senin lafına Liva'yı riske atmıyorum."

S'nin ağzından alaycı, ayrıca sinir olduğunu açıkça belli eden bir gülüş döküldü; başını çevirmiş ve burnundan solumuştu. Safkanlar için geliştirilmiş versiyonların asilkanlara zarar verdiğini ve insanları öldürdüğünü söylemişti, arabada yanımda oturan kadın hangisiydi bilmiyordum ama üzerinde bıraktığı etki kaçmamı sağlamıştı, söyledikleri doğru çıkmıştı ve S aslında bir anlamda bana yardım etmişti.

Bu onu, yine bu konuda da haklı kılar mıydı?

Ama Pars, risk almayan biriydi.

Pars'a baktım. Gözlerini kısmış, tüm dikkati S'in üzerindeydi. Ne düşünüyordu? Biliyor muydu? Karşısında oturan benim ikizimdi, benden iki sene önce doğmuş olan... Bu onu, abim yapıyordu. Benden iki yaş büyük olduğuna göre yirmi bir yaşında olmalıydı.

"Aptal değilsin," dedi S. "Biliyorsun her şeyi." Başıyla ellerini ve ayaklarını gösterdi, yanındaki kadınla adamı da. "Yine de beni böyle tutmaktan zevk alıyorsun."

Pars ona cevap vermedi, bunun yerine geriye yaslandı ve ifadesiz suratını korudu. S'nin neyi kastettiğini bilmiyordum ama Pars bilse de, anlasa da tepki vermemişti. Tavandaki ışığı kapatmıştı sadece.

Başımı geriye atarak önce tavana, ardından dışarıya baktım. Çok değil, bir saat önce içinde bulunmayı hiç istemediğim bir araçla cehenneme götürülüyordum ve şüphelerim vardı ama şimdi, yanımda, bu dünyada en çok güvendiğim ikinci kişinin yanında, istediğim cevapları alabileceğim yere gidiyordum.

Altı gün rötarlı.

14

Çocukların Kıyameti

"Nasıl olur?"

Kayra'nın üzerinde yeşil bir tişört ve kot şort vardı. Artem'in Rusya'daki tesisinin, Peder'le yemek yediğimiz geniş terasında bir masaya oturmuştuk. Masa oldukça büyüktü ve çember şeklindeydi, herkes birbirinin suratını görebiliyordu.

O an aklıma birkaç gün önce gerçekleşmiş bir olay geldi. Biri gitmişti. Tanışıyorduk önceden ama kim olduğunu hatırlayamıyordum.

"Adı Naz, onun arkadaşı. Benden nefret ediyor olmalı."

Çemberin etrafında birçok kişi vardı, çoğunu tanıyordum da: İrem, Tolga, Kayra, Giray, Zamir, Giray'ın barda tanıştığım sevgilisi Ela bile vardı... Naz. Pamir ve Nil. Peder. Katya. Yağız'ı gördüm, partideki Fırat'ı bile.

Herkes simsiyah giyinmişti. Görülebilen tek manzara, kilometrelerce ötedeki dağların karlı manzaralarıydı ve aşağısı sisten görünmüyordu. Fazlasıyla yüksekteydik. Herkesin saçları yüksekten uçuşuyor, uçuşan kar taneleri siyahlığımızın üzerinde lekeler bırakıyordu.

"Gözleri elaydı ama kara bir deliğe benziyorlardı. Mümkün mü böyle bir şey?"

Konuşan bendim. Sabahtan beri konuşan tek kişi bendim hatta. Kendi bedenimdeydim, ağzımı açtığımı hissetmiyordum ama sesimi duyuyordum işte.

Önümdeki kadehi doldurmak için Pars şarap şişesini uzattı. Yanımda onun oturduğunu yeni fark ediyordum. Bomboş bakıyordu gözleri. Kadehimi doldurması için kaldırdım ama güçsüz elimden kayıp yere düştü ve kırıldı. Sanki yıllardır hareket etmemiş gibi zayıftı kaslarım.

"Kimsesi yoktu sanırım," diye mırıldandım.

"Sen vardın," dedi Pars.

"Ben yoktum," dedim ona.

"Haklısın." Konuşan Naz'dı. "Yoktun." Genelde kırmızıya boyadığı dudakları simsiyahtı, küçük yudumlarla içiyordu şarabını. Yanındaki sandalye boştu.

Kimsesi yoktu.

Kimin kimsesi yoktu?

Ben var mıydım yok muydum?

Yoktum. Öyle demişti Naz. Öyle olmalıydı.

Kimden bahsediyordum ben? Ölen kimdi? Kimin cenazesiydi bu?

Daha sonra kulaklarım uğuldadı. Etraf aydınlıktı ama bir anda gece oldu, gökyüzünü kaplayan bulutlar yok olmuş ve yerini dolunaya bırakmıştı. Artık gece yarısıydı.

Ellerim ve ayaklarım buz tutmuşken bir anda hissettiğim sıcak havayla gevşediler. Masada herkes elden ele birbirine şarap doldururken içtikleri şarap değildi de kandı sanki. Görüntü değişmişti. Artık Artem'in dağ manzaralı soğuk terasında değildik, eski evimin sokağındaydık.

Markete baktım, yan tarafımızdaki parka. Pars, ona uzatmadığım kadehe şarap doldurmaya kalktığında şarap yere döküldü ve tozlu kaldırım kızıla boyandı. Şarap garip bir şekilde akarak duvara ilerlediğinde, duvardaki o tanıdık yazıyı gördüm: Cehennemde kaybolmuş cennetin çocukları.

Bir motor sesi görüntüyü parçaladı, kulaklarımı ve hatta gözlerimi kapatarak başımı kollarımın arasına almak zorunda kaldım eğilirken.

Masa yok oldu. İnsanlar da öyle, teker teker. Öyle büyük bir keder, öyle acıyan bir yerimden sancıdı ki beni; yalnızlık kollarıma, sırtıma, belime ağır geldi taşımak için, dizlerimin üzerinde yere düştüm.

Bir mezarlıktaydım şimdi. Etraf bomboştu. Yağmur yağıyordu. Yağmurlu hava bana memleketimi, Soyhan'ı hatırlatıyordu.

Hıçkırıklar duydum. Biri ağlıyordu, hıçkıra hıçkıra, çığlıklar içerisinde.

Ağlayan bendim.

Ağlayan çocukluğumdu.

Küçük bir kız çocuğu, kırmızı rugan ayakkabıları içinde; dizlerimden asfalta bulaşmış kanla can bulan.

Büyük ela gözlerinin içinde, kayıp, yüzü gözü kir pas içinde bir erkek çocuğu gördüm.

"Neden onu seçtin?"

Ben açmaya çalıştıkça ağırlaşan göz kapaklarımın arasından bakabildiğimde görebildiğim çelik bir tavandı.

Sıçrayarak ayağa kalktığımda göğsümün korkuyla dolduğunu, çarpıntım başlayıp nabzım hızlandığında anladım ama yine o kâbus yerde uyanmamıştım, hayır... Burası normal bir odaydı. Hayal görmüştüm. Tavan çelikten falan değildi.

Bir koltuğa uzanmıştım, başımın altına yastıklar dizilmişti. Üzerimde bana Artem'de giydirilen kıyafet vardı ama bileğim sargı içindeydi. Oynattığımda artık acımadığını fark ettim, sanki hiç burkulmamış gibiydi.

Büyük bir kiliseyi andıran pencerelerden içeri süzülen ışık öğlen saatleri olduğu anlamına mı geliyordu? Oda fazlasıyla büyüktü, bir salon gibiydi. Arka taraflarda dolu devasa kitaplıklar ve masalar vardı. Burası bir arşivi, kütüphaneyi andırıyordu.

Yüzümü ovalarken en son nerede kaldığımı hatırlamaya çalıştım. Pars, Emile, S ve diğer iki kişiyle birlikte bir havaalanı pistinde indiğimizi; uçağa bindiğimizi hatırlıyordum. O kadar çok uykum vardı ki uyumamak için sürekli saçma sapan şeyler anlatmıştım, diğerleri anlamasın diye yalnızca Türkçe konuşmuştum ama S de her şeyi duymuştu.

"Rose kenara kaysa Jack de tahtanın üzerine çıksaydı ikisi de kurtulurdu. Rose bencillik yaptı, üstelik üzerinde şişme yelek bile vardı..."

Uçak normal bir yolcu uçağı değildi ve içinde yatak odası, koca bir tuvalet ve hatta duvara monte devasa bir televizyon bile vardı. DVD'lerin arasında Titanik'i bulduğumda, yolculuğun birkaç saat süreceğini bildiğimden ve uyumamam gerektiğinden izlemek mantıklı gelmişti.

"Susar mısın artık? Sadece bir film o. Aş şunu," demişti S, arka tarafta tek başına oturuyordu ve elleriyle ayakları bağlıydı hâlâ. Üstelik onu normal iplerle değil, Akademi tarafından geliştirilmiş kinetik bir maddeyle yapılan, ne olduğunu çözemediğim kablo tarzı bir şeyle bağlamışlardı. Fazla acımasızca gelmişti.

Ama o da öyle biriydi. O benim abimdi ve iyi biri değildi. Çünkü babamın tarafındaydı. Babam da iyi biri değildi.

Onlar benim ailem değildi, her ne kadar kan bağımız olsa da.

"Sen sus, oradan bizi mi dinliyorsun?" Oturduğum yerden kalkıp arkaya baktığımda, S'nin gözlerini devirerek bakışlarını cama çevirdiğini görmüştüm.

"Sesin çok çıkıyor senin, duymamak imkânsız."

"Kulaklarını kapa o zaman."

Bağlı bileklerini kaldırıp bana ciddi misin dercesine baktığında, omuz silkip yerime geri oturmuştum. Pars'ın elinde bir tablet vardı ve anlamadığım bir dilde biriyle konuşuyor, aynı zamanda haritadan uçağın hangi bölgede olduğunu kontrol ediyordu.

"Sen ne düşünüyorsun?" diye sormuştum ona, uykusuzluk ve yorgunluk kesinlikle kafa yapmıştı. Uçağa bindiğimden beri öksürmüyordum ve sıcak çay iyi gelmişti hostesin getirdiği.

"Ne hakkında?" diye sormuştu Pars, o kadar meşgul görünüyordu ki tabletiyle.

"Rose'un Jack'i öldürmesi."

"İzlemedim."

"Ne?" Gözlerimi kocaman açarak, koltuğun kolçağına tutunup tabletle arasına sokmuştum kafamı. Nasıl yapmıştım öyle bir şeyi? Şimdi düşününce utanç basıyordu.

"İzlemedim," dedi Pars dudakları kapalı gülümseyerek o mesafeden yüzüme bakarken. İçeride bir yerde üzerini değiştirmiş ve yüzünü yıkamıştı, S'nin darbeleri sonucu aldığı yaralar kabuk bağlamıştı ve iyi görünüyordu iki saat öncesine nazaran.

Neden bilmiyordum ama sinirlenmiştim. Geri çekilip tekrar koltuğa dizlerimi dayayarak arkama baktığımda "Pişt!" diye bağırmıştım hatta. S bakmamıştı. "Pişt! Pişt bir bak!"

Ne var dercesine bakmıştı.

"Sen izledin mi Titanik'i?"

"İzledim desem mi kurtulurum izlemedim desem mi?"

"İzledin mi izlemedin mi? Bak dürüst ol."

Bıkkın bir ifadeyle birkaç saniye suratıma bakmış, ardından "İzledim maalesef," demişti.

"Kültürsüz," demiştim Pars'a ters bir şekilde yan yan bakarak. Dikkatini kimle konuşuyorsa, ne yapıyorsa tabletinden çekmemiş ama gülmüştü. Ben miydim Pars'a Titanik izlemediği için kültürsüz diyen? Çünkü filmi az önce ilk defa izlemiştim, bundan önce de pek bir dizi-film-kitap kültürüm olduğu söylenemezdi Alacakaranlık'ı İrem'in ısrarıyla okuyup izlemem de hesaba katılırsa.

Son sahneyi geriye sararak Rose'un Jack'le suda olduğu kısımda durdurduğumda, detaylı inceleme için ayağa kalkmış ve televizyonun önünde dikilmiştim. "Bak şimdi. Burada açıkça görülüyor ki Rose, tahtanın yarısını bile kaplıyor değil. Bu tahta, Rose'un ağırlığını taşıyorsa Jack'i de kolayca taşıyabilir. Görüldüğü üzere üstelik Rose'un can yeleği de var ama Jack'in hiçbir şeyi yok. Niye? Jack bok böceği mi? Jack'in hiçbir şeyi yok! Üstelik Jack gayet zayıf birisi, yani o kısma sığardı..."

"Görmüyor musun kız zaten suyun içinde," diyerek bölmüştü beni S. "Rose tahtanın üzerindeyken bile suyla temas ediyor. Jack bırak tahtanın üzerine çıkmayı, biraz daha abansa ikisi birden batardı bu kez."

"Yanlış düşünüyorsun! Öleceklerse birlikte ölsünler! Ayrıca gayet de yer var diyorum madem kolunu koymuş zaten destek alıyor..."

"Şunu susturun n'olur ya," diye yalvarmıştı başını geriye atarak homurdanırken. "Bak Allah belamı versin ki bugün kendine enjekte ettiği antikor geliştirilmiş ve çok daha fazla yararı olan bir versiyondu, uyusa ölmez uyumuş olur sadece ve sonra sorunsuz uyanır..."

Pars'ın tableti kenara bırakıp oturduğu yerden kalktığını görmüştüm, kolunu koltuğunun başına yaslayıp seslice nefes vermiş ve S'ye bakmıştı. "Ağzının da bantlanmasını bu kadar istiyor musun gerçekten?"

"Ben miyim geveze? Başını şişiren? Yoksa yanındaki..."

"Onun istediği kadar yaramazlık yapmaya hakkı var. Nedenlerini saymamı istemezsin."

S dudaklarını birbirine bastırıp ağır nefesler alırken öylece bakmıştı Pars'a, Pars da bir süre bakışlarına karşılık vermiş; ardından koltuğuna geri oturmuş ve işiyle ilgilenmeye devam etmişti. "Anlaştığımıza sevindim."

"Şimdi," demiştim ellerimi belime koyarak, tatlı bir tebessümle. "Nerede kalmıştık?"

Çocuk kusana kadar o sahneyi tartışmıştık ve daha sonra da tüm filmi. DVD'ler arasında çok başka filmler de bulmuştum ama inmemize yakın hostes, herkesin koltuklara oturmasını rica ettiğinden televizyonu kapatıp bulutları izlemeye başlamıştım yalnızca.

Uçaktan indiğimizi, havanın karanlık olduğunu ve iki arabaya bölüştüğümüzü hatırlıyordum. Yol uzundu ve ben gözlerimi açık tutmak için verdiğim savaşı muhtemelen o sırada kaybetmiştim.

•

Günışığının sızdığı pencerelere yaklaştım, fazla yüksek ve büyüklerdi. Ellerimle destek alıp pervaza çıkıp oturduğumda, birkaç metre aşağıda yeşil kocaman bir alan olduğunu gördüm. Üstelik bina iki kola ayrılıp geniş bir şekilde bahçeyi sarıyordu, bu görüntü bana Roma'nın ölüm arenası, Kolezyum'u hatırlatıyordu. Yalnızca daha büyük ve donanımlı olanını.

Fransa'daydım.

Kapı tıklatılarak açıldığında hızla başımı çevirip baktım; Pars bir eli kapının kolunda, girişte dikiliyordu. Beni koltukta göremediği an kaşlarını çattı ama daha sonra pervazda oturduğumu gördü ve kaşları havalandı. "Uyanmışsın?"

Başımı sallayarak pervazdan aşağı indim. Pars kapıyı kapatıp gelirken ben de az önce uyandığım koltuğun kolçağına oturmuştum bu kez. Üzerinde koyu gri bir eşofman ve ince, boğazlı siyah bir kazak vardı. Bana ev hâlini hatırlatmıştı bu görüntü.

"Bileğin nasıl?" diye sordu sargılı elime uzanırken.

"Bileğimin burkulduğunu nereden biliyorsun?"

"Bir doktor seninle ilgilendi. Bileğinin burkulduğunu ama kanındaki antikorun iyileştirdiğini söyledi. Alnındaki yarayla beraber," diye devam etti işaret parmağıyla kendi alnını işaret ederken. O an elim direkt olarak başıma gitti. Hiçbir şey yoktu.

"O hâlde S haklıydı," dedim mırıldanarak. "Ayrıca... Arabadayken senin benimle konuşmaya çalıştığını ama benim umursamaz bir şekilde uyuduğumu hatırlıyorum..."

"Çantandaki antikorları inceledi Emile." Koltuğun kenarındaki siyah sırt çantasını gösterdi. "Gerçekten geliştirilmiş bir versiyon. Rus Akademisi'nin işi olduğu belli. Burada inceleniyor hâlâ ama Emile uyumanda bir sorun olmadığını söyleyince..."

"O nerede?" Kimden bahsettiğimi biliyordu.

"Sorgulanıyor," dedi Pars seslice nefes vererek elleri belinde. "Onun için özel bir misafir geldi, şu an onunla birlikte."

"Yakalandığına inanamıyorum," diye mırıldandım kaşlarımı kaldırarak başımı sallarken. "Tüm adamlarını yola yönlendirdi ve kendini sizinle çevrili bir şekilde yalnız bıraktı..."

"Kendi istediği için yenildi."

Bir an kelimeleri sindiremedim, kaşlarım çatıldı ve kirpiklerimi seri bir şekilde kırpıştırarak baktım ona. Soru işaretlerinin alnımdan fırladığına emindim. "Nasıl?"

"Kendi istemeseydi ne onu ele geçirebilir ne de buraya getirebilirdik Liva," diye devam etti Pars. "Onun kadar zeki biri kendini bilerek böyle durumların içine sokmaz."

Yine de anlamamıştım. "Beni nasıl buldunuz?" Muhtemelen cevabını o an en çok merak ettiğim soru buydu. Rus Akademisi'nin yerini biliyor olsalar bile, Artem'in yerini ve gideceğimiz yolları bilmeleri benim için şaşırtıcıydı. Her ne kadar imkânları bilmesem de...

Pars derin bir nefes aldı, ardından boynuma uzandı. Ne yapmaya çalıştığını bir an anlayamadım ama elini kumaşın altına soktuğu an boynuma takılı bir şey olduğunu fark ettim. Başımı eğdiğim an, zincire takılı kolye ucunu gördüm. Pars'ın elinden zinciri alıp kolye ucunun içini açtığımda, inci orada duruyordu.

Şokla ayağa kalktığımda ağzım beş karış açık bakıyordum ona, o ise hiç şaşırmamıştı. "Nasıl yani?" Asansörde konuştuklarımızı hatırlamaya çalıştım.

"Sen beni aptal mı zannediyorsun?"

"Biliyordu!" Şaşkınlıkla kapıyı işaret ettim, sanki S oradaymış gibi. "İnciyi biliyordu. Kolyemi istediğimde sen beni aptal mı sanıyorsun dedi bana! Pars, o biliyordu kolyenin içinde izleme cihazı olduğunu..."

"Biliyorum, gözden kaçırması imkânsız." Pars bileğime uzandığında, tüm bunları önceden biliyor olduğunu beyan ediyordu sakin yüz ifadesi. "Bilerek boynunda bıraktı. Hatta diğerleri fark etmesin diye gizlemiş bile olabilir. Üzerindeki özel bir tulum, Sapphire'in antrenman ve saha üniforması. Ne sen kolyeyi hissedebilirdin ne de açıp bakmadıkları sürece diğerleri fark edebildirdi böylece."

Tulumu giymemi o mu emretmişti yani? Avuçlarımı yüzüme yasladım ve "Pars, ben anlamıyorum," dedim seslice nefes verirken. "Ne yapmaya çalıştı o? Düpedüz gelin..." Ağzım açık kalmıştı. "Gelin alın onu demiş sanki ve..." Antikor hakkında anlattıkları... "Resmen silah verdi elime o benim..." Şakaklarımı ovaladım. "O benim a... Abim biliyor musun?"

Pars, çaresizce her şeyi sindirmem için benden bir adım ötede öylece bakıyorken S'nin abim olduğunu ona itiraf ettiğim dakikalarda omuzları çökmüş ve sessizleşmişti.

"Teorin bu muydu?"

"Teorim bunu da kapsıyordu ve doğrulandı," dedi bakışlarını üzerimden çekerek, okyanuslarını yere çevirirken. Gözlerini kapattı. "Fazla uçuk olduğunu düşündüğüm ama içten içe bildiğim birçok şey vardı Liva, bunu senden saklamam haksızlık olur. Ama bilmeni isterim ki, hiçbir şeyi doğrulamadan sana bahsetmek istemedim ve bu benim tercihimdi. Yine olsa yine yaparım. Boşa umut vermekten farkı yok doğruluğu kesinleşmeyen bir bilgiyi direkt ilgilisiyle paylaşmanın."

"Nerede o?" diye sordum öfkeyle, arkasından kapıya bakarken. "Nerede şu an? Benim gidip onunla konuşmam..."

Pars ellerini omuzlarıma koyarak beni durdurdu ve dikkatimi üzerine çekti. "Konuşmanız gerekiyor. Biliyorum. Ve konuşacaksınız da, tabii ki. Ama o şu an müsait değil."

"Misafiri var," dedim az önceki sözlerini anımsayarak. "Misafiri İsviçre'den mi geldi Pars?"

Birkaç saniye boyunca tepkimi ölçmek için yüzümü inceleyişini, ardından yutkunuşunu izledim. "Evet. Seninle de görüşecek."

"Tamam, tamam o zaman." Mırıldanarak, aklımı toparlamak için bir adım geri çekilirken yeniden koltuğun kolçağında yerimi buldum. S'nin ziyaretçisi Pars'a ev adresimi veren İsviçre'deki akrabamız, buraya S ve benimle görüşmeye gelmişti. Tamamdı. Bunda bir sorun yoktu. "Bekleyeceğim o zaman."

"Gel," dedi Pars elini uzatarak. Önce eline, ardından ona baktım. "Üzerini değiştirelim, duş al. Sonra da bahçede biraz hava alırız. Yemek de yemedin."

"Konuşacaklarımız da var," dedim yutkunarak.

Pars başını sallayıp seslice nefes alırken "Bizim konuşacaklarımız hep var güzelim," dedi elini hafifçe tutmam için sallarken. "Ee, hadi."

Güzelim sıfatı dudaklarıma silik bir tebessüm ekerken elini tuttum, ardından kolçaktan kalktım ve onunla birlikte odanın dışına yürüdüm. Geniş koridora çıktığımızda ileride, yine koca pencereler monte edilmiş yüksek tavanlı bir hol vardı. "Bu oda neresiydi tam olarak?"

"Orası eski bir arşivdi," diye yanıtladı Pars beni. Beş metre genişliğindeki oldukça eski merdivenlerden inerken duvar işlemelerine hayranlıkla bakıyordum. "Bu bina fazla kullanılmaz, biz kafamızı dinlemek istediğimizde Naz'la..."

Pars'ın lafı yarıda kesildiğinde, binadan çıkmış, avlu gibi bir yerde, büyük kolonların arasında ilerliyorduk ki elini bıraktım ve karşısına dikildim. "O nerede?"

Pars, Naz'ın lafını ettiği için pişman bir ifadeyle ağzını açtı. "Liva, o konuda hakkında..."

"Ne?" Kollarımı göğsümde bağlayarak sert bir ifadeyle baktım gözlerime. "Ne diyeceksin? Bekliyorum, söyle. O konu hakkında... Ne Pars?"

Kızması gerekiyordu ona, Akademi'ye teslim etmiş olması ve sorgulanmasını istemesi. Hoş, teslim etmişse sorgulanmış olmalıydı da. Ve ceza almalıydı, değil mi? Hem çocukluk arkadaşına, onu geçtim görev arkadaşına ihanet etmişti hem de beni bir silaha çevirmek isteyen manyak bir bilim adamına elleriyle teslim etmişti.

Ben aynı ifade ve tavırla ayakta öylece dikilirken, Pars ellerimi avuçları arasına aldığında kaşlarımı çatarak başımı kaldırdım ve okyanus mavisi gözlerine baktım. "S'nin niyeti, sergilediği hareketlerden çok başka Liva, bunun farkındasın. Az önce fark ettin."

Başımı salladım. "Ama bu beni kaçırıp Peder'e teslim ettiği gerçeğini de değiştirmiyor."

"Hayır, değiştirmiyor," dedi Pars başını iki yana sallayarak. "Ama yeterince kaçık insanlar, kazanmak için çok cesur hamlelerde bulunurlar. En ufak bir aksilikte çok büyük hatalar yapacakları, bazılarının aptallıkla itham ettiği ama nihayetinde akıl ve cesaret gerektiren adımlar."

"Sen Pusula'dayken söyledin, ona güvenmiyorum dedin. S'den bahsediyordun..."

"O, planını anlamadan önceydi," diye açıkladı tane tane. "Naz'ın yapmış olduğu şeyin yapmasının tek sebebi S'ye güvenmekti. İhanet etmiş gibi görünüyor ya da karşı tarafla anlaşma yapmış gibi, biliyorum ama gerçek çok farklı olabilir Liva..."

"Olabilir mi?" Ellerimi çektim ellerinden ve yüzümü buruşturdum. "İhtimaller üzerine mi konuşuyorsun sen?" Ağzım açık, suratına bakıyor, bir cevap bekliyordum ki o an anladım. O an, Pars'ın neden sakin bir şekilde bana her şeyi açıklamaya çalıştığını anladım.

Bir adım geri çekildim farkındalıkla. "Sen Naz'ı Akademi'ye ihbar etmedin."

"Liva..."

"Sen S'ye güvenmiyordun, güvenmedin de. Pusula'dayken de, partideyken de, İstanbul'a geldiğimizde de! Öteki türlü planı neyse sen de ortak olurdun zaten! Söylerdin bana!" Yaklaşmak istediğinde elimi kaldırdım durması için, öfkelenmiştim ve onu yakınımda istemiyordum. "Sen beş gün boyunca oturdun bekledin değil mi Pars?" Dudaklarımı birbirine bastırdım. "Naz sana dedi ki bana güven. S ona demiş ki bana güven. Güven güven güven güven! Ama kimse açık açık anlatmıyor hiçbir şeyi! Güvenmek işe yarıyorsa ben de sana çok güvendim Pars! Hâlâ güveniyorum da! Ama sen hak ediyor musun ki benim güvenimi?"

Sıkıca kapattı gözlerini, sözlerim tenine giren bir kurşun gibi mi etkiliyordu onu gerçekten onun beni etkilediği gibi? "Bilinçsiz yatmışım beş gün onların çelikten kafesinde, çok merak ediyorsan eğer. Testler yapmışlar üzerimde kendilerince, yeterli miyim diye. Karaciğer yetmezliğim başlayacakmış neredeyse çünkü geri dönülmez bir uçurumun dibindeymişim ne boktan bir aileden geldiğimi öğrenene dek! İki ay daha antikor almasam organ yetmezliğim başlayacakmış ama merak etme! Hallettiler sağ olsunlar! Serum vermişler!"

"Liva sakin ol, yine kendini kaybediyorsun..." Bana uzanmak istedi bir adım atarak ama ellerine vurdum ve geri adımladım yeniden.

"Peki ne içinmiş bu testler biliyor musun?" Güldüm. Kafamı geriye atarak kahkaha attım o an. "Kendi öz babam, kendi öz abimle bir olup benden çocuk yapmamı istediler. Bunun içinmiş. Benim DNA'mdan, laboratuvardan üretilen çocuklar onlar için yeterince safkan olurlarmış! Ben ona itaat etmeyeceğimden, işi bitince beni bir kenara atıp bırakacaktı sanırım, öyle konuşuyordu yani... Bahsettiğin o katliam var ya? Hani işlem sırasında çoğunluğun öldüğü psişik deneyleri! Çok daha güçlülerinden bir ordu kuracak benimle! Kuracaktı yani, siz teşrif edip kurtarmasaydınız beni... Beş gün sonra... Pardon pardon... Beş buçuk gün... Hadi altı diyelim..." Dudaklarımı birbirine bastırıp başımı salladım. "Sağ olun... Zahmet oldu..."

"Liva." Başımı kaldırıp ona baktığımda, gözlerimdeki hayal kırıklığını gördüğünü ve hissettiğini biliyordum. Çünkü şu an ben de, çok derinlerde hissediyordum onun gözlerindeki karmakarışık duyguları. "Artem'i basamazdık, bu en başta sen olmak üzere herkesin hayatını riske atardı. Kaldı ki sinyal tam olarak nerede olduğunu göstermiyordu çünkü tesis içindeydin ve orası bir kafes gibi, içeri girebilecek ya da dışarı çıkabilecek sinyalleri bozacak bir yapıda inşa edilmiş. Rus Akademisi'ne transferinin olacağını biliyorduk, beklemek zorundaydık..."

"Naz'la mı?" Kafamı salladım, anlıyorum dercesine. Gözyaşlarımı tutuyordum. "Naz'la mı oturup bekledin

Pars? Boynuna iğneyi geçirip seni bayıltan, beni de o adamın eline teslim eden kadınla mı?"

"Neden bunu bile onunla ilişkilendiriyorsun?"

"Çünkü o bize ihanet etti ve sen hâlâ onu koruyorsun!" Tüm hıncımla bağırırken boğazım yırtılmıştı sanki. "Ne bok yediği belli olmayan bir adamla birlik olup beni Rusya'ya terk etti ve sen hâlâ onun aslında yanlış bir şey yapmadığını açıklamaya çalışıyorsun!"

"Özür dilerim!" diye bağırdığında şaşkınlıkla bir adım geri çekildim. Bir daha bana bağırmayacağına söz vermiştin. "Özür dilerim tamam mı! Bu kadar rasyonel olduğum ve doğru anı beklediğim için siktiğimin özrünü diliyorum şu an senden! Yüzlerce ihtimalin arasından yalnızca biri seni yaşatabilirdi ve o da hiçbir sorun yokmuş gibi oturup beş gece altı gün beklememdi ama özür dilerim Liva! O ihtimale hayatsız gibi sarıldığım için özür dilerim!"

Geri çekilerek öfkeyle baktım suratına ama öfkem kendime miydi, Naz'a mıydı, abimi gönderdiği için anneme miydi, S'ye mi yoksa Pars'a mıydı bilmiyordum. Sadece saf öfke vardı içimde. Beni de yiyip bitirecekti biliyordum ama engel olamıyordum hızla çarpan kalbime, her tekleyişinde kesilen nefesime, çaresizce titreyen ellerime ve dizlerime.

Henüz kirpiklerime bulaşan gözyaşlarımı silip arkamı döndüğümde ilerlemedim, yalnızca kesik ve düzensiz nefeslerimi düzeltmeye çalışıyor ve sakinleşmek istiyordum. "Yok olmak istiyorum," diye mırıldandım derin bir nefes alarak başımı gökyüzüne kaldırdığımda. "Ne kadar boktan bir hayatın içinde sıkışıp kaldım, hâlâ inanamıyorum!"

"O herif bir daha iki metre yakınına bile yaklaşamayacak Liva, silahını ateşlese namludan çıkan kurşun değmeyecek sana. Hayatım üzerine yemin ederim ki izin vermeyeceğim." Yalnızca son cümlesi değil, ağzından çıkan her kelimeyi bir yeminmiş gibi söylüyordu. "Ne amacına ulaşmasına ne de sana dokunmasına."

"Belki ulaşmıştır amacına, ne biliyorsun?" diye sordum ters bir ifadeyle ona dönerken. Çatık kaşlarımın altında, kıpkırmızı ve dolu dolu bakan öfkeli gözlerim vardı. "Beş gün, bilinçsiz yatmak için... Uzun bir süre."

"Hayır," dedi kesinliğinden eminmişçesine. "Seni o beş gün boyunca uyutmalarının sebebi, vücuduna ihtiyaç duyduğu gereksinimleri vermeleriydi. Seni olabileceğin en sağlıklı hâline getirmek bir yıldan uzun sürer, bu yüzden Akademi'nin laboratuvarlarına götürülüyordun. Oraya hapsedilecektin. Bu süreçten önce hiçbir işlemi başlatamazlardı, protokol nasıl biliyorum. O katliamın öncesinde Rusya'da görevdeydim."

Kurumuş dudaklarımı ıslattım ve bakışlarım yerdeyken bedenimi ona çevirdim yeniden. Sanki ortamızda koca bir uçurum varmış gibi, hiç olmadığı kadar mesafe vardı. "Peder... Dedi ki... Lamen'i Soyhan'a benim için gönderen kişi, aynı zamanda beni Akademi kayıtlarında hiç doğmamışım gibi gösteren kişiymiş. Beni ölüme terk etmiş ama aynı zamanda Lamen'le beni hayatta tutmayı amaçlamış. Bu kişi, İsviçre'den gelen misafir mi?"

Ağır bir ifadeyle kafasını salladı Pars, olumlu anlamda.

"Onunla ne zaman konuşabileceğim peki?"

"S ile işi bittiğinde gelecektir," diye yanıtladı beni. "Önce bir şeyler yemelisin." Başımı kaldırdığımda, önce aramızdaki mesafeye ardından bana baktığını ve yanıma gelmeye çekindiğini gördüm.

Bakışlarımı kaçırdım. "Yolu gösterir misin?"

Bir müddet maviliklerinde esir kaldım. Rüzgâr esti, yağmur atıştırmaya başladı. Onun beni esir tuttuğu sessizliğin içerisinde şimdi ikimiz de hapsolmuştuk. Nasıl hissettiğini sormak istiyordum ama Naz'a gösterdiği müsamahanın ne kadar fazla olduğunu anlaması gerekiyordu. Benim ne hissettiğimi anlaması gerekiyordu.

Elini bir kez daha tutmayacaktım.

Pars sonunda yolu başıyla gösterdiğinde, önüme döndüm ve ilerlemeye başladım. Onun bacakları daha uzun olduğu için birkaç saniye sonra bana yetişebilmişti ama yan yana yürürken bile rahatsız olabileceğim ihtimaliyle aramızda mesafe bırakmıştı.

Köşeyi döndüğümüz an, asıl Akademi binasının gözlerimin önünde olduğunu yeni fark ediyordum. Ürkmediğimi söyleyemezdim ve korkmadığımı da. Devasa büyüklükte, çok büyük bir alana yayılmış, en az yirmişer katlı birleşik bir yapıydı ağaçların içinde. Fransa'nın kırsal tarafında olduğumuzu tahmin etmek zor değildi.

Girişteki büyük heykellere yaklaştığımızda, etrafta insanlar da görmeye başlamıştım. Çoğunun üzerinde benim giydiğim üniformadan vardı ve bazıları yeni başlamış yağmurun altında, gruplar hâlinde koşuyorlardı.

İçeri girdiğimizde yine devasa bir avlu karşıladı bizi ama bu kez etrafta insanlar vardı ve sayamadığım kadar çok asansör ile birlikte başını ya da sonunu göremediğim, dört bir yana uzanan geniş koridorlar...

Bir asansöre bindiğimizde, kabinde yalnızca biz yoktuk. Elinde tıpkı Katya gibi taşıdığı şeffaf tabletle ilgilenen bir adam ve arkamızda tulumları içerisinde birkaç kız vardı. Merakıma yenik düşmeyerek herkesi, baştan sona incelediğimden ve uzaylı görüyormuş gibi baktığımdan muhtemelen kızları rahatsız etmiştim ki bana ters bir ifadeyle baktılar.

Önüme döndüm.

Kapılar açıldığında bir koridora çıktık, yalnızca kapılar vardı ve boştu bu kat.

"Herkes robot gibi," diye mırıldandım istemsizce, etrafta gördüğüm insanları hatırlarken. "Artem'dekiler de böyleydi."

"Asilkanlar doğumlarından itibaren çok katı bir eğitim ve disipline maruz kalırlar. On sekizini doldurunca katılanlar daha..." Gözleri kısıldı. Uygun kelimeyi arıyordu. "Normaller."

"Sen o yüzden böylesin yani," dedim kendimi tutamayarak. "En azından... Öyleydin."

"Öyleydim?" Bu yorumuma şaşırmış gibi baktı bana. "Nasıldım?"

"Yabani," diye açıkladım. "Nasıl anlatsam? Soğuk, olabildiğince az kelime sarf eden konuştuğunda... Genelde mimiksiz. Ruhsuz gibi ama aynı zamanda katı da. Hiçbir şey anlatmıyordun da."

"İnsanlarla kendim hakkında konuşmaya alışkın değilim," dedi bir odanın kapısının hemen yanındaki küçük cama dokunarak dokunmatik bir ekranı aktif hâle getirdiğinde. Anlayamadığım bir kombinasyon çizdi ekrana. Şifre numaralar ya da kelimeler bile değildi. "Seninle öğreniyorum."

Öğreniyorum.

İçerisi oldukça büyük, sade ve temizdi. Duvarın içinde yine cam gibi bir ekran vardı, büyük bir yatak, oldukça az eşyalı ve ince, cam bir yapıda çalışma masası... Köşedeki kapı da muhtemelen banyoydu.

Pars önümden yürüyüp geçerek hiç fark etmeden kıyafet dolabını gösterdi, kapısız küçük bir oda gibiydi içerisi. "Burada yalnızca üniforma, iç çamaşırı ya da kaban gibi basit şeyler var. Sana birkaç kıyafet aldırdım, sandalyenin üzerinde." Çalışma masasının sandalyesini işaret etti. Birkaç paket vardı. "Hazırlandığında dışarı çıkıp koridordaki bekleme alanına gel. Bir iki dakika gecikebilirim ama orada olacağım."

Başımı salladım.

Pars da başını salladı ve kapıya baktı. Gitmesi gerekiyordu ama sanki bir şeyler daha söylemek istiyordu. Yalnızca dudaklarının arasından çıkmıyordu kelimeler.

Bekledim. Birkaç kelime de olsa duymak için bekledim.

Sessizce kapıya ilerledi ve açtı, başını çevirdiğinde gözlerimin içine bakıyordu. "Beş gün, yüz yirmi saat ediyor Liva. Ben o beş günün yüz yirmi saatinin bir dakikası olsun, doğru düzgün nefes alabildiğimi hatırlamıyorum."

Kendimi sıkıyormuşum gibi o ana kadar, omuzlarım çöktü. Bir yük daha kalkmış gibiydi zayıf bedenimin üzerinden ama o yük zaten neydi, ben bilmiyordum doğrusu.

Pars yutkunurken dudaklarını ıslattı ve gözlerini kapatarak önüne döndü. Ardından dışarı çıktı ve kapıyı kapattı.

İşte. Yalnız kalmıştım. Güvendeydim.

En azından öyle olduğunu düşündüğüm bir yerdeydim.

Gösterdiği kapısız dolaba ilerleyip içine girdiğimde çekmeceleri ve askıları karıştırdım. Ardından sandalyenin üzerindeki paketleri. Birkaç pantolon, kazak ve bot vardı. Uygun iç çamaşırı da.

Banyo da oda gibi ferah ve temizdi. Alışkanlık olarak kapıyı kilitlemiş, öyle girmiştim duş kabininin içine. Bu kat diğerlerinin kaldığı yurt gibi bir yer olmalıydı, oda bana böyle bir enerji vermişti en azından.

Üzerimdeki formayı çıkarmak zor olmadı düşündüğümün aksine, vücuduma tam oturduğu ve her kıvrımımı sardığı için zor olacağını düşünmüştüm ama değişik bir yapıdaydı. Sıcak suyun altına girdiğimde rahatladım, tek hatırladığım Rusya'nın acımasız soğuğuydu ve ben o soğukta üzerimdeki kürkü bile atmıştım peşimdeki adamdan kurtulabilmek için.

Pars. Pars bana kabanını vermişti. Yeni fark ediyordum. Tüm o mesafeyi üzerindeki ince bir kazakla yürümüştü. Hiç üşümemiş miydi?

Duş kabininin içindeki cam rafta şampuan ve sabun vardı. Tüm vücudumu ve saçlarımı yıkadıktan sonra dolaptan bulduğum temiz havluya sarılarak çıktığımda, yine dolaptan bulduğum kurutma makinesini fişe taktım ve parmaklarımla taradığım saçlarımı kuruttum.

Siyah kalın kumaş bir pantolonla, kalın lacivert bir kazağı üzerime geçirirken tek düşüncem bir an önceden buradan çıkabilmek ve İsviçre'den gelen misafirle tanışmaktı.

Ve onunla yeniden karşı karşıya gelmek.

S ile.

Yalnızca bir harf miydi ismi? Yoksa açılımı var mıydı mesela?

Ve antikorların nasıl silaha çevrilebileceğini gösterip kolyeyi boynumda bırakarak Pars'ın beni bulmasını sağlarken, üstüne bir de Akademi'ye teslim olmasının amacı neydi ki?

Naz ne bok yemişti tam olarak?

Bir çift çorabın ardından botları da ayağıma geçirdim, ardından odanın kapısını açtım ve etrafa göz gezdirdim. Kimse yoktu.

Ben dışarı çıktığımda kapı arkamdan kapandı. Nasıl içeri gireceğimi bilmiyordum tekrar, Pars şifreyi göstermemişti ama sahip olduğum tek şey de üzerimdeydi zaten.

Kolyem. Pars'ın incisini içinde barındıran.

Koridorda geldiğimiz tarafa doğru ilerledim, Pars bekleme alanı derken nereyi kastetmişti bilmiyordum ama geldiğimiz asansörün karşısındaki büyük pencerelerin pervazları gayet rahat görünmüştü gözüme oturabilmek için.

Ellerimi mermere yaslayarak pervaza zıpladım ve bir bacağımı kendime çekip diğerini aşağı sarkıtarak oturdum. Kazağımın kollarını parmak uçlarıma çekip arkama yaslandığımda görebildiğim kapalı bir havanın altında, bahçede antrenman yapanlardı.

Genç görünüyorlardı, muhtemelen benimle aynı yaşlardaydılar. Hepsi de ince giyinmişlerdi bana göre. On şeritte altışar kişi, başlarında elleri arkasında bağlı bir şekilde gezen adamın komutlarına göre hareket ediyordu. Birbirlerinin karşılarında pozisyon aldıklarını fark ettim, ikişerli gruplara ayrıldılar. Yağmur çiselemiyor, yağıyordu artık üzerlerine ama durmaya niyetleri yoktu. Hatta bu onlar için çok normal bir şeymiş gibi hissetmiştim o an. Pars'ın disiplin kelimesini kullanışı, gördüğüm mimiksiz suratlarıyla robotları andıran insanlar... S de farklı değildi. Naz da, belki. Bir tek Kayra farklıydı. Giray ve Zamir de soğuk insanlardı. Kayra sonradan katılanlardan olabilir miydi?

Onlar Soyhan'da kalmışlardı, yarım kalan görevi tamamlayarak karteli bitireceklerdi.

Ama Naz buradaydı. Burada bir yerde olduğunu biliyordum.

Asansörün açıldığını gördüm, kabinden benim boylarımda genç, kısa turuncu saçları olan bir kız çıktı. Üzerinde üniforması vardı, bedenine yapışan koyu gri bir takım. Göz göze geldiğimizde seri adımlarla yanıma yürümeye başladı, işte o zaman bana doğru geldiğini anladım.

"Liva?" diye seslendi, ismimi doğru okumuştu. "Lütfen beni takip et. Seninle konuşmak isteyen biri var."

İngilizce konuşmuştu. Benimle konuşmak isteyen kişi, İsviçre'den gelen misafir olabilir miydi? Ama ben Pars'ı bekliyordum.

Belki de bu kızı gönderen Pars'tı ya da Pars da o misafirin yanındaydı ve gelmemi bekliyordu. Planlar değişmiş olabilirdi.

Bu yüzden pencere kenarından aşağı indim ve kızı takip ettim. Asansörle zemin kata indik, yeniden bir sürü üniformalı ajanla dolu avludan geçtik. Hepsi birbirine benzeyen koridorlardan birinde ilerledik bir müddet. O an fark etmiştim ki, zemin katta onlarca asansör olmasına rağmen duş alıp üzerimi değiştirdiğim odanın bulunduğu katta yalnızca iki asansör kapısı vardı. Bu, her asansör dikey ilerlemiyor anlamına mı geliyordu?

Başka bir koridora girdiğimizde, etrafın karardığını fark ettim fakat turuncu saçlı kız, koridorun sonundaki kapıyı tıklattıktan hemen sonra açtığında aydınlık odadan yüzüme ışık vurdu.

"İçeri geçebilirsin," dedi geri çekilirken bana yol vererek.

Bir gerginlik, heyecan ve belirsizlik havuzunda boğuluyordum sanki adımımı kapıdan içeri attığımda. Burası yalnızca bir oda değil, başlı başına koca bir ofisti. Her ne kadar tavanı en az on metreymiş gibi görünse de merdivenler vardı ve yukarı çıkılabiliyordu.

Korkunç görünüyordu. Tüm o raflar, heykeller ve duvara monte edilmiş devasa tablolar ile...

Tam karşımda bana sırtı dönük olan koltukta birinin oturduğunu, yalnızca o ayağa kalktığında fark edebildim. Yanılmıştım, Pars burada değildi.

Kumral, kısa, küt kesim saçları olan; kalem bir etek ve beyaz gömlek giyinmiş, deri çizmeli kadın bana dönerken acele etmedi. Ama kaşınan avuçlarıma tırnaklarımı batırırken, daha o bana dönmeden kim olduğunu anlamıştım.

Annem.

•

Pars

Duvara bir omzumu yaslamış, bir kolum diğerinin altında, göz kapaklarımın üzerinde baş ve işaret parmağım; bacaklarımı çaprazlamış dikiliyordum öylece. Hemen yanımda bir yatak vardı, askıdaki serum; zayıf, oldukça beyaz bir koldaki açık damar yoluna akıyordu her saniye, damlayarak.

Öfkeliydim. "Sana, bensiz karşısına çıkmaman gerektiğini söyledim."

Birkaç saniye herhangi bir ses duymadım. Siz, ekini bırakmıştım çünkü bana göre saygı kazanılırdı hangi yaştan, hangi rütbeden olursan ol. Belki büyürken bu düşüncem yüzünden çok ceza almış ve saygısızlıkla suçlanmıştım ama bana göre asıl saygısız, beni itham edenlerdi.

"Ben... Uyandığını duyunca... Daha fazla bekleyemedim," dedi Hanımefendi, üzgün bir sesle. Elimi yüzümden çekip gözlerimi açtığımda, yatağın yanındaki sandalyede oturuyordu ve sözlerinde hissettirdiği gibi üzgün görünüyordu da.

Ama hüznünün bir değeri yoktu geldiğimiz bu noktada.

"Yüzün, onunla aynı," dedim tok bir sesle. Endişeli ifadesini bana çevirdi. "Annesiyle. Ne bekliyordun? Dünden beri ağzına bir lokma koymamıştı bile, daha kendine gelememişti ki tepki verebilsin. Sana beklemen gerektiğini söylemiştim."

Yukarı çıktığımda önce bekleme salonunu; ardından tüm koridoru ve odayı kontrol etmiştim ama yoktu. Kamera görüntüleri için arşiv odasını aradığımda avluda tanıdık birkaç kişiye rastlamıştım ki, bana sabah yanımda gördükleri kızın Akademi'den biriyle üçüncü koridora girdiğini söylemişlerdi.

Canımı kurtarmak için bile bu kadar hızlı koştuğumu hatırlamıyordum. Üçüncü koridorda yöneticilerin odaları vardı ve yalnızca bir kişi onu bu kadar aceleyle görmek istemiş olabilirdi, o da İsviçre'den gelen Hanımefendi'ydi. Ona böyle sesleniyorlardı. Hanımefendi. Kimliği gizli tutulan liderlerden biri. İsviçre'deki Akademi'nin başındaki kadın. Aynı zamanda, Liva'nın annesiyle aynı yüze sahip olan kadın.

Annesi sandığım ama teyzesi olan kadın.

"Salem benimle konuşmuyor," dedi Hanımefendi, önüne dönerek. S'den bahsediyordu.

"Çünkü o annesinin bir ikizi olduğuna inanmıyor." Ben de henüz idrak edebilmiş değildim, yalnızca sözler vardı elimde ve sözler, güvendiğim birinin ağzından çıkmadığı sürece hiçbir değer taşımıyordu. İsviçre arşivlerine erişimim yoktu, dolayısıyla onaylayamazdım da. Benim bağım Fransa'ylaydı. S'inki ise Colorado ile. Ulaşabileceğimiz kaynaklar kısıtlıydı, illegal bir şekilde arşivlere sızmadığımız sürece. "Liva'nın annesi, Meyra, o İran'daydı. Sen nasıl İsviçre'desin?"

"Evlendim ve kaydımı İsviçre'ye aldırdım, yıllar önce," diye açıkladı. "Yönetim kurulu tarafından lider pozisyonuna getirileli iki yıl oluyor."

"Lamen'i Soyhan'a gönderdiğin tarihle aynı."

"Lamen çok uzun zamandır Türkiye'deydi, toplumun içinde çalışmalarına devam etmek istedi. Ben ondan yalnızca şehir değiştirmesini ve biriyle ilgilenmesini rica ettim."

"Doğumundan beri Sapphire'den gizlediğin ve antikora ihtiyacı olacağını bile bile ölüme terk ettiğin birini."

"Onu ölüme terk etmedim," dedi kaşlarını çatarak, net bir şekilde reddetmişti. "Ivan'ın ne kadar vahşileşebileceğini biliyordum ve babasının izini takip edeceğini. Nihayetinde safkanların ne kadar güçlü olduğunu anlayacak ve bildiği, başıboş bir safkana yönelecekti; Ivan belki bilmiyordu kendi kızının Akademi'den gizlendiğini benim tarafımdan ama Meyra biliyordu ve en başında bunu isteyen, buna izin veren de o'ydu zaten. Çünkü Ivan, Salem'in doğumuyla gerçek yüzünü göstermeye başlamıştı bile. Hatta Meyra, Ivan'ın onunla evlenip çocuk yapmak istemesini bile buna bağladığından ihanete uğradığını hissediyordu."

Uzanıp Liva'nın elini örtünün altından çıkardı ve avuçlarına aldı. "Ivan'ın gidişinin ardından Meyra'nın yok oluşunu uzaktan izledim, antikorlarını almayı bıraktı. Berbat bir herifle birlikteydi. Ona kendine gelmesi gerektiğini söyledim ama o Liva'ya bakmamı istedi, yüksek yerlere geleceğimi ve bunun için çabaladığımı biliyordu. Meyra dışarıdan sert ve güçlü görünen biri ama içinde halledemediği meseleler yüzünden her zaman ruhsal bir çöküş içerisindeydi. İntihar edeceği aklımın ucundan bile geçmedi..."

Meyra, kız kardeşini harekete geçirmek için intihar etmiş olabilir miydi?

"Cenazesindeydim o gün, Liva ortalıkta yoktu. O berbat herifin Meyra'nın mirasıyla İstanbul'a kaçtığını öğrendim, Liva bir başına kalmıştı. Bu yüzden dönüp o Serhat denen herifi, Liva'ya her ay belli bir miktar yollaması konusunda tehdit ettim."

Alayla güldüm. "Onu o cehennemde yalnız bıraktın, sonra da şansın varken yanına almak yerine terk ettin."

"Yönetim kurulundaydım Pars, lider değildim. İmkânlarım kısıtlıydı. Üstelik Liva'nın Akademi tarafından tanınması demek, Ivan'ın eline geçmesi demekti önünde sonunda. Henüz amacı belli olmamıştı ve psişiklerle ilgili sözleşme söz konusu değildi bile, deneyler devam ediyordu. Liva'yı parçalardı, anlıyor musun beni? Ben onu ölüme terk etmedim. Ben onu çok daha büyük bir azaptan kurtardım."

"Fark etmez," dedim aynı alaycı tavırla. Bu kadın neden bahsettiğini bilmiyordu bile. "Liva, Akademi tarafından tanınıyor olsaydı Ivan'ın eline geçmesi imkânsızdı çünkü kendini her türlü tehlikeden koruyabilecek bilinci ve gücü olurdu. En azından onu karanlık bir kuyuya terk etmemiş olurdun."

"Eğer yeterince hasta olursa Ivan'ın hiçbir işine yaramazdı, böyle düşündüm," diye devam etti lafına. Eğer yeterince hasta olursa... Birinin bu kadını karşımdan alması gerekiyordu. "Ivan'ın imkânlarını bilmiyorsun. Onun el altından kurduğu Artem'i ve kaynaklarını bilmiyorsun, ne kadar tehlikeli biri olduğundan haberin yok."

"Seni korkutmuş anlaşılan."

Başını iki yana salladı. "Hayır. Ivan'ın benden hiçbir zaman haberi olmadı."

Kaşlarım çatıldı. "O zaman..?"

"O zaman onu nasıl bu kadar iyi tanıyorsun diye soruyorsun değil mi?" Seslice nefes verdi ve geriye yaslandı. "Çünkü, gençken aslında benimle birlikteydi, Meyra'yla birlikte olduğunu düşündüğü çoğu zaman. Bu birçok kez yaptığımız bir şeydi, kulağa korkunç geliyor biliyorum, partnerini kandırmak... Aldatmak... Ama gençtik ve Meyra, Ivan'a âşık olduğunda yer değiştirmeyi bıraktık zaten."

Yalnızca korkunç değil, iğrençti de.

"Ivan şu an bile Meyra'nın yaşadığını düşünüyor, benim yaptığım her şeyi o yapıyor sanıyor çünkü beni tanıyor. Meyra'nın akılcı yanını tanıyor. Ama Meyra öldü, yaşayan Leyla." Sandalyesinde geriye yaslandığında, avucunda hâlâ Liva'nın ufak eli vardı. Uzun, ince, güzel parmakları. Pati gibi.

Kedi patisi. Pençeleri ya da... Öfkelenince, iyi biliyordu ne de olsa pençe atmayı.

"Planın ne o zaman?" diye sordum, gözlerimi Liva'nın elinden çekmeden. Ardından biraz daha doğruldum ve onun güzel yüzüne baktım. Huzurlu görünüyordu, onu en son ne zaman huzurlu görmüştüm ya da öyle bir an olmuş muydu bilmiyordum...

"Soyhan'a gittiğimi bilerek benimle aynı uçağa bindin ve bana onun ev adresini verdin. Onu ilk gördüğümde senin onun annesi olduğunu düşündüm ama kayıtlara ve Liva'nın söylediğine göre annesi ölüydü. Bana o olmadığını söyledin ama kim olduğundan da bahsetmedin. Haftalarca cevapsız bıraktın. Eğer onun hastalığı ve Lamen'le arasındaki bağı çözmeseydim, eğer annesini araştırıp bir fotoğrafını bulmasaydım... Hiçbir şey anlaşılmazdı." Koltuğa oturdum, dirseklerimi dizlerime ve ellerimi de yüzüme yasladım bir müddet ovalayarak. "O kendini öldürmek istemiş biliyor musun? Hasta olduğunu öğrendiğinde tedaviyi reddetmiş. İntihar edecek kadar cesareti yokmuş ve fırsatın ayağına geldiğini düşünmüş... Sikerim öyle fırsatı demiyor musun sen de? Hayatını kurtarmak istedim ama hayatını sikmişim demiyor musun? Yeterince hasta olursa Ivan'ın işine yaramaz derken gözünü bile kırpmadın. Birinin hayatıyla oynadığının farkında değilsin bile."

"Pars..."

"Senin İsviçre'deki Akademi'yi yönetmek için uygun biri olduğunu düşünmüyorum. Biliyorum, fikrimin bir önemi yok ama bir lider akılcı ve rasyonel olması gerektiği gibi ayrıca insani duygular da taşımalı. Daha kendi yeğeninin canını umursamayan bir kadın nasıl yüzlerce ajanın ruh sağlığı ve emniyeti konusunda en doğru kararları verebilir?"

"Ben Liva'nın hayatını düşündüğüm kadar Ivan'ın dünyaya salacağı kötülüğü de düşünmek zorundaydım..."

"Bana açıklama yapma. Senin benimle hiçbir bağın yok, uyandığında muhtemelen aynı cümleyi o da sana söyleyecek ama gözünde yaşlarla ve titreyen bir sesle; neden biliyor musun? Çünkü sana baktığında yalnızca annesini görecek. Onu istismar eden, tavan arasında kuru tahta üzerinde uyumak zorunda bırakan bir adamla aynı eve tıkan annesini ama. Onu aç bırakan, ilgilenmeyen, intihar eden; yapayalnız bırakan annesini. Bu yüzden sana gülümsemesini de bekleme. Seni kabul etmesini hele hiç bekleme. Keşke karşısına hiç çıkmasaydın, ben bir şekilde İsviçre'deki akrabasının gittiğini söylerdim. Belki saklamak yanlış olurdu ama en azından akıl sağlığı korunurdu. Çünkü yaptıklarını duyduğunda sana teşekkür etmeyecek. Belki seni anlayacak, bu yüzden tepkisini içinde tutacak; neticesinde herkesi kurtarmışsın, dünyayı kurtarmışsın değil mi? Ama ondan hiçbir şey bekleme."

Ayağa kalktım.

"Lütfen." Gözlerini kapattı. Kapatmadan hemen önce yaşlarla dolu olan bir gözünden aşağı iki damla yuvarlanmıştı. "Lütfen, beni onunla yalnız yüzleşmek zorunda bırakma."

"Ama sen onu yalnız bıraktın. Ve yanlış hatırlıyorsam düzelt ama yarım saat öncesine kadar benim ikazlarıma rağmen, onu yanında ben yokken odana çağırmıştın. Yalnız başına yüzleşmek için. Şimdi sana söylediklerim ağır mı geldi?" Gözlerinin içine baktım, korkuyordu. "Sen bir de onun gözlerini içine bak, ondan sonra ağırlık neymiş altında ezildiğin, görürsün."

"Gidiyor musun?"

"Hayır," dedim düz bir sesle. "Onu bir daha asla yalnız bırakmam. Ne seninle ne sensiz. Ben gitmiyorum, sen gidiyorsun. Kapıya kadar eşlik etmek için kalktım."

Gözlerini sildi. Ciddi olup olmadığımı anlamak için bana bakıyordu ama ifademden ödün vermedim. Oturduğu sandalyeden kalktığında önce Liva'ya baktı bir müddet. "Ben böyle olsun istemedim," dedi samimi olduğuna inandığım bir sesle ama işte, samimiyetinin de bir değeri yoktu artık.

O revirden çıktığında kapıyı kapattım ve nihayetinde arkamı dönüp Liva'nın uzanıyor olduğu yatağa yürüdüm. Huzurlu görünüyorsun. Uyurken. Bundan hoşlanmadım. Hep uyusaydı kedi gözlerini göremezdim çünkü ama sırf huzurlu olduğu için tıpkı tembel İran kedileri gibi günün on sekiz saati uyumasını isterdi bir yanım.

Türkiye'yi terk ettiğinden beri yaptığı buydu gerçi... Uyumak. Onu isteği dışında beş koca gün uyutmuşlardı, ardından Fransa'ya indiğimizde yeniden uyumuştu ki bu da dün geceye tekabül ediyordu. Uyanmıştı, tartışmıştık ve işte... Yine uyuyordu.

Bayılmıştı.

Ağır gelmişti bu kadarı. Üstelik en son ne zaman yemek yemişti ayrıldığımızdan beri, bilmiyordum ama Fransa'ya geldiğimizden beri ağzına bir lokma koymadığının farkındaydım. Eğer Aida, Fransız Akademisi'nin başındaki lider tarafından çağrılmasaydım ya da biraz daha acele etseydim belki onu yolda yakalardım ve bu faciayı önlemiş olurdum ama işler pek de planladığım gibi gitmiyordu bu sıralar.

Kapı tıklatıldı, ardından kol çevrildi ve açıldı. İçeri giren son zamanlarda fazla denk geldiğim birisiydi, S'ydi. "Revirde olduğunu duyunca ne halt yemiş olabilir ki diye düşündüm," dedi içeri girerken gözleri Liva'ya birkaç kez değmiş ardından bana yönelmişti. "Ama anlaşılan spot ışıkları senin üzerinde değil."

Hanımefendi'nin az önce kalktığı sandalyeye ters bir şekilde oturmuş, kollarımı sırtına dayamış, yatağın diğer ucuna yürüyen S'ye bakıyordum öylece. Aida'dan onu serbest bırakacağını öğrenmiştim ama bu kadar hızlı olacağı hakkında bir fikrim yoktu. Sorgu, ne zamandır bu kadar kısa sürüyordu?

"Dur tahmin edeyim. Hanımefendi hazretleri uğrayıp bir selam verdi," dedi kollarını göğsünde birleştirerek Liva'ya ters ters bakarken. Bu çocuğun Liva hakkında ne hissettiğini tahmin etmek, piyango numaralarını tutturmaktan daha zordu.

"Zindanlarda olman gereken yerde, yanıma gelmiş revirin ortasında ne sikime dikildiğini sormayacağım," dedim ters bakışlarını onun üzerinden çekip bana bakması için zorlarken.

"Sormana gerek yok, biliyorsun çünkü."

"Neyin peşinde olduğunu mu?" Alayla güldüm. "Amaç doğru olabilir ama o yolda feda ettiklerin, senin buna karar verebileceğinden çok daha değerli."

"Öfkeni anlıyorum. Ama kız sağlam, nasıl teslim aldıysam Naz'dan; aynı şekilde geri getirdim." Gözünü bile kırpmadan bakıyordu gözlerimin içine, yine de nasıl hissettiği anlaşılmıyordu. Liva da bana bakarken böyle mi hissediyordu?

"Sanki birinin bıçağını ödünç alıp geri getirmiş gibi konuşuyorsun. Liva bir eşya değil, her şeyden önce senin öz kardeşin." Sandalyeyi itip ayağa kalktım. "Ve ne senin öfkenin hedefi olabilecek biri, ne de bir suçlu. Senin hayatının üzerine kumar oynanmadı, sen kim olduğunun bilinciyle büyüdün ve yetiştirildin. Ne sen ne de teyzen, bir bok bildiğiniz yok ama ikinizin eline de onu piyon yapmak konusunda kimse su dökemez."

"İçine doğduğu hayat onun suçu olmayabilir ama bu işi bitirmek için herkes kadar onun da bir rolü var, hatta hepimizden biraz daha fazla."

"Birinin oyunda rolü olması ile piyon olarak kullanılması farklı şeyler, bu yaşa dek bunu ayırt edebilecek zekâ seviyesine ulaştığını sayarak soruyorum; başka bir yol yok muydu?" Ne ara yatağın etrafından dolaşıp onunla dip dibe gelmiştik bilmiyordum ama bir an önce buradan çıkmamız gerekiyordu yoksa en iyi ihtimalle ya Liva uyanacaktı ya da revir başımıza yıkılacaktı. "Başka bir yolu yok muydu bunun yoksa umursamadın mı? Söyle!"

"Senden emir almıyorum," dedi sert bir sesle, bana dokunduğu an bir savaşı başlatacağını biliyordu bu yüzden temas eden yalnızca gözlerdi ve gözler, hiç anlatmadığı kadar çok şey anlatıyordu. Perde kalkmıştı. Öfkesini görebiliyordum.

"Ama ondan emir aldın, İsviçre'den!" İşaret parmağım havada, kapıyı gösteriyordu sanki o kadın orada dikiliyormuş gibi. "Peder'e çalıştın, saf değiştirdiğine inandırdın onu. Liva'yı kaçırmak için Soyhan'a geldin ama tek yaptığın ona zararı dokunanları komalık etmek oldu! Sonra kaçırdın da, İstanbul'da, Naz'ı da planına alet ederek. Onu Peder'e götürdün ve ona kendini ispatladın, ipleri eline alabilmek için. Full potansiyelini sakladın ki transfer sırasında ikinizin de kaçırıldığına ikna olsun! Şimdi ne olacak peki!"

"Bekleyeceğiz," dedi öfkesini içine tıktığı bir sakinlikle ama o da derin nefesler alıyordu çünkü sinirlenmişti.

"Peder ininden çıkmaz!"

"Çıkar."

"Çıkmayacak," dedim sinirden gülerken geri çekilerek. Yüzümü sıvazladım. Bu çocuk fazla hayalperestti. "Kendi güvenliğini hiçbir şeyin üzerine koymaz."

"Karısı ve çocuklarının üzerine de mi?"

Adımlarım durdu. Karışık bir ifadeyle ona döndüm. "Daha kendinin inanmadığı aile kavramı üzerine bir plan kurmuş olamazsın değil mi?"

"Ben daha kendim inanmadığım aile kavramı üzerine bir plan kurmuş olsam ne yazar? Adam Artem'i, ailesi üzerine inşa etmek istiyor."

Kaşlarım çatıldı. "Ne demek istiyorsun?"

"Meyra'nın yaşadığına inanıyor çünkü gençliğinde tanıdığı kadın kendine intihar etmiş süsü vererek Akademi'nin başına geçebilecek kadar kurnaz biri ama hatırladığı o kadın aslında Leyla. Ve şanslıyız ki Leyla'nın yüzü, Ivan Dmitry'nin âşık olduğu kadınla aynı." Hassiktir. "Yanında çalışan Rusya'nın tanıdığı en güçlü bilim insanlarından biri, Katya Demotrov. Ivan, Liva'dan istediğini aldığında elinde hem ben, hem kızı olacak. Liva'yı hiçbir zaman bırakmayı düşünmedi ya da onun hayatını gözden çıkarmadı ama onu manipüle edebileceğine inandı. Tıpkı bana yaptığını düşündüğü gibi. Ve eğer ikimiz de onun safında olursak, karşıt düşüncede olsa dahi hipnoz zoruyla Meyra'yı da yanına alabileceğini düşünüyor. Yani evet, onu ininden çıkartabilecek tek şey... Pardon, üç şey." İğrenir gibi bir sırıtış yayıldı suratına. "Biziz."

Bir elim belimde, iki parmağım burun kemerimde; derin bir nefes alarak söylediklerini parça parça yerine yerleştirmeye çalıştım.

Geri zekâlı herif, dünyanın en aptal planını kurmuştu.

Ama işe yarama şansı vardı.

Ve eğer Ivan Dmitry'i Rusya'dan çıkartıp ayağımıza getirebilecek bir plan varsa, o da yalnızca buydu.

15

Kirli Beyaz Kedi

Sen temizleyip yara bandı yapıştırmayı bıraktığından, her iyileşmeye başladığında kabuklarını soyduğum yaraları hatırlıyorum dizlerimdeki ve dirseklerimdeki. İz kalır mı bilemezdim ama kaldı ve ne zaman aynanın karşısına geçsem ben hep o kaldırım köşesinde kaldığımı hatırladım anne. O kaldırımda hissettiğim çaresizliği hatırladım.

Bir çocuğun o yaşta öğrenmesi gereken son duygu çaresizlik.

Çocuklar şeker ve çikolata yemeli, annelerinin babalarının ellerinden tutup parklara gitmeli, çok oynamalı ve çok düşmeli yere evet yara bere içinde olmalı dizleri dirsekleri ama çocuklar ağlayınca gözyaşları silinmeli, uyuyamayınca masal dinlemeli, gecenin bir yarısı yatağının altındaki canavarlar yorganlarından çıkardıkları ellerinden yakalamaya çalışırsa diye yalnız uyumamalı bazen.

Bir çocuğun öğrenmesi gereken son duygu, kendi evinde hissettiği korku.

Kapısı açılırsa diye yabancı bir adam tarafından, kolu kırılırsa ve yanlış kaynarsa kırığı; acırsa çok, uyuyamazsa artık, ağlayamazsa bile duyulur diye sesi...

Şimdi televizyonlara çıkıyorlar, bağırsın çığlık atsın o zaman diyorlar pişkin pişkin. Bağırmazlarsa, çığlık atmazlarsa suçtan saymıyorlar.

Ama bilmiyorlar ki çocuklar aslında en çok seslerini çıkarmaktan korkuyorlar.

Ben sesimi sana bile çıkaramamıştım ki anne.

Ama sen gittiğinde kâbus da bitmişti.

Çünkü o zaman fark etmiştim, kâbuslarımı bana senin getirdiğini.

Bunun için seni hiç suçlamadım, ama sen anne olmak için yeterli değildin.

Ve belki beni de abimle birlikte Akademi'ye vermeliydin.

Dürüst ol anne, neden beni seçtin?

"Neden onu seçtin?"

Rüyamdaki ses S'ye aitti ve anneme sormuştu bunu. Giden o'ydu. Gitmemişti aslında, gönderilmişti. Verilen ilk çocukların hepsi öfkeli miydi yoksa S'nin özel bir sebebi mi vardı? Belki de bunların hepsini uyduruyordum, sonuçta rüya, rüyaydı. Gerçek değildi. Bir hayalden ibaretti.

S olabildiğince soğuk ve mesafeli biriydi.

Ondan bana sarılmasını ya da başka bir şey beklediğimden değildi tabii... Belki ben de henüz inanabilmiş değildim bir abim olduğuna. Evet. Bu daha olasıydı.

İç içe geçmiş kirpiklerimi açmak hiç bu kadar ağır olmamıştı. Beni şaşırtan ıslak olmalarıydı. Elimi kaldırıp gözlerime götürdüğümde akan yaşları sildim ve yutkunarak başımı kaldırıp etrafa bakmaya çalıştım. Revir gibi bir yerdeydik sanırım, yan yana birkaç yatak vardı ama hepsi boştu.

Yine de burada yalnız değildim. İleride, pencere kenarında Pars dikiliyordu ve düşünceli bir şekilde dışarı bakıyordu. Henüz hava kararmış değildi ama saatin geç olduğunun farkındaydım. Beni daha başımı kaldırdığım an fark etmiş, yanıma geliyordu.

Son bir haftayı uyuyarak geçirmiştim.

"Pars..." İsmi döküldü dudaklarımdan, olabildiğince kuru bir sesle. Boğazımı temizledim doğrulurken. Kolumdaki serum iğnesini görmüştüm ama çıkarıp atarken umurumda olmamıştı.

Pars, kolumdan tutarak üzerime örtülmüş pikenin altından çıkmama yardım etti ama onunla göz göze geldiğim ilk an, gördüğüm hayaleti hatırladım.

Hareketlerim gözle görülür bir şekilde donarken "Ne hatırlıyorsun?" diye sordu, yatağın kenarına oturmuştu ve bir eli kolumdaydı hâlâ.

İçimde kaynayan her neyse düzgün nefes almama izin vermiyor, beni başka bir krizin kıyısına itiyordu. "Pars ben annemi gördüm..."

"O kadın senin annen değil," dedi, sanki bir yalan gibi. Ama dürüsttü. Ama yalandı. Değil miydi?

"Annemdi!" Kolunu ittirip ayağa kalktım, biri botlarımı çıkarmıştı bu yüzden çoraplarımla basmıştım yere. "Annemdi ama... Ama çok değişmişti. Saçlarını kestirmişti ve..."

"İsviçre'den gelen akraban teyzendi," diyerek kesti lafımı. Kalkıp benimle yüz yüze geldiğinde kelimelerinin kulaklarımdan içeri girip doğru yerlere doğru mesajı verdiğinden emin olmak istiyordu sanki. İdrak etmemi istiyordu. "Annenin ikiz kız kardeşi. Bir teyzen olduğundan haberin var mıydı?"

"Ne?"

"Öyle, Liva," dedi Pars seslice nefes vererek, sıkıntıyla. "O kadına seninle yalnız başına görüşmemesi gerektiğini söyledim ama beni dinlemedi. Az önce buradaydı," dedi başıyla reviri işaret ederken. "Ama onu gönderdim. Tekrar onunla görüşene kadar sakinleşip kendine gelmen gerektiği bariz."

"Hayır gerek yok..." Yutkunuşlarımın arasında kendimi toparlamaya çalıştım ama mümkün değildi. Ne? Benim annemin bir kız kardeşi mi vardı? İkizi? "Görüşmek istiyorum onunla. Şimdi gidebiliriz..." Pars'ın önünden sıyrılıp yatağın kenarındaki botlarımı kaptım ve koltuğa oturarak giyinmeye başladım. "Şimdi gidip konuşalım."

"Bugün değil."

"Pars saçmalama!" Botlarımı giyindikten hemen sonra gür çıkan sesimle itiraz ederek ayağa kalktım. "O kadın benim teyzemse onunla görüşmek benim hakkım!" Daha önce neden her seferinde İsviçre'deki akrabamdan bahsettiğinde durakladığını yeni fark ediyordum. "Sen biliyordun değil mi? O kadının anneme... Benzediğini," diye mırıldandım yutkunarak. "Bu yüzden gergindin."

"Hâlâ gerginim Liva, çok gerginim," dedi itiraf eder gibi. "Akademi'nin senin olabileceğin en güvenli yer olduğunu sanıyordum ama öyle görünüyor ki değil."

Alayla güldüm gözlerimi kaçırırken. "Bunun acaba beni o adamın eline teslim eden yakın arkadaşınla bir ilgisi olabilir mi? Senin onun ne yaptığını Akademi'den gizliyor olmanla?"

"Sana Naz'ı savunmayacağım..."

"Çünkü savunulacak bir tarafı yok yaptığının!" Onu savunmayacağını söylerken bile onu savunuyordu. "Boş versene," dedim ardından kapıya yönelerek. "Kendi yolumu kendim bulurum."

"Liva buraya gel," dedi arkamdan ama onu umursamadım ve kapıyı açıp koridora çıktım. Kazağımın kolunu düzeltirken Akademi'nin koridorlarının ne kadar soğuk olduğunun farkına varmıştım, o odadan üzerime bir mont almadan ayrılmamalıydım.

"Önce yemek."

Nasıl olduğunu anlayamadım ama bir anda beni kucağına aldığında boğazımdan boğuk bir çığlık döküldü. İnsanların olduğu avluya giriş yaparken dişlerimin arasından

"Saçmalama çabuk indir beni!" diyebildim bağırmadan ama onun tek yaptığı kolunu belime sarıp beni omzundan aşağı sarkıtmak oldu.

"Önce yemek, sonra konuşacağız. Ondan sonra iyi olduğuna inanırsam belki görüştürürüm sizi," dedi sanki hiçbir şeymişim gibi rahatça koridorda ilerlerken. Baş aşağı durduğumdan başımı kaldırıp etrafa bakabilmiş ve o robot suratlıların bile şaşkın bakışlarıyla karşılaşmıştım. Bazıları gülüyorlardı bile.

Birinin Pars'a Fransızca bir şeyler söyleyerek çakması için elini kaldırdığını gördüm, elinde bir şişe su ve eşofmanlarıyla yanımızdan geçen terli Emile'di elini uzatan. Pars onun eline çakıp İngilizce cevap verdi. "Şunun yanında Fransızca konuşma, anlamadığından kıllanıyor."

Doğruydu. Kıllanıyordum. Ama sözünün doğruluğuna alkış mı tutsaydım yoksa benden şu diye bahsettiği için karnına tekmeyi geçirse miydim?

Karnına tekmeyi geçirdim.

"Kedi çıkardı pençelerini yine sanırım..."

"Sen dur, sen dur!" diye bağırdım Emile'in arkasından ama Türkçe konuşuyordum o sırada. Tüm diller birbirine karışmıştı sanki. "Ben bir Fransızca küfürler öğreneyim sen görürsün! Ne dediysen benden alırsın cevabını o zaman!"

Emile "Ne dedi?" diye sordu ama arkamızda kalmıştı biraz, bu yüzden bağırmıştı.

Pars ona döndü. "Saçlarını sevmiş!"

Ardından gülerek yoluna devam etti.

Emile o an otuz iki diş sırıtıp elini kaldırarak baş parmağını havaya diktiğinde teşekkürünü bozmak istemiştim ama tek yapabildiğim somurtmak olmuştu.

"Bari nereye gittiğimizi söyle," diye homurdandım dirseklerimi sırtına, ellerimi de çeneme dayamış yer çekimine meydan okuyarak etrafı görmeye çalışırken. "Yemin ederim kusacağım ya!"

"Ne yedin ki kusasın?"

"Bak kafamı bozma önce yerim sonra kusarım!"

"Yediğin içeride kalsın lütfen. Vücudunun ihtiyacı var," diye yanıtladı beni. "Ayrıca nedir sendeki bu kusma merakı?"

İstemsizce Pusula'da odasına daldığım geceyi hatırladım. Kadının biri vardı yanında ve ben kadını kovdurduğum gibi, bir de yatakta zıplayıp ayaklarına kusmaya çalışmış, zorla öğürtmüştüm kendimi.

Suratımı buruşturdum. Gerçekten utanç vericiydi.

Ters bir şekilde görebildiğim kadarıyla tavana uzanan devasa çift kapılı, kalabalığın sesi gelen bir salona gireceğimiz sırada kapıda dikilen orta yaşlı kadına hafifçe eğilerek Fransızca selam verdi Pars. Kadın gözlüklerini çıkarttı, ağzı o şeklini almıştı ve beni süzüyordu.

"O iyi mi?" diye sordu, İngilizce konuşmuştu.

Pars Fransızca cevap verdi.

"Ne dedin?" diye sordum içeri girdiğimizde, hâlâ bakışlarını üzerimden çekmemiş kadını süzerken. Ona tebessüm edip el sallamak istemiştim, beni kaçırmıyor mesajı vermek ya da iyi olduğumu belirtmek için çünkü nedense başına bela açacağımı düşünmüştüm Pars'ın ama bunun aptalca olacağında kanaat kıldığımdan vazgeçmiştim hemen.

"Yemeğini yersen söylerim."

"Tamam indir," dedim omzuna vurarak. Etrafta insanlar vardı ve dikkatlerini topluyordu ilerledikçe. Buranın bir yemek salonu olduğunu anlamamak için geri zekâlı olmak gerekiyordu. "Hadi indir ya!"

En sonunda pes ettiğinde, adımlarını durdurdu ve eğilerek beni ayaklarımın üzerinde yere bıraktı. Kazağımı düzeltip ona öfkeli bir bakış attım, ardından dikkatim dağıldığında gözlerim etrafta gezindi. Bir balo salonu kadar büyüktü içerisi kitaplardan fırlamışçasına, masalarda insanlar sohbet ediyorlardı. İki uçta açık yemek büfeleri, kahve ve alkol için bar köşeleri vardı.

Birden kendimi küçücük hissettim onların arasında. Son sınıfta okul değiştirmişim de, okulumun ilk günüymüş gibiydi sanki; bu durum sanki yeterince stresli değilmiş gibi, bir de etrafımdakilerin masum öğrenciler olmadığını bilmek durumu pek de sindirilebilir kılmıyordu.

Çünkü etraftaki tüm bu insanlar öldürmek ve yok etmek için eğitilmişti. Hepsi zeki, güçlü savaşçılardı.

Belki de bu yüzden Pars elimi kapıp beni yönlendirdiğinde sessizce onu takip ettim. Bir şeyler alıp pencere kenarında iki kişilik bir masaya geçene dek sürdü bu sessizlik.

"Hepsi bitsin onların."

"Sabaha kadar buradayız yani?"

"Bana hava hoş. Sen de bugünlük uykunu fazlasıyla aldın zaten," dedi geriye yaslanırken suyunu içerek.

Çatalımı kaldırıp kremalı makarnaya batırdım ve çevirdim. En son ne zaman yemek yediğimi ben de hatırlamıyordum. Sanırım İstanbul'da kahvaltı etmiştik... Artem'deki beş günlük uykum boyunca beni serumla mı beslemişlerdi? Uyandığımda gayet iyi hissediyordum çünkü. Öyle olmalıydı.

"Bana o kadından bahset," diye mırıldandım çatalı ağzıma götürmeden önce. Pars kollarını masaya yasladı ve ben makarnayı çiğnerken bir süre beni izledi. Teyzemden, diye eklememe gerek var mıydı?

"Anlaştık," dedi o an. "Sen yemeye devam edip yalnızca beni dinleyeceksin, ben de anlatacağım."

Başımı salladım. Yedikçe ne kadar acıktığımı fark ediyordum ve bir yandan da cevapları elde edeceksem, hiçbir şikâyetim yoktu.

"Annen ikizlere hamile olduğunu öğrendiğinde henüz embriyoyken birinizi dondurmaya karar veriyor, seni seçiyor. Bunun sebebi ikizler politikası. Çoğu zaman ikizler birlikte alındığından, en azından birinizi elinde tutmak istiyor. Buraya kadar sorun yok."

Kafamı salladım ve limonataya uzandım. Artem'deyken Peder de bundan bahsetmişti.

"Ama abin doğduktan sonra Ivan, yani baban çocuk yapmaktaki amacını annene belli etmeye başlıyor. Dedesinin 1900'lerin başında ilk kez Rusya'da başlattığı ama sonradan yasaklanan ve babasının gizliden devam ettirme çabasının olduğu deneyleri yeniden başlatmak istediğini anlayan Meyra, seni ondan korumak için harekete geçiyor. Doğumunu Akademi'den gizliyor ikiz kız kardeşi ile birlikte. Lamen ve annen Meyra, o zamanlar yakın dost. Ivan ailesini terk edip Rusya'ya giderken Lamen, Ivan'ın bilinciyle oynuyor ve adresinizi aklından siliyor."

Elimde tuttuğum soğuk limonata bardağını çatık kaşlarla masaya geri bıraktım.

"Babanın Türk ismi..."

"Edizhan Tanyeri," diyerek lafını kestim. "Hatırlıyorum."

Pars devam etti. "Adresiniz babanın aklından silindiği için ve yıllar boyu deneylerle uğraştığı için geri dönmüyor, istese de dönemiyor. Annenin mental hastalığı bu sırada ağırlaşıyor ve..."

Yutkunarak başımı salata tabağına çevirdim. Pars o kısmı geçti.

"Benim teorim, teyzeni harekete geçirmek için intiharını kullanmış olması," dediğinde neredeyse çiğnediğim makarnada boğuluyordum. Elimi ağzıma kapattım ve suya uzandım.

Hızla çiğneyip yuttuğum lokmanın ardından buruşturduğum suratımla öne eğildiğimde sorum açık ve netti. "Ne?"

"Bu yalnızca benim teorim."

"Evet ama senin teorilerin genelde doğru çıkıyor."

"Bir şey kesinleşmeden bana söylemiyorsun sanıyordum ve bundan bahsetmen öyle gösteriyor ki neredeyse eminsin," diyerek kestim lafını. Doğru bir noktaya parmak bastığımın o da farkındaydı.

"Ama bu annenin yaptığı şeyin sebebinin yalnızca bu olduğunu göstermez Liva." Haklı olduğu konu ise buydu. Benim annem hastaydı ve alkolikti de. Alkolün, insanların içindeki kötüyü ve istekleri ne kadar cesurca ortaya çıkardığına en iyi ben tanıklık etmiştim büyürken.

"Haklısın," diye mırıldandım ve devam etmesi için sustum. Çok fazla sorum vardı. Mesela annem, teyzemin dikkatini böyle çekmişti de... Teyzem sonradan neyi nasıl yapmıştı?

"Teyzenin tam adı Leyla Analita Pardis Crivelli. Aslen annen gibi İranlı olmasına rağmen hayatının bir bölümünden sonra İsviçre'ye çalışmış ve orada evlenmiş. Böylelikle yönetim kuruluna girmiş ve nihayetinde lider olarak seçilmiş."

"Hanımefendi dediğin?" Kaşlarım havalandı.

"Evet, o," diye yanıtladı Pars beni. Annemin kopyası olan teyzem, İsviçre'deki Akademi'nin lideri miydi? "Annenin ölümünden sonra üvey babanın mirası alıp İstanbul'a kaçmasıyla birlikte onu tehdit edip sana her ay belli bir miktar para yollaması konusunda ikna ediyor."

Yorgun ve hüzün dolu bir tebessüm çöktü dudaklarıma, gözlerim dalmıştı.

"Kim olursa olsun o adamın sana yaptıklarından haberi olsaydı eminim onu sağ bırakmazdı," diyerek düşüncelerimi böldü Pars. Ne düşündüğümü nasıl bilebilmişti? "Yalnızca mirasa konup kaçtığını düşünüyordu... Teyzen o zaman Lamen'i sana göz kulak olması konusunda ikna etmiş."

Alayla, silik bir gülüş yerleşti yüzüme. "Kendimi öldürmemem için mi?"

Bu konu Pars'ı da rahatsız ediyor olmalıydı ki, derin bir nefes alarak gözlerini kaçırdı. "Lamen'in zihin kontrolü etkili ama uzun süreli değil, bu yüzden Ivan adresi hatırlamaya başlıyor. Türkiye, Soyhan. O eski ev ailenden sana miras kalan. Daha sonra... Ivan yıllar içerisinde kaybettiği denekleri ile formüllerini geliştirme ve yeni deney fareleri bulma arayışındayken safkanların ne kadar güçlü ve dayanıklı olduklarını hesaba katmadığını fark ediyor. Tanıdığı tek safkan da, kendi öz kızı." Bana baktı.

Dudaklarımı birbirine bastırdım. "Devam et lütfen."

"S'yi Hanımefendi görevlendiriyor," dediğinde ağzım açık kalmıştı.

"Ne?" Çatık kaşlarımla, her soruya verdiği cevabın katlanarak daha fazla soru edişini izliyordum sanki. "S'nin bağlı olduğu Akademi Colorado'daki değil mi? Neden İsviçre'den emir alıyor?"

"Eğer kişi kendi isterse, görevi kabul eder. S, hayrına iş yapacak biri değil; kazancı olsa da... Ama teyzen ona senden bahsediyor, annesi ve babasının kimliğinden..."

Bir elim kucağımda, diğeri sımsıkı tutuyordu çatalı. Daha da sıkıyordum yumruğumu ve tenimi delip geçercesine bir sertlikte tutuyordum çatalı. Öylece ona her şeyi anlatabilmişti öyle mi? "Asilkanların aileleriyle ilgili bir şey bilmesi yasak demiştin."

"Evet, öyle ama bir lider bunu açıklama gücüne sahip."

"Ona ne yaptığının farkında mıymış peki?" Sesimin biraz güçlü çıktığının ve ortak alanda olduğumuzun farkındaydım ama kendime engel olamıyordum. "Ne demiş? Merhaba, geçen senelerde akıl sorunları nedeniyle intihar eden annen yıllar önce sana ve ikizine hamileydi ama ikinizi birden Akademi'ye vermek istemedi bu yüzden senden vazgeçti. Kız kardeşin şu an Türkiye'de ve öz baban onun peşinde çünkü DNA'sından küçük canavar bebekler yaratmak istiyor. Gidip bir el atsan mı, mı?"

"Bunun aptallık olduğu tartışılmaz bir gerçek, o da biliyor," dedi Pars düz bir ifadeyle. "Buradaki kilit nokta, bir asilkana ailesini anlatmasından çok o asilkanın kim olduğu. S, son iki yüzyıl içerisindeki sıralamalarda en yüksek puanı elde eden kişi. Ve en gençleri, henüz yirmi bir yaşında. Bu onu akademiler arasında aşırı popüler yapıyor, müsabakalarda aldığı yenilmez lakabı var. Teyzen araştırıp abini bulmadı, S'nin geçmişini araştırdı ve abin olduğunu öğrendi. En azından benim tahminim bu yönde."

Pars ona ölüm makinesi demişti ve Ivan Dmitry, yani Peder de onu övmekten geri durmamıştı.

"Yani Leyla, teyzem, S'yi Peder'in yanına gönderdi. Peder, S'nin kim olduğunu biliyordu çünkü o da bir lider neticesinde. Baba-oğul kozunu da kullanarak aklına girdiğini düşündü ve S de onun böyle düşünmesine izin vererek yanında kaldı ama amacı farklı," dedim parçaları birleştirerek.

Pars onayladı. Uzanıp çatalımı yeniden elime tutuştururken "Sana ev adresimi veren teyzemdi," diye parladım. Ardından çatalla makarnayı karıştırdım ve çatalı döndürdüm. "Neden yapmış bunu?"

"İsteği muhtemelen seni güvende tutmam ya da Akademi'ye getirmemdi ama aynı zamanda S'ye de kendi planıyla hareket etme onayı vermişti, yani kendi planlarının S'ninkiyle çeliştiğinin farkında değildi bile." Pars elini saçlarından geçirdi. "O aylarda iletişimimiz koptu. Bu yüzden neler döndüğünü bir nevi kendimiz çözmek zorunda kaldık. S ise Peder'in yanındaydı ve ondan seni Rusya'ya götürmesi yönünde emir aldı."

"O aylar?" Gözlerim kısıldı. "Tam olarak ne zaman gördün sen beni?"

"16 Mayıs," diye cevapladı. "16 Mayıs, 2018."

Kaşlarımı kaldırdım. "Tam tarihi bile hatırlıyorsun yani?"

"Ben her şeyi hatırlarım."

"Yani özel olduğundan değil."

"Günlerin bir önemi yok Liva," dedi alaycılığımı fark ederek geriye yaslanırken parmaklarını birbirine geçirmişti. Gözleriyle önümdekileri işaret etti. "Ye."

"Ben puding sevmem yalnız." Tatlı tabağını öne ittim. "Onu da sen ye bir zahmet. Hem sen önündekilere dokunmadın bile, ne bana ahkâm kesiyorsun ya sabahtan beri?"

"Rusya'da hapisken bir şey yedin mi Liva?" diye sordu Pars o sırada, kollarını göğsünde birleştirerek meraklı bir tavırla.

"Ben makarnamı bitireyim." Çatalımı makarnanın içinde döndürdüğüm gibi ağzıma götürdüm ve ağzımı doldurdum. Beni susturmayı iyi biliyordu. "Bundan sonra ne olacak peki?"

"Bekleyeceğiz," diye mırıldandı sonunda kendi çatal bıçağını eline alırken. Ama bu benim beklediğim bir cevap değildi.

"Neyi?"

"Kimi, daha doğru bir soru olur..." Dilimlediği et parçalarını benim tabağıma bırakıyordu. "Ayının inini terk etmesini."

Peder'den bahsediyordu. Ivan Dmitry'den. Edizhan Tanyeri'nden. Babamdan.

Kalabalıklar arasında aradığım o paltolu yabancı fikri ne kadar yanlış geliyordu şimdi. Oysaki ben ne çok kişiyi o sanmış, koşturmuştum peşinden. Evin önünde oturmuş beklemiş durmuştum, annem de ayrılığın acısıyla kendine bile yalan söylediğinin bilincinde gelecek demişti. Belki de vazgeçmesini ummuştu bir umut.

Yemekten sonra salondan çıktığımızda istediğim aslında hava almaktı ama Pars etrafı gezdirmeyi teklif ettiğinde kabul ettim. Asansörler tam da tahmin ettiğim gibi, enine de çalışıyorlardı ve Pars bana sistemi gösterirken gerçek bir aptal gibi hissetmiştim kendimi çünkü her şey fazlasıyla karışıktı. Kaldığım odanın şifresini saymıyordum bile. Kim molekül şifreleme sistemi kullanırdı?

En azından odadaki sarı montu alabilmiştim üzerime.

Burası Fransa'nın Sapphire merkeziydi ve burada mezuniyetlerine kadar öğrenciler yetiştiriliyordu. Pars'ın söylediğine göre asilkanlar için eğitim çok küçük yaşta matematikle başlarken daha sonra ergenlikle birlikte fiziksel ağırlıklı olarak devam ediyordu ve ne zaman mezun olacakları, tamamen eğitmenlerini tatmin etmeleriyle alakalıydı. Pars on dokuz yaşında mezun olmuştu ve bu ortalamadan daha erkendi, normalde yirmili yaşlarının başında mezun oluyorlardı.

S'nin on yedi yaşında mezun olduğunu öğrenmek tüylerimi ayağa kaldırmıştı. Kan bağımız olduğundan mıydı merakım yoksa tamamen kendisinin verdiği karanlık havadan mıydı bilmiyordum ama onunla yeniden denk gelmek istiyordum çünkü ona da sormak istediğim bir şeyler vardı.

Mesela tam adı neydi?

Henüz abimin adını bilmiyordum.

Buradaki liderin adı Aida'ydı ve bir kadındı. Pars onun benimle konuşmak istediğini ama bunun acelesi olmadığını söylediğinde ben yine ısrar etmiştim ve o yine benim önce kendime gelmem gerektiğini savunmaya başlamıştı.

"Yemeğimi yedim, uykumu da fazlasıyla aldım. Akademi'nin de çoğunu gezdik. Neden görüşemiyorum?" Kollarımı göğsümde bağladım ve girişte dikildim. Bahçedeydik ve hava kararmıştı, etrafta çok kişi yoktu. O kalabalık nereye kaybolmuştu bilmiyordum ama içimden bir ses, görevleri dolayısıyla istesem de öğrenemeyeceğimi ya da daha fenası; bilmek istemeyeceğimi söylüyordu.

"Her şeyi bir günde halletmek istemenin nedeni ne? Yorulmadın mı?" Samimi bir şekilde soruyordu bu soruyu, benden bir şey gizlemediğini ya da saklamadığını biliyordum.

Ve bir yönden de haklıydı. Aida'nın benimle ne konuşmak isteyebileceğini bilmiyordum ve bu beni endişelendirmeliydi ama son zamanlar o kadar şok edici ve ağır şeyler öğrenmiştim ki, ben bile kendime acımıyordum artık. Başka türlü yorumlayamıyordum bu durumu.

Pars'ın dikkatinin dağıldığını, onun güzel yüzüne kaşlarım çatık bakarken fark etmem uzun sürmemişti. Derin bir nefesle arkamı döndüm ve baktığı yere çevirdim bu yüzden bakışlarımı; iki kişi, biri erkek diğeri kadın, bu tarafa yürüyorlardı ama bizim farkımızda değillerdi. Sohbet ediyorlardı.

S ve Naz.

"Bu durumda Naz'ı Akademi'ye şikâyet etseydin bile, S'yi dinlediği için suçlu sayılmazdı değil mi?" diye sordum bu ikiliden gözlerimi çekmeden. "Hayatım üzerine oynanan bir oyunda, söz hakkım yok. Ne hissettiğimin bir önemi de yok. Ama biliyor musun, ben artık kimseye kızamadığımı fark ettim," diye devam ettim dudaklarımı ıslatarak ve bakışlarımı aşağı indirdim. "Çünkü Peder bana gelip plan dahilinde S'ye güvensin diye seni birkaç günlüğüne esir alacak deselerdi muhtemelen kabul ederdim. Biri babam, diğeri abim. Biri dünyanın başına kâbus olmak istiyor, diğeri de yanlış anlaşılmaları umursamadan onun kâbusunu başlamadan bitirmek."

"Öfken dindi mi?.."

Pars sorusunu bitirdi, ama cümlesini bitirmeye kalmadan içime çektiğim sert nefesle lafını kestim yürümeye başlamadan hemen önce. "Bu öfkeli olmadığım anlamına gelmez tabii. Ne olursa olsun kullanıldım ve hiçbir şey bu gerçeği değiştirmeyecek."

"Liva..."

Küçük duvardan atlayarak kolonların olduğu açık avluya ayak bastığımda onların yollarına çıkmıştım tam olarak. S'nin üzerinde siyah bir eşofman ve kapüşonlu bir *sweatshirt*, Naz'ın üzerinde ise Sapphire üniforması ile kırmızı bir mont vardı.

Bir yanım sen canına mı susadın? diyordu, diğer yanım ise sessizdi çünkü öfkem onu susturmuştu. Ne olursa olsun Naz'la hiçbir zaman barışmayacak bir yıldızımız vardı, ne yaparsa yapsın... Ve bu son yaptığı işleri hiç de kolaylaştırmamıştı.

"Hiç bir abin olsun istedin mi ha?" Kollarımı göğsümde bağladım karşısına dikildiğimde, tam olarak gözlerinin içine bakıyordum. Pars da arkamdan atlamıştı ama ben ne onu ne de Naz'ın yanında ifadesizce dikilen S'yi umursuyordum. "Başka ne biliyordun neler ima ettin de ben anlamadım kimbilir?"

"Liva," dedi Naz bitkin ifadeyle cümlelerini toparlamaya çalışırken. Suratında gram makyaj yoktu. Hasta gibiydi. "Olanlar için çok üzgünüm ama ben ne yapmam gerektiyse onu yaptım..."

"Ben açıklayayım, Pars'ı bayıltıp beni Peder'in eline teslim ettin. Bu muydu yapman gereken? Böyle mi çözülmesi gerekiyordu bu?"

"Liva..." Pars, kolumdan tutarak beni götürmeye çalıştı. "Bunu konuştuk, defalarca kez! Eğer aklında hâlâ soru işaretleri varsa..."

"Ya sen?" Pars'ın elinden kolumu kurtarıp S'ye baktım. Mimik kıpırdatmaksızın izliyordu beni. "Ben öldüm orada korkudan, hiçbir şey çaktırmadın. Hiçbir şey söylemedin. Biyolojik yakınlıkmış, kan bağıymış... Kardeş! Bu mu söylemeye korktuğun kelime? Evet! Kardeşinim ben senin! Geride bırakılan!" İnanılmaz bir kontrolle koruyordu sakinliğini.

"İleri gidiyorsun," diyerek araya giren ve S'nin önüne geçip benimle yüz yüze gelen Naz'dı. "Biz plan ne gerektiriyorsa onu yaptık. Senin duygusal olarak kendini koruyabilmen gerçeklerden, mümkün değildi. Bilmemen en iyisiydi. Nihayetinde buradasın işte! Güvendesin! Neyin derdindesin?"

Kahkaha attım. "Neyin derdindesin Liva ya, aynen!" Ellerimi havaya kaldırmış, kendime sesleniyordum. "Alt tarafı bir ölüp gidecektin onu da beceremedin! Şeytani babaymış, deli anneymiş, ikiz teyzeymiş, keçileri kaçırmış büyükanneymiş, manyak abiymiş! Sahteden de olsa ölmelermiş, kaçırılıp Rusya'ya kapatılmalarmış, uyutulmalarmış günlerce..."

"Patlayacağını söylemiştim," dedi Naz o sırada, hemen yanımdaki Pars'a bakarak sıkıntılı bir ifadeyle.

Pars'ın dişlerini sıktığını, bir uyarı gibi ağzından çıkan isimle fark ettim. "Naz."

"Ne?" Alayla kıkırdadı. Yüzündeki ifade tüylerimi ayağa kaldırmıştı. "Sen bir şey yaşadığını mı düşünüyorsun daha?" Doğrudan bana baktı, üzerime yürümüştü. "Kaçırılmışmış. Abiciğinin güvenli kollarındaydın, hadi oradan! Uyudun orada günlerce! Gözünü açtığın ilk gün de kurtarıldın! Bebek gibisin kes ağlamayı artık! Bir oraya bir buraya bayılmalar! Anladık muhtaçsın dramaya ama aş bunları Liva, aş! Senin başına hiçbir şey gelmez! Teyzen liderlerden biri, abin desen zehir, Pars da..." Aldığı sert nefeslerin arasından Pars'a baktı. "Gözünün senden başka bir şey gördüğü yok! O kadar yok ki sırf burnun kanadı diye dikkati dağıldı, yere serdim adamı! O kadar çok güldüm ki buna daha sonra yalnızken!"

Sanki yetmemiş gibi geriye tartarak kafasını, biraz daha güldü. "S'ye söylüyordum hep ben beceremem Pars'ı indirmeyi diye, havaalanına beş tane keskin nişancı dikmiştik! Ama Liva Hanım varken ne gerek var?! Öğrenmiş olduk!"

"Naz kes sesini." Naz'la o an arama giren Pars'tan başkası değildi. O ana dek gördüğüm Naz'ken, bir saniye sonra Pars'ın sırtına bakıyordum. "Kendini kontrol edemiyorsun, daha sonra pişman olacaksın."

"Ben mi pişman olacağım?!" Pars'ı ittirerek yeniden benimle karşı karşıya geldiğinde üzerime yürüyordu. "Onun ölümü senin elinden olacak!" diye bağırdı suratıma, Pars'ı işaret ederek parmağıyla. "Duydun mu beni? Küçük, ilgiye muhtaç bir bebek gibisin! Bir de ağla istersen! Ya da bayıl..."

Hiçbir şey söylemeden yalnızca onu dinliyor, sözlerini sindirmeye çalışıyordum. Dudaklarım kapalıydı. Lafını kesen, S'nin Naz'ı kolundan yakaladığı gibi geldikleri yöne doğru sürüklemesiydi.

Naz ne yaparsa yapsın S'nin tutuşundan kurtulamıyordu. "Bırak beni, bırak! Bırak kolumu!"

S hiçbir şey söylemedi. Az önce döndükleri köşeyi geçtiklerinde Naz'ın sesi bir süre daha gelmeye devam etmişti ama gittikçe uzaklaştıkları gibi, avlu sessizliğe gömülmüştü.

Ben, kendim öfkeliyim sanıyordum ona; onun öfkesi, benimkini tek yumrukla tabuta sokardı. Sen bir şey yaşadığını mı düşünüyorsun daha? Naz, çocukken maruz kaldığı istismarı ve çok daha fazlasını hatırlayarak acısını benimkiyle yarıştırmak mı istemişti gerçekten?

Kaçırılmışmış. Abiciğinin güvenli kollarındaydın, hadi oradan! Uyudun orada günlerce! Gözünü açtığın ilk gün de kurtarıldın! Bebek gibisin kes ağlamayı artık! Bir oraya bir buraya bayılmalar! Anladık muhtaçsın dramaya ama aş bunları Liva, aş! Senin başına hiçbir şey gelmez! Teyzen liderlerden biri, abin desen zehir, Pars da... Gözünün senden başka bir şey gördüğü yok! O kadar yok ki sırf burnun kanadı diye dikkati dağıldı, yere serdim adamı! O kadar çok güldüm ki buna daha sonra yalnızken!

S'ye söylüyordum hep ben beceremem Pars'ı indirmeyi diye, havaalanına beş tane keskin nişancı dikmiştik! Ama Liva Hanım varken ne gerek var?! Öğrenmiş olduk!

Pars'ın dikkati gerçekten bu kadar kolay mı dağılmıştı? Orada keskin nişancılar mı vardı? S, bilerek Naz'ı katmış; Pars'ı katmamıştı planına. Pars'ın kabul etmeyeceğini biliyordu çünkü.

Sebebi buydu.

Onun ölümü senin elinden olacak!

"Ben anlamadım," diye mırıldandım yutkunarak. Pars hemen yanımdaydı, karşımda, hafif eğilmişti benim aşağı eğdiğim suratımı görebilmek için. Nasıl hissettiğimi, neler düşündüğümü tahmin edemiyor olmalıydı ki sessizdi. "Naz neden bu kadar öfkeli?"

"Gel," dedi Pars elimden tutarak, etrafa bir bakış atmıştı. Sanırım gürültüye gelen birkaç kişi olmuştu, her ne kadar birkaç dakika önce etraf boş olsa da.

Pars diğer binaları es geçti, arka taraftaki eski, Kolezyum'a benzeyen binanın geniş merdivenlerinden çıkmaya başladığımızda duvarlarda sarı loş aydınlatma vardı. Sabah uyandığım odayı hatırladım ama orayı es geçtik, bir kat daha yukarı çıktık. Demir bir kapıdan dışarı çıktığımızda, fazlasıyla geniş bir terasa geldiğimizi fark etmem uzun sürmedi.

Yerlerde büyük yastıklar, armut koltuklar ve büyük bir salıncak vardı karanlıkta görebildiğim kadarıyla. Pars bir dakikalığına ortadan kayboldu, ardından ışıklar yandı. Küçük led ışıklar tüm balkonu sarıyordu, etrafı aydınlatıyordu. Ama yine de başımı kaldırdığımda açık gökyüzünden yıldızları görebiliyordum.

"Kimliğin gizli tutuluyor ve S'nin burada olması insanların arasında yeterince tartışma konusu zaten." Yeniden elimden tuttuğunda, birlikte ilerledik. Onun önüne geçerek elini bıraktım ve salıncağa oturdum. Pars armut koltuğu çekip karşıma geçmiş ve oturmuştu.

"Kimliğim neden gizli tutuluyor? Burası güvenli değil mi? Ve neden S'nin burada olması tartışma konusu?"

"Kimliğinin gizli tutulmasının sebebi güvenlik açığı ya da bu tarz bir şey değil, Akademi başkalarını ilgilendirmeyen konular asırlar boyu gizli tutmuştur. Bilmelerine gerek yok," diye cevapladı beni Pars. Hafifçe sallanıyordu oturduğum koltuk-salıncak. "S'nin burada olması da... Merak uyandırıyor bazılarında ama sinirlerini bozanlar da var. Tartışma çıkarmak için can atanlar."

"Popüler olduğu için mi?"

"Popülerlik her zaman iyiye işaret değildir. S ya da içimizden herhangi biri fark etmez, Sapphire her zaman kendini kanıtlamak isteyen öğrencilerle dolu olmuştur. Ve akademiler arası müsabakalarda S'nin aşağılayarak gururunu kırdığı kişiler oldu. Hareketlerinin sonuçlarını düşünen biri olduğu söylenemez." Bir kolunu başının altına koyup gökyüzüne baktı.

"Bence umursamadığından."

"Umursamaya başlamalı," dedi Pars, bana değil de... Ona, hiç duyamayacağı bir yerden, bir abi gibi sesleniyordu sanki şimdi. "Bana on yedi yaşımı hatırlatıyor."

Isla'yı. Düşüncesizce davranarak onu Akademi'ye sokmuş olmasını. Onun dikkatsizliği yüzünden ölen insanları.

Kollarımı etrafıma sardım. Pars başını hafifçe kaldırarak bana baktı, ardından geri yaslandı. Gözlerini çekmedi üzerimden. Az önce avluda ne olmuştu bilmiyordum ama Naz'la öyle bağrışmak beni rahatlatmıştı ve Pars'a artık kızgın olmadığımı fark etmiştim.

O cevap vermemişti ama ben sanırım cevabı biliyordum. Her zaman yanında olmuş arkadaşının dikkati, kendi canını tehlikeye atacak bir şekilde benim üzerimdeydi bu yüzden kızgındı Naz. Onu kaybetmiş gibi hissediyordu. Ve ben herhangi duygusal bir bağ iddia etmesem de S ile, Naz onun abim olmasına da kızgındı, çünkü o da onun arkadaşıydı. Onu da kaybedeceğini düşünüyordu.

Kaybetmezdi. S'nin benim onun kardeşi oluşumu önemsediği yoktu. O sadece babası Sapphire'e karşı savaş açmaya hazırlandığı için bu işe dahil olmuştu.

"İlk aşkından ders çıkarmak zorunda kaldığın için üzgünüm." Gözlerinin içine bakıyordum, sarı led ışıklardan mavisinin içinde can bulan okyanusta kulaç atıyormuşum gibi hissediyordum. Acaba Isla, o an vazgeçseydi her şeyden ve Akademi tarafına geçip onlar tarafından yetiştirilseydi bugün bile birlikte olurlar mıydı Pars'la? Isla'yı güzel bir esmer olarak hayal ediyordum... O zaman Pars, Soyhan'a geldiğinde, ilgimi fark ettiğinde bana kalbine dokunmamam gerektiğini söylemek yerine sevgilisinin fotoğrafını mı gösterirdi?

Derin bir acı hissettim göğsümde, sanki birini kaybetmiş gibi. Hayattaymış ama ölmüş de gibi. Muhtemelen bu acı beni yıkar ve yeniden inşa ederdi. Tam da ihtiyacım olan şey. Ama gerek yoktu, ben kendimi yıkmadan da inşa edebilirdim çünkü zaten bir enkazdan ibarettim; o enkazı temizleyecek ve temeli sağlam bir Liva dikecektim.

Ölümü senin elinden olacak.

Yine de Naz'ın sözleri yankılanıyordu kulaklarımda şimdi, ben ağlak bir bebek değildim ama hâlâ iyi insanların söylediklerine şıp diye inanan o küçük kızdım. Annem, baban gelecek dedi diye evin soğuk kaldırımında sabahlayan geceleri, İrem geçecek dedi diye geçmesini bekleyen acının...

Pars kaşlarını çatana dek, gözlerimin dolduğunu fark etmemiştim bile. "Ne oldu?" dedi kafasını kaldırırken ama onun daha fazla hareket etmesine kalmadan ben, ilkel bir dürtüyle ayağa kalkıp kollarımı kaldırdım ve ona doğru uzattım.

Pars beni kucağına çekti, bacaklarımı sol yanında tuttum. Kollarım boynunda, kollarını belime sardı. "Ne oldu öyle birden?" diye sordu, gözlerimi kapatmış ve yüzümü göğsüne gömmüştüm. "Benim ergenliğimdeki aptallığıma mı içerledin?" Modumu yükseltmek için gülüyordu, biliyordum. "Peki, ben de ilk aşkımın benim için çıkarılması gereken bir derse dönüşmesine üzgünüm ama o zamanlar böyle bir tokat yemeye ihtiyacım vardı. Başına buyruktum fazla." Elini yanağımda hissettim, başımı bulduğum o oyuktan çıkarmayı başarmıştı. Göz göze geldik. "Hem belki ikincisi yolunda gider."

Göz kapaklarımı kapatıp sıktığımda gözyaşlarımı elimin tersiyle sildim ve "Özür dilerim," diye mırıldandım doğrulurken. Pars'ın eli belimde kaldı, başını yasladığı yerden kaşlarını çatarak bakmıştı. "Güçlü olacağım, söz veriyorum."

"Ne için özür diliyorsun?" Armut koltukta doğruldu, yeniden yüz yüze geldik. Ardından hatırlamış gibi seslice nefes verdi ve bakışlarını bir saniyeliğine kaçırdı. "Liva... Naz'ın söylediklerini unut. O şu an... Çok hassas bir dönemde. Ailesini aramaktan vazgeçti. En ufak bir şey bile ona batıyor, seninle ilgili değil..."

"Naz'ın benden hoşlandığını söyleyemeyiz, tıpkı bana karşı nötr olmadığını da bildiğimiz gibi." Lafını kestim, ardı ardına iki kez yutkundum. "Ben onu anlayamıyorum, o da beni anlayamıyor. Çünkü birbirimizi tanımıyoruz. Olabilir, olur yani böyle şeyler... Benim bahsettiğim, Naz'ın sözleriyle açığa çıkan bir güçlenme isteği değil içimdeki. Güçlenmem gerektiğini bildiğimden." Saçlarımı kulaklarımın arasına attım. "Bana kalırsa annemin en büyük hatası... Beni de S ile birlikte Akademi'ye vermemekti. Bana kalırsa... Ivan Dmitry'nin amacını anladığı an beni Akademi'ye vermeliydi, teyzemi de oyununa alet etmek yerine."

Pars'ın dudaklarında yorgun bir tebessüm belirdi. "Ben de aynı şeyi düşünmüştüm."

"Bence benden çok iyi ajan olurdu," dedim gülerek gözlerimi son kez silerken. "Bence ben o suratsızı döverdim de." S'den bahsediyordum. Abim diyemiyordum.

"Geç kaldığını mı düşünüyorsun? Senin eğitimin gelecek dönem başlasa... Beş yıla biter." Gözleri kısıldı. "Eğitmen olmak için mi başvursam?"

Gülerek yavaş çekimde elimi yanağına vurdum. "Saçma sapan konuşma, ne eğitmeni?"

"Bak benim de sağ kroşede rekorum var," dedi sağ elini yumruk yapıp kaldırırken. "Suratına geçirdiğim adam acısını aşağıda hissediyor."

Kısık gözlerim, kapalı dudaklarım ve alaycı bir gülüşle başımı sallamaya başladım. "Hı hı."

"İnanmıyorsan o geri zekâlıya sor!" Başıyla ileride görünen Akademi binasını işaret etti. S'yi kastediyordu. "En sağlam yumruğu en çok o hak etti ne de olsa."

"Sen..." Dudaklarımı birbirine bastırdım, aklıma gelen soruyla. "Naz sana söyleseydi... S ya da... Anlatsalardı durumu... Kabul eder miydin beni göndermeyi?"

Pars yüzüme bakarken rahatsız hissettiğini fark ettim. Bu soru onu rahatsız etmişti. Seslice nefes verirken geriye yaslandı, kolunu boynuma doladığında beni de göğsüne yatırmıştı. "Bu soruyu niye soruyorsun ki Liva?" diye sordu düz bir ses tonuyla. Biliyorum, zaten ben sana sormadan da biliyordum ki cevabını. Ama kelimeler çıkmadı ağzımdan.

Parmakları saçlarımın arasında dolandı, tarıyordu tutamları. "S bir plan yaptı. Hedefi seni tehlikeye atmak değil, seni kullanarak Peder'in gözüne girmek ve ona daha da yaklaşmaktı ki bu doğrultuda ilerledi de. Bize ilk, sivilleri koruma politikası öğretilir. Masumların zarar görmemesi, feda edilmemesi gerekir. Ama bazı durumlarda, Konsey toplandığında insanlar ve toplumlar hakkında gözden çıkarılabilirlik konuşulur, kâr hesaplanır. Maddi bir kâr değil bu. Ben sana, S; Peder'e oynamak için seni gözden çıkardı demiyorum ama seni tehlikeye attığı bir gerçek. Değil bugün, yarın bile bu gerçeği değiştiremez ya da sana hissettirdiklerini hafifletemez."

Gözlerimi kapattım. Haklıydı ve öyle rahatlatıcı konuşuyordu ki, bir yükün daha kanatlandığını hissetmiştim omuzlarımdaki. O yükün adı 'öfke'ydi.

"Ama seni tamamen gözden çıkarmış gibi hissetme çünkü gerçek bundan çok uzak. Her şeyi bir kenara bıraksa, kimliği buna izin vermez. Aldığı risk ve yaptığı planı, öğrendiklerinin ışığında bile karanlıkta kalmasına yorabiliyorum sadece."

"Sen yolu kestiğinde, onunla kavga ederken... Bütün bunların farkında mıydın?"

"Çok pişmanım iki dakika daha zamanım olmadığı için," dedi ciddi bir sesle. "Bir iki tahta daha kırsam kafasında kesin aklı başına gelecekti ama işte o orospu çocuğu senin peşine takılınca..." Lafını kesti.

Güldüm.

Sessizlik oldu.

"Neden güldüğünü sorsam garip mi olur?" Sormuştu bile.

Parmakları saçlarımda gezinirken, uykum gelmişti sadece. Rahatladığımdan da olabilirdi kollarında. Gözlerimi kapattığımdan ve açmaya mecalim olmadığından... Sanki yılların yorgunluğunu çıkarıyormuş gibi, nasıl da uyumuştum bütün hafta ve daha uyurdum da...

"Pars?"

"Hımm?"

"Masal anlatsana," diye mırıldandım yanağım kazağının üzerini yastık bellemişken.

Gülümsediğini hissettim. "İstediğin kadar kültürsüz de... Ama ben masal bilmiyorum."

Kıkırdadım. "O zaman şarkı söyle."

Sessiz kaldı. Bir süre cevap vermesini bekledim ama cevap gelmedi. "Niye ya?" diye sordum elimi yüzüne çıkarttığımda, yanağına yasladım avucumu ve başını kendime çevirdim. Karanlığa alışmış gözlerimi kısarak açıp yüzüne baktım. "Söylüyordun o barda. Gitar da çalıyordun. Hainsin resmen şu an. Ve de kültürsüzsün de. Başka şarkı mı bilmiyorsun yoksa?"

"Sen yine uyuyacak mısın ya? Amma uykucu bir şey oldun. Böyle ajan falan olunmaz."

Hafif bir kuvvetle yanağına çarptım elimi, yeniden başımı yaslamış ve gözlerimi kapatmıştım. "Bak beni kızdırma uyanırım."

"Uyan ki zaten," dedi ama kahkaha atmıştı. Ben de gülümsedim.

Ben hayal mi ettim o sıcak esintiyi, yoksa içim mi ısındı o sessizlikte birden bilmiyordum ama huzurluydum. Belki de yıllar sonra ilk kez... Gerçeklerin ışığında kör olmaya yakın ama huzurlu.

Bir şarkının melodisini mırıldanmaya başladığını fark ettiğimde nefes alış verişlerim düzen içerisindeydi. "O taze saçlarda, kimlerin eli, yaşlanmış, dumanlı nefesleri?" O kadar kısıktı ki sesi, biraz uzaklaşsa duyamazdım belki de. "Hoyratça itişleri, görgüsüz, asaletsiz gülüşleri..."

Bu şarkıyı, İrem'le gittiğimiz bir filmde duymuştum. O anlar aklıma geldiğinde kapalı gözlerime rağmen göz pınarlarımın ıslandığını hissettim, şimdi burada kilometreler ötesinde... Aileye en yakın hissettiğim kişiyi özlüyordum, evde gibi hissettiğim adamın kollarında.

Pars'ın dudakları neredeyse alnıma değiyordu. "Sen neler neler çektin, ben biliyorum... Dokunsam ağlarsın, hissediyorum..." Bir tutam saçı kulağımın arkasına sıkıştırdı. "Hüzün zamanı geçti, onlar eskidendi... Bitti. Hepsi geçti..."

Geçmiş miydi gerçekten şimdi geçmiş?

"Kirli beyaz kedi," diye fısıldadığında dudaklarım titredi. Küçük bir çocuk gibi, uykumda kâbus görüyormuşum gibi, kapattığımda gözlerimi; karanlıkta, bir başıma.

Önemli olan affetmek, unutmak, iyileşmek değildi. Önemli olan yalnızca ve yalnızca, geçmişi geçmişte bırakabilmek ve şu anda yaşayabilmekti, geçmişin etkilemesine izin vermeden. Çünkü ancak o zaman geçmiş, gerçekten geçmiş olabilirdi.

Ben o gece annemi geçmişte bıraktım. Çırpınışlarımı, ağlamalarımı, mızmızlıklarımı, canım acısa da kopardığım kabuk bağlamış yaralarımı geçmişte bıraktım.

O gece üvey babamı, öz babama çalışan ve yüzüne bir maske geçirmiş büyükannemi, Peder'in babam olduğu gerçeğini sindiremeyen tarafımı... Orada bıraktım.

Saniyeler geçti. Benim sahip olduklarım, şimdi yalnızca Pars ve İrem'di.

Ben o gece geçmişi, geçmişte bıraktım; bana elini uzatmak isteyen olursa yine de, koşarak sarılacaktım.

Pars şarkısını bitirdi.

Gözlerim kapalıydı, "O kadına ne söyledin?" diye sordum yutkunarak, kısık bir sesle. "Fransızca cevap verdiğin kadına... Yemek salonunun girişinde..."

"Ona dedim ki..." Saçlarımı kulağımın arkasına sıkıştırdığını hissettim, o kadar uykum vardı ki gıdıklanmış olmama rağmen tepki verememiştim. "Bilmiyorum ama onu bir daha gördüğünde iyi olması için her şeyi yapacağım."

Uykuya teslim olmakla anda kalmak arasında gidip gelirken birinin demir kapıyı açtığını duydum. Yine de kıpırdamadım yerimden, zaten gücüm yoktu. Fazlasıyla uyku mahmuru olmuştum.

Pars pozisyonunu bozmadı, milim hareket etmedi. "Neden telefonuna bakmıyorsun?" diye sordu birisi. S.

"Odada bıraktım," diye cevapladı onu Pars, kısık sesle konuşuyordu. "Ne var?"

"Ayı saklandığı ininden çıktı." Bunun ne anlama geldiğini biliyordum.

"Bir saat sonra arka kapıda ol." Pars. Nereye gidiyorlardı?

"Onunla ne yapacaksın?" Beni kastettiğinden emindim.

"Odasına bırakıp geleceğim."

S sessiz kaldı. Ama gitmediğini biliyordum, gitse adım seslerini duyardım.

"Siz..."

Lafını kesti. Ne diyecekti?

"Neyse," diye mırıldandığını duydum, bu kez uzaklaşmaya başlamıştı.

16

Etten Kemikten Ev

Baktığım boş tavan, bana birkaç yıl öncesini hatırlattı. Evin pis kokan koltuğunda uyuyakalmıştım salonda, annemin nefesini hissediyordum kulağımın dibinde. Ağlıyordu.

O adamın da annemin de nefesi hep içki kokardı ama bir annenin varlığıyla bir pisliğin varlığını sezmek bir miydi? Annem yanıma geldiğini belli eder, o adamsa olabildiğince sessiz kalmaya çalışır ama beceremezdi çünkü alkoliğin tekiydi.

Beni affetme.

Pars, annemin, teyzem Leyla'yı harekete geçirmek için acısına son vermeye teşvik ettiğini düşünüyordu kendisini. Bu yüzden gittiğini, yok olduğunu. Eğer öyleyse bu bir intihar değil, fedakârlık olmaz mıydı?

Gelecek tüm kötüyü hissetmişti ama elinden hiçbir şey gelmezdi, dikkat çekmekten başka. Çekmişti de dikkati.

O kadının.

Ona baktım. Yüzü annemin yüzüyle birebirdi, yalnızca dudağının sol kenarında bir ben vardı onları birbirinden ayıran. Saçları küt kesimdi ve annem kadar zayıf değildi.

"Gizlilik protokolünü kaldırmak için izin istiyoruz," dedi Naz, avucunda bir inci vardı. Pars'ın bana verdiği, kolyemin ucuna taktığım küçük inci. İnciyi önünde dikildiğimiz masanın üzerine bıraktı ve kollarını göğsünde bağlayarak geri çekildi. "Bağlı olduğu diğer inciyle konum belirlemelisiniz."

"Bu işi bitirmek için gizlice dışarı çıktıklarını ama aslında onları takip etmeniz için de size ipucu bıraktıklarını mı söylüyorsunuz?" Konuşan Aida'ydı, Fransız Akademisi'nin lideri. Ama benim bakışlarım bir süredir yanındaki kadındaydı, Hanımefendi'de. Leyla Analita Pardis Crivelli.

Pardis. Cennet. Bu kelimeyi daha önce duymuştum ve anlamını biliyordum ama nereden bildiğim hakkında bir fikrim yoktu. Annemin asıl soyadı olduğundan, çocukken duyduğumu düşünüyordum.

"İpucu bırakan S," dedi Naz, onu çok iyi tanıyormuş gibi konuşuyordu. Sanırım öyleydi de. "Pars böyle bir şey yapmaz, Liva'nın Akademi sınırlarından çıkmasını istemez. S, Liva'yla Artem'deyken muhtemelen kolyesindeki inciyi başka bir inciyle eşledi ve yanına aldı çıkarken."

"Tahminin ne?" Aida oldukça ciddi görünüyordu.

"S, Pars'ı yanında yem olarak götürüyor Peder'e," diye yanıtladı onu Naz büyük bir soğukkanlılıkla.

Derin bir nefes aldım ve bakışlarımı Hanımefendi'den çekerek yere indirdim.

Beni uyandıran boynumdaki titreşimdi. Başta ne olduğunu anlayamadığımdan paniğe kapılmıştım, en son uykuya daldığımda Pars'ın kucağındaydım ama Akademi'deki odamda uyanmıştım çünkü. Ve boynumdaki inci titreşiyordu.

Naz o sırada kapıma dayanmış, kırarcasına yumruklarını geçirmeye başlamıştı. Kapıyı açtığım an bana S'nin Peder'e gittiğinden ve Pars'ı da yanına aldığından bahsetmişti, dolayısıyla onunla aramızdaki anlaşmazlık bir süreliğine rafa kaldırılmıştı direkt olarak.

Ve ben hatırlıyordum. Uykuyla bilinç arasında bir yerdeyken... O terasta, S'nin geldiğini ve Pars'la ne zaman nerede buluşacaklarını konuştuklarını hatırlıyordum.

Naz'a inciden bahsettiğim an boynuma atılıp kolyeyi çekip çıkarmış ve koridorda koşmaya başlamıştı. Bayağı hızlıydı ama bilmeliydi ki ben de uykumu almıştım ve son zamanlarda, hiç olmadığım kadar iyiydim.

Aida'nın odasına dalacağını ve içeride Hanımefendi'nin de olduğunu bilemezdim.

Naz ve Aida konuşmaya başladığından beri ayaktaydı ve bana, benimle bir köşeye geçip saatlerce konuşmak istiyormuş gibi bakıyordu. Bu da beni ürkütüyordu.

Ama bu, o an beni ürküten son şey bile olmamalıydı. Pars yoktu. S yoktu. S, Pars'ı kandırmış mıydı? Ona oyun mu oynamıştı yoksa Pars da mı işin içindeydi?

Her şey daha fazla karışamaz derken başka bir sabaha uyanıyordum ve olanlar oluyordu.

"Eğer bu anlattıkların doğruysa S, Leyla'nın emirlerinin dışına çıkmış demektir. Sinyal gönderdiği inci Liva'ya ait, bu onu yanına çağırıyor demek," dedi Aida, masanın üzerindeki tableti alıp bir şeyler yaptı ve saniyeler içerisinde odanın kapısı açıldı. İçeri giren, kapıda bekleyen askerlerden biriydi.

Aida askere, Fransızca komut verdi ve inciyi avucuna bıraktı. "Siz ikiniz hemen süitlerinizi giyiniyorsunuz. Naz, Liva'yı depoya götür ve oradan üzerine uygun bir süit seç. Emile'i de yanınıza alın." Aida hızla masanın arkasından çıkarken Hanımefendi ona dönüp "Liva'yı gönderemezsin," dedi, bir tehdit gibi.

Aida, Hanımefendi'ye bakmadı. "Öyle mi? Burası Fransa, Leyla. Burada benim emirlerim geçer."

"S benim emrim altında."

"S, Colorado'ya ait. Onu, Peder'in yanına gönderebilmenin tek sebebi kendi kendine plan yapıp istediği gibi davranabileceğini bilmesiydi. Bu iş bittikten sonra disiplin kurulunun önüne çıkartılacak," dedi Aida. "Caleb'ın haberinin olduğundan emin olacağım." Oldukça ciddiydi. Üzerinde kumaş bir pantolon, ince bir kazak vardı ve uzun saçlarını arkasında sımsıkı örmüştü.

"Ben onun teyzesiyim!"

Leyla'nın bağrışıyla, Aida ona ters bir bakış attı. Kendini kontrol edemiyor olmasının sebebi gerçekten tehlikenin içinde iki yeğeninin olması mıydı yoksa başka bir amacı mı vardı?

Onun amacı her zaman başkaydı. Beni hayatta tutmak istemesinin sebebi safkan olmam olabilirdi mesela. S de öyleydi.

"Evet, teyzem," dedim Aida'yla göz göze geldiğimizde, ardından alaycı bir ifadeyle Leyla'nın gözlerinin içine baktım. "Beni Akademi'ye verip hayatımı kurtarmak yerine, kimsesiz bir başıma hayaletlerle dolu bir eve terk eden teyzem. Peder'in işine yaramayayım diye ölümün kıyısına gelmeme izin veren ama intihar etmeyeyim diye, annem gibi, başıma doktor arkadaşını diken teyzem. Benimle aynı şehre gelen askere evimin adresini veren teyzem... Ama yalnızca işine yarayacağım için artık."

"Liva..."

"Burası senin eğitimini alacağın yer olabilir Liva, burada kalabilirsin," dedi Aida. "Sehira'nın soyundan gelen herkese kapılarımız sonuna kadar açık."

Başka nerede olmak isterdim ki zaten? Tebessüm ettim ama kalbim göğsümün içinde gerginlikten çırpınıyordu çünkü Pars'ın dışarıda tehlikede olduğunu biliyordum "Teşekkürler ama çıkabilir miyiz artık?"

"Çıkabilirsiniz."

Leyla'nın ağzı açık kalmıştı ama acıdan çok, öfkeden dolmuş gibiydi gözleri.

Aida'nın komutuyla yanıma döndüm, Naz çatık kaşlarıyla başını salladı ve kapıyı işaret etti. Aynı anda kapıya atıldık, koridora çıktığımızda koşuyorduk. "Beni takip et!"

Asansörlere ulaştığımızda Naz önce davranmıştı. Kabinden içeri girecek olan dev gibi bir adamı ensesinden yakaladığı gibi çekti ve adamın ona karşılık vermesine kalmadan dizine tekmesini geçirip kolunu sırtına doğru bükerek duvar köşesine ittirirken "Kusura bakma!" diye bağırdı. "Acil durum!"

Beni kabinden içeri çekti, ardından anlamadığım sembollerle dolu alt kısımdan bir düğmeye bastı ve kapılar kapanmaya başladı.

Dizinin üzerinde yere çökmüş adam ayağa kalkarken öfkeyle kabine bakıyor, muhtemelen Fransızca küfürler ediyordu. Kapıya atılacağı sırada, azıcık kalan aralıktan Naz ona öpücük attı.

Kapılar kapandı.

"İzin de isteyebilirdin," diye mırıldandım.

Nefes nefese omzunun üzerinden bir bakış attı bana. "Sence vaktimiz var mıydı buna?" Önüne döndü nefes alış verişlerini düzenlemeye çalışırken. "Acil durumlarda vahşileşmek iyidir. Hedefe odaklı tutar seni."

Pekâlâ.

Asansör hızlıydı. Zeminin kaç kat altına indik anlayamadım ama sonunda durduğumuzda kapılar açıldı ve karanlık koridorların floresan aydınlatmaları gözümü aldı. Naz bileğimden yakaladığında, gerçekten bir saniyeyi bile harcamak istemiyormuş gibi hızlıydı ve ben daha fazlasını isteyemezdim ondan.

Çift kapılı odalardan birinin önünde durduğumuzda duvara sabitli cam kutudaki atomik şifreyi çözdü ve içeri daldık. Çift sıralı askılıklar geniş odanın üç duvarını kaplıyordu ve sanırım Aida'nın süit demekle neyi kastettiğini anlıyordum. Koyu gri, neredeyse siyah, vücudu saran kumaşlarla doluydu burası.

"Naz?"

Arka taraftan çıkan genç bir çocuk, elindeki paketleri masanın üzerine bırakıp yanımıza gelmişti. Naz, çocuğu bana uygun bir süit çıkarmakla görevlendirirken kendine uygun bir tanesini askılıkların arasından buldu ve ne çocuğu, ne de beni umursamadan soyunup giyindi.

Süit bedenimizi ikinci bir deri gibi sarıyordu. Böylece üzerine kendi kazağımı ve pantolonumu giyebildim.

"Tamamen kurşun geçirmez değil, yine de yaralanabilirsin. Sapphire'in geliştirdiği silahlar kendi hazırladıkları süitleri bile parçalayabiliyor o yüzden dikkatli ol," dedi Naz, arka bahçeye çıktığımızda hızlı adımlarla yürürken. Saçlarımı tepemde olabildiğince sıkı bir şekilde toplamaya çalışıyordum.

"Sen emin misin?" Lastiği ikinci kere geçirirken ona baktım. "S'nin Pars'a oyun oynadığına."

"S seni başından beri yem yaptı Liva. Her şeyi öğrendiği an bir oyun kurdu. Başından beri Hanımefendi'den emir aldığı falan yoktu," dedi Naz, yarı yolda Emile'le karşılaştığımızda.

"*Salut belle dame.*" Emile bana sıcak bir tebessümle selam vererek geldiğinde ne dediğine dair bir fikrim yoktu ama beni baştan aşağı süzüşünden iltifat ettiğini düşünmüştüm. Elinde büyük bir çanta vardı. Avludaki merdivenlerin üzerine koydu ve fermuarını açtı.

İçi silah doluydu.

Naz eğilip bir tür tabancayı çıkardı ve üst kısmını çekip nişan aldı. Sanırım kontrol ediyordu. Silahı beline sabitledi. Ardından bir bıçak çıkardı ve koluna soktu. Emile de yüklenirken bana "Silah kullanmayı biliyor musun?" diye sormuştu.

Naz o an eğilip başka bir silahı kavradığında bir anda arkama geçti ve kollarını öne uzatıp ellerimi kaldırdı. Silahı bana tutturmuştu. "Emniyeti böyle açıyorsun ve ateşliyorsun," dedi silahın üst kısmını kendine doğru sertçe çekip benim ellerimin arasında ateşlerken. Bahçedeki heykellerden birini kafasından vurmuştu.

"Birileri disipline gitmek istiyor," dedi Emile.

"S'den sıra bana gelirse gideriz."

"S'nin Pars'ı bu kadar iyi kandırabileceğini düşünmüyorum," diye mırıldandım dürüstçe fikrimi dile getirirken.

Naz, boş çantayı kenara fırlatırken merdivenlerden inmeye başladık. "Anlamıyor musun?" diye sordu bana. "Senin Pars'ın zayıf noktası olduğunu biliyor. Konu sen olduğunda Pars'ı ne kadar kolay yere devirdiğimi hatırla?"

"Naz, farkında mısın bilmiyorum ama bunun sebebi belki de Pars'ın asıl sana güvenmesindendi."

Söylediğim şey içinde bir yeri acıtmış gibi durdu Naz, biz ise Emile'le bahçeye inmiş binanın etrafını dolaşıyorduk. "Harika birisin," dedi Emile, arkaya bir bakış atarak. "Onu böyle donduran sözler söyleyen pek kişi yok."

"Umarım yoktur çünkü bu benden başkalarına da ihanet ettiği anlamına gelir." Önüme döndüm, burnumdan soluyarak. O mesele burada kapanmış değildi.

"Naz ihanet etmez. Aptallıklar yapabilir ama bu da çok zeki olduğundan ve bir noktada işleri birbirine karıştırdığından. Ama Naz ihanet etmez. İhanet ediyormuş gibi görünür, altından bambaşka şeyler çıkar."

"Altından çıkan şey hoşuma gitmedi diyelim," dedim silahı pantolonumun beline sokarken. Kapının önüne çıkarılmış canavar gibi bir araç bizi bekliyordu.

Naz arkamızdan yetiştiğinde Emile şoför koltuğuna geçti. Ön koltuğa geçecektim ama Naz'ın aracın arkasından tepesine çıkıp bir anda tavandan elleriyle destek alarak kendini ön koltuğa atması sonucu, ağzım beş karış açık öylece kaldım.

Gözlerimi devirerek arka koltuğa geçtim. "Çocuk gibisin."

"Çocuk gibiyim, bok gibiyim, berbat biriyim Liva evet," dedi Naz, kapılar kapandığında Emile gazlarken. Arkaya dönmüştü. "Bu iş bittiğinde hayatından çıkmış olacağım, o yüzden otur ve benimle geçireceğin cehennem gibi son saatlerin keyfini çıkar."

Gidecek miydi? Nereye gidecekti?

"Böyle bir şey yapman gerekmez..."

"Koordinatları gönderdiler mi?" diye araya girdi Emile, Akademi surlarının içinden çıkmıştık. Naz, aracın ortasındaki tableti sabitlendiği bölmeden çıkardı ve kucağına aldı. İki koltuk arasından kafamı çıkardığımda haritada gideceğimiz yerin işaretlendiğini gördüm, iki saatlik yoldu.

"Helikopteri almalıydık," dedi Emile.

Naz başını iki yana salladı. "Enselenmek mi istiyorsun daha neler döndüğünü anlamadan?"

"Oui madame," diye cevapladı onu Emile, sanırım haklı olduğunu söylemişti.

Arkama yaslandım. Belimdeki silah sırtıma batıyordu ama umurumda bile değildi. Emile aracı çok hızlı sürüyordu, tıpkı benim göğüs kafesimde dört nala koşan kalbim gibi.

Dirseklerimi dizlerime yaslayıp yüzümü kapattım avuçlarım ile. Çok değil yalnızca birkaç saat önce yanağımı yaslamıştım kalp atışlarının üzerine, şimdi kimbilir neredeydi. İki kişi, Peder'i mi öldüreceklerdi? Peder ölünce bitiyor muydu bu iş? S gerçekten bizim tarafımızda ve güvenilir miydi?

Onu tanımıyordum. O benim abimdi ve lanet olsun ki onu tanımıyordum. Ne yapmaya çalışıyordu?

"Ne yapmaya çalışıyorsun?" diye fısıldadım kendi kendime, yüzümü ovalarken.

"Aida nasıl yalnızca üçümüzü gönderiyor koskoca Ivan Dmitry için, anlamış değilim," dediğini duydum Emile'in.

"Bu ihmalkârlık değil mi sence de Naz?" Başımı kaldırdığımda şafak söküyordu, nihayet.

"Değil," dedi Naz, dirseğini cama yaslamış düşünüyordu. "Aida, S ile Pars'a fazla güveniyor."

"Aida, S'yi tanımıyor bile."

"Ama Pars'ı tanıyor," dedi Naz. "Pars, Aida'nın en iyi adamı değil mi?"

"S'nin Pars'ı tuzağa düşürdüğünü söyleyen sen değil miydin beni aradığında?"

Naz'a baktım. Ne düşünüyordu, aklından ne geçiyordu bilmiyordum ama benim aklım durmuştu. Tamamen. Çalışmıyordu.

"Bize söylemedikleri bir şeyler var," dedi Naz torpidoya öfkeyle tekme atarken. "Sikeyim ikisini de! Bir şeyler gizliyorlardı Liva, Artem'den kurtulduğundan beri!"

"Düşündükçe daha fazla teori üretiyor ve aklını kaybediyorsun." Yüzümü sıvazlayarak geriye yaslandım ve derin bir nefes aldım. "Arkana yaslan ve sessizliğin tadını çıkar bence. Çünkü oraya gittiğimizde çok fazla gürültü olacakmış gibi geliyor."

"*Fille brillante!* Liva, bu durumda Naz'dan daha soğukkanlı kalabildiğin için seni tebrik ediyor ve eğitimini dört gözle bekliyorum," dedi Emile. Yine Fransızca konuşmuştu ve ben yine anlayamadığım için gıcık olmuştum ama bu iş bittiğinde ilk işim dil öğrenmek olacaktı.

Naz, Emile'in lafına karşılık radyoyu açtığında aşırı gürültülü bir şarkı çalıyordu. Sesi kökledi.

İki saatin arka koltukta, o gürültülü şarkılarla nasıl geçtiğini bilmiyordum ama güneş doğarken Emile yavaşlamıştı. Bir uçurumun dibinde, ağaçların önünde aracı durdurduğunda radyoyu kapattı.

"İlerideki terk edilmiş hayvan hastanesini görüyor musunuz?" dedi işaret parmağıyla ön camdan, bize yaklaşık on dakika uzaklıktaki eski binayı gösterirken. "Koordinatlar tam olarak orayı gösteriyor. Buradan sonrasını yürüyeceğiz."

Naz bana bir bakış attı, sanırım uyanık olup olmadığımı kontrol etmişti. Ardından Emile'e başını salladı ve üçümüz de aynı anda araçtan indik.

Siyah araç tamamen toz ve çamur kaplıydı artık.

Emile'in yönlendirmesiyle güneşi arkamıza alarak yamaçtan aşağı, toprak yoldan yürümeye başladığımızda üzerimde deri bir ceket vardı, odadan almıştım çıkarken. İçimdeki süit ayrıca bedenimi sıcak tuttuğundan üşümüyordum ama havanın soğuk olduğunu yüzüme ve ellerime vuran rüzgârdan anlayabiliyordum.

Yamaçtan aşağı indiğimizde bu kez hayvan hastanesinin arka bahçesindeki ağaçlık alana tırmanmaya başladık, oldukça yokuş ve çalılıklarla kaplı bir yoldu.

Emile o an, "Liva, sivil. Onun burada kalması taraftarıyım," diye fısıldadı kısık bir sesle, çeşitli bölgelerinde çatlaklar ve göçükler olan bahçe duvarına geldiğimizde. "Pars beni öldürür. Liva'yı tanıdığım iki günden bunu çıkartabiliyorum."

"S onu içeride istedi, mesajı ona verdi bize değil," dedi Naz. Cevabı kaşlarımı çatmama sebep olmuştu. "Ayrıca silahı var ve nasıl ateşleneceğini biliyor. Kendini koruyabilir."

S neden beni, henüz elinden kaçabildiğim Peder'in de bulunduğu bir yerde istiyordu peki? "Ona biraz fazla güvenmiyor musun?"

Naz alayla baktı bana. "Senin ona benden daha fazla güvenmen gerekmez mi?"

Emile çatık kaşlarla izliyordu.

"Gerekmez," dedim başımı sallayarak. "Onu yeni tanıyorum ve kapasitesi hakkında hiçbir fikrim yok."

Naz'ın bakışları oldukça sertti. Bana neden öyle bakıyordu bilmiyordum ama "Sana İstanbul'daki evde şöminenin başında söylediklerimi iyi hatırlıyorsun Liva. Hiç... İstedin mi olmasını diye sormuştum. Ben isterdim," dedi yutkunarak. Emile, S ile kardeş olduğumuzu bilmiyordu ve Naz bu yüzden üstü kapalı konuşuyordu. "Sen ona sahipsin ve kapasitesi hakkında hiçbir fikrin olmadığı için güvenmediğini söylüyorsun."

"Bana, onun beni başından beri yem yaptığını söyleyen sensin."

"Yem olmak kötü bir şey değil. Umursanmamak kötü bir şey olurdu," dedi Naz alaycı bir gülüşle başını sallarken. "Ve senin bugün burada olmanın tek bir sebebi var. Ne Hanımefendi ne de Peder... Umursanmış olman, Liva. S tarafından."

Garip bir sessizlik oldu, ne düşüneceğimi bilmediğim ama kafamın karışık olduğundan emin olduğum saniyeler boyunca. Emile lafı devralana dek Naz'la göz temasımızı kesmedik.

"Liva'nın kendini bir silahla koruyabileceğini düşünmüyorum ama tamam, komuta sende Naz," dedi Emile. "Biri kafamı uçurmak isterse suçu senin üzerine atarım."

"Öyle yap."

Gülmek istedim ama ortam fazla gergindi ve bir yandan korkuyordum da. İçeride neyle karşılaşacağımızı bilmiyor olmanın gerginliği çok farklı bir şeydi, belimdeki silah ya da onu ateşlemek zorunda kalmak korkutmuyordu beni. Gerekirse birini kafasından vurabilirdim ve bunu gözümü bile kırpmadan yapardım.

Naz, öne geçip duvardaki deliklerin birinden sürünerek bahçe içine geçti, ardından peşinden gitmemiz için işaret etti. Emile beni arkasına aldı, göçükten geçtik. Etraf temizdi.

Bina dört katlıydı ama önümüzdeki açık dörtlü kapıdan görülüyordu ki girişin tavanı oldukça yüksekti. "İçeride birileri var," dedi Emile fısıldayarak ve o an Naz'la iki yana geçtiler bölünerek. Emile kolumdan yakaladığından, ben de eğilip sessiz ama hızlı adımlarla onu takip ettim.

Geniş kapının iki yanında sırtlarımızı duvara yaslamıştık. Naz kafasını kaldırıp yan taraftan baktı, gözlerindeki endişe bana içerinin karanlığında bir şey gördüğünü söylüyordu sanki.

Sırtımızı yasladığımız duvarda eksik bir tuğla vardı, bu da içeriye görüş sağlıyordu. Emile eğilip o delikten içeri bakarken Naz'ın eli dolu bir şekilde çatı da dahil herhangi bir atak için etrafı incelediğini gördüm.

Emile nefesinin altından küfretti. O an avuçlarımı, sırtımı yasladığım duvara yaslayıp gözlerimi yavaşça içeri çevirdim.

Bir hastanenin aciline benziyordu içerisi ama daha karanlık ve pis olanına. Önlüklü iki kişi, ayaklarından ve bileklerinden dikey konuma getirilmiş bir yatağa zincirlenmiş adamın başındaydılar. Elindeki tüple ayrılan birinin yarattığı boşluktan, adamın yüzünü gördüm.

Pars.

Ses çıkarmamak için avucumu ağzıma kapatırken gözlerime batan yaşlar görüşümü bulanıklaştırdı. Aynı anda Naz'ın bağrışını duydum, yan tarafımdan kısık sesli çığlık gibi bir ses geldi ve Emile dizlerinin üzerine çöktü.

"Formdan düşmüşsünüz," dedi S, az önce bizim geçtiğimiz duvar göçüğünden geçerek yanımıza yürürken. Diğer adamlar duvarlardan atladılar. Bunca zaman arkamızdalar mıydı?

"Sen!" Öne atıldım ama siyahlar içindeki iki adam kollarımdan yarı yolda yakaladı. "Ne yaptığını zannediyorsun?!"

Naz yere tükürdü. Dövüştüğü adam onu dizlerinin üzerinde yere çökertmiş ve kollarını arkadan yakalamıştı, alnından ve dudağının kenarından kan akıyordu. Sert darbeler almış olmalıydı. "Öz babanın sahip olduğu gücün, aklını çeleceğini bilmeliydim."

S dudak büzdü Naz'a ama umursamamıştı. Kaşlarım çatıldı. Bu o değilmiş gibi geliyordu. Artem'de de, Akademi'deyken de... Çok başka biriydi. Karşımdaki ise bambaşka biri.

Göz göze geldik. "Ne yaptın?" Tıslayarak sordum. Kollarımı adamlardan kurtarmaya çalışırken kopacaklarını hissettiğimden çırpınmayı bırakmıştım.

Biri sırayla üzerimizdeki silahların şarjörlerini boşaltıp yere atıyordu. Belimdeki silahı da aldılar.

"Ne yapabilirdi?"

Başımı öyle bir hızla içeri çevirdim ki, boynumun kopacağını zannetmiştim. İçeriden siyah bir ceket ve pantolonla çıkan kişi, Ivan Dmitry; yani Peder'den başkası değildi. "Babasını gururlandırmaktan başka yani, ne yapabilirdi?" Güldü. Ardından eliyle içeriyi işaret etti. "Misafirlerimizi içeri götürelim. Hadi."

Naz'la göz göze geldim içeri götürüldüğümüz sırada, bana sessiz olmamı işaret ediyordu ama gözlerimden akan yaşlar ve içimde, çok derin bir yerlerde hissettiğim öfke buna izin vermeyecek gibiydi.

Pars'ı bilinçsiz ve solgun bir şekilde, dikey konuma getirilmiş yatakta, kolları ve bileklerinden zincirlenmiş bir hâlde gördüm. Bir kez daha.

Bir kez daha öldüm.

"Bırakın onu..." Bir çığlıktı aslında attığım ama öyle çaresiz çıkmıştı ki. "Ne yapıyorsunuz ona?!"

"Kendini verir misin bana, onu bırakırsam?" diye sordu Peder o an, garson kılıklı biri tepside votka getirmişti. Bardağı aldı ve içti. "Ha?"

"Veririm!" diye bağırdım. Bunun ne anlama geldiğini biliyordum ama umurumda bile değildi. Başım çatlıyordu ağlamaktan. "Herkesi bırakın, gitsinler!"

"Aa," dedi Peder acıyormuş gibi bir tonla, dudak büzerek. "Ama sen benim işime yaramazsın, güzel kızım," diye devam etti, yanıma gelmiş ve çenemi parmaklarının arasına almıştı. Çatık kaşlarımla, başımı elinden çektim ve yana baktım. Ne demek işine yaramam? "Ama tabii, abin ve babanla kalmak ve Artem'e katılmak istiyorsan kalabilirsin. Birkaç pürüz olsa da seninle hâlâ anlaşabileceğimizi düşünüyorum."

Pars'ın siyah gömleği yukarı sıyrılmış, damar yolu açılmıştı ve serum askısında dolan bir kan torbası vardı. "Ne yapıyorsunuz ona?!" Başımı yana çevirdim, S'yi aradım. Naz ve Emile, diz çöktürülmüş ve başları yere eğilmiş bir şekilde kurban gibi yan yana dizilmişlerdi. Arkalarında ikişer adam kollarını tutuyor ve başlarına baskı uyguluyordu.

S de oradaydı. Kolona yaslamıştı omzunu, kollarını göğsünde birleştirmişti. Suratı o kadar düz bir ifadeye sahipti ki, sanki şu manzaraya; arkadaşlarına bakıyor ve hiçbir şey hissetmiyordu. Bomboştu içi.

Naz haklıydı. S, Pars'ı tuzağa düşürmüştü.

"Ne demek istedin?" dedim kesik nefeslerimin arasında Peder'e bakarak. Köşede deri koltuklar vardı ve oraya yürüyordu. "İşime yaramazsın derken ne demek istedin!"

"Testlerini yapanlar Sapphire'in ajanları çıktı, demek istedim," dedi Peder, seslice nefes vererek koltuğa oturdu ve kollarını koltuğun sırtına attı. "Yeterli değilsin... Meyra seni aylarca antikorsuz bırakarak zayıf düşürmüş, işimize yaramazsın. Seninle vakit kaybettirdi bize, bilerek yaptı bunu. Bu sırada Artem'in yerini tespit etti ve patlattı." Tesisi patlamış birine göre fazla sakin görünüyor ve hatta gülümsüyordu bile. Kahkaha attı. "Benim karım, mezardan çıkıp intikam aldı sanki benden! Sen beni terk edersen ben de beni terk etme sebebini alırım senden dedi!"

Şaşkınlıkla S'ye baktım, büyük bir soğukkanlılıkla Peder'i dinliyordu. Annem öldü seni geri zekâlı, tesisini patlatan ikizi!

"Öte yandan... Seni kaçıran çocuk, Pars..." Seslice nefes aldı koltuktan kalkarken. Pars'a doğru yürüyordu. Pars'ın yanındakilerden biri de Katya'ydı, yanındaki diğer adamla birlikte göremediğim bir şeyler yapıyorlardı masada. Testler mi?

"Uzak dur ondan!" diye bağırdım, sesim kısılmıştı.

"Öte yandan, arkadaşın," diyerek Pars'ın yanına dikildi. Ardından gözleri kısıldı ve hafifçe öne eğildi. "Pardon, erkek arkadaşı mıydı yoksa güzel kızımın?" Elini Pars'ın üzerinden, Katya'ya uzattı. Katya'nın elinde bir tüp vardı, kırmızı bir tüp. Pars'ın kanı. "Mükemmel bir deney faresi olur."

Naz'ın tiksinir bir sesle başını kaldırdığını gördüm, dik bakışlarının hedefinde Peder vardı. Küfrettiğini düşündüm Fransızca söylenirken tükürürcesine. Arkasında onu tutan herif saçından tuttuğu gibi Naz'ın kafasını geri çektiğinde bir an boynu kırıldı zannedip çığlık attım.

"Dokunma ona!"

"Abinin Akademi'yi manipüle edip bana ihtiyacım olanı buluşunu izlemek nasıldı?" diye sordu, dirseğini Pars'ın yatağına yaslayıp bir bacağını diğerine çaprazlarken. Elinde tüpü tutuyordu. Çok daha fazlası serum paketlerine aktarılıyordu. Onun damarlarını kurutuyorlardı. "Rusya'dan kaçırıldığında gerçekten kurtulacağını düşünecek kadar aptal mıydın peki?"

"Bize bilerek teslim oldun!" diye bağırdım S'nin suratına, Peder'e bakmıyordum bile artık. Ağlarken kendimi kaybediyordum kollarımı tutan heriflerin önünde. "Ama çalıştığın pisliği kandırmak için değil, aramıza girmek için öyle mi?!"

Hiçbir şey söylemeden öylece bakıyordu. İfadesizliği ve sessizliği insanı deli ediyordu.

"Konuşsana!" diye bağırdım. "Ne oldu?! Annem seni değil beni tutmak istedi yanında diye mi öfkelendin? Bu yüzden mi yaptın!"

"Meyra'ya iki çocuğumuzu da yanımızda tutabileceğimizi söylediğimde planlarımdan hoşlanmamıştı," diyerek araya girdi Peder. S ile aramızdaki mesafenin ortasına dikildi. "Akademi'ye ilk doğuracağı çocuğu vermekte kararlıydı. Onu seçti," dedi S'ye dönerek bir saniyeliğine, ardından bana baktı. "Çünkü hep bir kızı olsun istemişti. Oğlu olursa bana benzeyeceğinden korktu, bu yüzden seni seçti Liva."

"Hastaydı o," dedim yutkunmaya çalışarak. "Annem akıl hastasıydı. Sen de bunu biliyordun. Ne kadar hata varsa yapmasına izin verdin, terk ettin onu en başta..."

"Arkadaşı aklımla oynadı!" Peder bağırdığında, sesi içeride yankılandı. "Yıllarca kör bir şekilde dünyanın en uç noktalarında aradım seni de anneni de! Siktiğimin hafızası işe yaramaz hâldeydi!"

Öyle bir bağırıyordu ki boynundaki ve alnındaki bütün damarlar belirginleşmiş, yüzü patlayacak gibi kızarmıştı. Bana baktı, elleri iki yanında. Ardından arkasını döndü ve S'ye baktı.

Orada öylece dikildiğine inanamıyordum.

Bütün bunları yaptığına inanamıyordum.

Yapmış mıydı gerçekten?

Hakkında söylenenlere rağmen... Neyi yapıp neyi yapmayacağımı bilmiyordum en çok da. Ve o benim abimdi. Canımı en çok yakan da buydu.

Bu odadaki herkesten daha yabancıydım ona.

"Anlat," dedi Peder, oğluna. S'ye. "Başından sonuna dek, ince ince işlediğimiz planı anlat oğlum."

S, Peder'e baktığında başını eğdiği yerden gözlerini üzerine dikmişti. Ardından nabzımı ölçmek ister gibi bana çevrildi gözleri. Ela mı yeşil mi belli olmayan gözleri.

Doğruldu ve ellerini ceplerine sokarak ortaya doğru yürüdü. Botlarının tok sesi boş mekânda yankılanıyordu. "Ev adresini hatırlayan Ivan değildi," dedi başını kaldırırken. "Ivan'ın aklı hâlâ seneler öncesinde, Lamen Fettahoğlu kimliğiyle Türkiye'de doktorluk yapan o kadın yüzünden karışık bugün bile. Seni ben buldum Liva, Meyra benimle iletişime geçmeden önce."

Ağzım açıldı.

"Hanımefendi dedikleri, evet, annemiz," dedi.

Hayır. Değildi. O annemizin ikiziydi. Teyzemizdi. Annem olsa tanırdım. O bir yabancıydı.

"Ivan'ın planlarından ve Artem'den bahsetti, seni ondan kurtarmam gerektiğinden... Çoktan senin yanına birini gönderdiğini ve onunla işbirliği yapmam gerektiğini söyledi. Ama seni kimden kurtaracaktım?" Gözleri kısıldı. "Peder'den. Biliyor musun Liva, çok küçük yaşta ebeveynlerimin kim olduğunu çözmüştüm zaten ben. Yani hiçbir şey sürpriz değildi aslında. Ivan, psişik deneyleriyle yeni bir çağ açmaya çalışırken Sapphire'in onun yoluna taş koyması... Anlamsız. Eğer Konsey başta kabul etseydi tüm bunların yaşanmasına gerek kalmazdı."

Peder elleri cebinde, omuz silkti.

"Başından beri Ivan'ın tarafındaydım, evet," dedi S. "Sen Artem'deyken de, kaçırıldığımızda da, Akademi'deyken de... Her zaman."

Üzerine doğru atıldım, yüzüne tükürmek istedim ama kollarımı tutanlar bırakmadılar. "İğrenç birisin!" diye bağırdım. "İyi ki seninle bu zamana dek kesişmemiş yollarımız!"

Dudaklarının kenarı kıvrıldı. İlk defa maskesi düşmüş gibi, sözlerimdem memnun kaldığını hissetmiştim. "Ben de öyle olsun isterdim küçük kardeşim."

Bağırdım suratına doğru, çığlık attım. "Bırak onu! O senin çocukluk arkadaşın değil mi?! Siz aynı yerde eğitim almadınız mı sen Fransa'dan gitmeden önce?! Ya Naz!" Hâlâ saçlarından geri tutulan, boynu kırılmak üzere olan Naz'a baktım gözyaşları içinde. "Öldüreceksin onu! Bırak saçlarını, bırak!"

Başımı iki yana sallıyor, ağlarken hıçkırıklarımın arasında sayıklıyordum. Bu gerçek olamazdı. Bu olmuyordu, hayır. Bunu yapmıyorlardı...

Onu... Onu...

Başım eğikken gözlerim yeniden Pars'ın zincirlendiği yatağa çevrildi, bembeyazdı. Dokunsam birkaç saat önce saçlarımın arasında dolaşmış sıcacık ellerine, şimdi soğuk olacaklardı. "Bırak onu, lütfen," dedim, dizlerim öyle güçsüzleşmişti ki beni hayal kırıklığına uğrattılar ve diz çöktüm. "Bırak! Bırak Allahın cezası!"

Çığlıklarla ağlamalarımın ardında Katya'nın "Aldım," dediğini duydum, Peder'in dikkati kadına çevrilmiş ve seri adımlarla üzerine yürümüştü. S gözlerini üzerimden ayırmıyor, büyük bir dikkatle izliyordu beni ama ben sayıklayarak Pars'a bakıyordum. Katya ve Peder de yanındaydı.

Gözyaşlarımı silmek istiyordum çünkü net göremiyordum. Katya, soğutuculu bir çantaya koyduğu küçük tüplerle montunu giyinip çıkışa yöneldiğinde çaresizce Pars'a baktım.

Kollarımı çekiştirdim, "Bırak kolumu, acıyor," diye fısıldadım çünkü bağırmaktan sesim kısılmıştı. Omzum çıkmıştı muhtemelen ama acısı göğsümdekiyle yarışamazdı.

O an adamlar kollarımı bıraktılar. Beni bir tehlike olarak görmediklerinden mi yoksa bayılmak üzere olduğumdan mı bilmiyordum.

Başımı kaldırdığımda S'nin, çatık kaşlarıyla bana baktığını gördüm. Adamlara kollarımı bırakmalarını işaret eden o'ydu. Neden?

Katya depoyu terk etti. Dizlerimin üzerinde ayağa kalkmaya çalıştım, içerisi fazla sessizdi. "Onu öldüreceksin!" Sesim çıkabiliyordu hâlâ, boğazım çizilmiş gibi hissediyordum. S'nin bacağına tutunarak ayağa kalktım ve onu yakalarından tuttuğum gibi sarstım. "Onu öldüreceksin diyorum bırak! Bırak onu! Tüm kanını emdiniz!"

Peder ellerini birbirine sürterek, heyecandan yerinde duramıyormuş gibi bir havayla içeri döndüğünde yanında Katya yoktu. Muhtemelen ihtiyacı olan şeyi almış ve o kadını tüplerle birlikte göndermişti.

"Toplanıyoruz!" dedi içeri yürürken adamlarına. "İhtiyacımız olanı aldık!"

S'nin başı yukarı çevrildi o an, çenesini kaldırdığından ve boyu uzun olduğundan nereye baktığını göremedim ama anlamaya çalışırken ellerim zayıfladı ve yakalarından düştüler. Yüksek tavandaki bir bölmeye bakıyordu... Bir... Kameraya?

Büyük bir gürültünün ardından içerisi karanlığa gömüldüğünde boğuk bir çığlıkla kucaklandım. Soğuk bir duvarın arkasında ayaklarımın üzerine bırakıldığımda elime bir silah tutuşturuldu ve "Sakın çıkma buradan," diye fısıldadı S. S.

Kepenkler aşağı indirilmişti, etraf zifiri karanlıktı. Peder Rusça bir şeyler bağırıyordu, silah sesleri gelmeye başladığı gibi duvarın arkasına saklandım ve sırtımı yasladım.

Avuçlarımda kavradığım silahın emniyetini çekerken arkada bir ışık açıldı. İçerinin karanlığı, açılan floresanlarla yok edilirken gözlerimi kollarıma silip burnumu çektim ve göz ucuyla arkama baktım.

Bir köşedeydim.

Pars. Pars yatağında yoktu. Zincirler yerdeydi.

Herkes dövüşüyordu, bazıları silahlarını köşelerden ateşleyerek adamları yere deviriyordu. İçeride olandan daha çok adam belirmişti bir anda ve neredeyse hepsi siyah giyindiğinden kimin kim olduğunu anlamak mümkün değildi.

Naz'ı gördüm, Emile'i gördüm.

Naz, adamın birini kalkan olarak kullandı; böylece ona sıkılan kurşun boynundan yakaladığı herifin göğsüne isabet etti. Naz adamı bırakmadı, o hâlde koşturarak kendisine ateş eden herifin üzerine attı ve ikisi üst üste yere yapışırken ikisinin de kafasına birer tane sıktı.

Emile iki adamı aynı anda üzerinden atarken heriflerden biri yuvarlanarak başka birinin ayağının ucuna düştü, kalkıp saldırıya geçeceği an ayak ucuna düştüğü adam kolunu bükerek kırdığı gibi acılar içinde çığlık atan herifin boynunu çevirmişti.

S.

Benim aklım artık almıyordu.

Elimdeki silahı anlık olarak üzerime koşan adamın üzerine ateşledim. Gözlerimi kapattım, sımsıkı tuttum ve ateşledim. Üç kez. Gözlerimi açtığımda adam yerdeydi.

Ağzımdan derin nefesler alarak geri geri gitmeye başladığımda silah elimden düştü, sırtım duvara yaslandı. Bir daha bu kadar zayıf olmayacaksın. O gün kendime verdiğim bir sözdü.

Böyle bir dünyada, artık benim dünyamda, zayıf olmak ölümle eş değerdi.

Birinin kolumu yakaladığını hissettiğim an çığlıklarla onu tekmeleyecektim ki kollarını etrafıma sardı ve ellerinden birini saçlarıma daldırdı. Lastiğin ne zaman koptuğunu ve saçlarımın omuzlarıma döküldüğünü fark etmemiştim bile ama koku tanıdıktı.

"Küçük kedi pençelerini çıkarmış yine," dedi Pars, sesi zayıf geliyordu. Onu göğsünden ittirerek başımı kaldırdım ve gözyaşları içinde yüzüne baktım. "Ne oldu?" diye sordu, gülümsüyordu. "Beni yakalayamazlar, ben onları yakalamışımdır ama henüz farkında değillerdir. Anlayamadın mı hâlâ?"

"Senden nefret ediyorum..." Yüzümün buruşmasıyla, içime çektiğim oksijenle boğuluyormuş gibi hissetmiştim o an. Göğsüne vurmaya başladım. "Senden nefret ediyorum! Senden nefret ed..."

"Ah..."

"Ne oldu?" Boncuk boncuk dökülen gözyaşlarımın arasında o kadar çabuk renk değiştirdim ki, ben bile şaşırdım. Yüzünü avuçlarımın arasına aldım, omuzlarından tuttum, kollarından ve ellerinden... "Ne oldu Pars? İyi misin?"

"Biraz zayıfladık diyelim," dedi şaka yapar gibi, zayıf bir tonla gülerek. "Birkaç tüp kan bağışı yaptık diyelim..."

"Neden bunu yapıyorsun bana?" Çocuk gibi, hıçkıra hıçkıra ağlamaya başladım. "Neden yapıyorsun bunu..."

"Çok seviyorum seni o yüzden," dedi gülümseyerek yüzümü avuçlarımın arasına aldığında. Göz gözeydik. Karanlıktaydık. "Bir daha o yüz yirmi saati yaşamamak için, sana da bana da o saatleri yaşatanları ortadan kaldırmam gerekti."

Sözlerini idrak edemiyordum, kendimi durduramıyordum. Tir tir titriyor, ağlıyor, başımı sallıyordum. Elimi ensesine attığımda soğuk soğuk terlediğini fark ettim, başını eğdi böylece onu kendime çekip sıkıca sarılabildim. "Yapma bir daha n'olursun," diye mırıldandım kısılmış sesimle.

Seslerden dolayı beni duyabiliyor muydu bilmiyordum çünkü zaten kısık sesle konuşuyordum.

Kepenklerin gürültüyle indiği yerden, yeniden kalkmaya başladığını gördüm başımı hafifçe kaldırarak Pars'ın omzundan arkaya baktığımda. Bir kalabalık vardı garajın önünde.

En önde Aida dikiliyordu. Kalın botları, pantolonu, ceketi ve elindeki silahı ile hedefe kilitlenmiş gibiydi.

"Pars," diye fısıldadım şaşkınca.

"Biliyorum," dedi kollarını belime dolayıp arkama geçerken. Çenesini omzuma yaslamış, benimle aynı manzarayı izliyordu şimdi. "Peder'i almaya geldiler. Katya, tüplerle yola çıkana kadar bekledik."

"Neden?" diye fısıldadım, kocaman olmuş gözlerimle S'ye bakarken. Peder'i diz çöktürmüştü ve başına bir silah dayamıştı. Diğer herkes yerdeydi ya da Naz'la Emile başlarındaydı.

"Çünkü Katya kötü ama zehir gibi bir bilim insanı ve elindeki güçle çok korkunç şeyler yapabilme potansiyeline sahip. Sapphire'e hem Katya'yı, hem Peder'i, hem de peşinde oldukları silahı teslim ediyoruz bugün."

"Silah?" Ona baktım. "Gerçekten... Ben işine yaramaz mıydım Peder'in?"

Başını salladı. "Teyzen seni gerçekten uzun süre antikorsuz bırakarak fazla zayıf düşürdü, Liva. S, Artem'de test sonuçlarınla oynamış ve seni aradıkları kişiymiş gibi göstermiş. Aslında safkan diye bir şey yok ama kanı yeterince saf bozulmaya uğrayanlar var."

"Senin gibi," diye fısıldadım.

Başını salladı.

"Kendini ifşa ettin," dedim şok içerisinde.

"Önemli değil."

"Nasıl önemli değil?!"

"Alın şunu!" O sırada Aida'nın sesi araya girdi. Arkasındaki askerler içeri girerek yerdekileri toplamaya başladıklarında S'nin arkasında Naz ve Emile vardı. Aida, S'nin tam karşısına dikildi.

Öylece baktı S'nin suratına, tıpkı S gibi. "Nesin sen çocuk? Niye dinlemiyorsun emir erlerinin lafını?!"

S cevap vermedi. Silahının namlusunu başına dayadığı Peder'in yüzü kanlar içerisindeydi, gülünce kanlanmış beyaz dişleri açığa çıktı. "Kanında var."

"Kapa çeneni," dedi Aida. "İşin bitti artık senin."

"Oyun içinde oyun içinde oyun içinde oyun..." Seslice nefes verdi Peder. "Kimin aklına gelirdi?" Güldü. "Benim oğlumun tabii."

"Şu durumda bile onu bu hâle getirenin kim olduğuyla ilgileniyor," diye homurdandı Pars göz devirerek elimden tutup beni de yanında yürüttü.

"Bozmak istemem ama planı hızlandıran Pars'tı," dedi S, silahın ucuyla Peder'i dürterken.

Peder somurttu.

Aida başıyla askerlerine işaret verince Peder'i kollarından tutup kaldırdılar, bilekleri arkadan bağlıydı.

"Bitti mi orospu çocuğu!" S, bir anda öne sendeledi. Naz onu öfkeyle ittirmişti. "Yetti mi kalbime indirdiğin bu kadar!"

"Yetti," dedi S. Naz'ın ona olan tepkisi beni neden bu kadar kızdırmıştı bilmiyordum ama duygularımın karmakarışık olduğu bir yerdeydim bu yüzden sebep sonuç ilişkisi kuramıyordum.

"Altıma sıçıyordum yemin ederim," diye araya girdi Emile, elini saçlarından geçirirken. Herkesin yüzü gözü dağılmıştı ve Emile de bu kervandandı. "*Inception*'a döndü buralar, ben filmi bile anlamamıştım ki daha abi ya!"

Avuçlarımı yüzüme bastırarak rahatça nefes almaya çalıştım ama hâlâ titriyordum, hâlâ kesik nefesler alıyordum ve ateşim çıkmıştı. Üstelik kalp çarpıntım o kadar kötüydü ki başım dönüyordu.

Pars, omzumdaki elini kaldırıp elinin tersiyle yanağımı okşadığında ellerimi indirdim ve çatık kaşlarımla ona baktım. Ardından önüme döndüm.

S ile göz göze geldim.

Ne söyleyebileceğimi bilmiyordum, kaldı ki sesim yoktu. Boğazım çizilmişti sanki bu yüzden sürekli yutkunuyordum ve gözlerim de şiştiğinden, ağlamaktan doğru düzgün göremiyordum. Belki de kriz geçiriyordum hâlâ. "Sen..."

Peder'in, onu tutan adamların elinden kurtulduğunu ve adamlardan birinin silahına uzandığını gördüm. Emniyetini açıp S'yi nişan aldığında önüne atlayışım bir refleksten ibaretti.

Silah ateşlendi.

"Liva!"

"Dur!"

"Hayır!"

Saniyeler geçti. Üç kişinin sesi duyulmuştu silahın patlayışının ardından; Pars, Naz ve S.

Neler olduğunu anlamak için gözlerimi açtığım sırada kolumdan birinin tuttuğunu gördüm, başımı çevirip ona baktım; S. Kurşun ona isabet etmemişti. Hayatta ve sağlamdı. Rahatça nefes verdim.

Aida, Peder'in elindeki silah alındığı an adamın suratının ortasına yumruğunu geçirdi. "Neyse ki..." Omzuma konulan güçsüz el, sesimi kesmişti.

Kaşlarım çatılırken Pars'a baktım. "Ne oldu?" Kollarından tuttum, yere bakıyordu. Aşağı bakıyordu. "Pars..." Yere düşerken kollarından tuttuğum için onunla birlikte devrildim, üzerindeydim.

Avuçlarımın üzerinde kalkıp "Pars!" diye bağırdım, benimle yere çökenler vardı ama kimsenin sesini duyamıyordum. Bir şey söyleyemiyordum da.

Gözlerini kırpıştırarak yukarı bakmaya başladı, yüzünü avuçlarımın içine aldığımda kafasından elime bulaşan kan bütün vücudumu bir depremin ortasında çaresiz bırakmıştı. Kafasından vurulmuştu. "Hayır," dedim yutkunarak. Bu kadar negatif, bu kadar kötü, bu kadar acı yeterdi. Yüzüne eğilerek "Bana bak, yukarı değil," dedim, ağlamıyordum. O kadar çok ağlamıştım ki artık ağlayamıyordum.

Ve artık ağlamayacaktım.

"İyisin bir şeyin yok," dedim yutkunuşlarımın arasında, titreyen kısık sesimle. "İyisin. Bitti. Döneceğiz şimdi."

Elini kaldırıp kolumu tuttu, avucunu bastırdı.

Eli soğuktu. "Elin sıcacık," dedim elini kaldırıp yanağıma yaslarken. "Benim ellerim soğuktur tutunca ısıtırsın hep. Elin sıcacık."

"A... Acımıyor," diye fısıldadı. Gözlerini uzun süreli kapatıyor, kısa süreli açık tutuyordu. Yutkundu.

"Acıyacak bir şey yok ki."

"E... Elin sıc... Sıcacık..."

"Sen daha sıcaksın." Alnından öptüm. Buz gibiydi. Çok kan kaybetmiş ve kurşun yemişti. Hayır. O iyi. "İrem'i ziyarete gidecektik birlikte. Ne zaman gideriz? Burada her şey hallolduğuna göre Soyhan'a dönmek güvenlidir artık değil mi?"

"G..."

Güvenli. Güvenli dedi.

Başımı kaldırıp baktığımda yanımda diz çökmüş gözlerini Pars'tan çekmeyen S'yi gördüm; Naz'ı gördüm, tek kelime etmiyordu ama titriyordu ve gözlerinde dehşetin izleri vardı; Emile'in elleri saçlarındaydı, diplerinden çekiştiriyordu ve gözleri kızarmıştı.

Yerdeki silahı gördüm.

Başımı yeniden kaldırdım. Peder'in büzdüğü dudaklarını gördüm. Suratındaki iğrenç zafer ifadesini gördüm.

Silahı aldım ve emniyetini çektiğim gibi ateşledim.

•

Anne,

İnsanlar yaşar ve ölür değil mi anne?

Büyük bir mesele değil bu. Ölmek yani.

Mesele arkada kalan olmak. Sen bu yüzden öylece gidebildin. Seni de arkada bıraktılar, babam o gün evden çıkarak başka bir adam olmayı kabul ettiğinde evlendiğin kişiyi mezara çoktan gömmüştün biliyorum. Şimdi çıkıp bir yerden "Baban gelecek," desen yine, ben kaldırımda değil kendi mezarımın başında beklerim onu ama sen de bil bunu.

Çünkü arkada kalan olmak çok zor anne.

Bana göre senin arkada bıraktığın bendim.

Yüzüstü bıraktığın abimdi.

Neden ikimizi de vermedin onlara? Sakladın beni? Korktun babamdan, tamam... Ama yalnız yetiştim ben, sen de yoktun yanımda. O kadar yoktun ki evimdeki canavar beni bulduğu her karanlık köşede sıkıştırabildi, kapımı kırabildi, tavan arasında uyuttu beni kâbuslarım.

Tavan arasında büyüdüm ben anne.

Kâbusum bir gün biter de aşağı inerim diye umut ettim hep ama aşağı indiğimde de sen yoktun artık.

Ben kimsesiz büyüdüm, abim de öyle.

Vazgeçmekle seçim yapmak arasında pek de bir fark yokmuş.

İçine tıkıldığım kafes ciğerlerime nefes, kafesin dışı boşlukmuş.

Bir varmış, bir yokmuş.

Küçük kızın yatağı kaldırım taşlarıymış bunca sene.

Evi yokmuş. Yok olmuş.

17

Deniz Gözlü Yabancı

Başımı kaldırıp yukarıya baktığımda, askıda serum vardı. Birkaç dijital ekran köşede, vital bulgularımı gösteren. Geniş pencereleri olan, ferah bir odadaydım; pencerenin camları boncuk boncuk yağmur damlalarıyla kaplıydı ve uzağa düşen yıldırımları görebiliyordum.

Bir hastane odasındaydım.

Ya da hastane odasına benzer bir yerde.

Uzandığım sedyenin yanındaki koltuklar boştu. Masanın üzerinde cam bir vazoda güller vardı ama kurumuş, yaprak dökmüşlerdi. Ölüydüler.

Avuçlarımı yatağa dayayarak doğrulmaya çalıştım günlerdir uyumamış ve saatlerce ağlamış gibi hissediyordum; vücudum yorgundu, gözlerim ise şiş ve ağrılı.

Yataktan aşağı sarkıttım ayaklarımı, terlikler vardı köşede. Beyaz, hastane terlikleri. Onları ayaklarıma geçirdim, kolumdaki iğneyi çıkarıp attım ve kapıya doğru yürüdüm. Bacaklarım uyuşmuş ve güçsüzlerdi ama birkaç adımdan sonrasını halledebilmiştim.

Karanlık koridor, yakınlarda çakan bir şimşekle aydınlandığında; koridorun sonundaki açık pencereden sızan gök gürültüsünün sesi bana tek bir şeyi hatırlatmıştı; Ivan Dmitry'nin yere yığılan cansız bedenini.

Uzun koridorda yürürken, S'nin oyunculuğunu hatırladım; Naz'ın çekilen saçlarını ve kırılmak üzere olan boynunu, Emile'in dağılmış suratını, dikey konuma getirilmiş yatağa bilinçsiz bir şekilde zincirlenen Pars'ı... Karanlığı hatırladım, elime tutuşturulan silahı... Konforu hatırladım kollarında bulduğum... Ateş edilen silahı hatırladım. Omzumdaki güçsüz eli.

Soğuk eli.

Acımıyor.

Göğsüm inanılmaz bir acıyla sarsılırken koridorda artık yürümüyor, koşuyordum. Etrafta hiçbir ses yoktu fırtınadan başka, ve hiç kimse görünmüyordu. Asansöre ulaştığım an düğmeye ardı ardına basmaya başladım, kabine kendimi nasıl attığımı ya da zemin kata ne hâlde ulaştığımı hatırlamıyorum...

Ama Akademi'nin bahçesine çıktığımda yağmur üzerime yağıyordu.

"Kimse yok mu!" diye bağırdım, terlikler ayaklarımdan çoktan çıkmıştı ve kollarımı kaldırmış, etrafımda dönerek bir insan izi arıyordum. Kimse yoktu.

Ağaçlık alana koştum, Naz'la kavga ettiğimiz; Pars'la yürüdüğümüz avluya... Kapıdan içeri girdim ama kimse yoktu.

Adım atmak her seferinde biraz daha zorlaşırken ne tarafa döneceğimi, nereye yürüyeceğimi bilmiyordum; ayak bileklerime bağlanmış görünmez kum torbaları vardı sanki.

Okulunun koca bahçesinde kaybolmuş küçücük bir çocuk gibi hissediyordum, etrafta kimse olmasa da duvarlar geniş ve tavanlar yüksekti; küçücük hissetmekten alıkoyamıyordum kendimi. Herkes neredeydi?

"Öldürdün onu," dedi bir ses, Naz.

Arkama baktım. Gözleri kıpkırmızıydı, üstü başı toz toprak içindeydi Naz'ın ve yüzü de en az saçları kadar dağınıktı. Yakama yapışacağı sırada biri araya girdi, yalnızca sırtını görebildim; uzun boylu ve geniş omuzlu bir erkekti. "Naz!"

"Kimi?" diye sordum arkasından çıkarak, önüme geçmiş kişinin S olduğunu fark ederken. "Kimi öldürdüm? Ben mi?"

"Sen," dedi S bana dönerek, yüzünde her zamanki mimiksiz ifadesi vardı. Her seferinde daha soğuk ve ilgisiz görünmeyi başarabiliyordu. "Sen öldürdün... Peder'i."

"Babanı!"

Sıçrayarak arkamı döndüğümde, bu kez koridorların birinden çıkagelen Leyla Hanım'dı. Hanımefendi. Teyzem. Hızını alamayarak üzerime yürürken istemsizce gerileyen ayaklarımı yere sağlam basamadığımdan dizlerim kırıldı ve yere düştüm.

"Sen!" diye bağırdı teyzem. "Babanı öldürdün!"

Öldürmüş müydüm? Son hatırladığım birinin belinden aldığım silahı doğrulttuğum suratsız bir adamdı. Saniyeler içerisinde yüzü anlam kazandı, yeniden çizildi sanki beceriksiz bir ressamın elinde; evet, o adam benim babamdı. Peder. Ivan Dmitry. Edizhan Tanyeri. Babam.

Ayaklarımın üzerinde doğrularak S'nin yakasına yapıştım. "Pars nerede?!"

Naz başını geriye atarak koca bir kahkaha attığında, S bileklerimden yakaladığı ellerimi yakasından çekmiş; Naz'a ters bir bakış atıyordu. Beni kenara ittirerek teyzemi kolundan yakaladığı gibi başka bir karanlık koridora girdi ve gözden kayboldular.

Naz'a bakmak için döndüm ama o da yok olmuştu.

Belki de çıkmamalıydım o yataktan, biri gelene kadar beklemeliydim... Ya göremiyor, ya gördüklerimi idrak edemiyordum ya da gördüklerim hayalden ibaretti.

Başımı kaldırıp yukarıya baktığımda, askıda serum vardı. Birkaç dijital ekran köşede, vital bulgularımı gösteren. Geniş pencereleri olan, ferah bir odadaydım; pencerenin camları boncuk boncuk yağmur damlalarıyla kaplıydı ve uzağa düşen yıldırımları görebiliyordum.

Bir hastane odasındaydım.

Ya da hastane odasına benzer bir yerde. Az önce buradan çıkmamış mıydım?

Uzandığım sedyenin yanındaki koltuklar boştu. Masanın üzerinde cam bir vazoda güller vardı ama kurumuş, yaprak dökmüşlerdi. Ölüydüler.

Avuçlarımı yatağa dayayarak doğrulmaya çalıştım günlerdir uyumamış ve saatlerce ağlamış gibi hissediyordum; vücudum yorgundu, gözlerim ise şiş ve ağrılı. Dakikalar önceki aynı his beni sarıp sarmalarken onun kucağından ve tutuşundan kurtulmak için yapamayacağım çok az şey vardı çünkü umudun olmayışı benim için son noktaydı. Umut yoksa savaşak bir şeyi de yoktu insanın, nasıl olurdu?

Yataktan aşağı sarkıttım ayaklarımı, terlikler vardı köşede. Beyaz, hastane terlikleri. Aynı terlikler. Koşarken ayaklarımdan çıkan terlikler. Onları ayaklarıma geçirdim, kolumdaki iğneyi çıkarıp attım ve kapıya doğru yürüdüm. Bacaklarım uyuşmuş ve güçsüzlerdi ama birkaç adımdan sonrasını halledebilmiştim yine, yalpalayarak da olsa.

Kapıyı açıp dışarı çıktığımda koridor boş değildi. S, duvara yaslanmış ve kollarını göğsünde birleştirmişti. Naz hemen yanında ama yerdeydi ve avuçlarını suratına kapatmıştı, nefes alan bir cesetten farksız görünüyordu. Köşede oturan Emile ise karşısındaki duvara bakıyordu, en az kendi suratı kadar bomboş olan.

Bir titreşim sesi geldi, Emile elini cebine attı ve telefonunu çıkardı. Ekranda ne yazdığını göremedim ama ayağa kalktığında S de, Naz da ona bakıyordu. "Vakit geldi," dedi Emile onlara, ikisi de hareketlendiler.

Üçü birlikte koridorun sonuna yürümeye başladıklarında, sabahtan beri kapının önünde dikilen beni nasıl fark etmediklerini anlayamamıştım ama yine de peşlerinden ilerledim. Bacaklarım zayıf olduğundan hızlarına yetişemesem de, neyse ki bu kez zemin katta olmamızdan yararlanarak onlarla aynı anda bahçeye çıkabilmiştim.

Yağmur yağıyordu.

Şemsiye açtılar. Adımları Akademi'nin arka tarafındaki ağaçlık alana yönlendi. "Beni gerçekten görmüyor musunuz yoksa görmezden mi geliyorsunuz?" diye sordum yağmurun altında sırılsıklam ıslanırken arada beş metre mesafeyle yürüdüğümden olabilirdi belki bu ama eğitimli ajanlardan bahsediyorduk. Nasıl arkalarından onları takip eden birilerinin varlıklarını hissedemezlerdi?

"Hey!" diye bağırdım bir an, köşeden dönerek kaybolduklarında. "Nereye gidiyorsunuz!"

Cevap vermediler, durmadılar ya da dönmediler.

Köşeyi döndüğümde bir mezarlık gördüm. Hepsi aynı mesafe ile dikilmiş mezarlık taşlarının arasında bir kısım özellikle kalabalıktı, herkes siyah giyinmiş ve siyah şemsiyelerini açmıştı.

Kim ölmüştü?

"Ivan Dmitry'i buraya gömdüğünüzü söylemeyin sakın," diye homurdandım çamur olmuş paçalarımla bata çıka yürüdüğüm terlikler eşliğinde ilerlemeye devam ederek. Burası Akademi'nin mezarlığı mıydı? Öyleyse hayatını kaybeden ajanlar mı gömülüyordu? Ya da ölenlerin anısına taş mı dikiyorlardı?

Kalabalığın arasından geçmeye çalıştım, hiçbirinin umurunda bile değildim. S, Naz ve Emile en öndeydi ve onlara ulaşmaya çalışmaktı asıl derdim.

Yanlarına gelebildiğimde sürekli ıslanan kirpiklerimin altından kıstığım gözlerimle dikildim karşılarına, bozmamışlardı ifadelerini. Öyle dikkatli odaklanmışlardı ki önümdeki toprak yığınına, yalnızca bakıyorlardı.

"Ona dedim," dedi Naz. "Ölümü senin elinden olacak dedim."

Evet, Naz böyle bir şey söylemişti bana; avluda tartışırken, bağırmıştı hatta suratıma karşı. Pars'ın ölümünün benim elimden olacağını söylemişti ama o sapasağlam... Neredeydi?

Acımıyor.

Arkamı döndüm ve toprak yığınına baktım. Henüz kapatılmış bir mezardı burası, soğumuş bir cesedi gömdükleri; insan bedeni topraktan geldiği gibi, toprağa gidince doğaya besin oluyordu burada. Elbette. Mezarlıktı burası.

Mezarlıktı.

Acımıyor.

Titremeye başlamış dudaklarımı ıslattım ve sertçe yutkunarak S'ye baktım. "Kimi gömdünüz siz buraya?"

Cevap vermedi, bana bakmıyordu ve hatta duymuyordu bile. Nasıl bir saçmalığın içindeydim ben? Bedenim o yatakta hâlâ yatıyordu da ruhum mu gezintiye çıkmıştı da göremiyordu kimse beni?

"Siz buraya kimi gömdünüz!" S'yi göğsünden ittirdim, sarsıldı ama yerinden kımıldamadı. Naz'ı ittirdiğimde o bir adım gerilemiş, hatta çamura düşmüştü ama bana bakmamaya ya da beni muhatap almamaya kararlıydı.

Emile'in elindeki şemsiyeyi kaptığım gibi köşeye fırlattım. Bir ruh, bunları yapamazdı. "Cevap ver bana?! Kimi gömdünüz buraya!"

Yavaş yavaş mezarlıktan ayrılan kalabalığın arasına daldım ama yalnızca iteklenildim, beni görmediler ve bedenime çarpıp durdular öylece. Başım dönerken tutunacak bir yer aradım ama beni tutmak isteyen yalnızca çamur olmuş topraktı, o da düş diyordu üzerime. Düşemezdim.

Dengemi sağladığım ilk an, S'nin elinden tutarak kaldırdığı Naz'a çarparak karşılarına dikildim. "Pars nerede?" diye sordum S'ye, gözünün içine bakıyordum. Bana bir cevap vermek zorundaydı. "Nerede o!"

"Burada," dedi Naz o an, soğuk ve itici bakışları üzerimdeydi. Gözleri kan çanağına dönmüş, şişmiş ve muhtemelen gözyaşlarını silmekten kızarmıştı kirpik dipleri. "Burada," diye tekrar etti bir kez daha, üzerime yürüyerek. Bu kez düştüm. Toprağın üzerine. Tümsek toprağın. Toprak yığınının. Mezarın. "Pars, burada."

Avuçlarıma batan ıslak toprağı hissettim, etimi yararcasına acıtan taşların keskin tarafları denk gelmişti sanki hep elime; kanın metalik tadı midemi ayağa kaldırdı. Karmakarışık duyguların içerisinde ne hissedeceğimi bilemeyerek, nefes de alamayarak, önceden aldığım soluğu dahi veremeyerek... Avuçlarımın üzerinde doğruldum ve mezara baktım.

Acımıyor.

Artık acımıyor mu Pars?

"Yalan söylüyorsun," dedim gözyaşlarımı elimin tersiyle silerek, yutkunarak ayağa kalkarken. Şemsiyeleriyle arkamda dikiliyorlardı. Uzaktan, bu tarafa yürüyen Kayra, Giray ve Zamir'i gördüm. Onlar da siyahlar içerisinde ve siyah şemsiyeleriyleydiler.

"Neden sana yalan söyleyelim?"

"Bilmiyorum," dedim burnumu çekerken. "Canımı yakmak istiyorsun."

"Senin canını benim yakmama gerek yok Liva, senin canının zaten yanması lazım. Yanmıyor mu?"

"Ateşi sevmem," dedim kollarımı kendime sararak.

"Üşüyor musun Liva?" Naz'ın yüzündeki ifade beni o kadar aşağı çekiyordu ki, beni öyle bir karanlığa itiyordu ki, gözlerimi öyle bir dolduruyordu ki yaşlarla; yağan yağmurdu ama yeryüzüne vuran damlaları benim gözyaşlarımdı sanki. "Fark etmez," diye devam etti Naz. "Ateşi sevip sevmiyor olman yani, fark etmez... Bundan sonra hiçbir ateş seni ısıtmayı seçmez zaten, yanmazsın merak etme. Ateş yakacağı yeri yaktı!"

Şemsiyesini yere attı ve arkasını döndüğü gibi gitti. S ve Emile, ne zaman mezarlığı terk etmişlerdi bilmiyordum ama yakınlaşan Kayra, Giray ve Zamir bir şekilde beni ayakta tutuyorlardı.

"Türkiye'den ne zaman döndünüz?" diye sordum onlara, tıpkı az önce olduğu gibi beni umursamadılar. Yanımdan geçip mezarın önünde durdular.

"Kayra?" Kolundan yakaladım onu, Giray'la arasından geçerek önlerine dikildim ama ben yokmuşum gibi bakıyorlardı. "Konuşsanıza biriniz! Delireceğim şimdi!"

Başımı kaldırıp yukarıya baktığımda, askıda serum vardı. Birkaç dijital ekran köşede, vital bulgularımı gösteren. Geniş pencereleri olan, ferah bir odadaydım yine; pencerenin camları boncuk boncuk yağmur damlalarıyla kaplıydı ve uzağa düşen yıldırımları görebiliyordum.

Bir hastane odasındaydım.

Ya da hastane odasına benzer bir yerde. Az önce buradan çıkmamış mıydım?

Uzandığım sedyenin yanındaki koltuklar boştu. Masanın üzerinde cam bir vazoda güller vardı ama kurumuş, yaprak dökmüşlerdi. Ölüydüler.

"Hayır!"

Terlikleri es geçtim, serumun iğnesini kolumdan çıkarıp fırlattım ve bir hışımla açtım odanın kapısını. Koridordan geçen insanlar vardı, hepsi formaları içinde dolaşan ajanlardı. Aralarından çarpa çarpa geçerek koşmaya başladım ama bacaklarım o kadar güçsüzdü ki koridorun sonuna doğru şak diye yere yapışmıştım.

Avuçlarımın üzerinde soluklanmaya çalışırken nefes alış verişlerim bir türlü düzelmiyordu. Gözlerimi sımsıkı kapattım, etrafımdan geçen kimse beni umursamadığı gibi ben de onları umursamamaya ve en son neler olduğunu düşünmeye çalıştım.

Gözlerimi kapattığım an karanlık tüm enerjimi emdi, duyabildiğim tek şey silah sesleriydi. Eski hayvan hastanesi. Evet. Oradaydık... Hepimiz. Aida, Peder'den istediğini almıştı; ona istediğini veren Pars ve S'ydi. Pars'ı zincire vurmuşlardı. Peder'in aradığı ben değildim, S beni yem yapmıştı. Pars ise onu zincirlemelerine ve ondan kan almalarına izin vermişti. Yakalanan o değildi, yakalanan Peder ve yardımcısı Katya'ydı.

Vurulan Peder'di.

Peder'i ben vurmuştum.

Çünkü Peder, Pars'ı vurmuştu.

Hayır... Peder, oğlunu vurmak istemişti. S'yi.

Ben önüne atlamıştım.

Pars vurulmuştu. Kafasından.

Ama yaşıyor olmalıydı. Kimse kısacık bir zamanda kaybetmezdi hayatını. Ben neden hatırlayamıyordum üstelik Peder'i vuruşumdan sonrasını? Bayılmış mıydım? Öyle olmalıydı. Ne zamandır baygındım peki? Pars buralarda bir yerlerde olmalıydı.

Ama ayağa kalktığımda adımlarım odaları aramadı, çıkışa yöneldi. Yağmur yağıyordu yine ama önceki kadar şiddetli değildi. Çıplak ayaklarımın altında ezilen çimenleri, toprağı ve küçük taş parçalarını hissediyordum; kollarımı etrafıma sarmıştım çünkü delicesine üşüyordum ama yine de yürümeyi bırakmıyordum.

Etrafta insanlar vardı ama tanıdık kimse yoktu, dillerini konuşmadığım çok sayıda yabancı... Fransa'nın orta yerinde, gizli bir örgütün üstlerinden birinde yapayalnızdım.

Dudaklarımı birbirine bastırarak adımlarımı hızlandırdım ve sonunda binaların arkasındaki ağaçlık alana girdim; burada büyük bir mezarlık vardı, yağmurla ıslanan dikili taşlar toprağa ekili boynu bükülmüş çiçekler...

Mezarların arasında burnumu çeke çeke, irkilerek yürürken gözlerim isimlerin ve tarihlerin üzerinde geziniyordu. Burada olmadığını biliyordum, "Yanlış yere geldin niye buradasın? Dön!" diye bağırıyordu bir yanım. Çocuk yanım. Göğüs kafesime kıvrıldığı uykusundan uyanmıştı. Çünkü onun kırgınlığı artık bitmişti.

Kırgınlığı geçiren adam neredeydi?

Sıcak nefesim, soğukta dışarıya duman olarak çıkıyordu. Ayağıma öyle keskin bir taş battı ki o an, acısından inleyerek bir kez daha yere kapaklandım. Yağmur öyle acımasızdı ki "Yerde kal!" diyordu bana. "Toprak kabul eder seni!"

Ayağımı kendime çekerek altına baktığımda, ayak tabanlarım parçalanmıştı ve kan toprağa sızıyordu. Sizin kanınıza da... Lanetinize de... Sehira'nıza da... Başımı yukarı kaldırdım ve derin bir nefes almaya çalıştım o an, ardından gözlerimi açtım ve etrafa baktım. İki dikili taş arasındaydım.

"Hayır yapmadın bunu," dedim sağ tarafa çevrilmiş başımı aşağı indirerek. Nabzım, az önce maraton koşmuşum gibi hızlanmış ve hızlanmaya devam ediyordu da. Çok katı, çok acı, çok yoğun, çok buruk, çok kimsesiz bir histi göğsüme yayılan. Çocukluğum dizlerinin üzerinde çöktü yere, içerisi karanlıktı; göğüs kafesinin aydınlığı kalpse, benimki atmak için bile fazlasıyla zayıflamıştı.

"Yapmadın!" diye bağırdım avuçlarımın üzerinde emekleyerek taşın başına giderken. "Hayır yapmadın bunu!" Taşı tutup sallamaya, yerinden çıkarmaya çalıştım. "Çık! Çıkartın şunu!"

Yeni değildi bu mezar, siyah mermer taşıyla çevresi yapılmıştı. Üzerinde onlarca çiçek nefes alıyordu. "Kalk!" Çiçekleri köklerinden yakaladığım gibi sökmeye başladım. "Hayır!"

Mezarın üzerine çıktım, taşın diğer yüzünde de onun ismi yazılıydı. Fransızca yazıları okuyamıyordum ama ismini okuyabiliyordum. "Çık!" Bir kez daha, tüm gücümle sallamaya çalıştım taşı. "Kalk! Çık! Çıkartın bunu buradan! Kalksın!"

Kimse yoktu, kiminle konuştuğumu bile bilmiyordum.

"Çok kısaydı!" diye bağırdım, taşa baktıkça yüzü geliyordu gözlerimin önüne. "Çok kısa kaldın yanımda! Olmaz! Kalk! Biraz daha kal! Biraz daha kal n'olursun... Kalk biraz daha kal!"

Yumruğum, toprağın üzerine çakıldığında üzerime sıçradı çamur. "Gittin mi?" Göremiyordum. Gözyaşlarından, hissettiklerimden, bulunduğum konumdan; gerçeklerden... "Gittin mi? Annem gibi mi gittin?" Sesim kısılmıştı sanki, ben bile duyamıyordum. "Annem gibi mi gittin?"

Benim sahip olduğum insan sayısı hayatımda, bir elin parmaklarını geçmezdi. Annem vardı önceden, gitmişti. İrem vardı, ben arkamda bırakmak zorunda kalmıştım.

Pars vardı, Pars yoktu.

"Gerçekten gittin mi?"

Beni bulutların üzerine çıkardın, orası senin evindi. Sana dedim ki benim dört duvarıma çatı olamadın ama ev bir insandı ve ev sendin; kimin duvarlara ya da çatıya ihtiyacı vardı ki?

Annen saklamış ya hani seni Akademi'den, bu hayatı yaşama istemiş... Başka bir hayatın olsun diye kendi hayatından vazgeçmiş ya hani. Bazı vazgeçişlerin bir anlamı yok Pars, tıpkı annenin vazgeçişi gibi. Bak seni bulmuşlar, büyütmüşler; sanki sen öl diye. Sanki buradaki herkesi ölsünler diye yetiştiriyorlar.

Kalk de bana hadi! De ki: "Umudu hatırla, gözlerinin içinde gördüm ben onu." De bana! "Dünyanın açık yarası da bu Liva, insanlar birbirlerine zarar veriyor; doğaya, hayvanlara, küçük çocuklara... Ve izi kalıyor bıraktıkları yaraların. Nesilden nesile aktarıyor travmalı çocuklar öfkesini. Bunun bir son bulması lazım."

Şimdi ben de o öfkeli çocuklardan biriyim. Büyüdüm, affettim; kırgınlıklarımı da izi kalmış yaralarımı da geçirdim bir şekilde, sen yaptın bunu! Geldin ve çıkardın beni karanlıktan, bir denizin kıyısına götürdün. Ben orada nefes aldım Pars. Yüzmeyi bilmesem de atlardım kıyısından inan!

On dokuz yaşımda, yirmi iki yıllık bir öfkeyle soluyorum şimdi dünyanın zehir havasını.

Beni bu hisle yaşatmayan, bu hissi benim içimde yaşatan dünya seni benden aldı.

Dinle beni deniz gözlü yabancı.
Kaçtığım yerler hep deniz kenarları.
"Yara izi olsam taşımaz mıydın beni teninde?"
Göğsümde, Pars.
Hiç geçmez izi, iyileşmez yarası.
Ve onunla yüz hayat yaşasak,
Biri yetmişti.
Yeniden doğup yeniden ölsek birlikte,
Birlikte.... Neden değiliz birlikte?
Aldığı hiçbir nefesi,
Son nefesi.
Benim için vermezdi, bilirdim.
Benim için vermişti.

18

Başka Bir Hayatta

Başımı kaldırıp yukarıya baktığımda, askıda serum vardı. Birkaç dijital ekran köşede, vital bulgularımı gösteren. Geniş pencereleri olan, ferah bir odadaydım; pencerenin camları boncuk boncuk yağmur damlalarıyla kaplıydı ve uzağa düşen yıldırımları görebiliyordum. Hayır. Doğrulmak istediğimde kolumdaki iğne canımı acıttı ama acısını umursamadan pencereden dışarı baktım; yağmur falan yağmıyordu.

Bir hastane odasındaydım.

Ya da hastane odasına benzer bir yerde. Revir miydi burası? Hayır, revirden daha donanımlı bir yerdi.

Uzandığım sedyenin yanındaki koltuklar boştu. Masanın üzerinde cam bir vazoda güller vardı ama kurumuş, yaprak dökmüşlerdi. Ölüydüler.

Nefes alış verişlerim, ölü çiçekleri görüşümle eş zamanlı olarak bozulduğunda kolumdaki iğneyi çekip attım ve ayağa kalkıp korkuyla kapıya koştum. Kendimi koridora attığım an biriyle öyle bir çarpışmıştım ki, beni son anda kollarımdan tutmak zorunda kalmıştı ikimizin de dengesini sağlayabilmek için.

"İyi misin?" diye sordu İngilizce, uzun boylu genç bir kızdı. Üzerinde beyaz bir önlük vardı, altında ise Sapphire'in koyu gri üniforması.

"Pars..." Etrafıma baktım, bu kız bana istediğim cevabı veremezdi bu yüzden ona hiçbir şey anlatmama gerek yoktu. Kendimi geri çekerek arkamı döndüm ve çıkış olduğunu düşündüğüm yere, koridorun sonuna yöneldim; zemin katta değil, dördüncü kattaydık. Bunu da asansörlerden anlamıştım.

Kapısı kapanmak üzere olan, geniş asansörlerden birine kendimi attığımda içerideki herkes bana garip garip bakıyordu. Ben ise elimi kabin duvarına yaslamış soluklanmaya çalışıyor, gözlerime batan gözyaşlarını kollarıma siliyordum.

Ayaklarım çıplaktı.

Asansör birinci katta durduğunda daha fazla bekleyemeyeceğimi düşünerek kabinden fırladım ve merdivenleri buldum. Trabzanlardan iki elle tutunarak, kendimi aşağı atarcasına iniyordum; ne hâlde olduğum umurumda bile değildi, görmem gereken bir yer vardı.

Son basamaklardan inerken çarptığım siyah saçlı kadın kolumdan yakaladığında neredeyse düşüyordum ki çıkmış olduğu iki basamağı da indi ve beni karşısına çekti. "Liva?"

Mavi gözler, jilet gibi bir kâkül, uzun siyah saçlar. Naz.

Koca bir yutkunuşla baktım suratına, kolumu elinin kıskacından çekerek birkaç adım geri gittim istemsizce. Sanki o bir canavar, bir hayaletti ve ben delicesine korkuyordum.

"Özür dilerim," dedim ağzımdan sert nefesler alırken, karnım acıyormuşçasına öne eğiliyordum ciğerlerimin her şişişinde. "Özür dilerim..."

"Ne?"

"Özür dilerim," dedim son bir kez daha arkamı dönüp koşmaya başlamadan önce. Naz bir kez daha arkamdan ismimi bağırdı ama avluya çıktığımda sesi uzakta kalmıştı.

Kuru toprağın üzerine bastığım dikkatsiz adımlarımla bahçede koşmaya başladım. Kimse umurumda değildi, kimsenin bakışları umurumda değildi, ayak tabanlarım umurumda değildi, koşarken parçalanan ciğerlerim ya da isyan eden bacak kaslarım umurumda değildi... En çok da nefes alıyor olmam umurumda değildi o an. Eğer o almıyorsa.

Binaların arkasındaki ağaçlığa geldiğimde, gördüğüm manzaraya inanamayarak, duraklamadan hızlı adımlarla yürümeye devam ettim. Kimse yoktu etrafta.

Mezarlık da yoktu.

Dikili taşlar yoktu. Kalabalık yoktu. Naz yoktu. S yoktu. Emile yoktu. Kayra, Giray, Zamir yoktu. Yağmur yağmıyordu, siyah şemsiyeler yoktu.

Hızımı alamayarak ağaçlık alanın önünde bir taşa takılarak, ayağımın da acısıyla yüzüstü yere kapaklandığımda ciğerlerim sökülürcesine hıçkıra hıçkıra ağlıyordum. Ne zaman bitecekti bu? Ne zaman başımı kaldırdığımda o hastane odasına geri dönmeyecektim? Görmeyecektim Naz'ın suçlayıcı bakışlarını ya da herkesin görmezden gelişini beni... Sanki yokmuşum gibi.

Sanki o yokmuş gibi.

Yüzümü öyle bir sıkıyordum ki açılmıyordu göz kapaklarım, ne önümü ne arkamı görebiliyor ne de doğrulabiliyordum. "Yapma bunu bana..." Sözcükler farklı bir dilde çıkıyordu sanki ağzımdan, kasılan çenem kilitlenmişti ve konuşmak nedir unutmuştum. "N'olur yapma..."

Kalkamadığım için, yerde sırtüstü konuma gelerek avuçiçlerimi göz kapaklarıma bastırdım ve çığlık attım gökyüzüne doğru. "Geri gel!"

Karadelik'i hatırladım, bodrum katını ve kazan dairesini. Sırayla herkes çıkarken o en son gördüğüm kişi olmuştu ama bir süre gözlerinden çekememiştim gözlerimi. Bu tonu kimsede görmemiştim. İsmini bilmiyordum, ismini günlüğüme yazdığım anı hatırlıyordum sanki dün gibiydi; keşke dün olsaydı, keşke o güne dönseydik... Birçok şey çok farklı olurdu.

İtiraf etmeseydim eğer o depoda, ölmeyi kabul etseydim Tolga'nın oyununda... Pars yaşıyor olurdu.

Belki bana değil ama gözlerindeki denizin kıyısında başka birilerini yaşatmaya devam ederdi.

Dakikalarca orada öylece yattım ve ağladım, sesim kısılana kadar toprağı yumrukladım ve hıçkırdım. Belki arkamda bir mezar yoktu ama öylesine emindim ki, gitmişti o. Başından gelen kanın elime bulaştığı anı hatırlıyordum, zaten çok fazla kan kaybetmişti.

"Liva!"

Yüzümü sertçe silerken, nefes alış verişlerimi düzenlemeye çalışırken "Gidin başımdan!" diye bağırdım; doğrulurken ağlamaya devam ediyordum. Belimde öyle bir ağrı vardı ki; yalnızca belim de değil her yanım ağrıyordu ama kalbimi hissetmiyordum. Attığını hissetmiyordum. Atsın da istemiyordum. Dursun artık, yeterdi on dokuz yıllık çaresizlik, acı, karanlık.

Birazcık yer var mıydı hayatımda maviliğe diye sormuştum, yokmuş. Mavilik giderken göğüs kafesimde uyuttuğum o küçük kızı da yanına almış götürmüştü sanki... Ben annemi kaybettiğimde bile kimsesiz hissetmedim Pars, çünkü annem yanımda yaşarken de yoktu. Ama sen öyle bir gittin ki, acısını yaşatmadığım her şeyin izi kaldı şimdi.

"Liva!"

"Git!" diye bağırdım boşluğa doğru, gözlerimi açamıyor; açsam da göremiyordum. Gözlerim yanıyordu. "Gidin başımdan..." Avuçlarımın üzerinde, dizlerimin üzerinde doğrularak ayağa kalkmaya çalışırken hayal meyal birinin siluetini gördüm ileride; bu tarafa gelirken durmuştu. Bir süredir koşmuş gibi göğsü sert nefes alış verişleriyle kalkıp iniyordu. Emile miydi? Hayır. Saçları sarı değildi. Soyhan'dakilerden biri miydi?

S miydi?

"Git..." Görüntü netleşti. Bir enkazın yansıdığı gözlerimin önünde, siyah pantolonu ve incecik tişörtüyle dikilen, kollarında ve boynunda görünen dövmeleriyle... Okyanus mavisi gözleriyle... Mavi.

Ağzım açık, çığlık gibi bir ses koptu boğazımdan. Ayağa kalktım ve yalpaladım, yüzümü sıvazladım ve saçlarımı geriye ittim. Oradaydı.

"Gerçek değilsen gelme n'olur," diye fısıldadım, kalbim duracak gibi atıyordu. Gökyüzüne baktım ve yeniden serum askısını, beyaz odayı, yağmurlu pencereyi, ölü çiçekleri görmeyi bekledim. Görmedim.

"Liva," dedi bir kez daha, sesi buraya ulaşmamıştı ama dudaklarını okuyabilmiştim.

Gerçekti.

Bacaklarımdaki kasların koptuklarını, dizlerimin kırıldıklarını, gözlerimin kör olduğunu ve kulaklarımın duymadığını; hatta kalbimin atmadığını biliyordum birkaç saniye öncesine kadar ama öyle bir can geldi ki bir cesetten farksız bedenime... Kollarına koştum.

Boynuna atlamadan hemen önce boğazıma dizilen çığlıklarım boğuk birer ses olarak kurtulmayı başarmışlardı. Titriyordum. Başımı boynuna gömdüm, kokusunu duydum, o'ydu. Saçlarının arasına dalan elim daha sonra ensesine düştü, öyle bir kuvvetle atılmıştım ki üzerine ayaklarım yerden kesilmiş ve bacaklarım beline dolanmıştı.

"Şişşt, geçecek," dediğini duydum çığlıklarımın arasında.

"Gerçeksin," diyordum ona, anlamıyordu beni. Anlamıyordu neler görüp geçirdiğimi. Anlamıyordu ne kadar şükrettiğimi. Anlamıyordu kastettiğimi. Bilmiyordu.

Bilmesindi.

Her merhaba bir elveda ile bitecekse bile biz birbirimize değil, hayata veda etmeliydik. Ölümü arzulayan bir kızı, hayatta tutan deniz gözlü yabancı; kendi gidecekse bu dünyadan, peşine kuyruk olurdum. Kedi, kedi diyordu bana. Kediler nankör olurdu, benim nankör olabileceğim tek konu o'ydu.

Hıçkırıklarım ne zaman durdu, ne zaman tamamen kapandı gözlerim ve yanaklarımdan aşağı akan yaşlar kurudu bilmiyordum ama sakinleştiğimi ve bitkin düştüğümü hissettiğimi hatırlıyordum. Tek bir kelime edebilecek, başımı kaldırıp bir kez daha yüzüne bakabilecek enerjim dahi kalmamıştı. Sanırım son demle koşmuştum kollarına ve bu yeterliydi de çünkü beni sımsıkı sarmalamıştı.

Bir süre sonra yumuşak yatağı hissettim ve çarşafın hışırtısını işittim. Pars'ın boynu değildi artık yastığım. Üzerime bir pike örtülmüş, yüzüme gelen tutamlar kenara çekilmişti.

Kapının açılma sesini duydum.

"Şişşt," dedi Pars, biraz tehditkâr bir sesle. Sessiz olmasını istemiyor, ikaz ediyordu.

"Dışarıda konuşalım," dedi içeri giren kişi. S.

Pars bir süre sessiz kaldı. Gözlerini üzerimde hissediyordum. "Olmaz," dedi ona. "Burada konuş. Sessiz ol sadece. Bir kez daha çıkamam odadan."

"Ne oldu?"

"Bilmiyorum," diye yanıt verdi Pars, sanırım uzaklaşıyordu. Odadan çıkmamışlardı ama yatağın yanında da değillerdi artık.

Huzurdu hissettiğim, mutluluktu. Benim başımı yastığa koyup uykuya yatıran da buydu. Uyumak istemiyor ve direniyordum ama gözlerimi de açmaya mecalim yoktu.

"Bir saate ayrılıyorum," dedi S. Nereye gidiyordu? "Artem'in tesislerini bastık ama yetmez. Konsey'den aldığımız onayla Rus Akademisi'ni kapatacağız. Hanımefendi, İsviçre'ye geri döndü. Onu, Liva'yı rahatsız etmemesi konusunda uyardım." S, hain değildi. Yalnızca birçok maskesi vardı ve her birinin asıl yüzü olduğuna her defasında inandırabiliyordu insanı. "Aida, onu buraya kabul etti. Bundan sonra burada kalacakmış."

"Öyle," dedi Pars. "Ama onunla konuşmadan burayı terk edemezsin. Geri dönecek misin?"

"Hayır," diye yanıtladı S. "Buraya gelmemin tek bir amacı vardı, onu da tamamladım. Rus Akademisi'ni kapattıktan sonra Colorado'daki merkeze geri döneceğim."

"O senin kız kardeşin."

"O bir yabancı," dedi S. "O, benim tanıyabileceğim biri değil Pars. Benim böyle bir lüksüm yok, senin olabilir ama benim yok. Benim payıma düşeni biliyorsun, benim nasıl yaşadığımı biliyorsun, benim zekâmı kullanış biçimimi biliyorsun. Onun benim yanımda yeri yok."

"Bencil herifin tekisin. Senin aptal planların sayesinde kaç kez kalp krizinin eşiğinden döndü, kaç litre gözyaşı akıttı farkında değil misin? Hiçbir şey değilse özür dilemek zorundasın..."

"Değilim," dedi S. "Onun yaşadığı hiçbir şeyden ben sorumlu değilim, benim yaşadığım hiçbir şeyden kimsenin sorumlu olmadığı gibi. O kadın beni doğurdu ve sokağa atar gibi yabancıların eline bıraktı, onu ise yanında tutmayı tercih etti."

"Bunun yanlış bir karar olduğu ortada. Sizi ikizler olarak doğurmalı ve ikinizi de yetiştirilmek üzere vermeliydi..."

"Geçmişten bahsetmek anlamsız."

"Siktirtme şimdi geçmişini!" Pars, şimdiye kadar S ile sessizce konuşurken birden sesini yükselttiğinde kaşlarım istemsizce çatıldı. Pars bunu fark etmiş olmalı ki sesinin tonunu hemen düşürmüştü. "Şimdi gitmek zorunda değilsin. Onunla konuşman, açıklaman gereken şeyler var!"

"Sen açıklarsın."

"Hayır," dedi Pars, hafifçe araladığım gözlerimden, S'nin yakasına yapışıp onu silkelediğini gördüm. "Senin açıklaman gerekiyor! Senden duymaya ihtiyacı var!"

S, Pars'ın kollarını ittirdi ve çatık kaşları, sert ifadesiyle yüzüne baktı. Pars o kadar öfkeliydi ki her an bir kez daha onun üzerine saldırabilirmiş gibi duruyordu.

"Durun," diye mırıldandım kuru boğazımla, kısılmış sesimle, son bir güçle.

İkisinin bakışları da üzerime çevrildi. Pars'ın simasına bakarken kirpiklerimin arasından bir kez daha yaş akmıştı, belki de son kez.

"Onunla yalnız konuşabilir miyim?"

Pars, S'ye baktı. S ne ona, ne de bana bakıyordu, öylece yeri izliyordu çattığı kaşlarının altından. Pars seslice nefes verdi, ardından yumuşattığı bakışlarıyla bana baktı ve başını salladı. O kapıyı açıp dışarı çıkmadan önce, ben kesik bir nefes kaçırmıştım ağzımdan; sanki çıkıp giderse bir daha geri dönmeyecek gibi hissediyordum ama o yaşıyordu ve ona bir şey olmayacaktı.

Sadece benim kalbim maraton koşuyormuşum gibi atmayı seviyordu.

Kirli ve kanlı avuçlarımdan destek alarak doğrulmaya çalışırken inlediğimde, S soğuk ifadesini ve duruşunu bir kenara bırakıp yanıma yürüdü ve arkamdaki yastıkları dikey konuma getirdi. Yutkunarak geriye yaslandığımda, oturur pozisyondaydım.

S, hemen yatağın yanındaki tekli koltuğa oturduğunda bacaklarını açtı, geriye yaslandı ve avuçlarını dizlerinde dinlendirdi.

"Bana her şeyi anlat," dedim ona. "Lütfen," diye ekledim, yutkunarak sertçe. "Hiçbir şey bilmiyormuş gibi hissediyorum çünkü kafam çok karışık. Gitmek istiyorsan tamam, ama beni, senden başkasının bana veremeyeceği cevaplar olmadan, soru işaretleriyle bir başıma bırakma."

Ona baktığımda aklıma gelen, eski hayvan hastanesinde suratına attığım çığlıklardı. "Konuşsana! Ne oldu?! Annem seni değil beni tutmak istedi yanında diye mi öfkelendin? Bu yüzden mi yaptın!"

Ben bugün, onu belki de, kimsenin yaralayamayacağı bir yerden yaralamış bir şekilde duruyordum yanında ve sözlerimi geri almamın hiçbir yolu yoktu. "Ailenin kim olduğunu biliyor muydun?"

Sessizlik.

Yağmur yağmaya başlamıştı tıpkı kâbusumdaki gibi.

"Biliyordum," dedi bir süre bekledikten sonra. "Çocuk yaşta gizlice arşivleri karıştırdığımda bazı ipuçlar elde ettim ve birleştirdim." O yaşta bulabilmişti. "Öfkeliydim o zamanlar geride bırakılan olduğum için. O kadının öldüğünü biliyordum ama Edizhan Tanyeri hakkında hiçbir bilgi yoktu. Nerede olduğunun izini süremedim çünkü Akademi'den uyarı aldım." Başını kaldırıp bana baktı bir saniyeliğine, ardından yutkundu ve dudaklarını ıslattı. "Bir kardeşim olduğunu biliyordum ama ulaşmadım hiçbir zaman, ne yaptığına ve nerede olduğuna da bakmadım."

Dudaklarımı birbirine bastırdım ve anlıyorum dercesine başımı salladım, anlıyordum çünkü onu. Ben olsam, ben de geride bırakılmış gibi hissetsem; vazgeçilmiş olan olarak... Annem ne yaptığının farkında değildi beni birkaç yıl sonra doğurup onu direkt vermeyi seçtiğinde. Bunu öğrenirse, nasıl hisseder, düşünmemişti bile.

"İsviçre'den çağrıldığımda Colorado'daki lider Caleb gitmem için baskı yaptı, ben de kabul ettim Hanımefendi'nin teklifini. O kadının bir ikizi olduğunu bilmiyordum," dedi derin bir nefes alırken. Annem demiyordu, Meyra demiyordu, o kadın diyordu. Annesi, 'o kadın'dı onun için. "Ama nasıl göründüğünü biliyordum bu yüzden Hanımefendi'nin kimliği benim için bir sürpriz oldu. Başta inanmadım, bir yanım hâlâ inanmıyor... İnanamıyordu. Sen onunla karşı karşıya gelene dek. Sonuçta bir kız, annesini tanır değil mi? Yüzleri aynı olsa bile ayırt eder."

Gözlerimi kapattım. O da benim annemin oğluydu esasında ama onu tanımıyordu ve bir yanı hayatta olduğu ihtimaline tutunmuştu. Bu çok ağırdı.

"Ivan Dmitry, yani Peder'in yanına gönderildiğimde biyolojik babam olduğunu öğrendim. Beni manipüle ettiğine inandı çünkü onu buna ben inandırdım. Yaptığı deneyler o kadar ağırdı ki sağ çıkan tek bir asilkan yoktu, önceki psişiklere uyguladığı işlemlerin çok daha ağırlarını yaparak risk almak istiyordu ama elinde uygulama yapabileceği adam yoktu. Haftalar içerisinde terapi gördü o kadından, Katya Demotrov'dan ve nihayetinde adresini hatırladığında beni gönderdi."

"Ne zamandır Soyhan'daydın?"

"Bir süredir," diye yanıtladı beni. "Olanları çözdüm, başınıza gelenleri. Taylan Arıkan'ın üyesi olduğu karteli, Rusya bağlantısını, sizi depoya hapseden deli oğlunu... Tolga Arıkan'ı. Evet, Yağız'ı hayatına sokan bendim. Beni tanımıyordun ama senin hayatına girip öylece rol yapabilecek kadar güçlü hissetmiyordum, bu yüzden okulundan biriyle anlaşmayı seçtim. Yağız o gece senin evine girdiğinde, ondan almasını istediğim şey bir fotoğraftı. O kadınla benim, henüz bebekken çekilmiş olduğumuz bir fotoğraf. Varlığından beni haberdar eden Hanımefendi'ydi."

Yutkundum. "Seni göreve gönderen de Hanımefendi'ydi... Pars'a benim ev adresimi gizlice veren de..."

"Evet. Pars'a ev adresini vermiş olmasının sebebi seni korumasını istemesi aslında, kimden diye sorarsan da, Peder'den değil; benden." Göz göze geldik. "O, benim seni başarılı olma ihtimali yüksek bir plan için riske atabileceğimi biliyordu. Benim için komik olan, seni yalnızlığa ve Peder'in işine yaramaman için hastalığa iten de ta kendisiyken benim seni yem olarak kullanmak istememden korkması. Saçmalığın daniskası. O, senin tüm bunları benden ya da benden duymuş olabilecek kişilerden öğrenmenden korkuyordu çünkü tüm bu olaylar bittiğinde seni İsviçre'ye almak istiyordu, yanına."

Bana birçok şeyi açıklayan kişi Pars'tı, tüm bunları S ile konuşmuş olmalıydı önce. Hanımefendi'nin korktuğu başına gelmişti öyleyse.

"Peder'in işine yaramayacağını bile bile seni Rusya'ya kaçırdım ve Naz'dan yardım aldım ama Naz'ın yardım etmesinin tek sebebi ona tüm planı açıklamış olmam ve bana güvenmesiydi, seninle aramızda kan bağı olsun olmasın. Sen kurtul diye size ihanet etmeyi kabul etti. Pars'a anlatsam kabul ettiremeyeceğimi biliyordum çünkü o..." Sustu. Sessiz bir ifadeyle bana baktı, söylemek istemiyor ama anlamamı bekliyordu.

Çok seviyorum seni çünkü o yüzden.

Pars kabul etmezdi çünkü o beni seviyordu ve hiçbir plan uğruna beni riske atmazdı. Ama S atardı. Atmıştı da.

"Artem'de test sonuçlarınla oynadım ve Peder'in, senin onun işine yarayacağına inanmasını sağladım. Transfer sırasında Pars'ın seni bulabilmesinin sebebi de, Artem'i terk ettiğimiz an kolyendeki vericinin aktive olmasıydı. Böylece seni kaçırabildiler, akabinde beni de." Kafasını salladı. Aslında kendi teslim olmuştu çünkü Pars öyle söylemişti. "Peder'i öfkelendiren de bu oldu. Hem oğlunu, sağ kolu olarak gördüğü bir askeri; hem de kızını, işine yarayacak deney faresini kaybetmişti. Üstelik Hanımefendi'nin karısı olduğuna inanıyordu ve bizi, onun elindeyiz sanıyordu. Ama onu Rusya'daki o saklandığı delikten çıkaran, laboratuvarda çalıştırdığı insanların ona ihanet ettiğini düşünmesi oldu çünkü test sonuçlarıyla oynandığını fark etti. Katya için bir ipucu bırakmıştım."

S bir dahî değilse neydi?

"Terasa geldiğim akşam... Uyanık olduğunu ve bizi dinlediğini biliyordum. Pars fark etmedi çünkü onu kandırmayı iyi biliyorsun ve senin yanındayken odaklanamıyor.

Ama benim algılarım herkesin yanında açıktır. Kolyendeki inciye yanımda taşıdığım başka bir verici sayesinde sinyal gönderdim, Naz'a ise gittiğimizi fark ettirdim. Seni bulması çok sürmemiş ki biz ayrıldıktan birkaç saat sonra eski hayvan hastanesine geldiniz. O günün sabahı Peder'e ulaşıp Sapphire'in elinden kurtulduğumu ve yanına başka bir safkanla geldiğim haberini göndermiştim, mesajı almışlardı ki verdiğim adreste kurulmuş bekliyorlardı."

"Oraya vardığımızda Pars'ın hiçbir şeyden haberi yoktu çünkü oyunculuğunun inandırıcı olması gerekiyordu. Peder gülerken biz dövüştük, ona direnmemesi gerektiğini söyledim çünkü sabaha kadar benimle dövüşebileceğini ve ölmeden kaybetmeyeceğini biliyordum. Mesajı aldı. Testler başladı. Bu süreçte etraftaki adamlardan bir aracın yaklaştığı haberini aldık ve sizi pusuya düşürmek için birkaç adamla çevreye açıldık. Bu sayede hastanenin duvarlarından içeri girebildiniz ama ilk anda enselendiniz."

Senaryo yazar gibi kurgulamıştı her şeyi.

"Bana güvenmediğini biliyordum, Peder'in hakkımdaki şüphelerini yok eden de zaten senin içerideki çaresiz çığlıkların ve sert sözlerin oldu," dedi S sertçe yutkunarak. Gözümü bile kırpmadan tepkilerini izliyordum ama buzdan bir askerdi. Soğuk, sert ve ifadesiz... "Pars yeterince safkan, bu doğru. Aida'dan arşivlere girmek için izin istediğimde onu ikna etmenin tek yolu, ona istediği şeyi vermekti. Peder'in elindeki formül ile Pars'tan aldıkları örnekler birleştiğinde anne rahmindeki bebeklere enjekte edebilecekleri bir serum üretilebilir, bebekler dokuz değil on üç ay anne rahminde kalır ve doğduklarından itibaren insanüstü davranışlar sergilerler. Sapphire için bu güce sahip olmak, gelecekteki büyük tehlikeleri önleyebilmek için önemli ama şimdilik hayata geçirmek için gereksiz ve tehlikeli. Merkezlerdeki ajanlar zaten en zor işlerle bile sorunsuz başa çıkabiliyorlar."

Pars yeterince safkan.

"Katya'nın hazırladığı soğutuculu çantada tüm bunlar vardı. Peder bana tamamen güvendiği için Katya'yı kendi adamımla göndermeme izin verdi, böylece o adam da içinde Katya'nın olduğu arabayı doğruca Aida ve diğer ajanların pusu kurduğu bir yola yönlendirdi. Ardından neler olduğunu biliyorsun... Işıklar kapandı ve şov başladı."

"Pars'ın vurulduğunu hatırlıyorum," dedim gözlerinin içine bakarak.

"Peder," dedi S. "Götürüldüğü sırada onu yakalayan askerlerin elinden kurtulup bana ateş etti. Sen benim önüme, Pars da senin önüne geçti," diye devam etti. "Kurşun sıyırmış, kafasını. Bilincini yitirmesinin sebebi öncesinde çok kan kaybetmiş olması. Daha sonra sen silahıma davrandın ve Peder'e ateş ettin birkaç kez, ardından yerinde güçsüz adımlar attın bir ileri iki geri... Ve bayıldın. Peder öldü. Pars o gece Akademi'ye döndüğümüzde kendine geldi ama sen iki gündür baygınsın. Doktorlar psikolojik olarak tükendiğin için olduğunu söyledi."

Anlıyordum. Bu iki gün içerisinde de gördüğüm kâbuslar, kalan direncimi yok etmiş gibi hissediyordum ama şimdi Pars'ın yaşıyor olduğunu bilmek ve kimseye zarar gelmediğini görmek bana güç veriyordu.

"Senden depoda söylediklerim için özür dileyebilir miyim?" Avucumun altındaki çarşafı sıktım. Utanıyordum. Hayatımda hiç, daha önce, bu kadar utandığımı hatırlamıyordum hem de.

"Önemsiz," dedi S. "Ben orada nasıl büyük bir oyunculuk sergilediysem, senin de aynısını yaptığını düşüneceğim."

Dudaklarımı birbirine bastırarak kafamı salladım. "Gidiyor musun?"

Dirseklerini dizlerine yaslayıp ellerini birleştirdi ve seslice nefes alırken kafasını salladı. "Peder ölmüş olabilir ama

Sapphire'e sırtını dönen yüzlerce ajan ve bilim insanı hâlâ Rus Akademisi'nde. Onların kimliklerinin tespit edilmesi ve cezalandırılmaları gerekiyor yaptıkları şeyler için, ayrıca Rus Akademisi'ni kapatacağız. Tamamen. Konsey'den emir çıktı."

"Dönmeyecek misin bir daha buraya?"

O an, aramızda sessiz bir bakışma geçti. S, ayağa kalktı ve "Yeterince net konuşamadım sanırım," dedi o an. "Bu bir görevdi. Görev bitti, ben de ait olduğum yere dönüyorum."

"Colorado'ya," dedim yutkunarak. "Ama..." Neden bu kadar üzgündüm? Neden birini daha kaybediyormuş gibi hissediyordum? "Biliyorum, beni istemiyorsun, duydum söylediklerini. Ama yine de biz kardeşiz. Öyle değil miyiz?"

Gözlerimin içine öyle sert bakıyordu ki beni parçalamak istediğini düşünüyordum ama kendini, herhangi bir duygu kırıntısı göstermekten ve hislerini belli etmekten alıkoymaya çalıştığını biliyordum.

"Ben yalnız başıma yetiştim Liva," dedi S, bakışlarını yere indirmiş ve gözlerini birkaç kez kırpıştırmıştı. "Hiçbir aile kavramı şuraya dokunamadı," diye devam etti ve elini göğsüne götürdü. "Ya da hiçbir his es geçmedi bile. Beni hayatta tutan bir şeyleri doğru yapıyor olmaktı. Bu sikik dünyayı bir halta benzetmek için kendimi parçaladım... Devam da ediyorum buna. Ama buna yalnız devam etmem gerekiyor çünkü beni hayatta tutan bu. Ne demek istediğimi anlıyorsun değil mi?"

"Evet ama..."

"Aması yok," diyerek lafımı böldü ve başını kaldırdı. Ela gözlerine baktım. Benimkilerden daha çok yeşil barındırıyordu içlerinde. "Beni tanısan, geceleri uyuyamazsın. Ben de seni aynı nedenden tanımak istemiyorum, çünkü eminim biraz daha burada kalsam, seni tanısam, ben de geceleri seni düşünmekten uyuyamayacağım. Oralarda bir yerlerde bana kanla bağlı bir kız var, bana benziyor bakışları, kaşlarını çatınca benim gibi bakıyor. Sert. Öfkeli. Soğuk nevale." Başını iki yana salladı ağırca.

Sözlerini parçalayamadım, bütün yutmaya çalıştım; bu yüzden hiçbir zaman sindiremeyecektim.

"Öyleyse bu son görüşüm seni," dedim bir hüzün çökerken üzerime.

S, bir süre öylece gözlerimin içine baktı. Onu anlıyordum ama bir yanımda yanım anlamak istemiyordu. O benim, benden önce doğmuş ikizimdi. Göğüs kafesimde kıvrılarak oturmuş çocuk yanım, ayaklarının üzerinde zıplayarak çığlıklar atıyordu abi diye.

Abi. Lügatıma ne kadar da yabancı bir kelime.

"Öyle olmak zorunda değil. Bana ihtiyacın olursa, ne olursa olsun ve nerede olursan ol bulurum seni. Senin varlığını reddetmiyorum Liva," dediğinde, içime su serpilmişti biraz olsun. "Ama seni tanımaya hazır değilim."

"Anlıyorum," dedim zorla yutkunurken.

"Kendine iyi bak," dedi kapıya yöneldiğinde.

"Sen de. Kendine iyi bak."

Ona tam ismini sormadım, soramadım; çünkü o beni tanımak istemiyordu ve ben de onu tanımamalıydım. Ama ben çaresizce, küçük, mızmız bir kız çocuğu gibi tanımak istiyordum onu. Naz'la arasındaki nasıl bir dostluksa, eski hayvan hastanesinde biz kazandıktan sonra gördüğüm, onun yarısına bile sahip olsak yeterdi ama S, beni tanımaya hazır değildi.

Olsun. Belki bir gün hazır olurdu.

Ne de olsa, hayattaydım ve sevdiklerim de öyleydi.

Ve hayat devam ediyordu.

FİNAL

Kucağımda bir tablet, kolumda kalın bir kitap ve ince bir not defteri ile birlikte koridorda koşturarak ilerliyordum. Saçlarımı da tabletin akıllı kalemiyle topuz yapmıştım ama konumuz bu değildi, değil mi?

Korkunç bir kâbusun içinde, başka kâbuslara uyandığım o kara günün üzerinden birkaç gün geçmişti ve Aida, o günün ertesi sabahı direkt olarak derslere başlamamı istediğinden ben de mümkün olduğunca az uyuyarak -Emile, son bir haftadır yeterince uyumuş olduğumu söylemişti- ve çok Fransızca çalışarak bir şekilde başlamıştım.

Öncelikle Sapphire tarihi hakkında bir ders ve Fransızca alıyordum, bazı testlerden sonra elime bir diyet listesi verilmişti güçlenmemem ve spor yapabilmem için; zor da olsa tıkıyordum yazan her şeyi saatinde ağzıma. İçtiğim bazı vitamin şurupları vardı ve tatları iğrençti ama Pars her akşam odama ballı sütle geldiğinden gözümü kapayıp burnumu tıkayarak tek nefeste dikiyordum şurupları.

S gitmişti. O gün, hastane odasından çıkıp gitmişti ve bir daha onu gören olmamıştı. Mümkün olduğunda onun hakkında düşünmemeye çalışıyordum ve yoğunluğum dolayısıyla unutuyordum da ama unutmak istediğim birisi değildi. Sırf tekrar yan yana gelelim diye başımı derde sokmak isteyebileceğim birisiydi.

Pars'a Nil'le Pamir'in nerede olduğunu sorduğumda, bana Colorado'da olduklarını söylemesini beklemiyordum. Nil'in durumu açığa kavuşturulduktan sonra eğitimlerine orada devam edecekler ve Nil de bu süreçte özel bir antrenmana tabi tutulacaktı. Nil'in özel antrenmanının, fiziksel bir antrenmandan çok zihinsel olduğunu anlamamak mümkün değildi. Sonuçta onun gücü, hissettiği duyguların yoğunluğundan geliyordu ve bunu kontrol altına alması gerekiyordu.

Naz'la bir kez yemek salonunda karşılaşmıştık ve onu masaya davet etmiştim ama başka arkadaşlarının yanına gideceğini söylemiş ve yanımıza oturmamıştı. Pars'la onu konuşurken görmemiştim hiç ve Pars artık ondan bahsetmiyordu bile.

Sanırım Naz, başka bir merkeze geçmek için transfer başvurusunda bulunmuştu ve o gün hayvan hastanesine giderken onu bir daha görmeyeceğimi söylediğinde kastettiği buydu. S ile dost olduklarından... Onun yanına, Colorado'ya mı gittiğini sormak istiyordum ama bunun yanlış olduğunu biliyordum çünkü S rahatsız olurdu. Naz ona bundan bahsederdi ve o, bundan hoşlanmazdı.

Koşar adımlarla avluya çıktığımda, Pars'ı kolonların arkasındaki masalardan birinde gördüm. Masanın üzerine oturmuştu ve tanımadığım biriyle çok ciddi bir şey konuşuyormuş gibi görünüyordu. Odaklandığı zaman kaşlarını çatıyordu, birini dinlerken dudakları aralık oluyordu ve dikkatini hiçbir şey bozamıyordu.

Sanırım ben hariç.

Başını bana çevirdiğinde, önüne döndü yeniden ve karşısındaki adamın koluna dokundu. Sanırım konuşmalarını bitiriyordu. Adam başını sallayarak yanından ayrıldığında, ben kollarımdakilerle yanına yürüdüm ve masanın üzerine çıkıp yanına oturdum.

"Senin bu saatte derste olman gerekmiyor mu?" diye sordu Pars, bir bacağımı altıma alarak ve ona doğru dönerek oturmuş, elimdekileri ortamıza bırakmıştım.

"Evet ama Bay Cecilia dersi bir saat sonrasına aldı ve bana biriyle konuşmam gerektiğini söyledi. O yüzden şimdi seninle bir şeyler çalışacağız," dedim ve tableti elime aldım. Ardından not defterime uzanıp not aldığım cümlelerin olduğu bir sayfayı açtım.

Pars gülercesine kaşlarını çatmış, dikkatle beni izlerken bir elini geriye atmış ve başını omzuna yatırmıştı. "Çalışalım bakalım..."

"*Combien ça coûte*?" Dudaklarımı ağzımın içine yuvarlayarak, kıstığım gözlerimle ona baktım. "Telaffuzumda sorun mu var?" Gülmemek için dudaklarını birbirine bastırdığından sağ gamzesi ortaya çıkmıştı. "Niye gülüyorsun?"

"Gülmüyorum," dedi başını iki yana sallayarak.

"Ağzın kapalı olmasa güleceksin ama!"

"*Combien ça coûte*," diye tekrar etti, anlamı "Bu ne kadar ediyor,"du. "*Sa kuut*, diye okunuyor sonu. Sen yazdığın gibi, ç ile okuyorsun." Ben kaşlarımı çatmış dikkatle defterime bakarken gülerek burnuma dokundu.

Eline vurdum. "Ne var yani? Şurada kaç gün oldu başlayalı. Gülmeden söyleyemiyor musun?"

"Çıkardı kedi yine pençelerini," dedi seslice nefes alarak. "Tamam, gülmeyeceğim. Sırada ne var?"

"Yok bir şey sırada mırada." Eşyalarımı toplayarak ayaklandım. "Emile'le çalışacağım ben..."

"Liva," dedi Pars kolumdan tutarak beni yanına çekerken. "Ben gülmemek için zor tutuyorsam kendimi, Emile sana götüyle güler. Hiç kusura bakma. Tek şansın benim."

"Ya da Naz," dedim o an.

Pars'ın kaşları çatıldı. Sessiz kalmayı tercih etmişti.

"Neden onunla konuşmuyorsun artık?" diye sordum. "Siz çocukluk arkadaşı değil misiniz? Yaşananlar mı etkiledi bu kararını?"

"Öyle olması gerekti." Dirseklerini, dizlerine yaslayarak eğildi. "Hem Naz, transfer sürecinde. Başka bir merkeze geçecek yakında."

"Colorado'ya değil mi?" Eşyalarımı yanıma bırakarak, ben de onun gibi dirseklerimi dizlerime yasladım ve eğilerek başımı çevirip ona baktım. "Neden nereye gideceğini de söylemiyorsun Pars?"

Pars bir süre aşağı baktı, ardından derin bir nefes aldı ve bana döndü. "S konusunun seni üzdüğünün farkındayım. Mümkün olduğunca konunun ona gelmemesi için elimden geleni yapıyorum."

Düz bir çizgi hâlindeki dudaklarımı, silik bir tebessümle aydınlatırken elim benden habersiz saçlarının arasında yerini buldu. Alnına düşen birkaç tutamla oynadım. "Bunun için çabalamak zorunda değilsin. Ben üzgün değilim, aksine umutluyum. Bana seni tanımak istemiyorum demedi. Seni tanımak için hazır değilim dedi. Bir gün hazır olacak ve ben bir abi kazanmış olacağım."

Pars uzun uzun baktı gözlerime, yüzümü inceledi.

"Ne?"

"Hiç," diye yanıtladı beni. "Ne kadar değiştiğini düşünüyordum. Bu karşımdaki mutlu, umutlu kız kim diye sormadım değil kendime... Ama bunun sebebi, hissettiğim hayranlıktan dolayı. Şu son birkaç gündeki çabandan dolayı. Eğer annen..."

Kaşlarımı çatarak parmaklarımın arasına sıkıştırdım saç tutamlarını ve ensesinden onu kendime çekerek dudaklarımı onunkilere bastırdım. Kısa ama amacına hitap eden bir öpücüktü. Onu bölmüştüm.

Geri çekildim ardından, tatmin olmamış gibi tekrar dudaklarıma uzanacağı sırada elimi ağzına kapattım. "Geçmişi geçmişte bırakıyoruz ve ne bugünü ne de geleceği etkilemesine izin vermiyoruz."

Güldü. "Sen nasıl istersen," dedi kısık bir sesle. Ardından yolu açık görmüş olmalı ki yeniden dudaklarıma uzandı ve bu kez ona izin verdim.

Ufak bir kıkırdayış kaçtı dudaklarımdan, kontrol edemediğim bir şekilde, Pars kolunu belime doladığında geriye tartıldım ve başımı geriye atarak kahkaha atmaya başladım. Neyin zaferiydi bu bilmiyordum ama her gün onunla yeni bir hayatın içine uyanmak benim için en büyük zaferdi.

Pars karnımı gıdıklamaya başladığında kafasını iterek yüzüme ve boynuma bıraktığı öpücüklerden kurtarmaya çalışıyordum kendimi ama mümkün değildi. "Yaa... Öl... Ölec... Öleceğim şi... Şimdi bırak! Ay!"

"Gülmekten kim ölmüş?" diye sordu bir kolu belimde, diğerini masaya yaslamış üzerime eğilirken. Bu kez onu itmek yerine, kollarımı boynuna dolamıştım ve otuz iki diş sırıtıyordum.

Gülmekten kimse ölmezdi ama...

Saniyeler sonra, uzaktan gelen şaşkın nidaların arasında başımı yana çevirdim ve bahçeyi süzdüm. Kalabalık bir grubu yararak kadraja giren kişi Kayra'dan başkası değildi.

Pars direkt olarak beni doğrultarak oturmamı sağladığında, masadan aşağı atladı ve Kayra'ya doğru hızlı adımlarla ilerledi. Ben ise şaşkınlıktan ne yapacağımı şaşırmıştım. Kayra, Giray ve Zamir'in hâlâ Soyhan'da olması gerekiyordu, ama bildiğim kadarıyla görevleri bu hafta içi bitiyordu ve haftaya döneceklerdi.

Masadan inerek yanlarına koşmaya başladığımda Kayra'nın, Pars'ın onu durdurmasıyla daha da öfkelenip Pars'a yumruğunu geçirdiğini gördüm ve bu ayaklarımın yere çivilenerek beni durdurmasına sebep oldu. Avuçlarımı ağzıma kapattım, nefesim kesildiğinde.

Pars patlayan dudağının kenarını yüzünü buruşturarak sildi, bana olduğum yerde kalmam gerektiğini ima eden bir bakış attıktan sonra koşup Kayra'yı durdurdu ve bu kez onun suratına kendi yumruğunu geçirdi.

Kayra sendeleyerek bağırdığında şok içerisinde olanları izliyordum. Bu çocuğun bu hâle gelmesinin sebebi neydi?

"Nerede o!" diye bağırdı ortalık yerde, etraftakiler yalnızca Kayra ve Pars'a dikkat kesilmişlerdi. "Nerede?!"

"Kim?" diye sordu Pars, Kayra'nın suratına bağırarak. Anlaşılan, anladığı dil buydu ve Pars da bu şekilde karşılık veriyordu.

"Naz!" diye bağırdı Kayra. Kaşlarım çatıldı. Kayra, neden Naz'a öfkeliydi?

"Ne oluyor Kayra?" Kayra, binaya yöneldiğinde Pars onu omuzlarından tutup ittirerek durdurdu ve dikkatini kazanmaya çalıştı. "Ne halt yiyorsun? Senin ne işin var burada?!"

"NEREDE O?"

Ses tellerinin yırtıldığını düşünmüş, irkilerek bir adım geri atmıştım istemsizce. Kayra, bir eliyle muhtemelen yerinden çıktığını hissettiğini çenesini ovaladı ve o an bakışları Pars'ın omzundan öteye, binanın girişine çevrildi.

Naz.

Kapının önünde Naz, meraklı bakışlarla dikiliyordu.

Kayra o an, Pars'ın ellerinden kurtuldu ve Naz'ın üzerine doğru atıldı. Pars onu son anda tutmasaydı Naz'a ne yapardı bilmiyordum ama onların uzaklaşmasından güç alarak ben de yanlarına koşturmuştum.

"Sen ne halt yediğini sanıyorsun!" diye bağırdı Kayra. "Sana neydi ki ha?! Sana neydi! Sen neden karışıyorsun?!"

"Kendine gel!" Pars bir kez daha, bu kez gürleyerek, Kayra'yı geride tuttuğunda göğsünden ittirdi ve Naz'la arasına bariyer oldu. Naz'a baktığımda ise görebildiğim yalnızca şaşkınlıktı. Saf şaşkınlık. Öyleyse Naz, ucu Kayra'ya dokunan bir şey yapmıştı ve farkında değil miydi?

"Gelemem kendime!" diye bağırdı Kayra o an. "İrem!" Alarm veren bir isim. Nefesimi tuttum.

Öne atıldım ve "İrem, ne?" diye sordum oldukça hoyratça nefes alıp veren Kayra'ya bakarak. "İrem, ne, Kayra?"

Kayra dudaklarını ıslattı ve çatık kaşlarının altından, aralık ağzından sert nefesler almaya devam etti. Bu kez Pars sordu ona. "Kayra ne diyorsun? Devam et!"

Gözlerinde gördüm. Bir kaybedişti bu. Mağlup oluştu.

"İrem öldü!" diye bağırdı Kayra bu kez, gözyaşlarına boğularak, avuçlarını gözlerine bastırıp kendini yere atarken. Bacaklarını açtı ve "Allah kahretsin ki İrem öldü!" diye tekrar etti. Algılayamıyordum. Bir daha söyledi. "O öldü!"

Pars'ın, Kayra'ya bakan dehşet dolu bakışları o an benimkilerle buluştuğunda ne hissedeceğimi bilemez bir hâlde, ellerim iki yanıma çaresizce düşmüş, dikiliyordum öylece. Kayra ne demişti az önce? Ne demişti tam olarak?

Gözlerimi kırpıştırarak yutkundum ve sözlerinin anlam kazanması için bekledim bir müddet. "Ne?" diye sordum ardından, kaşlarımı çatarak Kayra'ya. Pars'a baktım. "Ne demek istedi o?" Naz'a döndüm. "Neden seni suçluyor?"

Pars o an, bir şeyi fark etmişçesine tepki verdi. Çatık kaşları gevşedi, ardından içine çektiği nefesle gözlerini kapattı ve öfkenin içine dolduğunu hissettim. Naz'a baktı.

Kayra ayağa kalktığında Naz'a tiksinircesine bakıyordu. "Pars, İrem'e senin yaşadığın ve endişelenmemesi gerektiği ama bunu bir sır olarak saklamasını istediği bir mektup yazmış! O gün siz havaalanına giderken, üç istekte bulunmuş! Bir, İrem'e mektubu teslim et. İki, Liva'yı evden çıkar ve havaalanına getir. Üç, evi yak. Bu mu senin iş etiğin?!" Kayra bir kez daha Naz'ın üzerine atılacakken Pars ne kadar sinirli olsa da onu tuttu. "Senin yapacağın işe tüküreyim! Allah kahretsin seni tamam mı?! Kızın kalbi hem babasını, hem arkadaşını kaybetmeye dayanamadı! Kalp krizi geçirdi! Anlıyor musun beni?! Senin şeytani zevklerin uğruna! Ne dedin?! Bilmese daha iyi mi dedin?! Eğlence çıkar yaslanır arkama izlerim mi dedin?! Zevk mi alıyorsun insanların acısından da daha fazlasını görmek istedin!"

Pars, Kayra'yı büyük bir güçle ittirdiğinde Kayra birkaç adım birden gerilemek zorunda kaldı. Ellerini agresifçe saçlarından geçirdi, yakınındaki ağacın birine yumruğunu geçirip alnını yasladı. "Allah kahretsin!" diye tekrar ediyordu, durmadan. "Allah kahretsin!"

Yutkundum.

"Naz?" Ağzım açık, gözlerim açık, duygularım karmakarışıktı. Sanırım iflas etmişti kalbim artık, hissetmekten. "Yaptın mı bunu?"

"Ben..." Naz dudaklarını birbirine bastırarak gözlerini kapattı. Sertçe yutkunuşundan, içine çektiği derin nefesten anlamıştım ki; suçluydu. "Unuttum."

Pars yüzünü sıvazlarken ben ona "Ne?" diye sordum. "Unuttun mu?"

Bahçe ölüm sessizliği içerisindeydi.

Ben, aileye en yakın hissettiren dostumu; kaybetmiştim. Bu kadardı.

"Ben, ne söyleyebileceğimi bilmiyorum..." Bana bakmıyordu. Pars'a da bakmıyordu. Kayra orada, ağacın gövdesine sayıklayarak alnını vururken Naz yere bakıyor ve ağlıyordu sessizce. "S beni aradı ve plandan bahsetti ve ben evi yakıp Liva'yı havaalanına getirdim ama... Sonra... İrem'e mektubu vermeyi unuttum... İstanbul'a geldim..."

"Unuttun mu?" Ona doğru bir adım attım. Ardından ikinci adımımı. Üçüncü adımımı... Koşuyordum. "Unuttun mu?!" diye bağırdım suratına karşı, tam üzerine atılacağım sırada Pars beni belimden kavramıştı ve ben çığlık atarak tekmelerimi havaya savurdum. "Unuttun mu?! Sen unuttuğun için mi öldü benim arkadaşım?!"

Naz sessizdi. Etraf sessizdi. Yalnızca ben bağırıyordum, Pars'ın belimdeki kollarından kurtulmaya çalışıyor ve havaya tekmeler savuruyordum. "Unuttun mu!" diye bağırarak, sesim kısılana denk, ağlayarak... Hıçkırıklar içerisinde.

Kazanmış biriydim bugüne bugün.

Ama işte bir dost kaybettiğinde, kazandığın zafer zafer sayılmıyordu; hayatın kendisi seni bir şekilde, mağlup etmeyi beceriyordu.

Sevgili İrem,

Bugün Akademi'deki altmış ikinci günüm ve ben sana bu satırları, diğer mektuplarımda da olduğu gibi odamdaki pencerenin kenarından yazıyorum. Soyhan'daki evimde odamın penceresinden dışarı baktığımda, uzaktan da olsa evinizin bahçesindeki ışıklandırmalarını görür ve ne yaptığını merak eder ama yine de seni aramaz ya da sana bir mesaj atmazdım. Yabaniydim ve bunu seviyordum sanırım, bir mesaj ya da bir telefon uzaklıkta olmanın sana; değerini şimdi anlıyor, kendime kızıyorum.

Bugün kendime kızdığım konular bir hayli fazla. Öncelikle, burada olsan benimle gurur duyardın biliyorum çünkü Pars bu kez yanlış telaffuzuma gülmedi, hatta Emile de öğlen yemeğinde bizimleydi ve o bile dalga geçmedi benimle. Sanırım öğreniyorum Fransızcayı. Söktüm sayılır bana kalırsa. Yani en azından derdimi anlatacak kadar... Hani öyle derler ya. Derlermiş yani. Sen bilirdin böyle günümüzde kullanılan popüler kalıpları.

Bana *Alacakaranlık*'ı okuttuğun ve seninle kitaplar hakkında tartıştığımız o sonbahar gününü öyle çok özlüyorum ki. Bugünkü pişmanlıklarımdan bir diğeri de bu işte; seninle konuşabileceğimiz onlarca konu varken susmuş olmam, hep saklamam ve konuşmak istediğimde bile sessiz kalmam. Dostluğunu özlüyorum İrem. Bir dostu kaybetmek, bir arkadaşı... Bir aile ferdini kaybetmekle eş değer. Benim ailem yoktu, sen yanımdaydın. Bir aileye yakın hissettiren tek kişiydin sen. Şimdi benim bir evim var ama sen yoksun. Ve ben buna sebep olarak kendi bencilliğimden başka bir şeyi göremiyorum.

Yaşıyorum ben İrem, buluşmadık yani seninle öteki tarafta. Ben ölmek istemiştim halbuki, gitmek isteyen bendim... Senin ne haddineydi? Ama sen de haklısın, kızacak yüzüm yok. Baban... Sonra ben... Her şey ağır geldi değil mi o sıcacık kalbine de soğudu göğsünde? Ben, sevdiğim birini kaybettim sandım senden önce; kollarında huzur bulduğum, gözlerinde gördüğüm denizin kıyısında dinlendiğim birini. Canım söküldü içeride, canımı söktüler sandım; yaşadığıma şaşırdım. Kıymık oldu battı canıma. Canımı yaktı beni sağ bıraktı İrem. Öyle yaptı sandım. Ben o gün öldüm de öldüm, sonra nefes aldığım başka bir hayata uyandım.

Bana ruhsuz diyordun ya hani, dalga geçiyordun benimle. Sırf etkilenmeyeceğimi bildiğinden içmeye çıkmıştık hani, tam da o akşam tanışmıştım kollarında huzur bulduğum o kişiyle... Şimdi gülüyorum biliyor musun? Çok gülüyorum hem de. Kahkahalar atıyorum. Görsen tanımazsın beni. Keşke görsen de tanımasan, o bile kâfi.

Ben senin... Fırçalar ve kremlerle yüzümü boyayışını çok özledim İrem. Aptalca konuşsam, sürme şu boyaları desem yüzüme de sen beklememi söylesen; şaheser desen yine... Biz seninle yine sahilde buluşsak, açsak bir örtü; tarçınlı üzümlü kek ve şarap ile... Çekiştirsek babanı. Baban yok ama şimdi ya da buluştun mu onunla orada bilmiyorum ama... Ben yanına gelmeyi çok istiyorum İrem. Her gün, sabah kalkıyorum ve yapmam gerekenleri yapıyorum ama akşam başımı yastığa koyduğumda, yanına gelmeyi çok istiyorum. Hâlâ çok istiyorum.

Ama bu dünyayı senin için, kardeşin için, annen için, çocukluğum ve diğer tüm çocuklar için çok daha iyi bir yer kılma şansım var. Ve ben artık işimi şansa bırakmıyorum, ipleri kendi elime alıyorum.

Rahat uyu yerinde. Kardeşin bana emanet İrem. Çocukça attığın kahkahalar, yaptığın şakalar ve beni minnettar bıraktığın tüm o anılar da öyle; hafızamın, hiç unutmayacağım bir köşesinde, benimle... Bir gün anlatabileceğim, küçük bir bebeğim olursa senden bahsedeceğim ona. Bak diyeceğim fotoğraflarımızı göstereceğim senin zorla çektiğin, benim surat astığım ya da utançtan garip davrandığım... Bu İrem Teyzeniz'di. Annenizin yüzünü hep güldürür, bağıra çağıra şarkılar söyler, kafası bozulunca temizliğe sarar ve en çok da yakışıklıları kesmekten hoşlanırdı.

Artık, Naz bu aptallığı yapmasaydı nasıl olurdu diye düşünmeden uyuyabiliyorum ama konusunu açmıyorum. Zaten o gitti. Zaten o da iyi değil, ben gördüm bunu İrem. Sen onu sevmezdin çünkü biz aynı adamı sevdik ama ben onun da canının çok yandığını gördüm. Bir yanım idam istiyor onun için, gerçekten! Ama diğer yanım... Acıyor. O yanım yalnızca acımayı biliyor zaten. Ben de Naz'ı kendi hâline bıraktım. Zaten gitti o. Dur. Yazmıştım bunu.

Abimin adını öğrendim bugün. Pars söyledi. Farsça, biliyor musun? Ben de kütüphanede ne kadar Farsça kitap varsa toplayıp karıştırdım. Bir deyim öğrendim: "Vernem Nidahen." "Birini öldürüp mezarının üzerine çiçekler dikmek," demekmiş. Hani diyorum ya sana çok değiştim ben, farklı biriyim artık diye; beni öldürmüşler aslında İrem, öldürmüş yani... O kişi. Kollarında huzur bulduğum. Dört duvarıma çatı olan. Sonra çiçekler dikmiş mezara, ben çiçek açmışım sanki. Sen de çiçek olup açar mısın İrem, gelsem en güzel çiçekleri diksem mezarına?

N'olursun ol.

En kısa zamanda, bulduğum ilk boşlukta geleceğim çünkü ben yanına. En güzel çiçekleri dikeceğim mezarına ama sen çiçek açtıracaksın onları. Açtıracaksın değil mi İrem? Çünkü ben ölü çiçekler görmekten bıktım, yoruldum, çok korktum İrem.

Çiçek ol İrem, n'olursun. Çiçek ol.

Işıltılı hayatını bir kenara bırakarak o sınıfın arka köşesindeki sessiz, garip, soğuk nevale, siyahlar içindeki kızla arkadaş olduğun için teşekkürler. Sen benim hayatımı kurtardın. Senin arkadaşlığın benim yoluma ışık oldu, sen benim karanlık anılarımı kahkahalarınla aydınlattın ve ben bunun için her zaman minnettar olacağım.

Sevgilerle,

O köşedeki sessiz, garip, soğuk nevale, siyahlar içindeki kız.

TEŞEKKÜRLER

Sevgili okur, bir kitabın daha sonuna geldik. Bu süreçte bir mesajla gecemi aydınlattıysan, bir tweetle anasayfamı şenlendirdiysen, bir post için saatlerini harcadıysan; benimle geçirdiğin her saniye için, ayrı ayrı teşekkür ederim. Her zaman minnettardım ve her zaman öyle kalacağım varlığın için.

Hiçbir şey olmasa bile, satırlarımı okuyarak zihnimdeki dünyanın bir parçası hâline gelmişsindir. O dünyanın kapıları herkese sonuna dek açık. Araladıysan dahi, ne mutlu bana.

Gelecekte *Gece Yarısı Resitali* serisi ile bu evrene veda edeceğiz. Ne çok yol geldik! Ne dikenliydi yollar ama biz çiçeklerin arasından geçtik...

Bizi büyüten dostluklar ediniriz, tıpkı Liva ve İrem'in sahip olduğu kadar özeldir her dost ilişkimiz bizim için ama bazen şartlar uymaz, doğru zaman değildir ya da anlamayız birbirimizi. Kavga ederek, kırarak ayrılırız dostlarımızdan ama gecenin bir vakti ya da gün içerisinde dert olur içimize. Eğer senin de böyle bir dostun varsa küs ayrıldığın, belki ona söyleyemeyebilirsin içindekileri çeşitli sebeplerden dolayı. Onu kaybetmiş değilsin ama ulaşamazsın işte. İşte o dostun için, bir sonraki iki sayfayı boş bıraktım. Liva'nın her gece İrem'e döktüğü gibi içini, sen de söylemek istediklerini söyleyebilirsin ona; o, bu satırları okumayacak olsa da... Rahatlatırsın içini. Bir kitabı özel kılan, içinde kendinden bulduğun parçalardır. Ben senden, bir parçanı bu kitaba bırakmanı istiyorum şimdi.

Pars'ı ve Liva'yı sevdiğiniz için teşekkürler. Sevgiler!

Sevgili ....,